BUSINESS HISTORY

グローバル企業
誕生への道程

ビジネス・ヒストリー

F・アマトーリ／A・コリー［著］
西村成弘／伊藤健市［訳］

Complexities and Comparisons

Franco Amatori and Andrea Colli

ミネルヴァ書房

なしには生き残れないほど重要な要素と密接に絡み合っています。技術は人間が生み出すもので、技巧的な能力、科学的知識、そしてその技術が応用された製品市場を創り出す社会の姿勢に左右されます。しかし、技術が一つのパラダイムとして確立すると、技術の性質が変わり、私たちはそれを変更できない要素として受け入れる必要が出てくるのです。当然、技術パラダイムを変えるのは企業自身なのですが、初期の段階においては、製造プロセスは不変であり、それはグローバルにあまねく適用されるものとなります。ロックフェラーは世界の石油生産の四分の一を、わずか三つの製油所に集中させ規模の経済性を実現しましたが、そのような偉業は常に繰り返されるわけではありません。靴の製造業者の多くは熟練工に率いられた中小企業のままでしたし、毛沢東主席は中国人民に各家庭の裏庭で製鉄を行わせようとしましたが、技術的にそのようなことは不可能でした。

「地域的」と「背景」という二つの語を結びつけていますが、この地域的背景は狭く考えるべきではありません。本書でこの表現を使う時は、一つの国、あるいはそれよりも広い地域、さらには大陸ヨーロッパといった範囲を念頭に置いています。地域的背景は三つの要素から成っています。（1）市場（人口と一人当たり収入）とそのダイナミズム。（2）国家と経済、法的制度とビジネスとの関係。ほとんどの先進国では独占禁止法がカギとなりますが、今なお発展途上にある国では、多くの場合、国家によるビジネスへの直接介入が重要な役割を果たしています。（3）文化（本書では、市場や大企業による統治といった近代資本主義の制度を受容する力として捉えています）。

これが、私たちの分析対象である企業を取り巻く環境なのです。企業は三類型の経済主体によって成り立っています。それらは、労働者（通常、作業能力と意欲をもっています）、経営者（長年にわたる理論的・実践的な研鑽によって技術的なノウハウを身につけ、その後、企業の特定の職能や部門で自律性を獲得します）、そして企業家です。企業家という肩書は、革新を行い、リスクを取り、市場機会を掴み、そして企業のトップとして経営資源を配分するなど、同時にいくつかの仕事を行う人々に与えられるものです。何を、どこで製造するか、そしてどのような資源を使って製造するかを決定するのは、この企業家という経済主体であり、したがって、企業家は企業の経営者が業務を行う枠組みを創り上げるのです。

原書の副題にある「比較」は、空間的な比較はもとより、時間的な比較をも意味しています。本書の三つの章は、第二次産業革命以前の時期と大企業の黎明期を取り上げています。一つの章では、工業化（第一次産業革命）以前を総括しようとさえしています。なぜ、本書ではそのようなことをするのでしょうか。第一に、かつての世界は今日私たちが目にしている世界と、相当異なっていることを読者に気づいてほしいからなのです。歴史的な分析では、このような違いを見落とすことはできないのです。しかし、大企業について論述する本書が工業化以前の時代を検討するのには、もう一つ重要な理由もあるのです。今日私たちが目にしている組織形態の多くは、遠い過去にそのルーツをもっているからです。例えば、イタリアの産業集積の多くは、農業に起源をもっています。第二次産業革命以前、イタリア企業のじつに九〇％は、小規模農家によって所有されていたのです。

本書の大部分は、アメリカ、ヨーロッパ、日本という世界の三つの地域に焦点を当てています。なかでも日本の分析には、ほぼ三章を割いています。第一二章では明治維新から第二次世界大戦勃発までの時期を検討していますし、第一六章では戦後の驚異的な経済成長に注意を向け、第二二章では二一世紀初頭のヨーロッパと日本――経済的な停滞がこの時代の特徴です――を考察しています。しかし、すべての関心を日米欧の三極にのみ向けているわけではありません。本書は、ソヴィエト連邦の失敗の背後にある要因、あるいは、かつて「第三世界」と称された国々が、いかにして一九七〇年代から別の方向で成長したのか、といった問題も検討しています。そして最後に、ビジネス・ヒストリーについて書かれたいかなる書物も、中国やインドといった国の目覚ましい興隆から、目を背けるわけにはいかないことから、本書でも一章を両国の分析に充てています。
日本の読者諸賢が本書に目を通され、ビジネス・ヒストリーの本質について少しでも理解を深めていただければ、これに優る喜びはありません。

二〇一四年六月

ミラノにて
フランコ・アマトーリ

凡　例

・傍点は原書ではイタリックになっていることを示す。なお、原書イタリックのうち、書名を指すものは、そのかぎりではない。
・「　」は原書では〝　〟となっていることを示す。——については、原則としてそのまま表記している。
・（　）内は原書の、〔　〕内は訳者の注記である。この注記作成にあたっては、数多くの文献を参照させていただいたが、紙幅の関係で出典は明記していない。この場を借りて感謝の意を表させていただきたい。
・原書で頻出する以下の企業名は、（　）内の略記を使っている。
アメリカン・テレフォン・アンド・テレグラフ社（ＡＴ＆Ｔ）／インターナショナル・ビジネス・マシーンズ社（ＩＢＭ）／ゼネラル・エレクトリック社（ＧＥ）／ゼネラル・モーターズ社（ＧＭ）
・一般に名称が定着している会社については「社」を付けなかった。
　（例）トヨタ、サムスン、グーグル等。
・人名と企業名、大学名については、Ｖ音は基本的にヴ音で対応した。
・原書では、大企業とビッグ・ビジネスが並記されているが、基本的には大企業で対応している。原書では、ビッグ・ビジネスから連想される「大型の商談」ではなく、制度としての「大企業」の意味でこの語を使っているからである。なお、二〇世紀以降の、アメリカの合同運動で誕生した「大企業」を特に読者に意識してもらう意図で、「ビッグ・ビジネス」としている場合はある。
・原書に沿って、訳語として俸給経営者（salaried manager）と専門経営者（professional manager）を使っている。
・著者の指示・アドバイスで、訳文が原書と若干異なっている箇所がある。
・原書の図表は各章末に一括して掲載されているが、訳書では各章の適切な個所に挿入した。掲載の順序は原書の通りではない。

ビジネス・ヒストリー――グローバル企業誕生への道程　目次

日本語版への序文
凡　例

第一部　関連する論点

第二部　産業革命以前と第一次産業革命期の企業

第五部　第二次世界大戦からベルリンの壁崩壊まで——「空間収縮」時代

第一部　関連する論点

第一章　序　論

本書は、近代経済の発展を、その最も重要な主役の一つである企業の研究を通して分析するものである。二〇〇八～二〇一〇年の大不況の後、多くの人々が企業と、企業が社会や経済的機会に及ぼすインパクトについて大いに議論している。本書は、これらの議論に資本主義システムにおける主要な社会的組織である企業の進化、という見方を加えるものである。これは経営史《ビジネス・ヒストリー》が扱うテーマの一つでしかないが、一方で企業は過去においても現在においても、経済の重要な一部分であることは間違いない。

本書は二四の章で構成されている。この序論で舞台を設定した後で、物語の下地となるいくつかの理論上の論争を精査する。第二章は、企業に関する種々の経済理論とビジネス・ヒストリーとの関係に焦点を当てている。第三章では、これらの論点を、歴史学者、経済学者、その他の社会科学者が分析してきたトピックである会社のリーダー、すなわち企業家を通して検討する。

第二部からは視点を大きく転換し、ビジネスの進化について、歴史的な叙述と分析を始める。第二部を構成する第四章から第六章は、産業革命以前の製造業と、第一次産業革命期の企業の主な特徴の分析に充てられている。ここではイギリスを対象としている。それは、産業革命という真に革命的な過程が始まったのがイギリスだからである。

次に、第三部の第七章から第九章では、第二次産業革命期に世界経済を主導したアメリカに視点を移す。私たちが暮らす今日の世界は、大量生産が始まったこの第二次産業革命期を出発点としている。第三部は、新しい生産方式を可能にしたインフラストラクチャー（とくに鉄道）に関する第七章から始まる。次の第八章では、技術的・組織的な変化に関する論点を分析し、問題の核心部分に迫り、最後に、この新しい技術体系《パラダイム》のもとでの各国の経済発展に関する第九章がそれに続く。ここではアメリカ、ドイツ、イギリスといった先進工業国のみならず、ロシア、日本、イタリアといった後発国における発展が究明される（フランスは両グループの中間に位置するとの見方をとっている）。

第四部の最初の章である第一〇章では、視点を再びアメリカに戻す。続く二つの章は、両大戦間期に第二次産業革命がいかに展開したのかを検討している。この第一〇章ではM型組織（複数事業部制企業）の起源を検討し、次いで議論の範囲を広げて、アメリカとヨーロッパにおける経営者資本主義に関する論争を検討する。

第一一章と第一二章では、アメリカ、ヨーロッパ、日本にみられる共通点と相違点を検討することで国際比較の観点を拡張する。これらの相違点の多くは以下の諸点と関係している。つまり、カルテル（独立した企業間で市場支配のために価格等について共謀すること）の重要性、家族経営企業の優位性、国家の積極的な役割、そしてアメリカの「フォード・モデル」（大量生産システムにおいて単純労働を高賃金で補償するモデル）があてはまらない社会における、労働者の様々な役割、である。第一二章では、ヨーロッパから目を転じて、日本と第二次世界大戦後の日本の「奇跡」の源流を考察する。

第五部を構成する第一三章から第一八章では、第二次産業革命から第三次産業革命、すなわち情報化時代への推移を検討する。さらに、この第五部では二つの陣営に分断された世界におけるグローバル競争についても議論する。世界は次第にグローバル化の度合いを強めていった。それはある部分、第三次産業革命の初期にエレクトロニクスと航空輸送の発達が空間を収縮させたことが発端となっている。だが、当時の世界は二つの対抗しあう政治システム、すなわち資本主義と共産主義の存在によってはっきりと分断されていたのである。

第一三章は、第三次産業革命の初期段階を概観している点で重要な章である。続く三つの章では、一九五〇年代から一九八〇年代にかけて、ビジネスでなにが起こったのかが検討されている。そこでは、アメリカ・モデルの興隆と凋落、ソヴィエト連邦の失敗、日本の際立った経済成長、そして日出ずる国である日本の、アメリカとその世界経済における主導的な地位に対する挑戦を分析する。第一七章でヨーロッパに戻り、ハーヴァード・ビジネス・スクールで行われた研究と、経営学者であるリチャード・ウィティングトンとマイケル・メイヤーによる「旧大陸」における戦略と組織の展開に関する重要な研究をともに検討する。ここではイタリアの事例と、一九七〇年代から一九八〇年代におけるイタリアの経済成長に大きく貢献した産業集積（これはイタリアの経済成長にのみ役立ったわけではない）についても取り上げている。第一八章では、再び先進工業国以外の地域に目を転じ、アルゼンチンと韓国を具体例に両国のビジネスを比較することで先進国との共通点と相違点を考察する。ビジネス・ヒストリーの観点からは、第三世界や発展途上国という概念によって企業の発展を区別することは、他の分野の研究者ほどには有用でない。

第六部は、「際限のないグローバル化」という時代（ベルリンの壁崩壊とインターネットの産物）の検討に充てられ、ここで現在に引き戻される。

第六部第一九章では、グローバル化のシナリオに密接に関係する多国籍企業を分析する。第二〇章では、第三次産業革命のまさに本丸に分け入り、企業形態と会社組織の新しい様式をつくり上げた技術的なツールを取り上げる。

グローバル化と第三次産業革命という背景のもとで、第二一章と第二二章では、アメリカの驚異的な回復と、それに対してヨーロッパと日本で特徴的にみられた緩やかな発展について検討する。特に日本が抱える種々の問題は、本来日本の強みといわれてきたものがグローバル化の時代においては大きな弱点に転化した点から考察される。

もちろん、中国とインドにおける最近のビジネスの変化も概観しなければ、研究者として怠慢であると非難されるであろう（第二三章）。中国は他のアジア・モデルとは異なっている。その相違は、労働集約的な部門からハイテク部門まで幅広い多種多様な技術領域で事業を行う体制の能力、多国籍企業の中国国内での活動に対する近年の敵対的姿勢、そして国家の行動（特にこれらは、すべての共産主義体制に典型的な法的規制から、いわゆる「血気《アニマル・スピリット》」が解放されたことと関係していた）によるものである。インドの場合に特に関連すると思われるものは、イギリス植民地主義の遺産を建設的な力へと変える能力、非常に古い文化を企業の力で超近代的な科学センターに成長させる能力（例えばバンガロール〔インド南部の国際都市〕にみられるもの）、そして最後に、企業家の多くを導く強力で民族的な創造的刺激の三つである。そのかすかな光と影に目を向けるとき、インドの経験は良き未来への確信を与えてくれる。

最後の第二四章では、終章として三つの要素である企業、技術、ビジネスに影響を与える地域的背景という設定の大要を述べる。これらの要素は、経済成長においてビジネスが果たす役割についての新たな物語の枠組みの中で、中心的な役割を演じている。この章では、二〇〇八～二〇一〇年の大不況によって引き起こされたグローバルな政治経済上の変化がビジネスに対してもつ、いくつかの意味を検討する。しかし、こうした構想に沿った詳細な説明は他の研究者に任さざるを得ない。そうした人たちが、本書で示した企業に関する長期にわたる歴史的な見方を考慮してくれるのを願うのみである。

この本の内容に関する以上の簡単な要約に続いて、以下では読者諸賢が本書を通して目にするであろう、いくつかの問題を選び出しておこう。

ミクロの展開とマクロの展開

ビジネスの歴史を通して、ミクロの展開とマクロの展開の強い関係性を観察することができる。この関係性は、事柄の背景を規定する作業の中で明らかになり、さらに、本書で紡がれる物語の主たる登場人物は多くの場合、産業部門を支配するような巨大企業であるという理由からも明らかとなる。結果として、ある単一企業の運命は、しばしばその企業が基盤を置く国の、国富と直接的な関係をもつようになる。本書における分析単位は一国の経済システムであるが、一つの例外は第一次世界大戦後のヨーロッパである。そこでは、多くの西ヨーロッパ諸国がいくつもの特徴を共有していた。その特徴は、それをアメリカと比較した場合に最も明瞭になるものである。

産業革命

技術的なスキル、科学的知識、エネルギーの形態、資本集約性といった点で決定される技術パラダイムは急激に変遷する。それには企業を含む多くの経済主体がかかわっている。そのため長期的なパラダイムは、企業にとって外生的であると同時に内生的でもある。技術の進歩は累積的であるが、そこには相当な断絶もまた存在する。

企業家と経営者

企業家を、革新し、危険を冒し、機会をとらえ、そしてなによりも最高レベルの意思決定を行う人々と定義する。最も重要なのは、自分自身の企業活動を、その時々の産業革命の特定の形式に一致させる能力をもった人々である。この視角からすれば、企業家活動にも異なったレベルが存在し、企業家の類型学も存在することが理解できる。

これに対して経営者は、理論的かつ実践的な経験を積む中で、正確に業務を遂行する、多くは企業独自の職務上のノウハウを培ってきた人々である。典型的には、経営者は企業活動の重要な部署で自律性を有しているが、たいていは企業家によってデザインされた枠組みの内側でそれを行っている。

市　場

本書の関心は主に国内市場に向けられている。国内市場は居住者の数や一人当たり収入のような要素によって決定づけられる。イギリス、ドイツ、そして日本の多くの企業が国際市場に目を向けていることも、また事実である。しかし、本書で検討するほとんどの企業は、その歴史において、母国の市場が少なくとも中規模か巨大であれば、国内市場に軸足を置いて行動した。市場にとって特に重要なのは、市場の絶対的な規模よりも、その成長のあり方である。

文化

文化とは、経済活動や経済の変化に対してとる国民の態度のことである。文化をみることによって、第一次産業革命期におけるイギリス企業家のリスク性向、一九〇〇年前後のアメリカの秩序の探求（それは大企業の出現を促進した）、同時期のドイツにおける科学と技術との結合、そして日本の急進的で企業利益を優先する国家主義、といったユニークな形態に対する理解が進む。

国家

国家の存在は、本書で紡ぐ物語の中で様々な役割を果たす。多くの文脈の中で、国家は法的枠組みを担保している。他にも、有形無形の社会基盤を提供している。国家は規制者、企業家、そして敵対者であることもあり、全体的な、あるいは特定分野に特化した計画立案者となることもある。

企業形態

企業形態は、全体的なデザイン、規模、戦略、そしてそれらの相互関係によって定義される。どの企業にとっても決定的に重要な点は、本社と事業単位との関係である。様々な企業形態（単一事業企業、複数事業部制企業、コングロマリット、持株会社）は、理論的には、経済的なパフォーマンスに対しては中立的である。重要なのは、特定の歴史的な背景の中で、それらがどのように作用したかを明らかにすることである。つまり、どのようにしてその企業形態が、企業成長の技術的・組織的な潜在能力を実現させたか、あるいは実現させなかったか、である。それぞれの国民経済システムの内部に、適切な企業コミュニティ（すなわち、異なった戦略と異なった規模をもつ様々な企業）の存在を認識することが、極めて重要である。

資本主義の多様性

これは経済とその制度の組み合わせである。この組み合わせが競争に対する規制、金融と企業との関係、労使関係の性格、そして福祉システムを決定づける。企業形態に関していえば、他よりも絶対的に優れた一つの資本主義の型が存在するとはいえない。

変化とその予測不可能性

歴史から引き出せる教訓の一つは、様々な国の相対的な位置関係は移ろいやすいということと、国際競争を予測することは極めて困難であるという事実である。ある局面でうまくいったことが、必ずしも次の局面でもうまくいくとは限らない。一九世紀半ばにおけるイギリスの凋落を、一九〇〇年前後におけるアメリカとドイツの興隆を、一九六〇年代以降のアメリカの凋落を、ここ四〇年間における日本の興隆と凋落を、あるいは毛沢東時代が終わった後の中国の急激な成長を、一八〇〇年において誰が想像したであろうか。

ポスト・チャンドラー主義

経営史学の現状について論じる研究者であれば誰でも、今日の局面を定義するときに、例外なくポスト・チャンドラー主義という形容詞を使用する。ある研究者にとっては、これは正当なことのようにみえる。というのも、世界屈指の経営史家であったアルフレッド・チャンドラー（一九一八～二〇〇七年）が亡くなり、もはや著書や論文（彼は実際に亡くなる直前まで何かを書いていた）が書かれなくなったからである。一方、チャンドラーに経営史学の前進を阻害する何かを感じていた研究者にとっては、彼の死はある種の解放感をもたらすものであった。

チャンドラーは経済発展の牽引力としての製造業大企業に強く固執していたので、研究者の中には苦境に置かれた人もいた。チャンドラーは経営史に学術的で科学的な地位を与えた研究者であったため、彼と違った経営史の論点を探索することは考えられなかったからである。彼以前には、この学問分野は孤立しており、歴史学者からも経済学者からも注目されていなかった。それは「泥棒貴族（悪徳資本家）」を告発したり擁護したりする人と、退屈な社史シリーズを出版する人との間に埋もれていた。ところがチャンドラーの、ほかの研究者と明らかに異なる方法論（大企業を生み出した企業家的行動にはっきりと焦点を当てたことと、何百という企業における構造変革を比較したこと）は、経営史研究者だけではなく他の分野の研究者にとっても欠くことのできない標準となった一般概念の発展を可能にしたのである。『経営戦略と組織』（企業比較）は、マネジメントを学ぶ学生にとってはほとんど「バイブル」となった。『経営者の時代』（産業分野比較）は制度派経済学者や反トラスト問題に関心をもつ法律家にとってもかなり有用なものであった。また、『スケール・アンド・スコープ』（国際比較）は国富を大きくす

表1-1　フォーチュン500企業（2009年）

国	グローバル500企業の数
イギリス	26
カナダ	14
中国	37
フランス	40
ドイツ	39
インド	7
イタリア	10
日本	68
オランダ	12
韓国	14
スペイン	12
スイス	15
アメリカ	140

出所：http: //money. cnn. com/magazines/fortune/global500/2009/index.html（2010年10月6日アクセス）

るための組織能力の重要性を強調し、進化経済学（ケイパビリティ論など）の最も重要な概念のいくつかについて進化経済学者の自信を回復させた。

チャンドラーにとって、企業家の最も重要な役割は、広範囲に及ぶ経営管理のための組織をつくり出すことであった。したがって彼は、自らの仕事を通して、官僚主義研究のパイオニアである社会学者マックス・ウェーバーと、卓越した企業家研究の学徒であるヨゼフ・シュンペーターとを組み合わせることに成功した。チャンドラーの枠組みは技術を重要視しており、様々な産業部門を「均等」に扱っている。チャンドラーが取り上げた産業部門は、規模の経済性（規模を拡大することによって単位当たりの平均生産コストが低下すること）と範囲の経済性（複数の活動を行うことによって総コストが低下すること）が発揮でき、それを利用することで第二次産業革命において、世界の先導的な経済を支配するようになった大企業が生み出された部門であった。技術は、制約として、そしてまた常に活かせるとは限らない機会としての両面からとらえられているが、この主張にはさらに歴史研究を行う余地が多く残されている。

本書の歴史叙述はチャンドラー理論の枠組みに基づいているが、本書の物語の中には彼が無視したか、あるいは他の歴史家が探求すべきものとして残した多くの要素も含まれている。したがって、本書はビジネス活動の政治的な背景を、消極的な側面（例えば反独占）についても、また積極的な側面（国家の企業家精神や革新的な製品に対する需要）についても、彼以上に強調している。また、グローバル化により重点を置いているし、文化については独立変数として慎重に検討している。さらに巨大な統合企業を超えたところにある、事業ネットワークと機能の専門化に重きを置く組織の現状もみている。チャンドラーもそうであったように、本書も今日の大不況のような展開がもたらす不安定性や社会問題を軽視することはない。このようにして、ネオ・チャンドラー理論の枠組みを世に問いたいのである。この枠組みは、ビジネスの中枢にインパクトを与える技術、企業家、市場、文化、そして国家の行動と、各国の国富を構成する財とサービスを生み出す能力とを結びつけるものなのである。

注

（1）　S. Kuznets, *Modern Economic Growth : Findings and Reflections*, Nobel Prize Lecture, 1971. http://www.nobelprize.org/nobel_prizes/economic-sciences/laureates/1971/kuznets-lecture.html

第二章　ビジネス・ヒストリーと企業理論

分析の「新しい」単位

第一次産業革命以降の近代経済の成長を理解する上で、企業は最も重要な分析単位の一つである。一九世紀初頭から、企業は次第に「工場」と同一視されるようになった。工場は生産を組織するイギリス的な方法であったが、その組織と関連技術はヨーロッパ大陸の隅々にまで広がった。工場生産というイノベーションのおかげで、ヨーロッパでは世界中に鳴り響く経済力と政治力との統合が始まったのである。周辺諸国がこの様式の産業化に巻き込まれていくにつれ、それらの国々もまた同じように管理をめぐる苦闘、社会的・政治的な変化、そして当時の国際経済でイギリスをリーダーの地位にまで押し上げた、経済成長のうねりを経験しはじめたのである。

第一次産業革命が始まった一八世紀末頃、資本と労働の集中は目新しいことではなかった。事実、産業革命以前においても、労働者の大規模な集中は、造船業、鉱山業、建設業においてみられた。繊維産業では、商人たちが多数の家内労働者を使用していたし、生産工程で規模の経済性が働く場合、企業家が労働者を一か所に集めて工場を経営しており、そこではしばしば専門的な労働者が雇用されていた。

したがって、「工場」それ自体は新しいものではなかった。新しかったのは、集中化された作業とより効率的な技術との特別な結合であった。新しい工場（通常、都市中心部から離れて立地）は、最初は水、のちに蒸気を用いて生産を機械化した。機能の専門化とそれと関連する分業は、新しい労働原理の形態を必要とした。したがって、非常に生産性が高く、ますます効率的なビジネスの様式がつくり上げられていった。それは初期の産業経済の基礎をなす「基本構成要素」となったのである。

このような複雑な現象は、数多くの解説と分析を生み出した。それらは産業企業の起源、構造、そして機能を論じた。本章では、そうしたいくつかの「企業の理論」に歴史的な観点をつけ加える。

企業の多様な性質

「企業の理論」という表現を目にすると、すぐにアダム・スミスから今日までの古典派経済学と新古典派経済学を思い浮かべる。これらの理論については後に議論するが、「企業《ファーム》」とその「理論」が経済学や経営学以外の多くの学問分野でも関心をもたれてきたことを認識することが重要である。それらはまた法的な権利、特に企業の法的なアイデンティティの問題に関する論争の源でもあった。手工業——熟練及び非熟練労働者によって担われ、職と住の一体化に基づいている——から工場制への移行は、生産単位《ユニット》それ自体の法律上の地位の劇的な変化を引き起こした。

結果として、会社あるいは株式会社のような言葉は、独自の法的地位をもつようになった新しい組織構造と関連して使われはじめたのである。このことは、異なった生産工程で働く個々の労働者の法的地位とは別のものである。二〇世紀以降の企業の成長に伴ってさらに重要な法律上の変更が行われ、次第に複雑さを増す企業活動に対応するために、新しい法律上・組織上の形態が現れてきた。こうした「企業」の内部にいる個人と集団は、戦略的に協働していたが、経営資源の配置や利益の配分に関しては対立していた。そこで生じた諸活動や組織は、多分野にわたって学術的な研究対象となった。例えば、個人の集合体や社会システムを構成する諸関係の分析に深く関心をもつ社会学者にとって、企業は重要な研究分野の一つとなった。マックス・ウェーバーの官僚制理論、タルコット・パーソンズの機能主義、そして近年の、葛藤と社会進化に関する分析によりながら、社会学者は企業内部の諸活動や、企業と市場あるいは他の形態の権力との外部的な関係に対する理解を進展させた。近年、企業組織およびそれがもつ価値と、企業が活動している社会制度との関係を調査する研究者も出てきている。さらに、企業の中の個人の役割は、組織内部での知識移転や社会全体での知識移転のプロセスに関心をもつ文化人類学者や認知心理学者の調査対象となっているのである。

静態的で新古典派的な見方

経済学の企業に対する代表的な見方は、新古典派理論のそれである。新古典派理論は、ビジネス行為を特定の時点で輪切りにして、静態的に分析するという特徴をもっている。そこで重要になってくるのが、この理論が採用している基本的な仮定の理解である。新古典派理論のシナリオでは、典型的な企業は情報を完全に享受し、限界費用曲線（限界費用とは、産出量の一単位の増加によって生じる総費用の増加分のこと）の最も低い点で効率的に経営を行うものと仮定されている。企業は市場が決定した価格を受容するだけで、企業が市場や産業に対して影響を与える可能性はほとんどない。技術は外生的で、企業内部における（経営者などの）経済主体の貢献は、この理論では扱われない。この観念的な世界は、もう一つの時点（時間一と時間二）で輪切りにされた世界と比較することによって複雑化するが、しかしどちらにしろ、分析が静態的であることに変わりはない。どのように時間一から時間二へ、あるいは時間三の状態に変化するかについては、新古典派理論ではなにも語られない。そして新古典派理論でいう典型的な企業とは、中小規模の企業で、限られた機能しか有しない。新古典派理論が想定する企業に近い事例は、綿工業で単一の工程を担うほとんど統合されていない企業や、初期のイギリスの金属工業地帯にみられる企業である。

新古典派理論が想定する企業は、競争の激しい価格指向的なシステムのもとで経営を行っている。その工業部門は非常に多くの生産単位からなり、機能的な統合はほとんどみられず、技術を工場独自の財産として所有することもない。技術に関する知識やその他の情報は、無料または非常に安い価格で手に入れることが可能である。

以上のことからわかるように、新古典派理論の見方は、特に第一次産業革命期のビジネス・ヒストリーと関連がある。後の章で述べるように、今日多くみられる巨大で統合された資本集約的な企業は、この最初の産業革命によって誕生したものではない。そこでは根元的な技術の大躍進がみられたが、その技術のほとんどは汎用的なものであり、安価で、簡単に流用できるものであった。イノベーションのプロセスを決定したのは、主に、職場で生み出された小さくて付加的なイノベーションであった。そのうちのいくつかは、「集団的発明」と定義されたプロセスを通して瞬く間に拡散した。集団的発明は、二一世紀のオープン・ソース・システム（ソフトウェアのソースコードが公開され多数が開発に参加するシステム）と似ていた。二一世紀のシステムでは通常、付加的なイノベーションは模倣されながら利用者の間を行き来し、それぞれの利用者は全体の知識の蓄積に貢献するのである。

要するに、新古典派理論が想定する企業は成長を指向していなかった。それというのも、限界費用曲線の最も低い点で決められる平均的な規模で成長が止まるからである。さらにいえば、新古典派理論は、成長が達成される方法と、それに用いられる資源には関心を示さない。企業の内部における権限の配分や、企業外部との権限の配分もそうであり、どちらも経済分析とは関係がないとみなされている。この理論が仮定するのは完全競争と完全独占であり、企業の内部構造は「ブラック・ボックス」の中にあるがゆえに分析対象にはならなかったのである。

ビジネス・ヒストリーの動態的な見方

静態的な見方と対照的に、ビジネス・ヒストリーは本来、比較分析と動態的分析の側面をもっている。ビジネス・ヒストリーでは、企業は時間の経過とともに進化する複雑な単位であるとみなされ、各企業の構造や内部の原動力はかなり異なったものとみなされる。にもかかわらず、経営史研究者は、これらの組織を一般化する。企業は種々異なる国で経営を行い、所有構造や経営組織もかなり違っているが、同じ産業に属する企業の多くは、例えば資本集約性や労働集約性といった若干の側面ではよく似た特徴をもっているのである。

もう一つの分析視角はダイナミズムである。経営史研究者が最も関心をよせる企業は、時代の経過とともに規模を拡大する傾向をもつ。これは規模の経済性によって特徴づけられる資本集約型産業においても、いくつかの労働集約型産業においてもみられる傾向である。ある技術を前提とすれば、企業は、新古典派経済学の用語でいう限界収益（生産量を一単位増加させたときの総収益の増加分）が減少しはじめる点まで拡大すると期待されている。それにもかかわらず、現実の世界では、成長は機械的なプロセスなどではなく、経済的予測のみを条件とするのである。企業は、たとえ投下資本に対する利益が減少するとしても、より大きな市場シェアを確保するために投資し続けるかもしれない。企業はまた、拡大に伴う諸問題を避けるために、自らの規模を限定することによって、自発的に成長を制限するかもしれない。加えて、企業はそれまでの成長パターンを形づくってきた事業の方法やスピード、方向性に影響を与える重大な変化の引き金となるような、外生的・内生的な技術変化に対して異なった対応をする。例えば、近年の新しい情報技術は、経営活動に対する情報コストの発生を低くするので、内的成長やさらなる統合化のインセンティブを与える。しかし、同じ技術であっても、それが仕事を下請けに出したりアウトソーシングするきっかけとなる企業もある。このダイナミックなすべてのプロセス（連続と断絶、拡大、停滞、そして衰退）が、経営史研究者の分析対象となるのである。

最後に、関係の複雑性について考えなければならない。過去二世紀の経済成長のプロセスは、相当数の内的および外的な関係性をもつ極めて複雑な組織を作り上げた。一九世紀前半の溶鉱炉と二〇世紀初頭のカーネギー（アンドリュー。アメリカの鉄鋼王）の製鋼所は、時間的に互いに近接している。それにもかかわらず、技術的、組織的、そして職業的な点からすれば、両者には著しい違いがある。技術が内包する要件は、鉄鋼産業や他の産業でもみられるように、企業成長とかなりの関係があった。しかし、他の重要な要因が拡大の勢いや方向性に寄与しており、これらの要因は小規模企業が引き続き存続していることや、その成功を説明するのに役立つ。さらに、これらの要因がどのように組み合わされるかは、時代や場所によって異なっている。こうした理由から、企業は地理的背景や時代が異なると、異なった成長パターンを示す。ある特定の技術を前提とするならば、企業の成長は、多くの場合、消費市場の規模やダイナミズムによって決定される。企業の拡大を決定づける他の二つの重要な要素は、必要な資源を企業に供給する金融市場の効率性と、企業の資産を保護し取引を促進する法的枠組みの存在である。これらすべての発展にかかわる要素は相互に関係し合っている。技術と市場は、法的なシステムと金融市場の変化に対して非常に敏感であり、これらダイナミックな要素は企業に適応と適用を強制する可能性をもつのである。

企業の進化はそれぞれの社会の文化パターンと、制度的な要素と結びついている可能性もある。技術は成長プロセスを促進するが、文化パターンもまたそこで重要な役割を果たす。文化として大企業の受け入れに否定的なところでは、企業はある技術に代わって別の技術を採用するかもしれない。このことは、世界各国の産業の内部構造や背景の違いを説明するのにある程度役立つ。例えば、食料や飲料水の分野では、標準化や大量生産を受け入れる文化もあるし、そうでない文化もある。ビールの場合、今日に至ってもアメリカと大陸ヨーロッパとの間には基本的な評価の違いがある。これは単に標準的な技術だけでなく、その分野における企業の戦略にも影響してくる。ほかの事例においては、好ましい金融市場構造は資源の利用可能性に直接影響を与えるかもしれない。金融資源の量と質における基本的な相違は、金融市場間に現れる。ある金融市場は、主に銀行による仲介をベースとし、他の市場においてはビジネスに資源を供給する方法として株式取引に大きな比重を置く、といったことが起こるのである。法体系は制度的・文化的な伝統の結果である場合が多く、これを使えば、アメリカとヨーロッパにおける企業間のカルテル規制等に対するまったく異なるアプローチが説明できる。歴史はこれらの違いを分析する時に使うべきカギとなる道具であり、ビジネス・ヒストリーの観点は、企業に課された制約と、成長プロセスが進行する一般的な枠組みの両方を理解する助けとなるのである。

「巨大」企業の実際と理論

オーストリアの経済学者ヨゼフ・シュンペーターが、企業に対する新古典派のアプローチに挑戦したのは、もう何年も前の話である。彼の考えは、二つの特徴をもっていた。一つ目は、経済成長の駆動装置は企業の「競争する習性」であり、それこそが企業家の企業家たる振る舞いと考えた。二つ目に、彼は企業間の均質性よりも不均衡性の方がより重要であると考えた。したがって、その最後の著作の中で、変化や成長を引き起こす最も強力な経済主体として企業の役割を強調した。

このまったく新しい主体であるシュンペーターのいう企業は、新古典派理論のいう「標準的な企業《スタンダード・ファーム》」という考え方に異議を唱えるものであった。彼はイノベーションにおける企業の役割と、イノベーションが企業家の指揮のもとに行われる方法に関心をもっていた。実際に企業（その組織構造）の中でなにが起こっているのかということには、ほとんど重きを置いていない。結局のところ、シュンペーターのいう企業は、自らの卓越した能力を利用し、競争上のポジションを刷新し強化することによって、力強く成長するものであった。その中で、企業は近代経済における変化の主要な要因となったが、それでもなお企業は大部分「ブラック・ボックス」のままであった。

「新しい」企業理論の大部分は第二次世界大戦後に展開され、「ブラック・ボックス」として扱われていた企業に対する見方が変化した。一九五〇年代から一九六〇年代初頭にかけて、何人かの研究者（様々な学問的背景をもっていた）が巨大で垂直統合された、複数事業部制をとり多国籍に活動する「経営者企業」の大成功に関心を示しはじめた。第二次世界大戦後にアメリカが経済的なリーダーシップを握れたのは、ある部分、この種の組織のおかげであった。巨大企業を統治しているメカニズムを把握することが、経済成長の「神秘」を理解する上で極めて重要であると考えられた。史上初めて、企業という「ミクロ」のレベルと、研究者が「一国の富」を研究するマクロ経済の間に、密接な関係が構築されたのである。

多くの産業分野で、人々が考える企業の最適規模は巨大なものになり、産業構造は完全競争ではなく寡占へと向かう傾向にあった。影響力のある経営思想家ピーター・F・ドラッカーは、彼の最初の著作

『企業とは何か』（一九四六年）でこの形態の大企業の出現を論じている。GMに関する知見を叙述することを通して、彼はこの新しい経済の主役を詳細に描き出した。彼は、企業の技術的な基礎、多数の人を効果的にコーディネートする人間としての取り組み、そして近代資本主義に対する企業という制度の社会的インパクトをみることで、大企業を最もよく理解できる、と述べた。

新しい理論的アプローチはいくつかの問題を取り扱っていた。一つ目は、国内・国際の両面における企業成長の決定要因と原動力の理解に関するものであった。二つ目は、企業行動の政策（のちに戦略として知られるようになる）に関するものであった。三つ目は、企業の最適な構造に関するものであった。最後に四つ目として、研究者が最も関心を抱いたものは、これらの組織の中における個人の役割、行動のパターン、そして個人の意欲であった。これに関する影響力のある研究者グループには、ハーバート・サイモン(1)、リチャード・サイアートおよびジェームス・マーチ(2)がいた。

今日、以前にも増して多くの関心が、企業の成長プロセスの主要な駆動装置である技術に向けられている。製品や生産工程のイノベーションは、生産規模の拡大をより魅力のあるもの、時には必然的なものとしている。いくつかの産業はいまだに伝統的な製造技術を用いていたが、最も重要な成長分野は、第二次産業革命の中核を担った大量生産、大量流通がメインとなる産業分野であった。アメリカの経営史家アルフレッド・チャンドラー(3)は、成功した企業組織における、この技術決定論的な変化の影響を強調した。彼は、技術変化に対する企業家的、組織的な対応を分析した。その中で、企業に関する理論で最も重要な問題の一つを扱う学問領域を打ち立てた。その問題とは、企業の戦略と基本的な組織の相互関係であった。

チャンドラーは、暗に技術的な変化を、ビジネスの企業家的選択に決定的な影響を与える外生的な力であると考えた。彼のこの見方によれば、技術的な秩序あるいはパラダイム――科学的、技術的、研究的原理の一定の配列で、支配的な経路（たとえば規模の度合い、機械化に対する傾向）を生み出すもの――は企業の活動や競争力を決定し、「最適な」組織構造も決定する。他の学者――産業経済研究者や経営史家――は、技術的なプロセスと、巨大企業の研究開発センターで次第に行われるようになった技術革新活動の内生的な性質を強調した。この内生的な性質への着目は、分析を大学、各種団体、さらに政府といった一連の幅広い対象へと向かわせた。大部分の技術が企業の中で生み出されるものとなったとき、それはその企業独自の知識となり、戦略的資源となり、しばしばその企業の主要な競争優位の一つとなったのである。

近代企業における成長プロセスの説明に研究者の目を向かわせた最初の人物に、アメリカの経済学者エディス・ペンローズがいた。影響力の大きかった著書『企業成長の理論』（一九五九年）の中で、彼女は近代企業の理論に新しい問題を提起し、のちに社会的進化理論となるものの新しい礎石を築き上げた。ペンローズによれば、企業とは資源と能力からなる「社会成層」である。つまり、近代企業は「ものごとをどのように行うか」ということを学習し、最終的には習得する組織である。成長のプロセスは、企業がもつ物理的・人的能力を最もうまく利用できる能力によって説明される。時が経つにつれ、企業は自ら進化し、新しい知識を創造し、多くの産業で適用可能な能力を習得する。能力を利用することによって成長プロセスを学習し、それを追求することができるという組織に関するこのアイデアは、企業に関する近代理論の一つの土台となった。今日、企業について考えるとき、企業の組織的学習における役割や知識の創造や利用について考えざるを得なくなっているのである。

近代的な官僚組織内部における革新的な活動に関するシュンペーターのアイデアと、ペンローズの内部的に発展する知識と能力というアイデアに立脚し、二人のアメリカの経済学者リチャード・ネルソンとシドニー・ウィンター[4]はルーチンという考え方を導入した。彼らは、ルーチンを、組織がその主導的な地位を維持するために、成功した行動を記憶しておく方法とみなした。ルーチンは、企業の進化理論の一つの理論的な基礎であり、それは合理的選択や個人や組織の目標だけでは決定されない経済過程を描いている。経済主体（中でも企業）は、限定された合理性、経験に基づく累積的な学習、そして試行錯誤のプロセスによって特徴づけられる。企業は「経路依存性」に繋がるようなルーチンを取り入れることによって不確実性を少なくしようとする。これは、広くみられる、一部の個人や組織が変化に抵抗する現象を説明する。ビジネス組織が巨大で複雑な制度になるにつれ、組織内部における知識と情報の流れが、企業発展において決定的な役割を演じるようになった。市場が決定した価格を受容し最少コストで生産を行う者、あるいは企業家的イニシアティブの所産という理解を超えて、企業は自らを取り巻く環境に深い影響を与えることができる経済主体であるとみなされるようになった。企業は内部に複雑な原動力をもち、生物のように進化し適応する能力を有しているのである。

この枠組みの中では、学習と知識の集積が組織の成功や失敗を説明する上で決定的となる。競争力は会社の中に蓄積されている大量の資源を理解し、十分に活用する管理能力にかかっている。この経営資源に基づく《リソース・ベースド・ビュー》観点は、ペンローズの企業成長理論から導き出される、もう一つの重要な考え方である。

「近代」企業は能力と競争優位の宝庫であるという考え方は、新古典派経済学の見方とは決定的に断絶したものであり、大企業の国際化戦略に焦点を当てたもう一つの理論潮流のもととなっている。第二次世界大戦後、アメリカ企業は世界中の生産設備に対して投資を行う最大の企業となった。ペンローズが『企業成長の理論』を出版した一年後の一九六〇年、スティーヴン・ハイマー(5)は多国籍企業の拡大パターンに関して、説得力のある説明を提起した。彼は、競争優位は国内市場において育まれ、その後海外市場で活用されると仮定した。アメリカの多国籍企業の拡大に関する彼の分析は、ジョン・ダニングを含む国際ビジネスに関心をもつ他の研究者によってさらに発展させられた。一九七〇年代後半、ダニングは企業の国際的な活動に関するある説明を発表した。その説明は、国内市場で開発された競争（所有）優位と、進出国における優位（例えば生産的で熟練した労働力）を組み合わせたものに基づいていた。さらにまた、「内部化優位」、すなわち、市場で販売するのではなく、企業の境界内で知識や付加価値活動を維持することによる優位性もあった。

一九六〇年代初めに、もう一つの重要な研究分野が、『経営者資本主義の経済理論』（一九六四年）の著者ロビン・マリスによって切り開かれた。この鋭い分析の中で、彼は企業の成長を、経営者の利己主義によって説明している。経営者は企業の境界を拡大し、より多くの資源を獲得し、既存の資源に対する支配を広げたいと望んでいる。この経営行動は、成長よりもパフォーマンスや利益を指向する株主の利益と衝突する。企業の成長は、したがって、経営者と株主との間の政治的な協定に似たものの結果である。この経営者資本主義の理論は、少なくとも二つの理由で重要である。第一に、マリスの分析は一九六〇年代から一九七〇年代初めのアメリカ企業で起こった激しい多角化の動きを説明している。この動きは、多数のアメリカ最大の企業における合併とコングロマリット化という大きな波を引き起こした。第二に、彼は企業の理論における重要な論争の基礎を築き上げた。その論争とは、プリンシパル＝エージェント関係を巡るものであった（例えば、エージェンシー理論）。

一九七〇年代と一九八〇年代――エージェンシー理論と取引費用の経済学

所有と経営の分離によって生じた企業経営者の権力に対して、一九七〇年代初頭から異議が唱えられはじめた。世界的な経済危機とヨーロッパや日本の企業からの次第に強まる競争圧力は、取締役たち経営陣が企業成長と株主への適切なリターンの両方に対して、十分な資源や利益を生み出す能力に欠けていることを際立たせた。経営者と株主の間の対立は、しばしば激しいものとなった。

一九七六年、二人のアメリカの学者、マイケル・ジェンセンとウィリアム・メックリングが論文「企業の理論――経営者行動、エージェンシー費用、および所有構造」[6]を発表し、論争を呼び起こした。彼らは株主（その企業の大部分の株式を所有し、依頼人《プリンシパル》と呼ばれる）と経営者（その企業の株式の一部分のみを保有しており、代理人《エージェント》と呼ばれる）との間に生じる「プリンシパル＝エージェント」問題を強調した。二人が発展させたエージェンシー理論は、企業を「契約関係の束として働く法的擬制」であるとみなしている。二人のいう「企業」は「資産に対する可分の残余の請求権の存在と組織のキャッシュ・フロー」によって特徴づけられ、このことは、市場を通してか、あるいは法的な手段を通して、契約に署名した主体（プリンシパルとエージェント）の個人的な利益を同じ方向にむける必要性を説明している。二人の企業理論は、巨大で多角的な経営者企業が、そのようなスタイルはもはや効率的ではない、と多くの理論家や（おそらく、その中でも）専門家が考えるようになり、それが重大な問題を投げかけられていた時代に発展したことに注目すべきである。一九八〇年代初頭に、マッキンゼーのコンサルタントであったトム・ピータースとロバート・ウォーターマンは、経営者に関する長期に及ぶ論争に大きな影響を与えた本を出版した。彼らの『エクセレント・カンパニー――超優良企業の条件』は、多角化よりも「コア・コンピタンス」を高く評価する経営哲学を称賛した。

様々な経済主体の相互作用によって引き起こされる問題を解決する、「法的な装置」という企業のとらえ方は、企業の存在それ自体の説明をめざす、もう一つの極めて影響力のある研究潮流、すなわち取引費用理論の源流となった。取引費用理論の起源は、ロナルド・コースが一九三七年に発表した刺激的な論文「企業の本質」[7]にまでさかのぼる。彼の根本的な問いかけは、次のようなものであった。すなわち、なぜ企業は存在するか。そして、なぜいくつかの取引については、市場に任せるのではなく、企業の法的な境界線の内側に内部化する必要があるのか。彼の答えは、市場のもつ非効率性のためにこれらの取引は内部化される、というものであった。彼の言葉では、企業は「無意識的な協働という海に浮かぶ意識的な力という島であり、それはバターミルクの入った手桶の中の凝固しつつあるバターの塊のようなもの」である。彼は、企業の根源と特徴は、取引に関するコストを市場に組み込む必要性にあると考えていた。

コースの基本的な考え方は、オリヴァー・ウィリアムソンの『市場と企業組織』（一九七五年）によってさらに発展させられた。この本は彼の一連の研究を初めてまとめたもので、大きな影響力をもった。ウィリアムソンによれば、取引は調査や監視のコストも含んでいる。経済主体が限定的な知識と限定された合理性によって特徴づけられ、ただ乗り《フリー・ライダー》として行動する傾向のある枠組みにおいては、より特異的な資源であればあるほど、その取引コストはより高くなるだろう。この制度は戦略的な代替手段を生み出す。すなわち、特定のタイプの取引に関しては、市場に頼るのではなく、内部化する方が都合がよいのである。内部化される取引には、体系的に繰り返し行われるもの、あるいは企業の存在を保証するような戦略的資産に関するものが含まれるかもしれない。

取引費用理論は、企業に関する研究とビジネス・ヒストリーの両方に強力なインパクトを与えた。その概念的な枠組みは、第一次産業革命期における工場制度の形成から、巨大な産業企業の垂直的統合による成長戦略まで、幅広い歴史的な出来事を理解する手助けとなった。最後に、取引費用理論は、大量生産方式が普及した後も、引き続き効率的な生産方式であり続ける他の生産方式の説明も提供した。これらには、例えば小規模で専門的な生産者が、価値の共有に基づく地域ネットワークによって繋がり、他社の協力によって利益を得ている産業集積が含まれている。これは取引費用を劇的に低下させ、結果として垂直統合の必要性を排除したのである。

「一から多へ」――二一世紀企業の理論

これらのすべての企業理論の目的は、二〇世紀を通して支配的であった産業組織の形態の起源と変化を説明し理解することにあった。しかし、新しいミレニアムの直前に、異なった形態の企業組織と異なった企業理論が現れた。この新しい考え方によれば、第三次産業革命の技術（エレクトロニクスと通信）は企業の構造とその原動力に広く影響を与えた。そこでは製造工程における新しい調整方式が、より重要なものになった。独立し、専門特化した製造業者のネットワーク（特に特定の作業やプロジェクトを中心にクラスターとなったもの）が、新しい技術とその製品に対処できるだけの柔軟性をもっていた。

リチャード・ラングロワ(8)は、これらの二一世紀の市場の拡大は、グローバル化の進展によるものであり、過去二〇年間にこの進展は生産のさらなる専門化を引き起こした、と述べた。情報化時代の新しい技術は、企業間の調整をより容易にし、取引費用と不確実性を本質的に低下させた。結果として、巨大な統合された経営者企業の役割は重要なものでなくなり、他方で市場の諸力による製造プロセスの調整が増大した。たしかに、調整メカニズムの変化は、モジュール化（モジュールとは一定の規格で作られた部品やコンポーネント）された工程と製品の普及によって、多くの産業部門で促進された。製品の多くは、標準化されたインターフェース（接続のための手順、規則）によって相互に関連させられた、様々な要素によって作られるようになった。それゆえ、一つ一つの部品は、比較的小さな企業の内部で、革新的な工程を遂行する個々の製造業者によって開発されるようになった。大企業が成立して一〇〇年後、おそらくそれは解体の方向に向かうのであろう。しかしながら、この変化は完成には程遠く、現在の経済的な条件（一〇〇年前と同じような条件）では、工業やサービス分野における大企業は、依然としてビジネスやビジネスの歴史の中心であり続けている。

注

（1） H. Simon, *The New Science of Management Decision*, Harper & Row, New York, 1960.（稲葉元吉・倉井武夫訳『意思決定の科学』産業能率大学出版部、一九七九年）

（2） T. Peters and R. Waterman, *In Search of Excellence: Lessons from America's Best-Run Companies*, Harper & Row, New York, 1982.（大前研一訳『エクセレント・カンパニー』英治出版、二〇〇三年、および大前研一訳『エクセレント・カンパニー——超優良企業の条件』講談社、一九八三年）

（3） A. D. Chandler, Jr., *Strategy and Structure: Chapters in the History of the American Industrial Enterprise*, MIT Press, Cambridge, MA, 1962（三菱経済研究所訳『経営戦略と組織——米国企業の事業部制成立史』実業之日本社、一九六七年、および有賀裕子訳『組織は戦略に従う』ダイヤモンド社、二〇〇四年）; do, *The Visible Hand: The Managerial Revolution in American Business*, Belknap Press, Cambridge, MA, 1977（鳥羽欽一郎、小林袈裟治訳『経営者の時代——アメリカ産業における近代企業の成立（上・下）』、東洋経済新報社、一九七九年）; do, *Scale and Scope: The Dynamics of Industrial Capitalism*, Harvard University Press, Cambridge, MA, 1990.（安部悦生ほか訳『スケール・アンド・スコープ——経営力発展の国際比較』有斐閣、一九九三年）

（4） R. R. Nelson and S. G. Winter, *An Evolutionary Theory of Economic Change*, Harvard University Press, Cambridge, MA, 1982.（後藤晃ほか訳『経済変動の進化理論』慶應義塾大学出版会、二〇〇七年）

（5） S. H. Hymer, *The International Operations of National Firms: A Study of Direct Foreign Investment*, Ph.D. dissertation (1960), published posthumously, MIT Press, Cambridge, MA, 1976.

（6） M. C. Jensen and W. H. Meckling, "Theory of the Firm: Managerial Behavior, Agency Costs and Ownership Structure," *Journal of Financial Economics* 3 (4), 1976, pp. 305-360.

（7） R. Coase, "The Nature of the Firm," *Economica* 4 (16), 1937, pp. 386-405.

（8） R. Langlois, *The Dynamics of Industrial Capitalism : Schumpeter, Chandler, and the New Economy*, Taylor & Francis, London, 2007.（谷口和弘訳『消えゆく手――株式会社と資本主義のダイナミクス』慶應義塾大学出版会、二〇一一年）

第三章　企業家精神

とらえ所のない現象

過去二〇年にわたり、われわれは企業家精神や、成功した企業家とメディアで扱われたビジネス・リーダーたちについてかなり多くのことを耳にしてきた。この人気の源をみつけることはそれほど難しいことではない。熾烈なグローバル競争を背景にして、われわれは全員、イノベーションの秘密を知りたいと思っている。本書で取り扱う大企業の多くは、高額の報酬を得る新しいタイプの経営者によってうまく経営されるようになり、官僚的な経営者は突然いなくなった。中には——奇妙なことに、大きすぎてつぶせないといわれ——金融的な応急措置によって公共部門の企業となったものもあった。同時に、私たちは企業家的な要素をもつ中小企業を再発見した。小規模のベンチャー企業をリードしていようと、ジャック・ウェルチがGEで行ったように大企業を再編したり新たな方向性を与えたりしようと、この世代の革新者たちは、一般的なイメージでは、誇張されているようにみえ、他の人々とは異なっているようにもみえた。たとえ革新者が失敗したり、あるいは伝説的なマイケル・ミルケン（一九八〇年代に活躍した投資銀行家。ジャンク債の帝王）のように堕落したとしても、である。ある者は、ほとんど運転資金をもたずにガレージで起業した。またある者は世界的に増大する投資資源を利用できた。いずれの事例でも、彼らは、世界をグローバル時代に突入させたエレクトロニクスや情報通信産業といった分野で、イノベーションの大きな波をつくり上げる主力となったと考えられる。

企業家精神は、一国の富や競争力の中心ともいえるもので、すべての先進国では、教育上と産業政策上の目的から、それを成文化しようとする傾向がある。アメリカでは、何百という大学やビジネス・スクールが企業家精神を専門とした教育プログラムや、そのためのセンターを設置している。アメリカや外国で定評のあるビジネス・スクールの中で、いまや、駆け出しの企業家のための特別なトレーニング・コースの設置を宣伝していないところはないであろう。

企業家は経済プロセスの中心に位置すると認められているにもかかわらず、企業家精神はとらえ所のないものであり、明確に定義することが非常に難しい概念であり、変化しやすく、数学的に公式化された論考の中で分類することが事実上不可能な概念である。企業家精神は様々な規模の組織の中に存在する。つまり、巨大な企業でもみられるし、小さな小売店でもみつけることができ、種々の形で存在している。それは科学者が、自身の研究活動に経済的な意味を与えようとする行為なのかもしれない。それはまた、商品の販売方法に特別のスキルをもった昔の行商人にも見出せるかもしれない。同様のことは今日、ビジネス・スクールで学んだテクニックを利用して巨大な会社を管理する、高等教育を受けたマネジャーにもみられるかもしれない。そして、もちろん、それは需要を予測し経済的な帝国を打ち立てようとする、衝動的で本能的なタイプの人を突き動かすものでもある。企業家精神は、長きにわたって日々積み重ねられるものである可能性もあり、あるいはまさに劇的な進歩の中に出現するものなのかもしれない。

当然のことながら、われわれが企業家精神について語るとき、そこで用いられる言葉と一般的に普及している概念との間に混乱がある。これと同様の不確かさと混乱は、アカデミックな世界でも見受けられる。用語が非常に不明確なので、ウィリアム・ボウモルのような高名な経済学者は「企業家は最も好奇心をそそられるものの一つであるが、同時に経済分析のテーマを構成する登場人物の配役の中では、最もとらえ所のないものの一つである」[1]と書いた。もう一人の経済学者で歴史家でもあるマーク・カッソンは、企業家精神は「歴史家ごとに違うものを意味している」[2]と認めている。定義の不明確さや混乱を認識する一方で、おそらく、簡単なリトマス試験を行うことによって問題を明確にできる。すなわち、企業家精神は、経済によい影響を与える何か新しいものを創造する個人の能力、あるいは共同の能力を常に含んでいるものである。イノベーションの種類は、その原因と同じくらい多様であった。周知のものもあるし、廃れたものもある。しかし、資本主義システムではすべてのイノベーションが重要な役割を果たすのである。

ヒーロー、見えざる存在、そして凡人

企業家精神に関する議論の中で「ヒーロー」という用語を使うとき、すぐにヨゼフ・シュンペーターの仕事が思い浮かぶ。しかし、これに関して議論したのは彼だけではなかった。彼は二〇世紀への世紀転換期のドイツ語圏における、典型的な知的潮流の中にあった。このような時代背景のもとで、多くの卓越した学者がイノベーションや、社会的規模で企業家的行動を促進するような組織文化に魅せられていた。次のような巨匠について少しみてみよう。

・マックス・ウェーバー　近代社会学の父であるウェーバーは、企業家を「手段的合理性」を見守る

人として描いた。企業家は「手段的合理性」によって、自らの目的（経済的利得の追求）と最も適切な手段（社会に普及している予測可能性）を体系的に結びつけることができる。

・ヴェルナー・ゾンバルト　代表的な著書『近代資本主義』の中で企業家のエリート的な側面を強調した。企業家の活力と創造力は、別のやり方では有効に作用しないと考えられる経済的要素――財産権という名称や会社における公式な地位という具体性を捨象した労働や資本――に生命を与える。

・フリードリヒ・ニーチェ　彼の影響力は、シュンペーターがウィーンで自身の理論を練り上げていた二〇世紀初頭の一〇年間にピークを迎えた。ニーチェは、その時代の型にはまった学問的知識のはるか先を行く人と、単にそれに迎合する人との違いを強調した。ニーチェは、一見不合理にみえる道を歩む個人の役割を強調したのである。そのような人は尋常でない意志力によって突き動かされる人である。この考え方は、シュンペーターのいう理想主義的で功利主義的な合理性から、かなりかけ離れた行動をとる企業家のそれと非常によく似ている。企業家は束縛されないエネルギー、制御できない内的な力によって突き動かされているのである。このような人にとって、富は目的ではない。そうではなく、企業家は社会的地位の上昇を望み、創造を楽しみ、競争相手に勝利することを喜び、そして時には経済帝国となる組織のトップとしての役割を自覚することによって達成感を得るのである。

たしかに、シュンペーター以外に企業家を経済システムの舞台の中心に据えた人物はいなかった。彼のいう企業家は成長のエンジンであった。オーストリア人経済学者であるシュンペーターの理論では、企業家は資本主義システムのまさに中心にいたので、その役割が緩慢に動く官僚組織に取って代わられたとき、資本主義システム、つまりブルジョア・システムは全体として官僚主義化された社会主義へと変質するのである。シュンペーターにとって、イノベーションは土台となるものであった。それは新しい製品、新しい生産方法、新しい市場、原料あるいは半製品の新しい供給源、あるいは独占の形成のような新しい組織の形成、もしくは古いものの破壊を意味した。企業家に莫大な創業者利得を与えるイノベーションは、既存の需要に順応するのではなく、まったく新しい成果物を市場にもたらすものであった。イノベーションは、変化、不均衡、そして「創造的破壊」を意味したのである。それは発明とは同義ではなく、新しいアイデアをある一定の経済規模で実現することであった。

この見方からすると、企業家はコンドラチェフ（ニコライ・D。ソ連の経済学者。周期四〇～六〇年の景気の長期波動の存在を明らかにした）が発見した長期的な技術革新の波を利用しようと努力する、ある種の「翻訳者」である。一七八六年から一八四二年まで、技術革新の波は繊維や冶金の分野における一群のイノベーションという形で現れた。一八四三年から一八九七年まで、鉄道分野におけるイノベーションと、鉄道と深く関連した諸活動によってこの波は高まった。そして一八九七年から第二次世界大戦の勃発まで、技術革新の波は、いずれも急速な拡大がみられた電気、化学、そして自動車といった分野において明確に観察できたのである。

独立変数と考えられている技術的なイノベーションは、シュンペーターのいうヒーロー、中でも製造に携わる者にとって決定的なものであった。必ずしもリスク・テイカーでも所有者でもなかったが、この種のビジネス・パーソンはイノベーションの機会に目を光らせていた。シュンペーター理論において重要なことは、単一の資本家、俸給経営者、チーム、あるいは政治的団体によって成し遂げられるイノベーションの役割である。ブルジョア資本主義システムに対して激しく異議が唱えられていた時代において、シュンペーターのいう企業家精神（資本主義社会に固有の優位性とみなされるもの）は、当時にあってはその非常に効果的な弁明理由であったし、現在もそうである。

経済プロセスに関するもう一つの考え方は、古典派経済学と新古典派経済学の中にみつけることができる。右端をシュンペーター、左端をアダム・スミスとした連続体《スペクトル》でこれを考えることができる。左側の最も端では、企業家精神は事実上重要でないものとみなされている。ここでは主流派の経済学について述べているので、このような主張は重要である。スミスの『国富論』とデヴィッド・リカードの『経済学および課税の原理』を読んで、経済プロセスはそれ自体が前に進みうるという印象を受けることに気づいたのはシュンペーターであり、その著書『経済分析の歴史』においてであった。スミスの著作の中では、実業家《ビジネスマン》の最も重要な機能は資本を供給することであり、他方でリカードは経済的な動きの自立性をより強調した。もちろん、経済学の父たちは、個々の成功や失敗の重要な要素としてビジネスに伴うスキルをみてはいたが、このスキルは経済プロセス全体を考えた時にはほとんど影響力をもたなかった。カール・マルクスも同じであった。彼の『共産党宣言』には産業ブルジョワジーへの賛辞が含まれていたけれども、マルクスは常に古典派的分析のロジックに忠実であった。彼は企業家のような主観的な要素とのいかなる関連性も否定した。マルクスの思考枠組《パラダイム》みの中心をなすものは、資本家と労働者とを結ぶ社会関係であった。

　企業家精神は、市場の均衡という考え方に基づく新古典派経済学のパラダイムからは、さらに無視された。新古典派経済学では、企業は、定義上よく知られた予見可能なメカニズムによって生産要素が財に変換される場所である。不確実性は販売される財の価格や、利用する特別な生産要素の価格のような外生的変数に存在する。このような理論的枠組みでは、企業家には単に最も効率的な生産機能を選択し、「材料」が絶えず組み立てられているかどうかチェックする必要があるだけである。

　「経済理論と企業家はこれまで決してそう簡単には旅の道づれにならなかった」。これは本章で取り上げているトピックに関するJ・S・メトカーフの論文の書き出しであり、この記述は主流派の理論が成長という現象を説明するのに用いられる時でさえ、正しいようにみえる(3)。この事例では、企業家精神は

「残余の部分」、すなわち生産性の向上を説明しようとする経済学者が通常用いる方法では測定できない何か、として扱われる。このようにして、エドワード・デニソン（GNPの測定方法を開発した経済学者）は――一九〇〇年から一九六〇年までのアメリカの経済成長の源泉を探り出す中で――技術的な進歩、人的資本、資源の再配置、制度的変化といった要因を、生産性上昇の源泉として取り上げた。彼は企業家精神を否定している。それというのも、企業家精神は様々な資源投入それ自体に含まれていると考えたからである。

本書は、シュンペーターと古典派経済学および新古典派経済学の伝統との間には、実際のところ中間的な地平があると考えている。幸運にも、すべての主流派経済学者が完全に企業家を無視しているわけではない。企業家になんらかの意味のある役割があった時でさえ、経済学者たちは英雄的な美徳には触れないし、絶頂の部分、つまり真に際立ったイノベーションのみを考えるわけではない。そうではなく、経済学者は偶然の苦境に対処する能力といった、比較的誰にでもある能力を強調する。これは、フランスのナントという町の出身者でプロテスタントであった、ジャン＝バティスト・セイによって一九世紀初頭に書かれた『政治経済学概論』にも見出せることである。彼は経済学の教授でもあり繊維製造業者でもあった。彼は企業家精神の際立った特質を、製品の創造という先を見通した目的のもとで、異なった要素（例えば労働者、所有者、金融的支援者）を統一する力として叙述したのである。

『経済学原理』によって新古典派学派の父の一人となったアルフレッド・マーシャルもまた、企業家精神をビジネス・マネジメントの領域に位置づけた。マーシャルはそのように位置づけたが、重要な決定を行う企業家的役割を、代理権限によって特徴づけられる経営者的な役割から区別していた。マーシャルの枠組みでは、企業家は特別な人ではない。むしろ、企業家は日常の活動の中で描かれており、カリスマ性をもった創業者が活動をやめた後も、企業のシステムを動かし続ける目的をもつ人として企業にうまく埋め込まれている。

今日の経済学者の中には、企業家的行動の心理的側面を強調する者もいる。イスラエル・カーズナーは「オーストリア学派」に属している。この学派は、経済と知識の関係という問題については、一般的にルートヴィヒ・フォン・ミーゼスやフリードリヒ・フォン・ハイエクの考え方を引き継いでいる。カーズナーは、用心深いことが企業家の素質であるとみていた。用心深さとは、資源の不適切な割り当てから発生する機会を認識する能力であるとされる。この目的のために、企業家は創造性、想像性、そして出来事を予測し、市場データに関する正確な情報源を識別する能力をもっている必要がある。経済学と心理学の関係を強調したもう一人の研究者は、マーク・カッソンである。彼は、企業家にとって最も意味のある才能は、希少資源の調整に関して効果的な意思決定ができる能力であると定義している。企業家（カッソンはそれを個人とみており、チームとはみていない）は資本家、所有者、そして経営者の役割を兼ね備えた人物であり、利益が手に入る状況を知覚する特別な能力によって、他の人々とは区別される人である。

しかしながら、これらすべての研究者にとって、企業家は実際に「われわれのうちの一人」であり、資本主義体制において普通の役割を果たす、ごく平凡な人である。もしかしたら企業家は、勇気、リーダーシップ、機会を機敏にとらえられること、あるいは研ぎ澄まされた判断力といった天賦の才能によって「違って」いるのかもしれない。しかし、そうだとするとその個人は、資本主義体制の中の他の人々と同じように、シュンペーターが重要視した企業家に顕著な特徴を欠いてしまうことになる。

企業家精神と組織

これまでのところで何度か、企業家とその組織との関係について触れてきた。これはどこでもみられる問題である。ほとんどの事例において、企業家はそのアイデアを確実に実現したり維持したりするために、企業を新たに組織するか、または新しい方向に向ける必要がある。これによって企業家は、階層的な関係で結びつけられた物的資源と人的資源を託される。企業と企業家を結びつける組織は、マネジメントの中間層である。それは労働者と企業家の間にあり、そこでは企業家の衝動が組織全体へと伝播され、企業家は自らのアイデアの実現を管理する。これは特に国の経済競争力と最も関連のある分野や、成功した組織が驚くほどのスピードで成長することが多い分野に見出される。

これは、企業家のパラドックスをつくり出す。つまり、官僚主義的な規則と硬直し変化のない組織は、容易に企業家のビジョンをだめにしてしまうという逆説である。これはヨゼフ・シュンペーターが一九四一年に出版した『資本主義、社会主義、民主主義』の中で行った有名な議論であった。その議論は——すでにみたように——シュンペーターが、ブルジョワ＝資本主義システムの不可避的な没落を予測する中でなされたものであった。彼はこういう。官僚主義と政府による干渉は、資本主義体制を前進させ、それに正当性を与える活力を窒息させてしまうだろう、と。

二〇世紀前半において、巨大組織の形成が諸研究に最も強いインパクトを与えたのは、アメリカ、すなわち経営者資本主義の国においてであった。テイラーの『科学的管理の原理』（一九一一年）、バーリとミーンズの『現代株式会社と私有財産』（一九三二年）、バーナムの『経営者革命』（一九四一年）、そしてウィリアム・ホワイトの『組織のなかの人間』（一九五六年）を検討してみよう。これらの重要な研究はどれも、組織の中心性と、一九世紀型の企業家精神の、長くて漸進的な衰退を強調した。つまり、資本主義が進化するにつれ、監査役が企業家に打ち勝ったのである。組織は硬直的な手続きを意味し、それに対して企業家精神は創造性と結びつけられた。ある者は組織への適合を支持し、他の者はそこからの逸脱を提案した。またある者は安定を推し進め、他の者は変化を求めた。一九七〇年代の巨大企業の危機は、多くの人たちを次のような結論に導いた。すなわち、おそらく〔ピーター・F〕ドラッカーは間違っていた、そして経営者資本主義はいまや新しく、まだ定義されていない政治経済体制に道を譲らなくてはならない、と。

ウィリアム・ラゾニックは、異なる資本主義間の競争を再考し、一九八〇年代の日本企業の成功の中に、支配階層が、作業場を始点とする近代的官僚組織を備えた会社のすべての構成要素を、イノベーション・プロセスに巻き込む能力をもっていることを発見した。ラゾニックは、ほぼすべての注意をミドル・マネジメントに向けたのである。他にも、官僚主義的な現象に対する同様の解決策をみつけようとした者がいた。ドラッカーは、企業が新しい環境に適合することを説明するものとして、「企業内事業者」と「企業内ベンチャー」という考え方を導き出した。ロザベス・モス・カンターは、イノベーションを生み出す組織に関する彼女の研究の中で、(4) ミドル・マネジメントの企業家的な資質を、「単独で行動するのではなく、チームで働くためのあいまいな任務、重複する領域、不確かな権限と命令を含んだ」新しいタイプの枠組みの中で用いることを追究した。

イノベーションは会社の内部で起こり、トップ・ダウンのプロセスからは起こらないという考え方は、多くの経営研究者によって共有されている。彼らは、戦略がどのように定式化されるかは重要ではなく、実際に（言い換えれば、多くの行為者――特に第一線に立っている経営者――が対処する非定型な出来事を通して）それがどのように実現されるかが重要であると考えている。したがって、特に研究者は組織や個人の行動に関して、高度に合理的な説明を導き出したいと考えているので、事後的な説明において、さらに会社の組織図で、企業家精神の本当の筋道を再構築することは困難であろう。しかし、イノベーションが多くの場合進歩的な、そして時には偶然の学習プロセスから生まれることは否定できない。

もちろん、学習はイノベーションの唯一の要因ではない。忍耐強い学習が適切でない状況もある。例えば、極めて危機的な状況にあるとき、学習を強調しすぎるとうまくいくこともうまくいかなくなり、望まざる結果をもたらす可能性がある。だから、組織的な学習——実践による学習——は極めて重要であるが、それは方向性を与えられ、決定的な意思決定を行うことのできる能力によって統制された制度の中で、枠がはめられなければならない。このような回り道を経て、再び企業家的なリーダーシップの問題に立ち戻るのである。

巨大組織のトップで意思決定を行う能力の必要性は、アルフレッド・チャンドラーによって十分に解き明かされた。彼は、ビジネスの物語を、経済学者、社会学者、法学者、そして他の社会科学者との対話を促す概念とうまく結びつける、まれな天賦の才能をもっていた。その主な著作のすべてにおいて、彼は官僚主義的な舞台における、企業家的な意思決定の叙述と分析に重点を置いていた。最初の重要な著作である『経営戦略と組織』（一九六二年）において、チャンドラーは企業家の機能と経営者の機能を慎重に区分した。企業家は会社の最も高い階層において資源を配分する責任をもっていたが、経営者は新秩序における真の企業家であるトップ経営者によってつくり上げられた資源や概念的な枠組みの中に留まっていた。カンターや他の研究者と異なり、チャンドラーは、彼が調べた組織においては、最も低い階層、あるいはミドルの階層から上に向かうイノベーションには重点を置かなかった。それにもかかわらず、彼は、企業家の本質的な仕事の一つは、経営管理の階層構造をつくり上げ、人材を配置し、完成させることであると述べたのである。この企業内部のネットワークは、巨大企業がうまく機能するには極めて重要なものであり、第二次産業革命期の成長と経済的な競争力に不可欠の手段であった。

アニマル・スピリッツへの回帰

　ロバート・D・カフは、晩年の二〇〇二年に、なぜハーヴァード大学の企業社史研究センターがその研究テーマを「経済生活におけるカルーソー」〔エンリコ・カルーソーは著名なテノール歌手。シュンペーターが企業家の類型を論じる際に言及した。〕から組織内部における企業家精神へとシフトしたのかを説明した。カフは外的要因と内的要因を選び出した。前者は第二次世界大戦におけるアメリカの国家的な資源動員によって生み出された一般的な経済環境と関係があり、それは大規模組織の重要性と普及を強調するものであった。当時、政府も社会一般も――ドラッカーがその著書で取り上げたように――GMのような、巨大ではあるが柔軟性のある組織の戦時需要に対応する能力を認めるようになった。内的要因として、経営史学の内部には、ある部分タルコット・パーソンズのような社会学者に影響されて、客観的で「科学的」な歴史を書きたいという願望があった。だが、舞台の中心にまれにみる企業家の例外的な個性があるとしたら、その願望を達成するのは困難であった。

　これらの二つの要因は、約三〇年間（一九五〇年代から一九八〇年代）にわたり、アメリカ経営史学の主な分析単位が会社内部の企業家精神であった、という事実を明らかにするものである。この選択はまた、他の多くの国々の経営史研究者に重大な影響を与えた。しかし、カフが指摘したように、時代は変化し、新しい企業家像が現れた。これは、種々の方法で、もとのシュンペーター理論の中心にあった英雄的な個性へと立ち返らせるものであった。歴史的背景は変化を必要としていた。すなわち、ホワイトハウスのレーガン、熾烈なグローバル競争、アメリカの経営者と経営者教育に対する幻滅、シリコン・バレー現象の魅力、戦略的提携・ネットワーク・「バーチャル企業」その他の成長を含む企業組織の形態変化、雇用主としてのスモール・ビジネスに対する再評価、企業家に対するメディアの賞賛。このような外部の幅広い要因が変化を説明するのに役立つ(5)。

したがって、一九八〇年に作成された『アメリカ経済史百科事典』のためにジョナサン・R・T・ヒューズが準備した企業家精神に関する項目は、現象の背後にある次のような要因を強調するために選択された。すなわち、土地の自由所有制、取引の最大限の柔軟性、法制度の安定性、限定された社会的管理、そしてシュンペーター的企業家の祖先としてのフロンティアの不法占拠者、である。たしかに、チャンドラーの経営者的企業家モデルからの距離は注目に値する。個性的で英雄的な企業家は、ビジネスが進化する中でメインの登場人物として再び現れてきた。歴史家にとって最も魅力的な問題は、この設定においては、どのようにして企業家は雑輩が作り出す障害を乗り越えるのか、を見出すことにあった。もはや経営史研究者だけが革新的な行動を導く社会的な要因を同定する仕事を負ってはいなかった。歴史家が注意を払う社会科学の各分野の中で、社会学は、人格理論の研究による組織分析学である心理学よって補足されなければならなかったのである。

結　語——歴史のなかの企業家精神

本書が企業家精神に与える定義や説明がどのようなものであれ、それを近代的な経済、社会、文化、そして政治体制の極めて重要な部分として含めないわけにはいかない。何人かの著者によれば、企業家精神こそがそのような体制を形作ったのである。また他の者にとっては、企業家精神は地域ごとに変化するものでもある。産業革命以前のヨーロッパを描いた素晴らしい本の中で[6]、カルロ・チポラは生産性に関する典型的な問題を扱いながら、この問題をうまく処理した。チポラがいうには、生産の拡大と物理的なインプットとの相関関係を示すだけでは十分ではないのである。それにもかかわらず、その「プラス」要因を企業家と名づけたり、さらにそれをシュンペーターが行ったように「歴史の創造的反応」と考えたりするアイデアは、チポラを納得させるものではなかった。彼によれば、シュンペーターは完全体を断片に分解する誤りを犯しており、その断片が、特定の場合において企業家的活動となるのである。「それは重要で必要な要素であるが、私はそれで十分であるとは考えない」、とチポラは記している。

チポラにとって、ある時点で決定的な影響力をもつゲームが始まる「歴史の創造的反応」を誘発するのは、社会全体の「人間の活力」であった。残余の部分〔経済成長の要因のうち資本と労働の増加では説明できない部分。全要素生産性〕は（この章の前半で触れた主流派の理論にみられるように）神秘的なままであり、「つかみどころのないもの」としか説明されず、次いで協同的な社会的プロセスの成果と説明された。

チポラはエミール・デュルケム〔フランスの社会学者〕の「集合的沸騰」という概念を援用していた。「集合的沸騰」は、社会的な相互作用の度合いが、イノベーションが連続するほど絶頂に達した時に起こる。デュルケムはこの状態の例として、ルネサンスやフランス革命を取り上げた。スウェーデン人の社会学者リチャード・スヴェードボリは――デュルケムの労作を現代の経済用語に翻訳しようとする中で――イギリスの産業革命の初期、一九〇〇年前後のアメリカ、そしてより近い歴史としてはシリコン・バレーに言及している。

これらの主張は、社会科学者たちに企業家精神という現象を測定することを促した。一つの例は、国民経済の発展に対する企業家精神のインパクトを理解しようとした社会学者ポール・H・ウィルケンである。彼は四つの変数を選び出した。すなわち、O（機会）、Y（経済成長）、X（非経済的要因）、そしてE（企業家精神）である。二次資料に依拠しながら、ウィルケンは一九世紀のイギリス、フランス、ドイツ、日本、アメリカ、そしてロシアの経済発展を事例に検討し、明らかにおかしな結果にたどり着いた。つまり、イギリスとアメリカの両国において、企業家精神はほとんどインパクトを与えていない、と。彼が定量化を試みた際の問題は、変数の間を明瞭な線で区切ることが非常に難しかったことにある。これに対して経済学者のジェームス・フォアマン・ペックは、むしろ第二帝政時代のフランスを選び、包絡分析法（DEA）や確率的フロンティア分析（SFA）といった洗練された統計手法を用いて、企業家精神の測定を行った。彼はもっぱら新しい企業の設立とそのパフォーマンスに焦点を当てた〔DEAは、最も優れた業績を示す事業体〔企業〕をベンチマークとして、他の事業体の業績評価などを測定する方法。SFAは、企業の生産性や費用構造の効率性を推計する方法〕。

たしかに、これらの研究の貢献は重要である。しかし、どの研究も、私たちを経済史に連れ戻し、成長過程に連れ戻し、そして特に近代企業の出現に連れ戻す。注意深い歴史研究や歴史分析から学ぶべきことはまだまだ多い。数多くの伝記は有益であろうし、組織の歴史に関するチャンドラーの方法もまた有益であろう。このような方法で前進すれば、プロテウス〔ギリシャ神話の海神〕を捕まえることはできないかもしれないが、きっとすぐ近くで観察することはできるであろう。

注

（1）W. J. Baumol, *Entrepreneurship, Management and the Structure of Payoffs*, MIT Press, Cambridge, MA, 1993, p. 2.

（2）M. Casson and A. Godley, "Entrepreneurship and Historical Explanation," in Y. Cassis and I. Pepelasis Minoglou (eds.), *Entrepreneurship in Theory and History*, Palgrave, New York, 2005, p. 25.

（3）J.S. Metcalfe, "The Entrepreneur and the Style of Modern Economics," in G. Gorbetta, M. Huse, and D. Ravasi (eds.), *Crossroads of Entrepreneurship*, Kluwer Academic Publishers, Boston, 2004, p. 33.

（4）R. M. Kanter, *The Change Masters*, Simon & Schuster, New York, 1983.（長谷川慶太郎監訳『ザ チェンジ マスターズ——二一世紀への企業変革者たち』二見書房、一九八四年）

（5）R. Cuff, "Notes for a Panel on Entrepreneurship in Business History," *Business History Review*, Spring 2002, n. 76, p. 130.

（6）C. Cipolla, *Before the Industrial Revolution*, Metheun & Co. Ltd., London, 1976.

第二部　産業革命以前と第一次産業革命期の企業

第四章　産業革命以前の製造業

一八世紀と一九世紀の工場制度は、ヨーロッパの政治経済を劇的に再編したが、実のところ企業家精神も資本主義企業も第一次産業革命とともに姿を現したものではなかった。実業家たちは、イギリスの工場が覇権を握った時代よりも前に、顧客が必要とする財とサービスを提供するため、（本源的生産要素である）資本と労働と天然資源（通常、土地と表記）の新たな組み合わせを編み出していた。そこでみられた変化は比較的緩やかなペースで推移した。だがそれは、製造業を含むヨーロッパ経済のあらゆる部門で起きていたのである。もちろん、産業革命以前と産業革命以後の製造方法には大きな違いがあった。ここでいう違いは、産業革命以前のヨーロッパ社会の人口、経済、そして社会構造と密接に関係していた。つまり、それまで長きにわたって財とサービスが生産されてきた様式に影響を与えてきた、社会構造、人口、そして商業パターンと密接に関係していたのである(1)。

産業革命以前のヨーロッパ――全般的な特徴

産業革命以前のヨーロッパ諸国では、特定の様相は共通してみられたものの、均質というにはほど遠かった。その特徴としては、第一次産業部門がほぼヨーロッパ全域に広がっていたことが挙げられる。

表4－1　近代ヨーロッパとEUにおける産業部門別にみた国民総生産への貢献度

（単位：％）

	1500～1800年のヨーロッパ	2000年のEU
農業	60	2.2
製造業	20	28.1
サービス業	20	69.7

出所：Paolo Malanima, *Uomini, risorse, tecniche nell'economia europea dal X al XIX secolo*, Bruno Mondadori, Milan, 2003, p. 248より作成。

表4－2　近代ヨーロッパとEUにおける国民総生産の構成要因

（単位：％）

	近代ヨーロッパ	2000年のEU
消費	85-90	58
投資	5-10	21
政府支出	5	21

出所：Paolo Malanima, *Pre-Modern European Economy: One Thousand Years (10th-19th Centuries)*, Brill Academic Publishers, Leiden, 2009, p. 249より作成。

複数の研究者の計算によれば、ヨーロッパ各国の国内総生産（GDP）の八〇～九〇％は農業に由来するもので、人口の圧倒的多数（おそらく七〇％程度）は農業に従事していた。労働力の大部分を構成していたのは農民とその家族で、そのほぼ全員が先祖伝来の土地を耕作していた。労働力の流動化はあまりみられず、都市化のレベルも低いものであった。パリ、ロンドン、ナポリなど、かなりの規模に達した都市もあったが、それらは農場、郊外の村、小さな町からなる広大な海に浮く「氷山」のような存在であった。

至る所で伝統が強い影響力をもっていたが、かといって当時の経済は一概に静的なものともいえなかった。経済成長率は各国それぞれ多様で、産業革命に続く時期に匹敵するほどではなかったものの、すべての国で変化が生じていた。ヨーロッパの総人口は、一五〇〇年頃の五七〇〇万人から、一八世紀末には一億三二〇〇万人にまで増加した。アンガス・マディソン〔世界経済史・成長史の研究者〕の概算によれば、一〇〇〇年から一五〇〇年までの西ヨーロッパ人口の年成長率は約〇・一六％で、一五〇〇年から一九世紀初頭までは〇・二六％であった[2]。同じ時期に、国民総生産（GNP）の年成長率は、それぞれ〇・三％と〇・四％で、この数字は成長率が一年当たり一％を超えた一八二〇年以降の数年間よりも、はるかに低い数字であった。

以上のことは、比較的堅牢なピラミッド型社会の特徴を示すもので、それは所得の不均等配分を伴っていた。農業技術の改良（例えば沼の灌漑）はあったものの、食糧生産は人口増と歩調を合わせて、緩やかに増加していた。社会の購買力は、総人口では圧倒的に少数派であった非常に裕福な人々、つまり農業や産業を所有・支配していた人々の手にほぼ完全に握られていたのである。

産業革命以前のヨーロッパ経済は、その大半を農業に依存していたので、農業部門特有の深刻な変動の影響をもろに受けた。悪天候や国力を衰弱させる戦争が予測不能な生産の下落を招き、それに伴う栄養失調は人々の罹患率を高め、戦争や周期的な飢饉が人口増に壊滅的な打撃を与えていた。一五世紀になると、新しい農業技術が短期間で広範に普及し、ヨーロッパでは余剰収穫を蓄える人々も登場しはじめた。だが、こうした余剰は気候的・地理的に恵まれた地域に限定されており、そうした地域であっても人命を救えるほどの余剰が毎年生み出されていたわけではなかった。

比較的硬直的で不平等な政治的・経済的な体制はもとより、文化的・社会的な要因が総需要レベルに与えていたマイナスの影響も大きなものであった。しかし、この点は、産業革命に先行する三世紀の間に変化の兆しをみせはじめた。経済は次第にダイナミックなものとなった。これに関しては、農業における重要なイノベーションを指摘できるし、事実、第一次「農業革命」について語ることもできる。ヨーロッパは、全体として、長期にわたって徐々に経済発展する方向に向かう最初の小さな一歩を踏み出したのである。結果として生じた総需要の増加は、遠隔地との交易を刺激し、それは帆船や造船における技術改良によって加速した。それ以外に、何人かの研究者が「制度による能率(3)」と呼ぶ好都合な変化もあった。つまり、中世から始まる、（遠隔地市場における複雑あるいは危険な取引の処理を意図した）コ

表4-3　日本を除く先進市場経済国における労働者の産業別配分

年	総労働人口（100万人）	部門別配分（%）		
		農　業	製造業	サービス業
1750	53	約76	約13	約11
1800	56	74	16	11
1913	155	40	32	28
1950	210	23	37	40
1970	287	10	38	52
1980	331	7	34	58
1990	374	5	29	66
1995	388	5	27	68

出所：以下の資料に基づき著者が作成。Paul Bairoch, *Victoires et deboires : histoire économique et sociale du monde du XVIe siècle a nos jours*, Gallimard, Paris, 1997.

表4-4　いくつかの指標でみた，1300～1990年におけるヨーロッパ（ロシアを除く）とグローバルな社会経済の変容

		1300年頃	1700年頃	1900年	1990年
総人口（100万人）	ヨーロッパ	60-90	95-110	285	499
	世界	370-530	630-740	1,640	5,280
一人当たりGDP	ヨーロッパ	150-180	170-200	560	3,110
(1960年のドル換算)	世界	160-180	160-190	300	1,150
平均寿命（男性）	ヨーロッパ	23-30	26-35	45	72
	世界	22-28	25-33	31	62
労働力に占める農業労働者の割合	ヨーロッパ	76-83	76-80	50	11
(%)	世界	76-83	76-83	72	49
都市化率[1)]	ヨーロッパ	9-11	11-13	38	70
	世界	9-10	10-11	16	43
一人当たりの鉄生産量[2)]	ヨーロッパ	0.5-1.5	1.0-2.0	80	390
	世界	0.5-1.5	0.5-1.5	25	143
一人当たりのエネルギー消費量[3)]	ヨーロッパ	250-400	300-450	1,500	4,400
	世界	200-400	250-400	400	2,020

注：1）人口5000人以上の都市に住んでいる住民の総人口に占める割合（%）。
2）1990年の粗鋼生産を100とする。
3）石炭1kg当たりに換算。
出所：表4-3に同じ。

メンダやカンパーニアといった法的契約が、より簡便かつ安全な遠隔地間の金融取引を可能にしたのである。手形取引所や紙幣といったイノベーションが導入されたおかげで、金融市場の効率化も進んだ。

以上のことから予想できるように、ヨーロッパ型のダイナミズムは、他のヨーロッパ地域よりも（イギリス、ヨーロッパ大陸北西部、北イタリアといった）一部の地域に出現していた。「新しい農業」と交易革命、さらには制度面での近代化といった事象が起こっていたのは、ごく限られた進歩的な地域だけで、それ以外の周辺部の状況は静的で、低迷し、なおかつ壊滅的な経済崩壊の危機に瀕していたのである。

製造業の類型

問屋制度

専制政治が支配していた地域の製造業は、事業活動の場所や産業、さらには労働力の専門性に応じて異なる形態をとる企業を生み出した。この点で重要なのは、農村部か都市部のどちらで事業活動が行われたのかを区別することである。

農村経済のもつ性格が、企業そのものの形態と特性に大きな影響を与えていた。小作農世界を構成していたのは小家族であった。そこでは、小作農一家や職人が、その頻度は小さかったものの、市場と折々に接点をもちつつ生産活動を行っていた。一部の地域は、比較的閉鎖的な経済体制で成り立っていた。そこでは、自己消費に依存し、市場での取引や専門化はほぼ欠落していた。このことから、農村部は余剰労働者の貴重な宝庫であった。農村部の貧困層は、通常、第一次産業（農業）部門以外の仕事に相当な量の労働時間を注ぎ込んでいた。農村で行われていた生産活動は、わけても農民たちが余剰所得を必要とした時に、一時しのぎの出稼ぎに代わる収入口を提供していたのである。

安価で柔軟性に富み、なおかつ従順な労働力の出現は、製造業者を刺激してその活動領域を農村部にまで広げさせた。その中で製造業者は、階層的ではあるが柔軟な組織に基盤を置く問屋制度を創り上げた。その頂点には、「親方」あるいは原材料（運転資金）の所有者であった「商人企業家」がいた。商人企業家は通常、何段階かの生産工程（例えば繊維工業における紡績や機織《はたおり》）を自宅で請け負う家内工業者たちのネットワークの調整に当たっていた。商人企業家は、高度の資本集約あるいは規模に応じて収益が上がる事業活動を直接その指揮下に置いていた。問屋制度は多くの産業でみられたが、とりわけ繊維工業で活用されていた。繊維工業は、生産工程を個々の職能に分割するのが容易で、しかもそうすることが効率的であったのである。

安価な労働力を容易に利用できること以外に、問屋制度はその柔軟性のゆえに効率的でもあった。商人企業家が依存した、時に何百人にも達する労働者のネットワークは、需要の変動に即応して拡大・縮小することができた。こうした順応性は費用負担なく商人企業家に供された。生産単位《ユニット》が自宅内に置かれていたので、事実上、労働者は企業に対し安価で、手入れが容易な固定資本を自ら提供していた。例えば、繊維工業の労働者は自身が所有する手動式木製織機を使っていたのである。

当然のことながら、この生産体制は幾ばくかの隠れた経費を伴っていた。分散した組織と同様、生産拡大に準じて増えるエージェンシー費用（ある行為に対する依頼人と依頼を受ける代理人の関係をエージェンシー関係と呼び、両者の利害対立により依頼人が被る損失のこと）と取引費用（取引契約の締結のための費用など、取引を遂行するために必要な費用）がそれである。労働者に出来高給で（すなわち、生産された製品の量に応じて）支払っていたことから、商人は製品の品質を統制できなかったし、指揮下の労働者の能率を管理できず、彼らを信頼することもなかった。何人かの研究者によれば、基本的な技術は家内工業者でも簡単に使いこなせたが、そこには技術を改良しようとする誘因はほとんどなかった。さらに、問屋制度は、工場制度に結びつく高度な生産技術の導入を遅らせただけでなく、導入自体を妨げていたのである。

農村部と都市部の手工業生産

問屋制度や家内工業の分散したネットワークが、消費財生産を編成する最もありふれた方法であった。しかし、その程度は低かったものの、手工業生産も重要な役割を演じていた。高い精巧度という特徴をもつ手工業は、比較的高い付加価値を生む産業で熟練労働者を雇用していた。例えば、金属細工工、靴直し工、鉄砲鍛冶、革なめし工には、高度の専門性と資本集中がみられたのである。

こうした産業は、多くの場合、原材料源の近くで、なおかつ水・風・木炭あるいは石炭といった形でのエネルギー源を安価かつ容易に入手できる場所に立地した。その結果、熟練職人の集団は、ある時は農村部で、別の時には都市部でといったように、特定の地理的エリアで高度に専門化された生産体制を構築したのである。

高付加価値型の生産活動は、町や村の中に立地する傾向があった。都市部では、こうした産業は第三次部門（すなわち、家事サービス、官僚機構、行政）と並存し、その社会の生産と所得において一定の有意な部分を生み出していた。「代表的な」生産ユニットの内部組織は非常にシンプルなもので、その基盤を厳格な階層に置いていた。そこでは、数人の徒弟を指揮下にもつ親方が、自身が所有者であった小作業場《ショップ》における生産工程をすべて統括しており、ほとんどの場合、その職場は自宅と一体化していた。徒弟は仕事を通してその極意を学び取り、長い修業期間の後に親方になり、自ら起業したのである。

都市部の手工業は、都市部の市場に向けて生産するか、あるいは国王、政府、上流階級、もしくは軍隊といった権力を有する顧客に直接売られていた耐久財の生産はもちろん、例によって金細工と宝石類、帽子、革製品、靴といった高付加価値製品の生産に限定されていた。より大きな市場をもつ大都市部にも手工業型の小作業場があり、そこでは多くの労働者が育成され、作業も複雑であった。だが、そうした小作業場の組織は、そのほとんどが非常にシンプルなものであった。親方が固定資本と原材料を所有していたことから、彼だけが製品のマーケティングと商品化に伴う他のビジネス職能の遂行に責任を負っていた。通常、親方は、労働者に出来高給で支払っていたのである。

一般に、親方とその小作業場は特定の職業に基盤を置く複雑な組織、つまりギルド〔一般には商工業者の自発的団体。ここで問題にされているのは同職ギルド〕の一部を構成していた。産業革命以前のヨーロッパの諸都市にあった、最もありふれたギルドの一つは金属細工職人のそれであった。かなり厳格な組織であったギルドは、文書化された一連の詳細な規約《ルール》に基づいて何事も処理していた。規約は特定の都市で生産される製品の質と量を決定していた。また、ギルドは親方が代金を請求できる価格を設定し、その構成員間の紛争を解決し、内部の規制基準を統括し、徒弟に体系だった教育を施し、徒弟が親方の地位に上がるのに必要な修業を積んだかどうかを判定していたのである。さらに、構成員には都市の限られた地域で生活するよう法的に求めていたことから、彼らを監視する費用も軽減されていた。

ギルド制度の主たる目標は、地域やギルドが抱えていた政治課題に応じて異なっていた。ギルドは多くの利点を有していた。それは、労働者と資本家を組織し、職人の活動を規制し、人材育成と品質管理を担うという面では企業に準じた存在であった。ギルドは、労働者の技能《スキル》と当該産業の生産基準をともにうまく監視することができた。この点は、長期間の修業による労働市場への新規参入者の制限によって達成され、次には顧客の情報コストを低減化する一助ともなった。ギルド制度は、その構成員の熟練度は非常に高かったものの、その基盤は専門性の低い、単一の小作業場に置かれていた。ギルド制度は、多くの人が所得の急激な変動から身を守れなかった当時の経済にあって、職人にはある程度の保護と安定性を提供していたのである。

だが、学者間の長期に及ぶ論争が立証しているように、ギルドのもつ利点は、いくつかの重大な弱点で見劣りするものとなった。ほとんどの独占と同様、ギルドはかなり高い価格を維持することで生産高と需要を制限し、通常、手工業生産技術の統制によって技術革新を阻止していた。技術革新は、こうした保守的な制度のもとで刺激されることはなかったのである。特に、工場制度が都市を取り巻く壁の外へと移動することで、ギルド支配を避けて通ったイギリスの事例が示すように、ギルドにとって技術面での改良の導入とその普及は脅威以外の何ものでもなかった。都市を取り巻く壁の中で独占化に成功したところでは、人為的に熟練労働者の供給が縮減され、製品価格も高く維持された。ギルド制度は、経済的な変化がもたらした圧力のもと、ヨーロッパでは一七世紀に弱体化しはじめ、一八世紀末までにはあらゆる場所から姿を消してしまったのである。

しかしながら、限定的なものであったとはいえ、ギルド制度が産業革命以前におけるヨーロッパの製造活動の一翼を担っていたことは重要な留意点である。これは、限定された期間とはいえ、ギルドが経済全体に影響を及ぼしていたことを意味している。さらに、一連の「制度に関する合意」の存在は、ギルドが小作業場の現場レベルの組織に影響を与えていなかったことも意味した。そこでは、親方が問屋制度よりも高いレベルの統制力を有しており、生産すべき品目の選定とその量を確定していたのである。親方は商人企業家に頼ることはなかったし、その労働時間のほぼすべてを主たる仕事であった製造に投入していた。体系化された分業は、ギルド制度下の親方の小作業場でのやり方ではなかった。徒弟であれば、その「仕事のすべての極意」を、一般にいわれる「多用途」アプローチによって教育されるのは当然であった。親方自身も特定品目の生産全体を監督できる能力を実証しなければならず、その結果、分業は労働者のもつスキルではなく、彼らの年齢と身分に基づいていたのである。ギルド内に数百人あるいは数千人の構成員がいたとしても、個々の生産ユニットは小規模なままであった。

問屋制度と比べて、ギルドは生産高を制限する傾向を強くもっていた。単一の小作業場レベルにおける生産規模の拡大は、理論的には労働者を増やすことで達成できる。しかしながら、親方が養成できる徒弟の数を規制するギルド規約のもとでこれを達成するのは至難の業であった。全体として生産規模を拡大するには、より多くの親方をギルドに加入させればいいはずである。だが、ギルドは競争を生むこの種のやり方にも反対していた。なぜなら、ギルド制度のもとにいる職人は主として社会で最も裕福な階層あるいは国王のために生産していたからで、社会全体の消費パターンがギルド支配の影響を受けることはほぼなかった。このようにしてギルド制度は、それがみられなかったヨーロッパ社会の特徴であった需要の変動を、かなりの程度遮断できたのである。

産業革命以前の「大企業」

産業革命以前にも、数多くの労働者と高度の資本集中を有する大企業は存在した。そもそも「マニュファクトリーズ」は同じ場所、つまり「同じ屋根の下」で働いている労働者の集中度を記述するのに用いられた言葉であった。では、先駆けとなった企業は、数世紀後に登場する大企業と比肩できるものであったのであろうか。研究者の中には、工場の興隆は、マニュファクトリーズの形態をとる企業への数多くの労働者の集中の結果であった、と論じる者もいる。また、工場制度は、第一次産業革命の技術的な推移にその起源を置くものではない、と主張する研究者もいる。だが、彼らが指摘しているように、産業革命以前の巨大工場の多くは、複雑な生産工程の管理を目的に導入された、報告と会計という二つの比較的精巧な技法を発展させていた。

しかしながら、シドニー・ポラードが近代企業管理の起源に関する研究で強調したように、産業革命以前の大企業は、多くの場合、国王の特許で保護され、なおかつ独占企業として運営されていたもので、その多くは例外的な存在とみるべきものである。さらに、その多くで、実際に工場「内」で働いていたのは労働者のほんの一部だけであった。大多数は自宅で働いていたので、工場「外」にいた。[4]その結果、マニュファクトリーズで雇用されていた労働者は、産業革命以前にみられた最も一般的な生産組織体であった家内工業よりもおそらくその割合は低かった。ポラードによって提示された一つの非常に明示的な事例は、オーストリア王国のリンツにあった毛織物工場のものである。そこでは、一七七〇年代に約二万六〇〇〇人の労働者を雇用していた。そのうちリンツにいたのは、わずか七五〇人の織機工だけで、残りの紡績工は王国内のオーストリア（北部地方）、ボヘミア、モラヴィアに分散していたのである。

他のマニュファクトリーズでは、労働者はこの毛織物工場の事例よりは集中していた。例えば、鉄製錬業、造船業、建設業は、小規模で効率的に、あるいは作業場や自宅で効率的に製造するのは不可能であった。[5]鉱山業では、事業活動の性格そのものが一つの場所への労働者の集中を強制していた。（染色あるいは更紗染めといった）繊維工業の複数の生産工程も、労働者が集中する工場で遂行する必要があった。大半の工場は、その全部あるいは一部を商人が所有していた。生産体制のよく似た組み合わせも存在し、そこでは集中化した生産が問屋制度と連接していた。いくつかの事例では、中核を構成する小作業場は、最終的に家内工業者の手に渡る半製品を供給していた。例えば、金属加工業では、商人企業家が建屋と製錬設備の操業を管理するために、鋳物工場主を使っていた。これらの高熟練者は複数の徒弟に助けられ、最終的に仕事を完成させたのは、問屋制度のもとで自宅で仕事をしていた鍛冶屋であった。

他の産業の大企業では、「家内工業と自宅外での生産の必要性の妥協策[6]」もみられた。造船業と建設業では、多くの場合、数千人の労働者が同じ屋根の下で働いていたが、こうした業種の組織と仕事の特性は依然非集中型にあった。そこでの企業は、複数の「熟練職人あるいはそれぞれが特定の仕事を行っている小さな手工業型小作業場の寄せ集めチーム」[7]のおかげで効率的に操業できたのである。一定の技術レベルという条件下では、生産規模の拡大による規模の経済性は、これらの「企業」ではとうてい実現できるものではなかった。この点は、現在のバッチ生産者（バッチ生産とは、ある生産量を一括りの単位として生産する方法のこと）と同じようなものである。例えば、造船所では、より多くの船を製造する唯一の方法は、労働者の追加投入、つまりより多くの職人を雇うしかなかったのである。

産業革命以前の大企業の大半が、特権的で独占的な地位を享受していた点は重要である。政府、それ以上に国王は、ビジネスに直接関与しない場合、民間の企業家に特許を与えていた。特許による保護は、特定品目の生産に特化した工場や生産設備の設立を刺激する目的で与えられた。この戦略には様々な動機があった。それは、（船や武器といった）「戦略」品目の供給を確保する必要性から、海外で生産される高付加価値製品の購入を制限することを目指す重商主義政策の追求、にまで及んでいた。一つの具体例として、ガラスと特殊素材の生産で今日に至っても世界の一流企業である、サンゴバン社の起源が挙げられよう。一六六五年にフランスのジャン＝バプティスト・コルベール財務総監によって、ガラスおよび鏡の製造を行う公共企業として設立された同社は、民間の企業家によって運営され、国からも一部財政支援を受け、さらに国王から特権も授けられていた。同社設立の主たる目的は、当時の超高付加価値製品であったヴェネツィア製のガラス製品、中でも鏡のフランスへの輸入を減らすことにあった。

以上の概略が示唆しているように、巨大工場と生産施設の集中は、独立した製造業の形態としては少数の事例にだけみられたものであった。多くの場合、中心をなす組織が拡散した問屋制度を補完していた。労働者の集中がみられたところでも、調整と組織は極めて初歩的な段階に留まっていた。それというのも、そうした工場は熟練労働者あるいは不熟練労働者の調整された集合体というよりも、職人集団で構成されていたからである。かくして、マニュファクトリーズは、その大半が資本、天然資源、そして労働を基本的に異なる方法で調整されていたというよりも、家内工業に基盤を置く、ごくありふれた生産様式を補助・補完する組織にすぎなかったのである。

注

（1）C. M. Cipolla, *Before the Industrial Revolution : European Society and Economy, 1000-1700*, Methuen, London, 1976.

（2）Angus Maddison, *The World Economy : Historical Statistics*, OECD, Paris, 2003. 同書の第８ａ表を参照のこと。

（3）D. C. North and R. P. Thomas, *The Rise of the Western World : A New Economic History*, Cambridge University Press, London, 1973.（速水融・穐本洋哉訳『西欧世界の勃興――新しい経済史の試み〔増補版〕』ミネルヴァ書房、一九九四年）

（4）S. Pollard, *The Genesis of Modern Management : A Study of the Industrial Revolution in Great Britain*, Harvard University Press, Cambridge, MA, 1965, p. 50.（山下幸夫・桂　芳男・水原正亨訳『現代企業管理の起源――イギリスにおける産業革命の研究』千倉書房、一九八二年、七〇ページ）

（5）J. Mokyr, *The Gifts of Athena : Historical Origins of the Knowledge Economy*, Princeton University Press, Princeton, NJ, 2002.

（6）*Ibid.*, p. 123.

（7）*Ibid.*, p. 122.

第五章　第一次産業革命期の企業と企業家

　第一次産業革命は、世界経済を変容させ、イギリスにビジネスの先駆者としての地位を与え、長期に及ぶ世界最初の人口動態の変化を引き起こした。アンガス・マディソンの歴史統計によれば、一八二〇年から一八七〇年までのイギリス人口の年平均増加率は、(西)ヨーロッパの平均〇・六九%に対して〇・七九%であった。同じ時期にイギリスの一人当たり国民総生産(GNP)の成長率は、ヨーロッパ大陸の〇・九六%に比して一・二六%であった[1]。GNPの成長率という点では、スイスとベルギーがイギリスの数字をわずかに上回っていただけで、ドイツとフランスは後塵を拝していた。もちろん大陸諸国はその後追いついてきた。いわゆる「長い」一九世紀〔イギリスの歴史学者エリック・ホブズボームが提唱した時代概念。一七八九年のフランス革命から第一次世界大戦が始まる一九一四年までをこう呼んだ〕全体で成長率を測れば、一七八九年から一九一四年まで、イギリス、ドイツ、ベルギー、フランスはすべて急速に成長し、ほぼ同じ成長率(GNPでは平均で約一・二〜一・三%)であった[2]。

　ヨーロッパの一流国とその西ヨーロッパの分家の繁栄は、先進国世界と成長率がはるかに劣る後進国世界との格差をかなりの程度拡大した。現在の経済成長率、特に中国に代表される急速に発展している経済の成長率と比べれば、このヨーロッパの統計値はことさら注目すべきものとは思えないかもしれない。しかし、成長を農業部門に大きく依存していた産業革命以前の世界の成長率と比べれば、その数字は非常に印象的なものとなる。イギリスとそれ以外のヨーロッパ諸国、そしてヨーロッパと非ヨーロッパの成長率における見かけ上の小さな相違は、国と地域の経済的・政治的な関係にとって、非常に大きな結果を伴う、本来の意味からする革命とも呼ぶべき変容をもたらしていたのである。

イギリス例外論

ナポレオン戦争後の数十年間〔ワーテルローの戦いは一八一五年のこと〕に、イギリス経済のパフォーマンスを非常に傑出したものにしたのは経済成長率だけではなく、イギリスが成長した際の方法であって、それが他のヨーロッパ諸国や世界の国々とイギリスとを違った国にしたのである。そこでは、歴史上初めて、「国家の富」の主たる源泉が、農業とそれに関連する交易以外に見出された。その時点で、製造業が経済の中核を握ったのである。イギリスと他の諸国との真の相違は、急速に拡大した製造業の粗生産高と付加価値生産への貢献、ならびにその結果として生じた労働力の農業から製造業への再配分にあった。ニック・クラフト〔イギリス経済史の研究者〕の概算によれば、一七六〇年に農業に従事していたイギリス男性労働者の割合は、ヨーロッパ全体の六六％に対して約五三％であった[3]。また、第一次産業（農業）部門での所得はヨーロッパの平均値四六・六％に対し、三七・五％であった。八〇年後、農業はイギリス男性労働者の四分の一強（ヨーロッパ全体の五五％以上に比して）を雇用していたが、農業部門が総収入に寄与していたのはわずか二五％（ヨーロッパ全体ではほぼ四〇％）にすぎなかった。同じ時期に、ヨーロッパで最も経済的に発展していたベルギー、フランス、ドイツでも、農業に従事していた労働者の割合は依然五〇％かそれ以上であった。クラフトはこう指摘している。「イギリスでは、一八四〇年代までに、ヨーロッパの他の諸国とまったく異なった雇用構造をもつに至った諸資源の根幹からの再配置が起きていた」[4]、と。

ヨーロッパの大陸諸国は、最終的にはイギリスがとった行動パターンに従ったが、成長の速度は国によって違っていたし、時には農業から製造業への移行がイギリスよりも随分と遅れた国もあった。一九世紀末までに、農業に従事する労働者の割合は、ベルギー、ドイツ、デンマーク、オランダ、スイス、フランスでは五〇％未満にまで下がった。しかしながら、地中海沿岸地域やスカンジナビア半島諸国といったヨーロッパの周辺諸国では、農業が引き続き雇用の主たる供給源であり続けたのである。

各国がこうした変容を経験するにつれ、輸出に特化する程度も高まった。この点は、利用できる技術の賢明な活用はもとより、各国固有の特性をより効率的に活用することで達成された。世界経済にみられた前例のない開放性のおかげで、工業化の道を新たに歩み始めた国は、イギリスの例に倣うことができたし、いくつかの国が一九世紀中頃までに一流の製造業輸出国となった。二〇世紀初頭までに、製造業の全生産高に占める輸出の割合（貿易額）は、イギリス、スイス、ドイツで七〇％以上、フランスでは六〇％程度であった。周辺諸国は、はるかに後れをとっており、輸出に回る製造品はわずか二〇〜二五％にすぎなかった。

歴史上初めて、ヨーロッパの多くの国が製造業に特化することで、国際市場で安定した地位を享受した。そうした国々では、別の国や別の地域で生産された製品を輸入するための資金を調達できるようになった。この点がことさら明白となったイギリスでは、（綿工業と毛織物工業、金属細工業、そして機械工業への）経済の専門化が十分に進み、それに応じて経済に占める農業の貢献度が減退した。土地所有と小作農業が長期にわたって社会的・政治的な組織の基盤をなしていた社会にあっては、これは本来の意味からする革命的な変化であった。

構造改革とイギリスの競争優位

ヨーロッパ諸国の成長率、発展様式、そして競争優位を変化させた構造改革は、「中間《メソ》」レベル——すなわち産業レベル——と企業というミクロレベルの双方での急転換に端を発するものであった。

製造業では、製品イノベーションと生産工程を組織する新しい方法が、特定産業の成長を加速させた。新しい技術は繊維工業、鉱山業、金属加工業、そして軽機械装置業といったいくつかの部門で特に重要であった。こうした産業のすべてが、イギリス変容の際の基幹産業となった。水力は何十年もの間主要なエネルギー源であり続けた。しかし、広範囲で応用が利く汎用技術の最適応例である蒸気機関によって次第に補われはじめた。蒸気機関の導入と普及は、水力活用の増加と改良とともに、安価で効率的なエネルギーを製造業者に提供した。蒸気機関は、動物力以外のエネルギーとしては歴史上初めて、場所の移動を比較的容易に実現するものであった。これは効率性に影響を与えた上に、立地コストの削減ももたらした。ジョエル・モキヤー〔経済史の研究者〕によると、一八世紀後半にイギリスで造られた約二五〇〇機の蒸気機関のうち、一〇〇〇機が鉱山業で使われていた。[5]

繊維工業、特に綿工業では、紡績と織機の技術革新が生産性を大幅に改善した。一八世紀最後の四半期に、繊維工業の能率は三倍以上向上した。ニック・クラフトの概算によれば、一七〇〇年から一七六〇年の綿製品の実質生産高は、年平均一・三七％で成長した。一七六〇年から七〇年までに、この数字は五％近くにまで跳ね上がり、一七八〇年から九〇年までの一〇年間に一二・七六％という驚くべき数字を打ち立てた。[6] 同じような現象は製鉄業、鉄鋼業、石炭業でもみられた。そこでは、製錬工程や石炭採取法における技術革新が、部門全体の生産高と生産性をともに向上させていたのである。鉄の実質生

表5－1　綿製品の生産性：綿100ポンドを生産するのに要する時間

インド人の手紡績工（18世紀）	50,000
クロンプトンのミュール精紡機（1780年）	2,000
100紡錘のミュール精紡機（1790年頃）	1,000
動力型ミュール精紡機（1795年頃）	300
ロバートの自動ミュール精紡機（1825年頃）	135
現在最効率の機械（1990年）	40

出所：Christopher Freeman and Francisco Loup, *As Time Goes By: From the Industrial Revolution to the Information Revolution*, Oxford University Press, Oxford, 2001, p. 155より作成。

産高の年増加率は、一八世紀前半に〇・六%であったものが、一七九〇年から一八〇一年には約六・五%に上がったのである。一方、製品品質も引き続き向上した。それは、同じ時期に繁栄を謳歌しはじめた機械工業でもみられた。

イギリスにおける第一次産業革命の初期局面を特徴づけたのは、イノベーションの連続発生であった。それは、一連の経済的、文化的、制度的、ならびに法的な要因にその起源をたどることができる。イギリスは、製品流通や信用拡大に対して相当な実力を有する確固とした商業部門をすでに手中にしていた。イギリスには、「産業啓蒙《インダストリアル・エンライトメント》」、つまり科学、イノベーション、実験、そして新たな習慣といったものにとって、一般に有利な文化的風土もあった。この点が、自ら開発するか、あるいは他者から学んだ「有益な知識」を実践に活かすことで利益を上げようとしていた発明者、技術者、企業家にとってプラスに作用する枠組みを創出していた[7]。知的財産（特許）の法的保護も発明やイノベーションに拍車をかけた。

万国産業製造品大博覧会がロンドンのクリスタル・パレス（水晶宮、一八五四年にハイランド・パークからシドナムに移設後、一九三六年に焼失。その名は駅名に残っている）で開催された一八五一年まで、イギリスが世界で最も進歩した工業国であることに疑問の余地はなかった。基幹産業での一世紀に及ぶ重要なイノベーションに続いて、いわゆる世界の工場と呼ばれたイギリスは、いかに比較優位を達成するかに関して大いに参考になる素晴らしい事例を提供してくれる。アダム・スミスの教訓を真摯に受けと

表5-2　イギリスが以下の項目で全世界に占める割合

（単位：%）

	1750	1800	1830	1860	1880	1900	1913	1995
人口	1.0	1.6	2.1	2.2	2.4	2.5	2.5	1.0
各種生産活動								
全製造業の生産	1.9	4.2	9.5	19.9	22.9	18.5	18.4	3.9
鋳鉄と鉄鉱石の生産 1)	3.6	16.7	74.7	52.3	42.6	21.6	13.2	1.7
原綿消費	0.3	4.5	15.9	46.8	32.3	25.2	18.5	1.3
瀝青炭の生産 2)		63.0	71.0	57.0	49.0	30.0	22.0	1.6
貿易								
全輸出高	13.0	19.0	18.0	20.0	16.5	14.6	13.8	4.8
商船団（トン数） 3)		42.0	29.0	28.0	32.0	45.0	38.0	7.0
海外資本ストック 4)			42.0	50.0	49.0	48.0	42.0	11.7

注：1）1913年以降は粗鋼。
2）おそらく約45～65%。
3）おそらく約13～20%。
4）1913年以降は直接投資。
出所：以下の資料に基づき作成。Paul Bairoch, Vctoires et deboires : histoire économique et sociale du monde du XVIe siècle a nos jours, Gallimard, Paris, 1997.

めたイギリス人は、自国の製品を輸出し、他国からは安価な食糧や原材料を輸入した⑧。イギリスの総鉱工業生産高に占める輸出の割合は一七八〇年の約一二%から、二〇年後には三四・五%近くにまで拡大した⑨。一九世紀前半には、イギリスの輸出に占める工場製品の割合は常に八〇～九〇%に達した。最も重要な製品は、引き続き（毛織物と綿織物といった）繊維製品と金属製品であった。綿製品に関しては、綿工業の粗総生産量の半分以上が海外で販売され、一九世紀前半には綿製品の輸出額がイギリスの全輸出額の半分近くを占めるまでになった。同じく興味深いのは、増加する外国貿易で金属製品が示したダイナミックな動きである。全金属産業の製品輸出に占めるシェアは、ナポレオン戦争終結期の一二%から一八五〇年代には二五%以上にまで拡大した⑩。主たる変化は輸出される金属製品の内訳に生じていた。すなわち、完成金属製品が当時のハイテク製品であった機械工学製品に次第に道を譲ったのである。イギリスは、自国に競争優位をもたらした機械とその製造方法を、他国に販売すると申し出る一方で、強力な輸出部門も構築していた。

マクロからミクロへ――企業家と企業

人類学者で歴史家でもあったカール・ポランニーが「大転換」と呼んだものの先頭に立っていたのは、第三章で論じた企業家であった。企業家には、様々な社会的出自や専門家としての種々の教育水準を有する、ありとあらゆる種類の人々がいた。それゆえ企業家は、ほぼすべての社会階層にいた。一般に、企業家的な進取《イニシアティブ》の精神の発達に最も適した環境を提供していたのは、イギリスや北海沿岸低地帯諸国〔現在のベルギー、ルクセンブルク、オランダ、つまりベネルクス三国〕、ならびにドイツの限定された地域など、分断化された社会構造を有する諸国であった。「企業家階層」とのレッテルを貼られてきた人々の構成は、制度面、歴史面、そして文化面にみられる一連の要因によって国ごとに大きく異なっていた。そこでは文化と制度が違いを生んだように思われる。それらが、企業家が利用できる金融資産あるいは知的財産の法的保護にとって良好な枠組みを提供した場合には特にそうであった。イギリスがまさにこの場合に該当した。個人のイニシアティブを好意的にみる社会的な価値観や文化的な傾向も、イノベーションを促す行動を大いに刺激した。これ以外にイニシアティブを涵養する誘因としては、企業家としてのステイタスやナショナリズムの社会的受容といったものも含まれる。多くの人々にとって、企業家は、社会的ステイタスの向上に対する強力な誘因となった。だが、そのもつ意味が高まったのは、ヨーロッパの大半の社会では、比較的最近の話しである。

第一次産業革命期のイギリスにおける「企業家群像」には、その小作業場《ショップ》を工場《ファクトリー》に変え、地元から地域へ、次には全国規模へ、さらには国際レベルへと、事業範囲を拡大した職人や親方がいた。中でも示唆的なのは、著名なイギリス企業家の一人、ジョサイア・ウェッジウッドの事例である。一七三〇年に陶器業の親方・職人の家系に生まれた彼は、小規模で伝統に裏打ちされた家業《ファミリー・ビジネス》を、分業と大量生産、そして現代的なマーケティング手法を特徴とする、公式にしっかりと組織された会社へと変貌させるのに成功した。こうしたことが、ウェッジウッドとそのパートナーたちのヨーロッパ全土における陶器業でのリーダー的な地位を確固たるものとしたのである。

職人に加えて、新興の企業家階層には数多くの元小作業場主や元商人、そして産業革命以前の製造業で最も英気あふれる存在であった「商人企業家」も含まれる。こうした人々にとって、ビジネス上での転身は川上方向への統合の結果として生まれた。それは、生産工程とバリュー・チェーン（価値連鎖。企業のすべての活動が最終的な価値にどう貢献するのかを体系的・総合的に検討する手法）の最も重要な段階での支配の確立を目的とするものであった。このやり方は繊維工業では普通にみられた。そこでは、ますます多くの商人や当時「服屋」と呼ばれていた人々が、次第にマーケティング活動と生産に対する直接的な支配を結びつけたのである。こうした商人製造業者の一人であった、ウォートリーのジェームズ・ウォーカーは、所有する織機の半分は自宅に、もう半分は労働者の家にあった、合計で二〇台以上の織機を指揮下に置いていた。

時には、以上のような冒険的な事業と必ずしも接点のない社会階層出身の企業家もいた。多くの貴族や土地所有者は、変化のプロセスを疑いの目でみていたが、事業機会を伝統に裏づけられた活動に結びつける者もいた。そうした貴族や土地所有者は、鉱山業への投資、あるいは新興市場との必要な繋がりを提供するであろう資本集約的なインフラ（運河、有料道路、そして後の鉄道）の建設に対する投資を推進する一方で、莫大な不動産を管理し続けていた。その一人であったブリッジウォーター公爵は、一七六〇年代に、自身の所有地からマンチェスターまで石炭を運ぶという重要な運河を掘削するのに必要な

表5－3　サザーン・ウェールズにおける企業家の職業的出自*

（単位：人）

年	既知の企業家	溶鉱炉の番人	商人	他分野出身者	企業経営者	製鉄業者	その他
1806	47	48	24	2	1	18	2
1823	35	67	18	2	2	11	4
1830	41	104	17		3	16	3
1839	30	110	13	2	4	7	4

注：*石炭と鉄鉱石を産出したおかげで，ウェールズ全体，とりわけサザーン・ウェールズは産業革命の最前線に位置していた。

出所：Pierre Leon, Histoire économique et sociale du monde, Vol. 3/2, A. Colin, Paris, p. 478.

資金に加えて、企業家としてのエネルギーもそこに投入した。ブリッジウォーター公爵以外の貴族も、彼と同様、かなりの額の資本投資を必要とする企業家精神の牽引者となっていた。

ジェームズ・ワットに代表される機器製作者は、社会階層的には随分と下位にいた。ワットは、同じような地位にいた別の人たちと同様、その研究成果を自ら活用した。彼を含むこうした人々は、自分たちの発明の特許を取り、それを商売上のパートナーシップを介して売却することもできたはずである。だが、ワットが特許という知的財産を保護する効率的な方法を使ったことが、水力資源では対応できないほど産業が大規模化した際に、その重要度を高めた蒸気機関の開発を成功へと導いたのである。このように、金融面でのパートナーとしての投資家の支援は、ワットや他の多くの発明家がその発明を重要なイノベーションへと転換するのに必要な資金の調達を可能にしたのである。

第一次産業革命期の企業――その所有、支配、管理

産業革命は、非常に多様性に富んだ実業家の出現に結びついただけでなく、それまでにみられていたものよりも大きな――多くの事例でははるかに大きな――規模の固定資産の獲得と、数多くの労働者の管理を必要とした。新しい技術や市場の拡大は、生産単位《ユニット》に革命を起こし、

次には企業家にとっての新たな挑戦機会と選択肢を増やしたのである。

それにもかかわらず、事業規模の拡大や組織面と管理面での複雑さの増大を過度に強調したり、あるいは、そうした事態は第一次産業革命下の「平均的な」工場でも経験された、と主張するのは、ともに適切さを欠いている。それを、本来の意味からする資本集約的な第二次産業革命期に起きたことと比較した場合には特にそういえる。第一次産業革命は、経済の発展史にとって極めて重要であったかもしれないが、当時の工場は比較的小規模で、通常二〇～三〇人を雇っていたにすぎなかった。その最大の特徴は、所有構造と生産工程の組織化と関係していた。工場規模が比較的小さかったことは、多くの場合、必要な財務的資源を相応の資産をもつ資産家や彼らとの良好な人的関係を介して調達できることを意味した。この点は、企業の所有と支配が、一般的には創業者とその親族の手中に留まるという結果をもたらした。（一八五六年に初めてイギリスに導入された）株式会社やそれ以外の有限責任制度がなかったので、「パートナーシップ（合名会社）」が会社の創業者あるいは所有者とそれ以外の人々との連携を可能にする唯一の法的制度であった。パートナーは、通常、会社に追加資本を提供していた。

これらの組織は、最適な指導者のもと、新たに登場した製造システムに容易に順応した。第一次産業革命期に採用された生産ユニットの平均的な規模と新しい技術の複雑さを前提とすれば、企業の官僚機構は、その大半が新たに誕生したものであったとしても、初歩的なものであった。所有と経営は、創業者あるいは所有者に握られていたが、時には他の親族あるいはパートナーにその仕事を委譲する場合もあった。しかしながら、その場合でも数名の（現場管理者であった）「職長《フォアマン》」が提供する支援で十分であった。フォアマンは、工場の労働時間と工程表の編成、工場内労働者の行動の管理、さらには機械と原材料の最適活用に責任を負っていた。しかし、フォアマンには、自分の考えに基づいて生産工程を管理することはけっして求められなかった。企業家が通常、戦略的な意思決定から日常の経営に至るまで、ほぼすべての重要な会社機能の責任を負っていたのである。

第一次産業革命期の企業――その生産工程の特徴

主導的な産業部門で活用されていた新しい技術が、規模の効果と仕事量の節約を生むことはほとんどなかった。例えば、繊維工業の場合、イノベーションは生産の一工程（例えば、紡績）に集約される傾向があり、原材料から最終製品である織布に至るまで、仕掛品《しかかりひん》が全工程を流れる仕組みに変更を加えるものではなかった。紡績機における種々の技術的改良を例にとれば、生産の一工程におけるイノベーションが隘路《ボトルネツク》を生み、織布のためのイノベーション導入を強いたのである。こうした「イノベーションの伝播」は、長期に及ぶイノベーションを刺激したが、必ずしも個々の生産工程での統合を促すものではなかった。それで、繊維工業の場合、生産工程の統合は未完成なままに置かれていた。徹底的に機械化された場合ですら、生産工程は個々ばらばらで、職能別の生産ユニット内で遂行されていただけであった。冶金《やきん》工業（冶金とは原鉱石から金属を精製・加工する技術）でも、さらに大半の機械工業にあっても、工程ごとに分断された連続性のない生産工程がごく普通のやり方であった。

多くの企業家（単独あるいはパートナーシップかどうかにかかわらず）は、多数の工場を指揮下に置いていた。これらの工場が複数の生産工程ごとに操業しておれば、ある程度の垂直的統合は可能であったかもしれない。だが、この形での事業統合は、技術的な性格よりも法的な性格をもっていた。生産工程間の調整の欠如は、類似の生産ユニットが地理的に同じ地域に集まる傾向によっても増幅された。そこでは近接に伴う利点がみられた。それには、（知識とイノベーションの普及にとって最適手段である）数多くの熟練労働者の集積という利点はもとより、財とサービスの迅速な流れを確保することから得られる利点も含まれていた。地理的近接性は、企業の情報コストを引き下げ、より効率的な知識共有を可能にしたのである。

単純なコスト構成を特徴とする比較的小さな生産ユニットは、価格水準にほとんど影響を与えなかった。それは、情報と知識が絶え間なく流れるという特徴的な環境下で操業しており、まさにイギリスの経済学者アルフレッド・マーシャルが「代表的な企業」と記した企業そのものであった（第二章参照）。この種の企業と産業は、マンチェスター近郊の繊維工業地帯や中部地方の金属加工地帯、さらにはシェフィールドの刃物産業地帯といった、縄張り意識が強いことで有名な地域的なクラスターで見出された。マーシャルは、「集積に伴う強さ」を重要視していた。それは、知識が比較的自由に伝播し、イノベーションが長期間秘匿できなかった「産業集積」に企業が群集することで生み出されるものであった。ニュースは、技術と市場に関する情報が「放送中」であった産業集積を瞬時に駆け巡るのである。このような特徴をもつ産業集積は、工業化が普及する過程で、広くヨーロッパ各地でみられた。産業集積の出現は、産業革命以前に隆盛していた製造活動と結びつく場合が多かったが、それは新しい技術と新しい形の経営組織を一変させた。しかしながら、工場の時代が到来したとはいえ、問屋制度や職人の小作業場といった以前の製造形態が完全に消滅してしまったわけではない。だが、これら旧来型の製造方法は今や、工場という製造部門の新たな組織から流れ出る、低価格の規格品との競争への対応を余儀なくされたのである。

交易と市場

生産の変容は、厄介なことに、流通機能とマーケティング機能の再定義を強いた。出現したのは、歴史的に商人企業家の活動とは接点のなかった、マーケティングと販売のための事業形態であった。市場との関係を処理するには、代理人と代理店間のネットワーク、あるいは個々独立しているが互いに連携し合う商人の間の効率的なネットワークの構築が必要となった。これによって、企業は局地的な市場という狭い制約を越えて販路を拡大できるようになった。それに伴い、多くの企業の卸売り部門と小売り部門には、これまで以上の専門化がみられはじめた。最適販売網の創出は、多くの問題を発生させた。それには、取引費用の増大という問題や、他の独立業者との必要な関係の処理といった問題があった。多くの場合、代理人問題を解決するために、近親者が営業担当の管理者あるいは代表者として雇われた。しかし、親族間ネットワークでも、工場制度が必要とする大規模な流通での成功を確約するとは限らなかったのである。

交易量が増えるにつれ、専門性も深化した。大方の傾向は、「大」商人が遠隔地との商取引で仲介役を演じるというものであった。情報の非対称性（情報の偏在性のこと）という特徴をもつ市場で、流通と販売の規模を拡大しようとする製造業者にとって、こうした商人との関係は厄介な問題を孕んでいた。交易で重要な役割を演じた商人は、製造業者を単にサプライヤーとみていたことから、独占的な商業関係を型通りに受け入れたわけではなかった。そのブランドで自己の存在感を市場で示したがっていた商人は、製造業者よりもはるかに大きな交渉力を手にすることができたのである。

市場規模の拡大と第一次産業革命期の職能面での専門性の増大は、商人と製造業者との緊張関係を増幅した。この次第に大きくなる対立から生まれた一つの帰結が、川下方向への垂直的統合戦略であった。しかしながら、特に企業家が遠隔地間の流通ネットワークの構築に向けて巨額投資を行う余裕がない時には、商人の仲介が必要となった。垂直的な統合が正当と認められたのは、それが市場に対する支配を維持するか、あるいはブランド力を強化する生産者にとっての戦略であった場合に限られていたのである。

資金調達

職人、商人、貴族、技術者は、新規にベンチャーを立ち上げるか、あるいは既存の企業の規模拡大を決断したとき、種々の難題に直面した。多くの場合、彼らはこれまでと異なる、より複雑な組織を案出しなければならなかった。これは、産業革命以前の経営慣行に精通した者にとって新たな課題となった。最初の課題は、すべてのビジネスが（現在でも）直面するもので、日常的な企業活動に必要な資金を供給するための資本の調達である。企業家は運転資金はもちろん、固定資本のための資金も必要とした。第二次産業革命期に企業を興すのに必要な資本金額の莫大さとは比べものにならないにしても、一九世紀初頭に製造事業を立ち上げるのに必要な資金は、依然として、企業家にとって眼前に立ちはだかる大きな壁であった。この段階で、革新者《イノベーター》にとって避けられない仕事は、短期資金と長期資金に向けた複数のチャネルを効率的に開拓することであった。個人の財産、親族や友人の手元資金、さらには地元の信用といったものすべてが資金調達に活用された。多くは不動産といった形をとるか、あるいは商売で得た一族の富は、抵当貸し付けといった所得を生む他の活動と組み合わされて、企業家活動を十分に賄うだけの資金を供出した。個人資産は、創業開始段階はもとより、事業の継続や規模拡大の資金としても用いられた。不動産および他の資産は貴重な担保物件で、確固たる名声を得ていた企業家であったとしても、それがなければ銀行や他人から資金を集めることはできなかった。製造業での企業家活動は、農業・工業・商業という主要なマクロ経済部門の三つをすべて含む、多様な投資分野を対象としたポートフォリオ〔各種資産の集合体〕の一つの構成要素にすぎなかった。これはリスク分散の基本的な形で、企業家活動が行われる環境が共通してもつ高度の不確実性に由来するものであった。

本章の冒頭で取り上げた「大転換」の初期に、地元レベルでのもう一つの重要な資金源は、小規模の信用であった。さらに、地理的近接性も重要であった。それというのも、地理的近接性は、借り手ならびに担保物件として提供されるかもしれない個人財産に関する、貸し手の情報を精緻化したからである。企業家が必要な資金を得るチャネルには、地元の銀行と、保証や担保物件があれば個人資産を喜んで貸す人々との密度の高いネットワークがあった。地元の銀行は、大規模製造業における企業家精神への資金供与に専念する近代的な金融機関が誕生するまで、企業家の取り組みを大いに支援していたし、再投資された収益もイノベーションに向けた資金として活用されていた。同族が管理する投資パッケージは、何人かの幸運な企業家が、個人資産の用途をほぼ自動的に決定できるものにした。資金の性格やその額がどうであれ、この種の資金は資本集約的で技術集約的な特徴をもつ、第二次産業革命に必要な額にとうてい達するものでなかった点を認識しておく必要がある。この意味で、産業革命以前の時代と初期工業化の時代との連接《リンク》は、依然として非常に密接なものであったのである。

注

（1）A. Maddison, *The World Economy : Historical Statistics*, OECD, Paris, 2003. 同書の第８a・８c表を参照のこと。

（2）D.K. Aldcroft and S.P. Ville, *The European Economy, 1850-1914 : A Thematic Approach*, Manchester University Press, Manchester, 1994.

（3）N.F.R. Crafts, *British Economic Growth during the Industrial Revolution*, Oxford University Press, Oxford, 1985. 同書の第３・６表を参照のこと。

（4）*Ibid.*, p.69.

（5）J. Mokyr, *The Lever of Riches : Technological Creativity and Economic Progress*, Oxford University Press, New

York, 1990.

（6）N. F. R. Crafts, *British Economic Growth during the Industrial Revolution*, p. 23.

（7）J. Mokyr, *The Gift of Athena : The Historical Origins of the Knowledge Economy*, Princeton University Press, Princeton, NJ, 2002.

（8）N. F. R. Crafts, *British Economic Growth during the Industrial Revolution*, p. 142.

（9）M. Berg, *The Age of Manufactures : Industry, Innovation, and Work in Britain, 1700–1820*, Fontana Press, London, 1985, p. 119.

（10）*Ibid.*, p. 122.

第六章　技術、社会、工場制度

背　景

企業家は、国内市場と海外市場に向けて標準化された製品を大量に生産するため、産業革命期の工場で（建屋や機械といった）固定資本と（原材料、労働力、仕掛品《しかかりひん》といった）運転資金を結びつけた。地理的に異なる地域によって組織上の相違がみられたが、種々の工場間には重要な構造上の類似性もあった。ヨーロッパや世界の経済に対する、このような企業の複合的なインパクトは、すべて革命的な展開であることに疑いの余地はなかった。それは結果として、関係各国の経済を越えて広がり、一九世紀の政治的・社会的な連携を通して波紋を投げかけたのである。カール・マルクスとヨゼフ・シュンペーターはともに、こうした反響が産業の発展を経験したすべての国を、劇的に変化させ続けることを十分に理解していた。

近代的な工場は、それまでの作業場や生産方法と、以下の三つの点で異なっていた。まず一つ目に、工場はかなりの数の労働者、それまでのいかなる場所で行われていた事業の平均的な水準よりもはるかに多くの労働者を同じ屋根の下に集めた。いずれの兵器廠や造船所も、それほど多くの労働者を雇った

表6-1　世界全体の動物力以外のエネルギー発生源

（電力に換算，単位：100万メガワット）

年	石炭	木炭	石油	食物	ガス	水力発電	合計
1870	1,628	30	8	-	-	8	1,674
1880	2,511	58	43	-	-	11	2,623
1890	3,797	97	109	-	40	13	4,056
1900	5,606	179	213	-	75	16	6,089
1910	8,453	271	467	-	162	34	9,387
1920	9,540	394	1,032	14	254	64	11,298
1930	9,735	493	2,045	78	575	128	13,054
1940	10,904	798	3,037	83	867	193	15,882
1950	11,632	902	5,439	163	2,088	332	20,556
1960	14,472	2,184	11,159		4,971	689	33,475

出所：以下の資料に基づき作成。Carlo Cipolla, *Before the Industrial Revolution: European Society and Economy 1000-1700*, 3rd ed., Routledge, London, 1993, p. 217.

ことはなかったし、また近代的な工場が採用したやり方で、労働者の作業を調整したり機械を使わせることもなかった。さらに、手工業者や家内製造業者が雇える労働者は、一族および姻戚関係者に留まっていたのである。

過去との断絶がみられた二つ目の点は、生産単位《ユニット》と消費との明確な分離である。近代的な工場は、それまで事業が運営されてきた分散的な方法とは対照的に、エネルギー源（水力あるいは時に蒸気力）が施設内の機械を稼働させる一か所に労働者を集める必要があった。滑車と車軸からなる精巧な仕掛けが、一台の水車あるいは原動機で数多くの機械を動かせるようになったからである。

三つ目の点は、労働の専門化であった。労働者各自には少数の課業《タスク》〔職務を構成する一定のまとまりのある仕事〕が、場合によっては一つだけが割り振られた。このやり方は、アダム・スミスのピン工場の記述で有名になったものである。労働はもとより、機械も専門化された。労働者は、全製造工程を通して、完成品を目にすることで得られる満足感をほとんど味わっていなかった。彼らは、完成品としてのブーツの代わりに、標準化された靴底あるいは甲革〔靴の底部から上〕だけを一日中作っていた。

専門化は労働者個々の仕事はもちろん、工場全体の特徴でもあった。新しい技術は、スミスが鋭く指摘していたように、市場の拡大のみならず、単一生産ユニットの専門化も促がしていたのである。

近代的な工場の特徴は、生産工程の種々の段階を機械化することにあった。この機械化こそが、当時の多くの研究者に「騒がしい地獄」と驚きをもって表現させたか、あるいはあきれ返らせたものであった。稼働している機械は、手工業者やギルドの親方が用いていた道具よりもはるかに精巧で、当然のことながら、商人企業家のために自宅で織物を織る農民が使っていた原始的な織機と比べてもはるかに複雑であった。新規に工場で使われるようになった機械は技術的な視点からして複雑で、そのため機械を専門的に保守点検する労働者が必要であった。また、これら新規の機械は高価で、この段階から固定資本に対する投資が〔新規参入者にとって〕大きな制約となりはじめるのである。もちろん、生産手段の規模がそれまでよりも巨大化した結果、労働者がその所有者になることはできなかったのである。いうまでもなく、機械の最適使用を確保するための実地訓練や、監視をきちんと行う必要性が明らかになった場合には、さらなる組織上の問題が生じた。

第一次産業革命の場合、「エネルギー集約的な」生産工程は話題にならなかったが、本章で問題にしている時期に使われていた機械は、より多くのエネルギーを必要とした。このエネルギーは、安価で、かつ途切れることなく使えるものでなければならなかった。そのため、動物力以外の源泉が生み出すものが求められた。この点は、多くの場合、川や小川、さらには滝沿いに設置された水車から動力を得られる場所に工場を立地することで解決された。だが、これは当然のことながら、立地上の制約を生み、長期にわたって工業地帯の地理的条件に影響を与えた。この立地上の制約を緩和する一助となったのは、熱を即座に利用可能なエネルギーに変換する蒸気機関であった。製造業者は、コストを削減し、石炭不足による問題を回避する取り組みの中で、〔水力と蒸気力という〕新旧二つのエネルギーの生産方法をし

表6-2　蒸気機関の総馬力数

（単位：1000馬力）

国＼年	1840	1850	1860	1870	1880	1888	1896
イギリス	620	1,290	2,450	4,040	7,600	9,200	13,700
ドイツ	40	260	850	2,480	5,120	6,200	8,080
フランス	90	270	1,120	1,850	3,070	4,520	5,920
オーストリア	20	100	330	800	1,560	2,150	2,520
ベルギー	40	70	160	350	610	810	1,180
ロシア	20	70	200	920	1,740	2,240	3,100
イタリア	10	40	50	330	500	830	1,520
スペイン	10	20	100	210	470	740	1,180
オランダ	-	10	30	130	250	340	600
ヨーロッパ	860	2,240	5,540	11,570	22,000	28,630	40,300
アメリカ	760	1,680	3,470	5,590	9,110	14,400	18,060
全世界	1,650	3,990	9,380	18,460	34,150	50,150	66,100

出所：以下の資料に基づき作成。D. S. Landes, "Technological Change and Development in Western Europe, 1750-1914," in H. J. Habakkuk and M. M. Postan (eds.), *The Cambridge Economic History of Europe. The Industrial Revolutions and After: Incomes, Population and Technological Change*, Cambridge University Press, Cambridge, 1965, p. 449.

ばしば組み合わせて利用したのである。

工場制度がイギリス経済全体に伝播するのはわりと早かったが、ヨーロッパ大陸への波及は漸進的なものであった。工場での作業は愉快なものではなかったが、新たに生まれた仕事は農業労働者をすぐに引きつけた。また、標準化された安価な製品は、高価な注文品を規模が縮小したニッチ市場へと追いやった。産業革命以前の経済をこよなく愛する者もいたが、工場制度の優れた効率性を疑う余地はなかった。しかし、農業をやってみればできないこともないし、人生の過ごし方としては苦労が報われるものとみる者もいたし、工場が労働者（現在では時に「賃金奴隷」ととらえられる）に及ぼす社会的・経済的・心理的なインパクトを、耐え難いものとみる者もいた。

工場制度——社会に与えた影響

ヨーロッパ諸国が工業化を推し進め、新しい生産技術や生産体制に順応しはじめるにつれて、その経済体制と社会構造に一連の大変革が生じた。それは、マクロ経済レベルでは、（ヨーロッパ全体とさらには関係各国レベルの双方での）経済成長率、国際貿易の額とその内容、さらには農業と製造業の国内総生産（GDP）と雇用に対するある程度の貢献を伴っていた。

ミクロレベルでは、新しい技術と新たな組織形態の普及が、使用者にとって避けようのない様々な問題を生み出した。その中には、政府が企業経営に口を出したくなるような、すぐに国民の関心の的となる問題もあった。生産に関しては、工場制度は新たな種類の資本集約的な職能構造の創出を必要とした。工場所有者は、建屋の建設と工場レイアウトについては種々の解決策を講じた。また、労働者――その大半が通勤族であった――をきちんと組織し、教育する新しい方法も試みていた。工場の狭い作業場に年齢、経歴、性別の違う人々が集められ、使用者は、生産工程がスムーズに遂行されるよう、労働者に行動規範を強制適用しようとしていたのである。

労働者からみれば、工場制度のもとで働くことは、多くの場合ライフスタイルの大転換を意味した。職人であれ農村出身者であれ、労働者は新しい技術が強いる独特のリズムにそれまでの自分たちの習慣を馴染ませなければならなかった。同時に労働者は、多くの場合、都市化に伴って劇的に変化し困窮化した生活にも耐えなければならなかった。労働時間と余暇時間を選択できたという点で、小作農や職人の職業人生を特徴づけていた比較的自由な働き方は、時計や始業終業を告げるベル、さらには昼夜交替制などに置き換わった。監督者《ボス》は、収穫期に職場を離れたがる工場労働者を引き留めておかなければならなかったし、使用者も、職人のそれまでの職業人生を特徴づけてきた仕事のやり方を変えようと苦闘した。それには、日曜日の休みが月曜日まで尾を引く「聖なる月曜日」といった慣習といったものがあった。

工場は、それまでの生産様式と異なり、慎重に定義された厳格な役割と階層的な組織を持ち込んだ。今や、労働者のスケジュールを決定するのは機械で、それが彼らに集中力の継続を求めたのである。これは、それまでの伝統的な社会を特徴づけてきた組織の機構とはまったく異質なものであった。この変革は、第二次産業革命期でもそうであったが、体系的に始まったものではなかったことから、至る所で労働者の緊張を生んでいた。多くの工場労働者は、生活が激変するのに伴い、新たな精神的・肉体的な問題に対処しなければならなくなった。多くの場合、彼らは仕事のために遠距離通勤を余儀なくされるか、あるいは多くの労働者が詰め込まれた独身寮での生活に順応しなければならなかった。そうした生活はすべて、一族や姻戚関係、さらには地元のコミュニティといったものがそれまで保証してくれた、保護や情緒面での安定性を欠くものであった。だが、不安定な労働条件は問題のごく一部にすぎなかった。「外国人」と見紛う労働者を、工場が立地していた排他的で敵対的な地元のコミュニティに馴染ませるのは、それほど簡単な話ではなかったのである。

第一次産業革命は、様々な側面で西ヨーロッパの発展史に消えることのない痕跡を残した。社会的・文化的な視座からすると、労働者が工場制度の機械指向型世界で経験した生活不安と急激な変化は、より効率的な生産体制が生み出した富よりもはるかに重要な意味をもっていた。近代産業社会が、工場制度への移行に伴って最初に出現したとき、この新しい社会が社会面・文化面で重大な変容を体験した多くの人々の生活を改善するのかどうかは、皆目見当がつかないものであった。

変容への対処法

産業革命以前のヨーロッパ社会にみられた社会構造が崩壊するにつれて、企業家は社会の突然の変容から生じた問題に様々な解決策を講じた。当然のことながら、そうした対処法は、時代や場所によって異なっていた。工場所有者の中には工場が生み出した問題を無視する者もいたし、そうした問題を敏感に感じた者は自ら対処した。工場は、その解決策として、遠隔地に住む労働者向けの下宿や独身寮を次第に備えるようになった。さらに、労働者が食糧や衣類などの生活必需品を容易に手に入れられる場所に建てられるようになった。大工場の近隣には「工場村」が、一般的には、企業家の資金によって造営された。一八世紀以降、イギリスでは慈悲深い企業家が、人々が親密に結びついていた農村コミュニティとよく似た「モデル村」を造営した。企業家たちは、労働者に住宅や各種公益事業を提供するのに加えて、禁酒とか仕事に献身的に取り組むといった文化も彼らの間に広めようとした。この点の証左となる貴重な事例はソルテアである。これは、毛織物工業で第一級の企業家であったタイタス・ソルトが、一八五三年にウェストヨークシャーで造営したモデル村である。ソルトが所有する五つの工場に囲まれたこのモデル村には、住宅、学校、図書館やコンサートホールのあるレクリエーション区画、さらには労働者の家族を対象とした各種施設もあった。このモデル村が十分にその役割を演じた時には、ソルトとその労働者との人間関係を強固にした。このような試みは、「温情主義《パターナリズム》」という言葉でうまく表現されている。

「モデル村」といった形でのコミュニティの創出は、小作農世界の価値観と伝統をある程度存続させる方法と解された。特に、工業化が急速に多数の小作農や地方出身の労働者に都市化を強いたヨーロッパの多くの国ではそうであった。そうした価値観や伝統には、地主に払われるべき信頼や敬意も含まれていた。クレスピ・ダッダ（一九九五年にユネスコの世界文化遺産に登録）という、一八七〇年代末にイタリア北部にあった綿工場の近郊に造営された工場村は、団結力に長けた新しいコミュニティの創出も伴っていた。そこでは、レクリエーションや教育活動の機会を含め、日常の生活必需品ならどんな物でも入手できた。工場を所有していた企業家の姓にその名が由来するクレスピ・ダッダで新たに誕生したコミュニティには、従業員の住宅、管理者用の数棟の別荘、教会、墓地、食料雑貨店、病院、公衆浴場があった。工場村の所有者は、公園で囲まれた中世の城郭風の大きな屋敷に住んでいた。

「城郭」の有無は別として、ヨーロッパやアメリカでは会社町や会社村が工場の近隣に造営された。その多くでは、企業や創業家一族が、社会生活と市民生活で指導的な役割を担っていた。その好例が、一八四〇年代にシュネーデル家が地元住民の大多数を雇用して鉄鋼所を設立した、フランスの会社町ル＝クルーゾである。シュネーデル家は、その地方の社会的・市民的・政治的な日常生活に積極的に関与し、学校、病院、そしてブルーカラー用とホワイトカラー用の住宅を会社町に提供していた。産業革命以前のエリート上流階級人に期待された個人の自由を尊ぶ寛容さ《リベラル・ジェネロシティ》〔ノブレス・オブリージュ〔高い身分に伴う義務〕などとも使われる〕は、こうした形で産業革命期にもいく人かの企業家によって模倣されていた。ただし、そこには新しい工夫もみられていた。つまり、産業革命以前の社会の特徴であった、貴族と貧しい労働者との、あるいは商人の父親とその息子たちとの私的で個人的な関係は、ギルドや組合、あるいは専門家団体が関与せずとも、産業革命期に再生していたのである。

企業家と労働者との温情的な関係は、場所を問わず構築されていた。特定の地域では、温情的な関係が最も大きな力を発揮した。それというのも、そこでは地方あるいは全国規模の制度が脆弱で、産業革命に伴って生じた変化のプロセスや社会的対立の進展に対処する準備が整っていなかったからである。温情主義は、支配にとって特に効果的な方法であることも明らかとなった。それは、その効果が絶大だったので、第一次産業革命以降も存続し、様々な形でほぼすべての工業国でみられていた〔例えばアメリカでは、温情主義はウェルフェア・キャピタリズムという発展形をとって、一九世紀末以降に開花した〕。

産業革命がヨーロッパの伝統的な社会構造を根絶させたとき、新しい社会階層である産業ブルジョアジーが誕生した。産業ブルジョアジーは、地元社会や地域社会はもちろん一国規模の社会においても、経済面・政治面での指導力をすぐに手中にした。権力を新たに手にした産業ブルジョアジーは、工場制度のもつ最も厳しい側面の緩和を目的に、政府に規制を策定させはじめた。最初にこの種の規制に関する法律が導入されたイギリスとドイツを手始めに、女性と児童の雇用を規制する新たな法律が各国で通過した。強制保険や相互扶助に関する法律もヨーロッパ中に広まった。

産業ブルジョアジーは、より快適な生活条件からだけでなく、社会発展の視座に立って、工業化の進展に伴う利益の最適再配分を提唱した。また多くの事例で、社会全体に明確な利益をもたらすことが明らかになった、文化制度も推し進めた。こうしたことから、イタリアの共産主義者であるアントニオ・グラムシが規定した定義に従えば、産業ブルジョアジーは、産業社会で「ヘゲモニーを掌握する」役割を演じることができたのである。産業ブルジョアジーは、多くの事例で、紛争や社会的な衝突の領域を減らす一方、自分たちの力も強化した。さらに産業ブルジョアジーは、権限や所得と富の分配に関して社会的・政治的な闘争を行うことなく、産業上の発展を続けられる新規かつ安定的な社会関係を求めていたのである。

なぜ工場制度へと進化したのか

悲しいことに、鋭敏な社会意識をもっていた新興企業家ですら、工業化に伴うすべての問題を回避することはできなかった。多くの労働者は、温情主義や新しい体制のもとでの管理手法によって苦しめられていた。労働者にとって、この管理手法は、資本家とその事業に常に肩入れするもののように思われた。労働者とその家族には、自分たちの生活リズムを、機械ではなく自分たちが決めていた以前の時代に戻したい、という願望があった。労働者の中には、工場制度と闘うとか、あるいは自分たちの仕事をコントロールする手段だけでも自らの手に取り戻そうと決意した者もいた。これが、一九世紀と二〇世紀に拡大し、現在の大不況期にあっても依然存在する、労働争議や政治運動の始まりであった。

ヨゼフ・シュンペーターは、こうした労働争議のもつ意味と、それが近代産業資本主義に及ぼすであろう意味を認識していた。近代資本主義を解明する彼の優れたパラダイムでは、企業家、つまり工場制度を導入した革新者は、より効率的で、最終的に大きな利益を社会にもたらす新しい技術や作業を組織する、新規の方法を活用していただけではなかった。それが第一次産業革命期に確実に起こっておれば、経済のパイはより大きくなっていたであろう。シュンペーターは、新しい形のビジネスが「創造的破壊」を通して古い形のビジネスを市場から追い払えばそれは起きたはずだ、と語っている。

創造的破壊は実際に起こったが、その経緯はシュンペーターが語るほど単純でも、完全でもなかった。つまり、それまでの製造方式が即座に断念されたわけではなかったのである。工場制度は、産業ごとに異なるスピードで導入された。そのスピードは、ビジネスの種類、生産工程の段階、インプットの相対費用、当該地域の労働慣行や文化といったものに影響されていた。第一次産業革命期には様々な企業が共存していた。小規模で専門化した作業場も、規模集約的で機械化された工程をもつ集権化された工場も、ともに成功を収めていた。重要なのは、一八世紀と一九世紀には、旧来型の製造方式から工場制度への移行がいかに錯綜していたのか、という点を認識することである。綿織物工業の商人企業家は、新しく登場した紡績技術にすぐに投資していた。それは、織機と仕上げ工程における下請け業者の広範なネットワークを維持しつつ、生産工程の川上段階を集約化するための投資であった。特に、紡績の機械化工程が、織機の機械化以前に考案されていたので、問屋制度は綿工業で一部持続し、織機は十分な訓練を受けた安価な農業労働者によって利用し続けられた。したがって、織機作業場は、数十人の「作業場内」労働者を雇っていただけで、作業場外で雇用されていた数百人はそれぞれ自宅で作業していたのである。

繊維工業の企業家は、機械式織機が開発されると、取引費用理論がうまく説明しているやり方で垂直的に統合した。企業家は、この統合を通して生産を調整し、製品のコストと品質を統制できるようになった。次には規模の経済性が再度機能し、企業家は自分たちの工場を決まったスケジュールに沿って稼働するべく、水力を蒸気力で補うよう促された。生産規模が拡大するにつれて、機械はより洗練化されるとともに、高価になった。例えば、自動織機は相当な額の投資と、熟練機械工による周到な保守点検を必要とした。工場制度は、多くの問題に解決法を提供する一方で、新しい問題も生み出した。それは、高価な機械の保守点検、権限の委譲、報告、ならびにまったく新しい経済的役割や手続きの明確化、といった問題である。もはや出来高給制度は使えなかった。そこで、大量生産を指向する企業家は、労働者の規律を維持する方法を学ばなければならなかった。それというのも、多くの場合、労働者は、監督者《ボス》はもちろん、温情的な企業家の体系的な取り組みに対しても、それに相応しい敬意を示そうとしなかったからである。

マルクス主義者の史料は、工場制度の普及を分析する際のもう一つの歴史的パラダイムを提供してくれる。マルクス主義理論によれば、企業家が一つの場所に労働力を集めるのは、労働者をより厳しく管理し、より効率的に労働者を搾取するためであった。企業家が生産手段を独占所有し、作業場を支配していたので、（織物業でそうしたように）新しい機械を次々に導入し、それによって生産物一単位当たりの労務費を引き下げることができた。ここに至って初めて、ブルジョアジーの利害と本質的に対立する階級利害をもつ、真のプロレタリアートが誕生したのである。仕事の専門化は、労働者の技能レベルをさらに引き下げ、企業家に労働者を搾取するより大きな機会を与えた。かくして、経済進歩という果実は、機械や工場、そして原材料などを手にできない労働者階級が最終的に享受できるものではなくなった。マルクス主義理論が示唆するところによれば、これが資本主義制度に終焉をもたらすであろう大きな危機を招来するのである。

当然のことながら、シュンペーターの視座からは、工場制度は企業家にとっては利潤を生み、それで別の人たちに事業方法を変えるよう促した最良のイノベーション、真の意味で新時代のイノベーションの一つととらえられていた。こうした視座に立てば、経済がより効率化するにつれて全員が利益を得ることになる。消費者はより安価な製品を手にできるし、労働者は新しい仕事に就き、安価になった消費財を買うのに必要なお金を稼げるようになる。もちろん経営者は、継続的なイノベーションを必要とする問題を絶えず抱えるであろう。分業によって生産工程を管理するには、ある形式の知識、つまり標準化された製品を大量に生産するのに必要な一種の「ソフトウェア」が必要となった。これは次に、新たな方式での物流、新たな方法でのマーケティングと販売、新たな仕組みでの事業の資金調達を要請した。そすべては、これまで使われてきた知識とは根本的に異なる新しい形式の知識を必要としたのである。それは、一般的な原理原則の集大成もしくは履行ではなく、実用的なノウハウに基盤を置くものであった。かくして、産業革命はヨーロッパの教育訓練制度を根底から変革した。見習い労働者は、それまで小作業場か自宅でその手仕事を学んでいた。それに代わって工場が、最も重要な形式の知識、つまり新しい機械技術の活用と関係する知識を伝達する第一義的な場所となったのである。

工場制度が進化するにつれて、それはマルクスがいかなる形態の資本主義にあっても中心的な特徴とみなした対立はもとより、シュンペーターが称賛した新しい富を創造するものとなった。資本家はもちろん労働者も、工場制度という新たな制度に適した新しい組織を展開した。工場が国内市場と国際市場を支配するにつれて、旧来型の事業組織がもっていた重要度は次第に減退していった。生産の集中は、新しい技術の要請を満たし、工場所有者にとっては労働者の適材管理を可能にし、製品の生産高とその品質に対する統制をこれまで以上に拡大した。これらの特徴は、工場を、分散した手工業生産の一時的な補完物ではなく、組織に関する考案物としては産業社会で最も広範に普及したものにしたのである。

第三部　ビッグ・ビジネスの誕生と統合

第七章　通信網と輸送網の整備

大企業の出現——不連続の始まり

一九世紀最後の四半期頃に、大企業が一部の先進工業国で姿を現しはじめた。それは、比較的短期間のうちに、複数事業体で、多機能体で、多くの製品を抱える多国籍企業になる運命にあった。巨大で複雑な組織の出現は、歴史上初めて、特定の専門技能をもつ（所有者ではない）俸給経営者《サラリード・マネジャー》を介したガバナンスを採用する必要性が到来したことを意味していたのである。

こうした諸側面をもつ大企業の事例は、産業革命以前にはほとんどなかった。当時の大企業の多くは、銀行、（エリザベス一世統治下でイギリス人によって創設された）東インド会社に代表される海外企業、あるいは国有の製造業者であった。産業革命以前の資本主義における「巨大企業」もそれなりに強大ではあったが、その活動は少数の管理者と事務職員で十分管理できた。それというのも、事業単位《ユニット》の数と取引量が、現在の大企業の基準からすれば小さなものであったからである。

ここまでの章でみてきたように、産業がその姿を変容するのに伴って、ビジネスも劇的にその姿を変えはじめた。新しいエネルギー源（化石燃料のような）の利用、生産工程における蒸気の活用、新しい機械の導入、ならびに工場規模の拡大は、人類史における産業の発展を測る重要な尺度を象徴するものである。鋭い観察眼をもつ二人の批評家〔カール・マルクスとフリードリヒ・エンゲルスのこと〕が記しているように、ブルジョアジーは第一次産業革命で、「驚異的なことを成し遂げていた。それは、エジプトのピラミッドや、ローマの水道橋、ゴシック様式の大聖堂をはるかに凌駕するものであった。さらには、民族移動や十字軍とはまったく違った遠征も行った(1)」。

だが、現在目にする大企業は、一八世紀末にイギリスでみられた種々の改革から誕生したものではない。工場は、第一次産業革命期を象徴する全生産部門でも、その規模は依然限られたものであった。市場を拡大しようとしていた企業にとっては、信頼できない輸送はもちろん、それに要する費用も大きな制約となっていた。当時の典型的な企業は、二〇世紀の平均的な労働者数と比べた場合、少ない数の労働者しか雇用していなかった。例えば、一八三〇年代のマンチェスターを代表する綿工場でも、通常、二〇〇人未満の労働者しか雇っていなかった。しかし、一九七〇年代初頭には、二万人以上の労働者を雇用する企業は世界の市場経済で四〇一社あった。一方、初期の産業企業の製造能力も、一世紀後の標準的なそれと比べてかなり見劣りするものであった。一八四〇年代に年間一万トン以上の鉄を生産するイギリスの製鉄所は皆無であったが、一九八〇年代の日本の効率的な銑鋼一貫製鉄所では、一年間に最低限必要とされる生産高は約六〇〇万トンであった。一八〇〇年代初頭の数十年間にみられた生産高と貿易額の著しい増加ですら、経済活動の際立った集中を引き起こすものではなかったのである。一九世紀初頭でも、所有構造と内部組織はともに産業革命以前とさほど大きく変わっていなかったので、企業は一つの機能と単一の生産物に専念できた。歴史家のシドニー・ポラードが説明しているように、工業化の初期段階では、企業管理と呼べるものはほとんどみられなかったので、〔第一次〕産業革命と関連づけられる企業管理理論はなかった(2)。

現代の大企業とその階層的経営組織が出現するのに欠かせなかったのは、技術進歩と市場の拡大であった。それらが最終的に、企業がそれまで想像することすらできなかった規模と複雑さに至る機会を提供した。大企業の成長にとって決定的な要因となったのは、一八七〇年以降にアメリカと西ヨーロッパで起こった、（生産工程、機械工業、電気工業、化学工業での）多様な変化である。だがこれは、同時に通信システムや輸送システムの変革がなければ、実現していなかったであろう。企業がはるかに大きな市場、つまりより広範な地域に広がる市場を手にできるようにしたものこそ、蒸気船、鉄道、電信・電話がもたらした急激な変化であった。それらによって企業は、サプライヤーや顧客との確固とした関係を期待できるようになった。つまり、正確なスケジュールに沿って、社内業務を編成できるようになり、こうした下地があって初めて、企業はその規模を大きくできたのである。通信システムや輸送システムの変革が、意思決定プロセスと組織構造における重要な変革、つまり現代大企業の企業管理にとって欠くことのできない諸側面での変革を導いたのである。

輸送網と通信網の拡大

一九世紀後半には、通信網と輸送網で注目すべき拡大がみられた。電信と電話に代表される新たな展開は、これまで以上の速度と効率性、さらには膨大な量の情報交換を可能にした。一八四四年に発明された電信機は、三年後には商用目的で使われはじめた。発明と改良は、規格の統一と相互接続に向けた試みと合わされることで、本物の国際電信システムの創出を可能にした。それは、遠隔地間での迅速な情報の交換ができるようになったことを意味した。その低コスト化と電信網の構築によって実現された通信速度が、急速な電信の普及に繋がった。例えば、一八六一年まで五万マイルの電信線しかなかった

表７－１　グローバルな輸送費の変化と物価の収斂

A　輸送費（船賃）の収縮幅		
アメリカの輸送ルート	1869/1871から1908/1910	100％から55％へ
アメリカの東海岸輸送ルート	1869/1871から1911/1913	100％から55％へ
イギリスの不定期貨物船	1869/1871から1911/1913	100％から78％へ
B　物価の収斂		
リバプールとシカゴの小麦価格の差	1870年と1912年	58％から16％へ
ロンドンとシンシナティのベーコン価格の差	1870年と1913年	93％から18％へ
フィラデルフィアとロンドンの銑鉄価格の差	1870年と1914年	85％から19％へ
ロンドンとボストンの毛織物価格の差	1870年と1915年	59％から28％へ
ロンドンとブエノスアイレスの皮革価格の差	1870年と1916年	28％から９％へ

出所：以下の資料に基づき作成。Kevin H. O'Rourke and Jeffrey G. Williamson, *Globalization and History: The Evolution of a Nineteenth-Century Atlantic Economy*, MIT Press, Cambridge, MA, 1999.

アメリカでは、二〇年後には二九万一〇〇〇マイルにまで伸張し、国勢調査のデータによれば、その時点で年間約三二〇〇万通もの電報が打たれていた。一八七七年にグラハム・ベルが発明した電話は、最初は電信機の補助手段としての使用を目的としており、アメリカでは当初から近隣地域の通話に限られていた。しかしながら、短期間で電話は電信よりも優れていることが知れ渡った。つまり、コミュニケーションのスピードが速く、一分間に打電できる一五ないし二〇語に対し、電話では一〇〇から二〇〇語を伝えることができた。また電話は、電報配達人を必要としないというもう一つの利点もあった。

電信と電話は、何マイルもの鉄道や蒸気船輸送で結ばれていた世界で、コミュニケーションを一層容易にした。中世以降に製造業はかなり進歩したが、それに比して一九世紀初頭に至っても、輸送網ははるかに後れていた。フランスの歴史家フェルナン・ブローデル（世界史において経済状態や地理的条件が演じる役割に注目し、二〇世紀の歴史学に大変革を起こした）が記しているように、ナポレオンとシーザーとの間には一八世紀に及ぶ時間的な隔たりがあったが、彼らが移動するスピード（あるいはより適切な言葉を選択するなら、遅さ）はその世紀間ほどの隔たりはなかったのである。[3]

鉄道時代の到来は様々な事態を決定的に変えた。スピードが遅く、さほど信頼できなかった旧来型の輸送手段は時代遅れとなった。駅馬車は消え、料金所も撤去され、道路輸送量が減少して短距離輸送に力点が移ったが、それでも鉄道に比肩できるだけの便数も定時性もなかった。ヨーロッパで敷設されていた線路は、一九世紀半ばまで、わずか約一万五〇〇〇マイルであったが、一八五〇年から一八七〇年の二〇年間に、約七万マイルにまで拡張した。一八二〇年代に始まったイギリスの鉄道網の整備は、一八七五年までに七〇％の敷設が完了した。鉄道会社は、ヨーロッパの主要な工業国や工業途上国でさらに線路が伸張されるにつれて、最初の大企業となった。その先頭を走る工業国イギリスでは、鉄道会社が真の意味で最初の大企業となった。資本金五〇万ポンド以上の産業企業がほんの数社しかなかった一八五〇年に、三〇〇〇万ポンドを超える資本金を有する鉄道会社が一九社もあったのである。

ドイツでは、鉄道が与えたインパクトはより大きなものであった。その広大な路線網はもとより、とりわけ路線網の急速な拡張が、基本的に同国の工業化と関連していたという事実からしても、そのインパクトは大きなものであった。増大する鉄道会社からの資金調達要請は、一八五〇年代にユニバーサル・バンク〔総合銀行。銀行業務と証券業務を本体で兼営する金融機関〕を誕生させた（それは、第九章で考察するように、ドイツの産業発展において最も重要な役割を演じた立役者の一つであった）。また鉄道は、冶金《やきん》工業や機械工業といった産業部門の大口顧客でもあった。短期間で、これら産業も国家にとって重要な役割を担うことになった。工業化が漸進的に展開したイタリアでさえ、最初の大企業は鉄道会社であった。それは、その創業者の名前にちなんで、バストゥーギ鉄道と一般に呼ばれていた「南イタリア鉄道」であった。イタリアでも、鉄道は国内市場の創出と冶金工業や機械工業といった新興産業部門の製品に対する需要拡大に寄与していた。イタリアの鉄道が一九〇五年に国営化されたとき、鉄道会社に製品を納入していた企業も間接的とはいえ重大な影響を被った。だがその多くは、国から得ていた賠償

表7－2　1870年と1913年における鉄道の営業キロ数

国＼年	1870	1913
ベルギー	2,897	4,676
フランス	15,544	40,770
ドイツ	18,876	63,378
イタリア	6,429	18,873
イギリス	21,500	32,623
スペイン	5,295	15,088
オーストリア／ハンガリー	6,112	44,800
ロシア	10,731	70,156
アメリカ	85,170	400,197
日本	0	10,570

出所：以下の資料に基づき作成。B. R. Mitchell, *European Historical Statistics*, Macmillan, London, 1992 ; B. R. Mitchell, *International Historical Statistics : Africa and Asia*, Macmillan, London, 1982 ; B. R. Mitchell, *Historical Statistics : The Americas and Australasia*, Macmillan, London, 1993.

金の一部を、電機工業を興す資金に充てたのである。

ヨーロッパで始まった輸送と通信におけるイノベーションは大西洋を超え、特に都心部とその周辺地域との距離のせいで広範な鉄道網を必要としていたアメリカへと伝播した。イギリスの線路が九〇〇〇マイルを少し超えた程度であった一八六〇年に、アメリカにはすでに三万マイルの線路が敷設されていた。二〇年後、イギリスの約一万六〇〇〇マイルに比して、アメリカでは優に九万三〇〇〇マイルを超えていた。アメリカの鉄道網が一九一〇年頃に完成した時には、イギリスの一〇倍以上の線路（二四万マイル対二万マイル）が敷設されていたのである。それと同時に、電信回線の架設もアメリカとヨーロッパの最先進諸国で急速に進んだ。それというのも、電信回線は迅速かつ安全で、さらに効率的な列車運行システムの根幹をなす構成要素として、線路の敷設と同時に架設されていたからである。

同じ頃、石炭と蒸気が水上輸送に革命を起こした。最初の商用汽船であったクレアモント号は、ジェームズ・ワットが発明した内燃機関を動力にしていた。一八〇七年以降、同号はアメリカで最も航行量の多いアルバニーとニューヨーク間のハドソン川を往復した。同号はこのルートをそれまでの輸送法の六分の一にあたる三二時間で航行した。一九世紀半ばまで、数えるほどの汽船しかなかったが、一八五〇年代に蒸気力が海上輸送に一つの革命を起こした。新型蒸気船は鉄で装甲されていた。そして、帆船よりも（風など天候に影響されることが少なかったので）信頼性が高く、スピードも速かったし、積載量もはるかに大きかった。蒸気船が登場するまでは、ヨーロッパからアメリカに向けて西に航行する際には、通常三週間から三か月を要した。同じ行程を蒸気船は一〇日から一五日で航行できたのである。蒸気機関技術のさらなる進歩のおかげで、ヨーロッパと新大陸で沿岸航路や河川を航行する船は、水上輸送への依存度が高かった諸国にさらに良好な結果をもたらした。

通信網と輸送網、そして大企業誕生のための必要条件

国内、さらには国境を超えた通信網と輸送網の構築にはかなりの時間を要した。同じことは、それを管理運営するために必要な技能の育成や、長期にわたる企業の統合を請け負う制度の創出についてもいえる。通信網と輸送網が出現したとき、これら新興のインフラは、（最初の大企業が創設された）アメリカとヨーロッパの最先進諸国の双方で、近代的な形態の大企業が登場するのを決定づける要因となった。

特に鉄道は、大企業が登場するプロセスで大きな役割を演じた。鉄道は、大規模かつ広範囲に及ぶ市場を開拓し、新しい形態の資金調達法の創出を促し、組織能力の育成と階層的経営組織の発展を推進し、そして近代的労使関係と規制政策のための最初のチェックポイントとなることで、そうした役割を果たしていた。

鉄道と市場

鉄道は輸送手段を提供した。それは、商品の大量生産と大量流通の基本的構成要素であり、巨大製造

会社と近代的な商業制度の出現の必須条件でもあった。鉄道とそれ以前の輸送手段との間には、迅速性、定時性、および信頼性という三つの重要な特徴で、大きな相違があった。鉄道は、商品と人々に短時間で移動できる手段を提供した。鉄道の優位性は、鉄道網の拡張と、列車の相互接続性と関係していた。特に、アメリカのように、長距離輸送がそれまで水路あるいは荷馬車で行われていた場合はそうであった。さらに、鉄道は旅行に要する時間に革命を起こした。それまで三週間を要していたニューヨーク＝シカゴ間は、一八五七年には三日で行ける距離になったのである。

鉄道網と電信回線網を構築することで、鉄道会社は最終的に真の全国市場を開拓し、国内の至る所にいた顧客のニーズを満たすようになった。いまや企業は、製造能力を高める大きな誘因をもつようになった。マーケティングと販売において、鉄道は輸送の定時性と信頼性を保証し、気象条件の影響を受けることのない正確な時刻表に沿って、大口商品の出荷で信頼性の高いサービスを提供できたのである。それまでの物流は天候に左右され、動物や人間の力、あるいは風力や水の流れといった自然エネルギーに頼らなければならなかった。だが、以上の諸条件の継続期間やその強弱を予知するのは、ほぼ不可能であった。その結果、企業の大規模工場への投資や、あるいは生産の拡大は難題であった。ここに登場したのが蒸気機関車で、それは商品輸送における単位コスト削減に寄与した。貨物列車は、フェリーが運河の片道を通り抜けるのに要した時間で、二つの目的地間を複数回往復できたのである。このようにして、輸送・通信革命はコストを引き下げ、商品流通を加速化した。いまや企業は、生産規模を拡大し、より効率的に生産工程を編成しようとする大きな誘因をもつようになった。

鉄道と資金調達

鉄道網の建設には資金が必要なことから、その拡張に際しては、一国の金融機関がしばしば重要な役割を演じた。時間の経過とともに、この同じ金融機関が近代産業企業が成長する際の礎ともなった。事実、産業革命以前であれば、企業家や一つの家系、あるいはパートナーのグループが、プランテーションや織物工場、あるいは船団を組むのに必要な資金を集めていた。しかしながら、鉄道建設に必要とされる資金ははるかに巨額で、こうした新規事業に向けた資金調達では、別の資金提供者を探し出さなければならなかった。この種の資金調達のためのチャネルは、一八〇〇年代後半以降に切望されるようになった。すでに触れたように、ドイツで国内最大級の企業を成長させる際に重要な役割を果たしたユニバーサル・バンクの設立を促したのも鉄道であった。アメリカで鉄道建設に必要とされた巨額資金は、一八五〇年以降の一〇年間に専門投資銀行が設立されることに繋がった。一九〇〇年以前には、J・P・モルガン商会に代表される巨大金融機関が鉄道に巨額の資金を投資し、多くの場合、ヨーロッパ資本と一緒になってアメリカ式の輸送網と通信網に対する資金調達を引き受けていた。これら同じ金融機関は、J・P・モルガン商会を含めて、一九世紀末から二〇世紀初頭に起きた企業合同に必要な資金調達でも大きな役割を演じた。銀行は、企業合同運動の初期段階で、製造業とサービス業の技術的・組織的な合理化を大いに刺激していたのである。

大鉄道会社の切迫する資金需要は、一九世紀後半のアメリカで金融機関の合併をもたらした。大多数のウォール街企業とその金融商品（金融機関が販売する証券のことで、預金、株式、債券、投資信託、保険など）は、鉄道業と鉄道業の成長を促がした関連企業をそのターゲットにした。そうした関連企業には、ウエスタン・ユニオン社（一八五一年創業の電信会社）、プルマン豪華車輛会社（一八六七年創業の客車・貨車メーカー。特に寝台車・食堂車が有名）、ならびに複数の石炭製造業者などがあった。主要な金融機関は、鉄道業やその関連企業がM&Aを通して容易に規模を拡大できるようにした。また、株式市場における古典的な投機テクニックのいくつか（例えば、空売り、信用売り、特権付売買など）は、金融業界が株式と債権を売買する近代的な手法を考案した、一八五〇年代に整備されたものであった。

鉄道と企業管理

鉄道業の発展は、関係企業間での所有資産の新たな配分を必要としただけでなく、より重要なこととして、企業管理の新たな方式を生み出した。鉄道会社は、先行する小規模企業と異なり、巨額の出資金を管理し、多数の労働者を雇い、安全かつ効率的な旅行を提供できるよう、労働者の活動を調整しなければならない立場にあることに初めて気づいたのである。企業管理が直面した責任の大きさとその多様性は、企業資産と体系的な役割分担との分離を生み出した。一方には会社を所有する多数の株主が、他方にはフルタイムで会社の経営を託された特別な技能と能力を兼ね備えた俸給経営者がいた。鉄道経営で一九世紀中頃に生じた、財務面と管理面で生じた特定の問題を効率的に処理する必要が、俸給経営者を新しい形態の企業管理の創案・普及の先駆者にした。鉄道会社が効率的な組織を構築する際に得た経験は、その後、商品とサービスの生産、あるいは流通にかかわる企業が、これまでにない広範な地域に分散した複数事業を行う巨大企業に変身しはじめたとき、模倣する価値のあるモデルになったのである。

世界の電信会社と鉄道会社の多くは、成長に伴って、多数の事業ユニットを調整、統制、評価するため、次第に専任経営者《フルタイム・マネジャー》を数多く雇う必要に迫られた。そうした企業が、従業員を育成し、財務を統制するための新しいアメリカモデルを開発したのである。このような経緯を経て、アメリカは企業管理のイノベーションにおける開拓者となった。

アメリカでは、そのほぼ全土が同じ規格の軌道で覆われていた。この事実は、各鉄道会社が列車の運行を綿密に計画・調整する責任を負う階層的経営組織をもつことを必然化した。精緻な調整は、何百という都市や町の間で多種多様な商品を動かすシステムの迅速性、定時性、信頼性を保証するものであった。企業規模が大きくなればなるほど、一人の経営者に経営上の決断を託すことが多くなった。通常、経営者は、（もっていたとしても）わずかの株しかもっていなかった。このようにして、企業の所有と経営が別の役割として分離しはじめるのである。

企業活動の規模と複雑度が増すにつれて、経営者は別の管理者やローワーレベルの従業員にますます多くの仕事を委譲しはじめた。ミドルクラスの管理者が任命され、それぞれの部署で（列車時刻表の決定、線路の保守点検の組織化、日々何千という商取引の会計処理といった）職能別の業務を監視・統括するようになった。軍隊組織をおそらく真似た、ライン職とスタッフ職との区別は、鉄道業では早くから採用されていた。この役割別の組織構造は、機能的かつ柔軟なものであったし、トップ・マネジメントが、複雑化した組織を容易に運営できるようにするものでもあった。ライン管理者は、人と列車の動きを管理し、トップクラスでは社長から執行役員、ミドルクラスでは統括管理者から次には部署別管理者に至る階層をそれぞれ形成していた。スタッフ職は（軌道や信号などの）規格と、職能部門の管理者に対する助言に責任を負う人物で構成されていた。

鉄道組織は、わずか二〇～三〇年の間に、巨大で複雑な事業を運営する際に発生する新たな問題に十分対処できる、高度な適格性を備えた組織となった。鉄道会社で働く管理者たちが、線路、転轍器や空気ブレーキ、信号などの装置の標準規格を定めていた。この点は、商品を満載した列車が、ある鉄道会社の路線から別の鉄道会社の路線へと乗り継いだとしても、途切れることのない線路に沿って、何の問題も発生させずに何百箇所に運行できるようにした。経営者は、鉄道会社のために、積荷証券、鉄道会社間の協定、別の鉄道会社所有の車輛に関する会計規則、といった種々のツールを完全なものにする作業に取り組んでいた。そして、アメリカ鉄道会計役員協会やアメリカ鉄道管理協会といった専門組織に準じる組織が、大西洋岸から太平洋岸に至る三〇〇〇マイルの途中で商品を積み替えることなく、貨物を満載した車輛を移動できるようにする標準規格を定めていたのである。

鉄道網が拡張する前の一八五〇年前後には、商品をフィラデルフィアからシカゴに運ぶには幌馬車と平底荷船の両方を使う必要があり、運搬には三週間程度を要し、積荷の積み降ろしが必要な九つの地点を経由しなければならなかった。それが、鉄道とその効率的かつ相互接続性のある輸送方法のおかげで、一九世紀末までには、この両都市間はわずか二日の行程となり、出発地で積んだ商品が次に降ろされるのは最終目的地だけとなった。このように、鉄道業の専門経営者《プロフェッショナル・マネジャー》は、事業運営の改善法を精力的に探求し、かなりの成功を収めた。鉄道網の複雑さとその規模は、各鉄道会社に全般管理者《ゼネラル・マネジャー》〔鉄道業では一般に総支配人と呼ばれていた〕によって運営される、独立管区に基盤を置く組織の採用を強いた。全般管理者は、種々の職能部門の活動を統制し、戦略的意思決定に責任をもつ社内の管理中枢部門の指揮下に置かれた。そして、全国規模の巨大鉄道網での列車の運行は、各鉄道会社の全般管理者の協働によって調整されていたのである。

鉄道、労使関係、規制

鉄道はまた、経営者と労働者との関係〔労使関係〕というデリケートな分野で、パイオニア的な役割も果たした。さらに鉄道は、アメリカ経済にあって、連邦政府によって競争が規制された最初の部門でもあった。

鉄道会社は、成長するにつれて複数の古典的な労使関係問題に、かつてない規模で直面した。労働者の求人と教育訓練ならびに管理がそうした問題であった。しかし、地理的に広大な地域に分散していた労働者の組織運動と関係する新たな難局にも直面した。巨大鉄道会社は、継続的な労働者の求人、固定給の設定、既定のキャリアパス〔昇進を含む、配置・異動のルートとその際の基準・条件〕による明確な社内階層の定義づけを、産業界で最初に取り入れた。また、初歩的なものとはいえ、従業員向けの保険制度や年金制度を最初に取り入れたのも巨大鉄道会社であった。労使関係の分野では、ストライキはヨーロッパと同様、アメリカでも普通にみられていた。それにもかかわらず、労働者が自分たちの意見を表明するとか、あるいは合法的に事業活動に介入することが許されていなかった社会体制のもとでは、経営者が唯一合法的な権限を握っていた。少なくとも第一次世界大戦までは、組合は公式には認められておらず、実際のところ団体交渉の前例はなかった。わずかとはいえ例外だったのは、貨車と客車を製造する鉄道会社所有の工場であった。そこでは、作業の遂行方法について労働者は大きな発言権を有しており、しばしばその組合も経営者から承認されていた〔当時の鉄道業での組合は、「友愛会」という名称をもつ職業別の組織で、戦闘的というよりもメンバー間の互助的色彩の強い組織であった〕。

　アメリカはもちろん他の諸国の鉄道部門でも、競争を統制しようとする取り組みで種々のカルテルや価格操作協定が生まれていた。これは、非常に寡占的で、激しい競争下にあった鉄道部門での鉄道会社なりの対処法であった。一八七〇年代に、競合鉄道会社と同じルートで列車を運行している鉄道会社に出現した非公式な形での提携に対する回答として、はっきりとした形をとる連合体が創設され、その時点で事業活動、管理手続き、制裁措置が詳細に規定された。だが、依然として労働者の抵抗を招く誘因は数多く存在しており、合意の安定度は低いままであった。一八八〇年代初頭には、ほぼすべての鉄道所有者と経営者は、競合鉄道会社の間で誠意と誠実さを欠けば、カルテルという最善の制度でさえも、競争を抑えられなかったことを認めていたのである〔本文でいう「連合体」がなにを指しているのかは定かではないが、そのようなものとしては、シカゴに乗り入れていた当初一八の鉄道会社が一八八六年に結成した、シカゴ鉄道経営者協会があり、本文で示された活動を行っていた〕。

　鉄道業界の指導者の中には、いわゆる「激烈な競争」に代わる選択肢として、政府による安定化〔国有化」に目を向けようとする者もいた。議会が「前出の価格操作協定のような」協定を実体化し、それを実行できたことから、立法による解決策が絶対に必要と思われた。しかし、こうした考え方を支持する政治勢力は脆弱で、連邦議会が一八八七年の州際通商法という規制法の採択を決めた時点で、鉄道カルテルは承認を拒否されたのに加えて、違法とみなされるようになった。規制は、鉄道会社が戦略で同一歩調をとらせる際に決定的な役割を演じたのである。それは、シャーマン反トラスト法「アメリカの独占禁止法」が、アメリカの工業制度に類似の影響を及ぼす以前から行われていたことであった。

鉄道業で習得された戦略的かつ組織的なノウハウは、他の産業部門に瞬時に移植された。その際、大きく貢献したのは、製造業に従事する前に、鉄道会社でそのキャリアをスタートしていた経営者や企業家であった。例えば、ペンシルヴェニア鉄道で働いた経験で鍛えられたアンドリュー・カーネギー「アメリカの鉄鋼王。一九〇一年のUSスティール社創設にかかわった」は、現在の鉄鋼業で当然みられる、規模の経済性「大量生産による生産コストの低減」を初めて十二分に利用した人物であった。(その当時まで産業界ではほとんど未知であった)体系的な原価管理方法を採用した彼の決断は、鉄道での自身の経験に由来するものであった。同じことは、自身の会社の事業規模を拡大した時の選択にもいえる。カーネギーも理解していたように、規模拡大は巨大な初期投資を必要としたが、その戦略は最終的に生産費を引き下げたのである。巨大な貨車に積載可能な最大量の商品を積むのが最も経済的であったのとまさに同じように、カーネギーは、膨大な量の鉄鋼を製造することで、桁外れの規模の経済性を実現できることを知っていた。彼がとった戦略は、次章で考察するように、アメリカの巨大製造企業で人気を博する戦略となった。

このようにして、一九世紀と二〇世紀に起こった流通革命と生産革命は、アメリカの輸送と通信の新規インフラによって開発された物質的、金銭的、組織的、制度的な基盤の上に構築されたのである。

注

（1）Karl Marx and Frederick Engels, *Manifesto of the Communist Party*, 1848. その最新版に関しては、Cosimo Classics (New York, 2006) を参照のこと。（K・マルクス、F・エンゲルス／大内兵衛・向坂逸郎訳『共産党宣言』岩波文庫、一九五一年、四六ページ。ただし、訳文通りではない）

（2）S. Pollard, *The Genesis of Modern Management : A Study of the Industrial Revolution in Great Britain*, E. Arnold, London, 1965, p. 271.（山下幸夫ほか訳『現代企業管理の起源——イギリスにおける産業革命の研究』千倉書房、一九八二年、四〇〇ページ）

（3）F. Braudel, *Civilization and Capitalism, 15th–18th Century*, Harper & Row, New York, 1981, p. 429.（村上光彦・山本淳一訳『物質文明・経済・資本主義一五–一八世紀』みすず書房、一九八五～一九九九年。この書名はシリーズもののタイトルで、『日常性の構造』、『交換のはたらき』、『世界時間』からなる）

第八章　技術と組織

第二次産業革命期の技術

新たな輸送システムと通信システムは、一九世紀末に向かう中、経済の全産業部門で急激な変革へのスイッチを入れた。これらのシステムが最初に成功を収めたのは、商業物流の分野であった。事実、一九世紀最後の数十年間に、新たに登場した販売業者《ベンダー》が、伝統的な取引業者《トレーダー》に取って代わった。一九世紀後半に百貨店が登場し、自由な入店、固定価格制、膨大な数の商品の取り揃え、バーゲンセール、さらには在庫の回転を上げる小さな利幅といったイノベーションのおかげで、急速に人気を博するようになった。当初、新たに登場した百貨店は、アメリカ（ワナメーカー、メイシー、ブルーミンデール、マーシャルフィールズ）で、次いでフランス（ボン・マルシェ、ル・ルーブル、ル・プランタン、サマリテーヌ）で流行した。一八七〇年代までには、他のヨーロッパ諸国でもみられるようになった。

アメリカは、小売りチェーン店と通信販売という二つの関連部門のパイオニアでもあった。通信販売という発想は、都市部から遠く離れた市場で人気が高く、この部門のリーダーはモンゴメリー・ウォード社（一八七二年創業）とシアーズ社（一八八六年創業）であった。両社は、店舗で売られているものよりも豊富な製品ラインアップを提供し、農村部で暮らす一家のほぼすべてのニーズを満たした。食料品に端を発することの多かったチェーン店は、二〇世紀初頭以降急速に成長した。これら量販店は、規模の経済性と多角化によって、老舗の商店からかなりの市場シェアを奪い取った。短期間のうちに、量販店は仕入れと種々の販売地点間の物流の調整を専門に行う管理チームを生み出した。

輸送インフラと通信インフラが最も大きなインパクトを与えた領域は製造業であった。製造業における大企業の誕生は、短期間でアメリカ・ドイツ・イギリスという重要な工業国での経済発展にかなり弾みをつけ、一九世紀末には、この三か国で世界の工業生産高の三分の二を掌握したのである。

これら新しい輸送網と通信網が産業界の変容に与えたインパクトは、商業分野のそれよりもはるかに重要であった。この点は、一八七〇年代の機械工業、化学工業、電機工業、電気化学工業といった産業部門で非常に多様な製造工程が展開されたこと、あるいは製造企業で容易に利用できる方法を改良したという事実に一部は帰せられる。このことは次に、それまでの産業企業が利用できたものとは異なる成長機会を提供した。例えば、自動包装機械の発明は食品産業の姿を大きく変え、化学工業企業が生産する消費財にも同じような影響を及ぼした。それ以外の新規製造工程も、広範な製造部門で活用できるものであった。例えば、蒸留工程は当時、石油工業、製糖業、植物油製造業、さらにはアルコール醸造業といった広範に及ぶ産業部門で事業展開していた企業でも用いられた。大きな変化は、種々のタイプの機械や自動車生産に用いられた互換性部品を製造、組み立てる企業で生じていた。電気のように新しくて、柔軟性に富むエネルギー源の活用は、化学工業と冶金《やきん》工業との交流を可能にし、これが塩素やアルミニウムといった、巨大な量で生産される製品に影響を及ぼしていたのである。

一般に「第二次産業革命」と定義される、複雑な様相を示すこれらイノベーションの相互関連性は、飛躍的に増大した生産量と、はるかに迅速なスピードで生じた変化という事実によって、これまでの産

表8－1　第一次世界大戦前後のアメリカ，イギリス，ドイツ，フランス，日本における上位200社の産業別分布

産　業	アメリカ（1917年）	イギリス（1919年）	ドイツ（1913年）	フランス（1912年）	日　本（1918年）
食　品	30	63	26	20	31
タバコ	6	3	1	1	1
繊　維	5	26	15	8	54
アパレル	3	1	1	3	2
木　材	3	0	1	1	3
家　具	0	0	0	0	0
紙	5	4	4	3	12
印刷・出版	2	5	0	7	1
化　学	20	11	30	28	23
石　油	22	3	5	2	6
ゴ　ム	5	3	4	3	0
皮　革	4	0	2	3	4
窯　業	5	2	7	8	16
更地金	29	35	49	36	21
加工金属	8	2	5	4	4
非電動機械	20	8	25	9	4
電動機械	5	11	7	14	7
輸送用機械	26	20	16	39	9
器　具	1	0	2	9	1
その他	1	3	0	2	1
合　計	200	200	200	200	200

出所：A. D. Chandler, Jr., and T. Hikino, "The Large Industrial Enterprise and the Dynamics of Modern Economic Growth," in A. D. Chandler, Jr., F. Amatori, and T. Hikino (eds.), *Big Business and the Wealth of Nations*, Cambridge University Press, Cambridge, 1997, p. 32より作成。

業上の変化の諸局面とは区別されるものである。これら新しい技術と新しい輸送システムによって可能となった製品出荷の定時化・大規模化・迅速化を結合することで、巨大製造工場は、競争相手の小規模工場よりも生産単位当たりではるかに低いコストで生産できるよう微調整できる、新しい製造工程を創出できたのである。その競争優位は、規模の経済性と範囲の経済性（複数の生産物を別企業で生産するよりもまとめて一企業で生産する方がコストを低減できること）の追求によって可能となった。前者は大量生産による製造コストと物流コストの削減によるものであり、後者は複数の異種製品を製造あるいは流通させることのできる単一事業単位《ユニット》の活用に付随するものであった。

産業部門の二分化とその成功条件

第二次産業革命期の技術が与えたインパクトは産業ごとに異なっていた。それは、二〇世紀を通して存続した産業部門を、大企業が優位を占めた分野とそれ以外の領域とに大きく二分したのである。二〇世紀初頭にはすでに、アメリカ・ドイツ・イギリスで事業展開していた大企業は、食品・化学・石油・冶金・機械・輸送手段といった同じ産業部門に集中し、一九七〇年代に入っても支配的な地位を保持していた。

機械化のプロセスが先の産業部門よりも単純で、機械が労働者と置き代わるのではなく、労働者を補助していた別の産業（衣類、木工、繊維、革製品のなめし、サドル製造、家具、建設パネル、印刷といった部門）では、生産量と生産速度のいずれも、さほど大きく変化しなかった。事実、そこには高い能力をもつ人材に特徴づけられた部門があり、そこで技術が意味していたのは、使用される機械を改良あるいは微調整する能力のことであった。だが、こうした技術革新は、規模の経済性に繋がるであろう、継続的で迅速な製造を可能にする大工場の建設には結びつかなかった。そうした産業部門での生産規模の拡大は、より多くの労働者と生産工程に専門特化した機械が追加投入されることを意味していた。要するに、機械の最小効率的な規模を再評価する一方で、機械オペレーターと事業ユニットの追加が必要となったのである。二〇世紀を通して、この種の技術によって伝統的に特徴づけられてきた産業部門は、非常に労働集約的で、小規模あるいは中規模工場で事業を継続していたのである。

対照的に、第二次産業革命期の新しい技術を活用できた産業部門では、近代的な製造技法が急速に導入されるにつれて、巨大企業の支配力が高まった。このことは、大量の製品を一工場で生産できるようになることはもとより、より重要なことには、そうした一工場での生産が要請された産業部門で特に起こったのである。この種の企業にとって、製造能力の向上は、規模の経済性による単位原価の低減をもたらした。したがって、新しい技術のもつ可能性を完全に活かすために、工場は次第に大型化し、それに見合った構造へと変化しはじめた。次第に化石燃料が使われはじめ、機械が改良され、そして、生産は新たな製造工程に最適なレイアウトをもつ巨大工場に移っていったのである。

以上の変容は、石油産業で特に顕著であった。アメリカでは、石油産業界の再編プロセスと、より大きな規模の経済性を獲得できる精製所の建設が決め手となった。エネルギーの集中的使用は、蒸気と高温分留した原油の蒸留精製法の導入を伴い、より大規模な製油業者の誕生へと繋がった。この点は、工場の優れた設計と組み合わされて、石油精製業者に生産速度の向上と、生産量の拡大を可能にした。一八六〇年から一八七〇年までの一〇年間に、精製所建設に要する固定費は三万ないし四万ドルから約六万ドルにまで増大した。だが、増大したコストは十分回収できた。この一〇年間に、精製所は一週間当たり九〇〇バレルから一日当たり五〇〇バレル生産できるまでになったからである。同時に、一バレル当たりのコストは六セントから三セントに下がった。同じような動きは、砂糖、ウィスキー、工業用アルコール、綿実油と亜麻仁油、硫酸、および化学製品を含む関連産業でもみられた。これら各産業は、蒸留工程と精製工程を活用していたのである。

新しい大量生産技術が可能にしたコスト低減を利用したがっていた企業家は、関連する三つの活動に投資しがちであった。つまり、最小で効率的な規模の新工場の建設、大量生産と大量流通の統合、本社と各職能部門における階層的経営組織の拡張と調整、の三つである。

必要な投資──生産

大企業が達成しようとしていた最初の目標は、規模の経済性と多角化を全面的に開花させるために、高いレベルの製造方法を修得し、その安定化を図ることにあった。第二次産業革命期におけるこうした産業部門での初期資本投資と、工場を操業・維持するための固定費は、対極にある労働集約的な企業よりも金額的には大きなものであった。投資から利益を得る唯一の方法は、工場のフル稼働であった。経費と利益を決定する際の決め手となったのは、以下の二点の考慮であった。最初の点は、製造設備の能力がもつ性格であり、第二の点はスループット、つまり一定の時間内に製造工程に投入される原材料の量であった。経費削減の可能性を実現する唯一の方法は、工場での原材料の一定あるいは増加する流れであった。

以下で示す二つの事例は、規模と範囲の経済性を追求することの重要性と、ひとたび生産体制の再編に投資された場合に、二つの経済性が単位当たりのコストに与えたインパクトを説明するものである。

最初の事例は、アメリカで最初に登場した近代企業の一つであったスタンダード・オイル社の興隆に関係するもので、一九世紀最後の数十年間にアメリカの石油産業で起きた変貌の事例である。一八八〇年代初頭、四〇社が石油精製部門で操業していた。この四〇社は、生産を統制する能力を各社に提供する一つの連合体として協力し合っていた。各社は独立しており、法的にも経営的にも別個の存在であったが、それぞれは株式の交換やそれ以外の財務戦略によって、ジョン・D・ロックフェラーのスタンダード・オイル社と関係していた。このようなカルテル体制は、石油精製の専売権をもつことを許したが、この四〇社は、一八八二年にスタンダード・オイル・トラスト社として正式に合同することを決断した。この新たに誕生した組織の主たる利点は、トラストの結成が石油精製部門を合理化し、規模の経済性を十分に活かすことに焦点を絞った、中央集権的な本社の創出に必要な法的手段を提供した点にあった。本社の一つ目の課題は、いくつかの精油所を閉鎖あるいは再編した上で、新しい製油所を建設するという、製造工程を再編する計画の策定にあった。二つ目の課題は、原油の流れの調整であった。それは、複数の製油所間はもとより、油井から精油所まで、次には製油所から最終顧客に至るまでの石油の流れを調整するものであった。トラストによって実現した再編は、短期間で灯油一ガロンの生産に要する平均コストを実質半分にした。

スタンダード・オイル社は、規模の経済性を活かすために大規模精油所に投資したが、二つ目の事例であるドイツの染料製造企業は、規模の経済性ばかりか範囲の経済性も活かすために、巨額の投資を行った。バイエル社とヘキスト社、ならびにＢＡＳＦ社は、こうしたコスト優位性を手にするために必要な投資を行った最初の化学工業企業であった。これら三社は、工場規模を大幅に拡大することで、何百種という異なった染料に加えて医薬品を製造するためのシステムと、中間化学製品を含む原材料も共通化できたのである。規模の経済性と多角化の追求は、これら三社の単位原価を低減し、その結果三社はそれぞれの製品にそれまでよりも低い価格を設定できたのである。その証左は、新しい赤色合成染料であるアリザリンの価格で、一八六九年のキロ当たり二七〇マルクから、一七年後にはわずか九マルクにまで下落した。同様の価格の引き下げは他の染料でも実現されていた。

　これらの事例が示すように、一八八〇年代から九〇年代にかけて、大量生産分野で利用された第二次産業革命期の新しい技術は、ひとたび工場の規模が最小効率的な大きさに達すれば、正味のコスト削減を可能にするものであった。多くの工業部門では、単体の高速連続サイクル設備が生産する量で十分であり、少数の生産設備だけで全国規模――あるいはグローバルな規模――の需要を満たせた。この種の特徴をもつ産業部門はすぐに寡占状態となり、そこでは少数の巨大企業同士がグローバル・レベルで競争したのである。

　こうした技術を二〇年から三〇年前に利用できたとしても、同じ企業が資本集約型産業で規模と範囲の経済性を実現することは叶わなかったであろう。これは主に、統合されたシステムを管理するための組織的・技術的なイノベーションとともに、現代的な輸送網と通信網――そのすべてが一八七〇年代に登場した――の完成だけが、一部の産業部門で高速かつ連続的な生産サイクルを形成・維持することを可能にした、という事実のためであった。鉄道が登場する以前の信頼性に欠ける輸送システムといった、不安定な条件下で調達と物流が行われていたなら、同じような結果が達成できないのは明らかであった。

　巨額投資の重要な帰結の一つは、現場レベルでの労働組織に対するインパクトであった。現場の管理を職長《フォアマン》に委譲し、経営陣はそれに関与しないといったことは、もはや通らなくなった。一九世紀末には、作業の「科学的組織化」というフレデリック・W・テイラーの唱える福音が普及した。テイラーは、工場における作業実態の緻密な研究に基づき、作業は基本となる仕事《タスク》の単位に分解するべきだ、と論じた。組織化に必要なすべてのノウハウを経営側が集めれば、次にはそれに基づき、労働者に新たな指示を下せるはずであった。このやり方は、工場の作業現場における労働者の自主性を抹殺してしまった。

非人間化した労働過程を埋め合わせるために、労働者はそれまでよりも高い給与で報われるはずであった。それは、「科学的組織化」が生み出した追加的な収益で可能となる、とされていたのである。周知のように、このテイラーの考えは、ヘンリー・フォードの自動車生産工場における組み立てラインの登場で現実化した。フォードのT型モデルの組み立ては、労働者に高い給与をもたらしただけでなく、そこには工場の操業に対するフォアマンや労働者、あるいは組合による妨害もなかったのである（このようなフォード自動車会社の実態は、「日給五ドル制」という高い給与だけでなく、その支給対象者の「社会部」による選別、さらには「雇用部」による労務管理などによってもたらされていたことは、注意しておかなければならない）。

必要な投資——物流

大規模生産に必要な機械と最適な規模の工場への投資だけでは、大企業に好結果を保証するには十分ではなかった。現代的な大企業の初期の歴史が示唆するように、企業が収益をもたらす規模と範囲の経済性を達成するには、製造工程で一定のスループットを維持し続ける高レベルの（川上あるいは川下への）垂直的統合の導入を先延ばしすることはできなかった。このようにして企業は、供給あるいは物流における障害や遅延を避けることができ、結果として定時性を確保したのである。既存の物流チャネルの利便性が低下しはじめ、近代的な製造工程から生み出される大量商品の販売と流通に十分対応できない兆候を示したとき、物流活動を垂直的に統合するために相当な額の投資が必要となった。

第二次産業革命期の技術が全盛期を迎える前まで、典型的な仲介業者が多数の製造業者の製品を商品化することにかかわっていた。多数の企業の製品を取りまとめることで、仲介業者は単一の企業が生み出すよりもはるかに大量の製品を扱えた。このことは、流通業者がより多くの製品を取り扱うことによって、彼らにも規模の経済性と単位当たりのコスト低減を実現できるようにしたのである。多種多様な製品が流通することは、仲介業者がマーケティング・コストも負担できるようにし、製造業者が負担するのと比べて物流コストを削減できたのである。つまり、流通業者は小売り段階はもちろんのこと、卸売り段階での大規模物流によって、自分たちの範囲の経済性も手にしたのである。

第二次産業革命期の技術が定着するにつれて、仲介業者が手にしていた規模と範囲の経済性は急激に消え去った。一方で、企業が生産した大量の製品は、小売り業者が得ていたのと同じ規模の経済性をその企業にもたらした。他方で、新製品のなかにはマーケティングと流通に向けた新しい組織と特殊な能力の開発を必要とするものもあった。一連の同じような能力は、小売り業者よりも製造業者が社内で育てたほうが簡単であった。異なる企業家のために、大量の多種多様な関連製品を迅速に流通させる仲介業者の能力は、各企業が競合相手と自社の製品を差別化しはじめるにつれて、その重要度は小さくなった。製品のもつ特徴が一段と個性化したことが、製品を販売し、設置する方法と関係する特別の技能を必要とした。そうした製品特性が輸送用あるいは保管用の特別な体制や、時には購入時の特別融資制度までも必要とする場合が出てきたのである。

当初、取引仲介業者は、こうした製品流通に必要な体制を整えるための高額な費用の負担を強いられ、最適な専門技能をもつ従業員も雇用した。しかし、そうした新たな体制や技能は、ただ一系統の製品にしか使えなかったので、取引業者は商品の仕入れ先である製造業者にいっそう依存するようになった。要するに、かつて流通業者が手にしていた優位さは、小売り業者の手を離れ、製造企業家の手に戻ったのである。製造業者は、その製品をマーケティングし流通させるのに必要な改良技術、各種手段、サービスのノウハウを期待できた。新しい製品をマーケティングし流通させるにはより巨額の投資が必要となり、それが一方で製造業者に費用を負担するインセンティブとなると同時に、仲介業者を意気消沈させる結果ともなった。

機械製造企業の事例は、多くの資本集約的な部門で何が起きたのかを示す好例である。一九世紀最後の数十年間に製造された機械は、事実、それまでの機械と比べて新しく、かなり複雑だったため、専門的なマーケティングサービスを初めて必要とした。その複雑さと革新的な特性は、販売を実演から始めることを必然化した。製品が売れた後は、それを据付けなければならず、定期的な保守点検も、さらに問題が発生した場合には専門の技術者による修理も必要となった。機械の高額さを考えれば、多くの場合、買い手は資金調達を必要とした。製造業者は、自身の製品を売るのに必要な上記すべてのサービスを提供する資源と技能をもっていた。しかし、卸売業者で、特殊な機械を実演し、保守点検し、修理し、そして購入時に融資を提供するコストを負担できる者はまずいなかった。

アメリカで最初にこのような流通システムを統合したのは、ミシン製造業者であった。ミシン製造業者は当初、独立代理人に依存していた。彼らは、特定地域のマーケティングを担当し、フルタイムで働き、歩合制によって少額の給与を支払われていた。だが、このやり方には主たる限界が二つあった。まず第一に、独立代理人は通常、ミシンの操作に関しては限られた技能しかもっておらず、購入希望者にミシンの操作法すら説明できず、必要時のアフターケアや修理もできない場合が多かった。第二の限界は、独立代理人が、かなり高額なミシンの購入希望者に特別割賦方式を提示できないという点にあった。顧客の多くは、複数ある分割払いのどれかを利用したがっていた。代替策として、大多数の製造業者は、自分たちが一〇〇％所有・経営する販売拠点を開設し、顧客の求めるすべてのサービスをそこで提供しはじめた。シンガー社は、一八五〇年代までに自社のショールームを複数の地点で開設していた。各販売拠点には、ミシンの操作法を説明する女性従業員、ミシンを修理・アフターケアする技術者、実際の販売活動に責任をもつ独立代理人、顧客と支払い条件を交渉したり、他の販売拠点員を監督する店長がいた。タイプライター、写真機、レジスターの製造業者は、シンガー社などミシン業界の事例をすぐに取り入れ、販売店舗を人口密集地に集中させた。

組織内に流通を統合するという決定には、企業にとってもう一つの利点があった。つまり、顧客の好みや嗜好、さらにはニーズに関する情報が常に利用できたことである。流通にかかわる活動に投資することで、企業構造は変貌を遂げた。短期間のうちに、企業は、顧客から注文をとり、広告を手配し、製品の発送体制を整え、製品の据付・保守・修理を調整し、顧客向けの資金調達プログラムの企画といった業務を担当する従業員を雇う必要が出てきたのである。

流通活動の統合がもつ効果は、川上への垂直的統合、あるいは調達プロセスの組織化における改善と関係する企業戦略にもみられた。大企業が全国規模――あるいはグローバル規模――での流通網の構築を決定した時には、同じ規模の供給網を編成する必要もあった。大量生産を継続するには、原材料の安定的かつ不断の供給と、工場間での生産の流れを調整する能力の持ち主を必要とした。そこで大企業は、仕入れに責任をもつ専門職のいる中央集権化された本部を創り上げた。仕入れ係《バイヤー》は原材料の供給源を見つけ出し、供給業者《サプライヤー》と必要条件や価格、および納期を交渉した。また、バイヤーはロジスティクスを監視し、様々な工場への製品出荷に責任をもつ、別の従業員と密接に連携をとりながら働いていた。一つの製品系列に特化した供給活動は、流通機能と同程度に重要で複雑な活動であった。原材料をタバコ、蒸留飲料、野菜や肉の缶詰め、チーズ、チョコレート菓子といった最終製品に加工する企業では、原材料の取扱いに関して必要な複雑な工程がいくつかあった。企業は、腐敗しやすい原材料を受け取るとただちに、それが最終製品に加工される工場に流れるよう手配されるまで、適切な条件下で保管できる最適な倉庫を必要とした。こうしたシステムがうまく機能すれば、大量の半製品を買った企業は、コストをかなり引き下げられたはずである。

企業にとって、サプライヤーに向かう川上への統合と、流通業者に向かう川下への統合は、仲介業者の排除を可能にし、そのことで生産工程を中断なく継続させる確信がもてるようになった。このようにして、供給機能と流通機能で生じたかもしれない、かなりの経済的損失が避けられたのである。

必要な投資――階層的経営組織

大企業は、コスト優位性を生むことのできる生産体制に投資するのと同時に、一つの製品系列向けのマーケティングと流通と購買のネットワークを構築することで、比較的短期間にかなり複雑になり、次第にその程度を高めていった。新興の大企業は、どのようにして生産活動と流通活動を効果的に監視し、商品の流入と搬出を調整し、さらには将来の生産と流通に向けた資源を適切に割り振ることができたのであろうか。ここで三つ目の重要な投資として、以上の分野の専門能力をもつ人材を雇い、彼らをミドルクラスの管理者に育成することが必要となる。厳密にいえば技術と関連する現象としての規模の経済性と違って、生産における高度で不断の流れを維持する大企業ならではの必要性が、経営能力の増強を求めたのである。そして、ノウハウやチームワークが、第二次産業革命期の技術革新のもつ潜在力を最大限に活かせる従業員グループを組織内にもつ際の基本要素となった。

工業化の最初の波における企業家の成功は、工場内の労働者を統制し、二～三社の有能なベンダーはもとより、一人あるいは二人の技術専門家とともに、事業活動を調整する企業家の能力にかかっていた。だが、第二次産業革命期にあって欠くことのできない構成要素は、大規模重層化した階層的経営組織を構築し、統制する企業家の能力であった。そこでのマネジャーは、企業家によって明確に示された枠組みの中で、企業活動のかなりの部分において自主的・自律的に意思決定を行っていた。そうした活動は、ＰＯＳＤＣＯＲＢという頭文字で分類できる。つまり、計画化（planning）、組織化（organizing）、人員配置（staffing）、指揮（directing）、調整（coordinating）、報告（reporting）、予算化（budgeting）である。一九世紀と二〇世紀には、すでに何人かの経営者がこの領域でイノベーションを創案していた。例えば、一八七〇年代の鉄道業経営者であったアルバート・フィンクは、固定費と変動費とを分離する体系を完成した。数十年後の一九一四年、デュポン社の若き経営者であったＦ・ドナルドソン・ブラウンは、その後何十年にもわたって企業の戦略的な意思決定プロセスで極めて重要な役割を果たした概念（「資本（投資）利益率」〔利益を投下資本で割った比率〕）を考案した。

当初、階層的経営組織は特定の職能に責任をもつ部門をベースに編成された。こうした部門を担当したのは、ローワークラスの管理者の行動を調整し統制することに責任を負っていたミドルクラスの管理者で、後者にさらに良好な結果を生もうとする刺激を与えていた。ローワークラスの管理者は、種々の部署で働く労働者を管理し、企業の種々の部署――工場、販売部署と購入部署、各種研究所――を統括していた。巨大鉄道会社を考察した際に述べたように、職能部門はライン活動とスタッフ活動で編成されていた。ライン部門の管理者は経営上の実権をもっていて、商品の製造と関係する活動に忙殺されていた。それと違い、スタッフ部門の管理者は舞台裏で働いており、簿記と経理、品質管理、倉庫の調整、人事管理といった職務を遂行していた。

生産と販売を専門に扱う特別部門が初めて設置され、同時に調達部門と供給部門も設置された。その後には、様々な職能に責任をもつ別の小規模部門が続いて組織された。最重要部門の一つは、財務統制〔現実の財務活動が計画通りに進むよう予算で統制すること〕に専念していた。財務統制部門は、異なる事業ユニット間で財務的資源の配分を調整する一方で、財務情報が社内をスムーズに流れるようにもしていた。この財務情報の流れこそ、経営陣に各事業ユニットの収益を監視するのに必要な情報を提供し、必要に応じて各事業ユニット間で財務的資源を移動できるようにするものであった。本社の財務統制部門に属する従業員は、その職務で最善を尽くすため、革新的な経理手法と監査手続を考案し採用した。また、社外に提供される財務報告書に対する責任も負っていた。さらに、新たな資金を獲得し、それに対する利子と株式配当を支払うこともその仕事の一部であった。これとは別に、研究開発部門も重要な役割を引き受けた。特に、製造工程の精確な統制を保証し、製品品質を一定に保つために研究所が置かれていた、技術的に進歩した産業分野で事業展開していた企業ではそうであった。この時期に設置されていた部門の中には、輸送、法務、不動産、さらには人事と広報に専念する部門といったものも含まれていた。

この種の組織形態（集権的職能部制）の古典的な事例となる企業は、アメリカの化学会社デュポンであった。同社の本社では、企業戦略とその統括に注力するスタッフ職が働いていた。個々の職能（財務、販売、生産、購入、R&D、輸送）は、そのもとに複数の事業ユニットをもつ部門によって監視されていた。トップ・マネジメントが全体としての調和を統括し、ミドルクラスの管理者が種々の事業部を監視し、ローワークラスの管理者が事業ユニットの責任を負っていた。この種の組織構造には様々なものがあった。職能に基づく初期のアメリカ企業と異なり、例えばドイツのティッセン社（一八七一年創業の鉄鋼メーカー。一九九九年にクルップ社と合併した）は、製品系列に沿って組織された種々の部門の管理者が、生産に関する仕事はもちろん、マーケティングに関するほぼすべての仕事を遂行することも期待されていた。同社の管理者は非常に大きな独立性も有していた。創業者のアウグスト・ティッセンが打ち立てた基本方針は、権限を分散させることで、全社的な管理を集中しつつも、可能な限り多くの統括権を管理者に委譲できるようにする、というものであった。

統合化された産業企業の中には、意思決定の中枢部が主たる部門の長、社長、時には専任の取締役会会長を含めた人々で構成される企業もあった。アメリカでは、そうした組み合わせは取締役会のエグゼクティブ・コミッティ（経営執行委員会）として知られ、一方ドイツではフォルスタント（Vorstand、役員会）と呼ばれていた。イギリスでは、この中枢グループはマネジング・ディレクター、あるいはエグゼクティブ・ディレクターとして知られるようになった。第一次世界大戦勃発前にはすでに、アメリカとヨーロッパの主要な産業企業は、日々の生産活動と物流活動を統制下に置く、階層的経営組織を構築していた。そこでは、中枢を占める意思決定組織が、将来の新規事業に向けた資金配分を決定していたのである。

この点は社内、つまり一国の資本主義制度内での高度な権限の共有化を必要とすることから、けっして楽な道ではなかった。結果として、企業は新たな種類の政治的存在ともなった。一方で、強固な資金需要があり、それが配当に関心をもつ広範な株主グループを募らせた。他方で、トップ・マネジメントの上層部では、収益を企業規模拡大に再度投下する必要があった。かなり専制色が強かった組織は、（相当な抵抗も多かったが）痛みを伴いつつも権限を徐々に共有化するプロセスに対処しなければならなくなったのである。

新たな競争力学

現代の産業企業は、一九世紀から二〇世紀への世紀転換期にその起源をもつ、次のような企業のなかから出現した。つまり、規模と範囲の経済性を達成する十分な規模をもつ製造工場、一つの製品系列向けの流通システムと専門特化した労働者、そして以上の活動を調整できる経営組織、これら三点に企業

表8－2　1994年のフォーチュン500社の創業年

1880年代	1890年代	1900年代
イーストマン・コダック チキータ・ブランド・インターナショナル ジョンソン・エンド・ジョンソン コカ・コーラ ウェスティングハウス シアーズ・ローバック エイボン・プロダクツ ハーシー・フーズ	GE ナイト・ライダー ラルストン・ピュリナ リーボック・インターナショナル ハリス・コーポレーション ペプシコ グッドイヤー	ウェアーハウザー USX フォード自動車 ジレット 3M ユナイテッド・パーセル・サービス GM マグロー・ヒル

1910年代	1920年代
ブラック・アンド・デッカー IBM メリル・リンチ セイフウェイ ボーイング カミンズ・エンジン レイノルズ・メタルズ	クライスラー タイム・ワーナー マリオット・コーポレーション ウォルト・ディズニー デルタ航空 エース・ハードウェア フルーツオブザルーム ノースウェスト航空

出所：以下の論文から取捨選択。Harris Corporation, "Founding Dates of the 1994 Fortune 500 US Companies," *Business History Review*, 70 (Spring 1996), pp. 69-90.

家が投資することを決断した企業である。先陣を切って高額でリスクを伴う投資を行った企業は、「一番手《ファースト・ムーバー》」企業の優位と呼ばれる、相当な競争優位を手にする場合が多かった。ライバルになり得る企業は、一番手企業と競争するために、次の数十年間に類似の規模の工場を建設し、流通と研究開発に投資し、従業員を雇用し、階層的経営組織を編成するしかなかった。そのようにして規模と範囲の経済性を達成できるであろう規模の工場を建設した結果、企業は過剰生産に陥っていることを知り、すぐさま一番手企業から顧客を奪う計画に着手しなければならなくなるのである。

　このようにして、競争の力学は、一九世紀末と二〇世紀最初の数十年間に最も厳しいものとなった。種々の新成長戦略を遂行する刺激を企業に与えた全国規模の市場は、徐々に飽和状態に近づきつつあった。企業が過去に用いた計画に沿って、新しい事業ユニットを追加したり、あるいは産業組織のニューモデルを創案した結果、この緊張関係は二〇世紀に至っても継続した。ある場合には、こうした選択肢は防御を理由に推し進められた。例えば、ある会社がすでに行っていた投資を守るために、水平的統合を決めた場合などがそうである。この会社は、主として同じ市場で競合する運命にあった企業、つまり同じ商品を類似の製造工程を用いて生産する別の企業を買収あるいは合併することができたのである。それ以外の会社は、製造工程で川上か川下に該当する事業活動にかかわる事業ユニットを集め、その優れた技術、組織、生産物をベースとして競争する、垂直的な統合を選んだ。さらには、自社の諸資源、とりわけ新市場に参入したり、新しい事業活動に着手したり、あるいは新しい地理的エリアに進出できる特定の組織能力を活用しようとした企業もあった。

第九章　国別の発展パターン

国家の多様性

大量の製品を生産する資本集約度の高い新しい技術は、二〇世紀初頭までにいくつかの国の経済を変貌させた。そこには、徹底的に変革された既存の産業部門もあったし、まったく新しい産業も開花した。アメリカと西欧諸国は、その後数十年の間に世界中に広まった変容を最初に経験した。大企業は複数の国でかなり違ったものとして、また様々なタイミングで出現した。豊富な原材料と増大し続ける人口を授けられたアメリカは、新しい技術がもたらした新規のチャンスを利用する際のリーダーとなった。第一次世界大戦勃発前には、大企業は、北アメリカではごくありふれた存在であったし、経済の急速な発展もそうであった。一八五一年にロンドンで開催されたビクトリア女王万国博覧会で、アメリカは割り当てられたスペースを展示品で一杯にすることは叶わなかった（もちろんそこには、アルフレッド・C・ホッブズの錠前、サイラス・H・マコーミックの収穫機、互換性部品によるサミュエル・コルトの連発銃、アイザック・シンガーのミシンなど注目を集めた展示品もあった）。しかしながら、アメリカは、一九一三年までに世界の工業生産物の三六％を製造するまでになった。一方、ドイツは一六％で、イギリスはわずか一四％でしかなかった。ヨーロッパ諸国はアメリカよりかなり国土面積が狭く、天然資源もさほど豊かではなく、市場に至ってははるかに狭隘であった。このことは、多くの場合、新たな企業組織の展開が漸進的で、さらに少数の産業部門でしか生じていなかったことを意味した。だが、例外もあった。ドイツに代表されるヨーロッパの最先進国には、多くの産業部門でアメリカに引けを取らない企業もあった。それどころか、中にはアメリカ企業を凌駕する企業すらあったのである。

先進国の大企業

第二次産業革命がもたらした新たな成功の機会に乗じた最先進三か国――アメリカ、イギリス、ドイツ――の違いを完璧に理解するには、相互に絡み合った複数の要因を検討しなければならない。とりわけ、企業家行動を比較する際に関係すると思われる要因はそうである。その主要なものには、市場の特性、経済競争に対する政府の規制、大企業に対する社会の受け止め方、さらには企業が利用できる文化的資源といったものが含まれる。

アメリカ

第一次世界大戦前夜、アメリカの大企業は、技術進歩が可能にしたすべての部門――消費財から工業製品に至るまで――で発展していた。多くの場合、これら大企業の特徴は、それまでの企業の形態とはかなり異なるものであった。まず第一に、大企業は、それまでは普通のことであったパートナーシップではなく、株式の持ち分に基盤を置いていた。第二に、大企業は、川上・川下の垂直的統合はもとより、水平的な拡大も追求することで、ますます多くの事業活動を組織内に統合しようとしており、その多くは多国籍企業になった。これら新興大企業の管理もそれまでとは違っていた。最大級の企業では、初めて所有と支配の明確な分離を指摘できるようになった。この時期、企業の外観は一様ではなかった。アメリカ企業の中には、ガバナンスで同族が関係者として残っている企業、さらに所有と支配が完全に分離していない企業もあった。だが、「個人資本主義」から（巨大企業で所有が支配から分離しはじめる）「経営者資本主義」への漸進的なシフトは、確実に起こっていたのである。

取締役会は、社内はもちろん社外からもその構成員を募っていた。社外取締役は所有者を代表し、彼らは取締役会の構成員の中では多数を占めたが、当該企業を日常的に運営する時間も情報も、さらには能力も持ち合わせていなかった。その面で社外取締役は、当該企業において常勤で働く俸給経営者《サラリード・マネジャー》としての社内取締役に頼り切っていた。俸給経営者は、自社の戦略的意思決定はもちろん、しばしば自分たちの後継者も決定していた。

以上の展開と並んで、アメリカでは企業規模の信じ難い変容もみられた。一九世紀中頃までは、資本金一〇〇万ドル以上、もしくは従業員五〇〇人以上の企業は非常にまれな存在であった。一九〇一年に誕生したUSスティール社は、資本金一四億ドル、従業員一〇万人以上を抱える最初の「一〇億ドル」企業となり、その生産高は国民総生産（GNP）の七％を占めていた。一九〇〇年代初頭までに誕生した大企業としては、スタンダード・オイル社、レミントン社（オフィス機械）、アメリカン・タバコ社、デュポン社（化学製品）、シンガー社（ミシン）、そして食品メーカーのハインツ社とキャンベル社があった。

アメリカ市場はヨーロッパ大陸とほぼ同規模で、幾何級数的な人口増と消費者購買力の向上で活気に溢れていた。大企業の成長と強さを決定する他の要因には、世論と立法府の議員の選択があった。アメリカは最初の消費大国になりつつあったし、その大衆は大企業の成長がもたらした物質面での安楽さと、生活水準の改善を好意的にとらえていた。しかしながら、同時に、大企業が伝統的な製造法や物流の仕組みを改編するにつれて、大衆は不信（時によっては真の敵意）を示す素振りもみせはじめた。大企業はまた、自由な競争に対する信頼や、さらには富と権力を争うレースで全員が同じスタートラインに立っているといった信念に代表される、アメリカの基本的な価値観も脅やかしたのである。

一八八〇年代には、新しく誕生した利益団体が巨大企業連合に反対の声を上げた。製造工程に及ぼした新しい技術のインパクトが、需給のアンバランスを引き起こしていたのである。ほとんどの場合、こうした状況は価格の全般的な下落によってさらに悪化し、そのことが次には、市場を支配するやり方に同調するよう大企業に圧力をかけた。いわゆる「反トラスト（反独占）」の闘いで大声を張り上げていたのは、小規模の企業家であった。その中で最も好戦的な集団は、革新主義時代のアメリカを作り上げていた小さな市や町で重要な役割を担っていた商人集団であった。彼ら商人にとって、大量小売りの成長と大規模産業企業によるマーケティング手法の進展は、ともに大きな脅威となっていた。こうした圧力団体がある程度成功を収めていたことは疑いない。裁判所は、一九一一年に初めて、スタンダード・オイル社やアメリカン・タバコ社といった大企業を解体する道を選択したのである。

その後一〇年間、大企業をどう統治するかは政治論議の中心課題であったし、この問題は一九一二年の大統領選挙の際には重要な争点となった。その二年後、勝者――ウドロー・ウィルソン――は、クレイトン反トラスト法（シャーマン反トラスト法を補強したもので、差別価格設定の禁止、競争関係にある事業会社の役員兼務の禁止などを定めた）を通すよう、さらには連邦取引委員会（大統領直属の独立機関として、不正競争、価格協定、過大広告など、独占禁止に関する業務を担当する）を創設するよう議会を説得した。この二つは、企業間の協定を禁止したそれまでの法律を強化する重要な手段であった。

しかしながら、企業間の競争規制について語るとき、本当の意味からする「アメリカの逆説」を無視することはできない。一方で、アメリカの複数の政治勢力と裁判所は、大企業の成長を制限することに没頭したが、反トラスト法が大企業の成長を結果的に後押ししたというのが現実であった。企業が、緩い企業合同（すなわち、価格操作やカルテル協約）を推し進めるのを法的に禁じた結果、合併（すなわち、強固な企業合同）の波が到来したのである。企業の集中は一八八〇年代に始まったが、それに続く一〇年間にブーム期を迎えた。一八九五年から一九〇三年までの毎年、平均すると三〇〇社が他の会社に吸収されていたのである。

この間、生産面と組織面で異質――多くの場合、優れた――の新興大企業が誕生した。これら大企業がもたらした効用の一つは、それまでよりも低廉な単位原価と価格で製品を市場に投入できる点にあった。現在では周知のことだが、大企業は基本的に官僚的な組織であることを旨としている。その内部では、個人あるいは同族の支配領域が併存しなければならないか、もしくは普遍的な基準によって統治される機構に支配権を譲らなければならなかった。一九世紀末から二〇世紀初頭のアメリカでみられた社会的・文化的な環境は、こうした展開にとって特に好都合であった。官僚的な組織への転換は、地域的な視野しかもてず、非公式なやり方とはいえ自己規制できていた小規模な組織から、公式に定義された機構をもつ、全国規模の複雑な組織への移行を伴っていた。明確な責任に基づく権限の出現と客観的な基準に基盤を置く意思決定力は、多くの制度の発展プロセスでみられた共通項であった。そのような制度としては、労働組合、政党、圧力団体、そして専門家団体が含まれる。

これら現代的な制度のすべては、大企業と同様、一八八〇年から一九二〇年という四〇年間に出現した。それらは、効率性、継続性、そして体系的な支配に基づく新たな秩序を確立しようとした、アメリカ都市中間層と労働者階級による試みの成功事例とみてかまわないであろう。その影響は、アメリカ社会全体に広がり、結果として劇的な政治選挙でも変えられなかった、新たな秩序を確立する方向づけをもたらしたのである。

大企業がアメリカで成長し深く根を下ろせたのは、しっかりと整備された教育制度と研修制度があったおかげでもあった。アメリカの高等教育は産業の要請に機敏に対応した。アメリカの大学は、一八八〇年まで、中・上流階層のアメリカ人が市民としての素養を身につけるための教育に主眼を置いていた。そのため、鉄道建設に必要な技術者の養成を重視したのはほんのわずかの大学だけであった。しかしながら、一九世紀後半には、マサチューセッツ工科大学（ＭＩＴ）、パーデュー大学、さらにはコーネル大学が、機械技師や電気技師、化学技術者を育てる新たなカリキュラムを開設した。ＭＩＴはデュポン社やスタンダード・オイル社、ＧＥ、さらにはＧＭとの緊密な関係のもとで、特に重要な役割を演じていた。これら高度な専門教育の中枢を占める大学に加えて、経営大学院《ビジネススクール》も重要なプレーヤーとなった。学生たちはそこで、巨大な規模で統合されたビジネス集団の戦略や経営慣行に慣れ親しんだのである。最初のビジネス・スクールは、一八八一年にペンシルヴェニア大学に設置されたウォートンスクール（ファイナンス・コマース）であった。二七年後、ハーヴァード大学もビジネス・スクールを開校した。一九一四年までに、三〇のビジネス・スクールが存在し、毎年約一万人の卒業生を輩出していたのである。

反トラスト法は、アメリカの競争への信頼と権力の集中に対する不信を反映していたが、大企業の興隆は経済的な発展への強烈な願望を表していた。第一次世界大戦直前のアメリカでは、新興産業部門の構造は――ほぼ例外なく――、三～五社の巨大企業によって支配される寡占状態にあった。産業界では、独占も、そしていわゆる「純粋な競争」も稀有な状態にあった。寡占状態のもと、全国規模の新興企業は市場占有率とその結果生じる収益を求めて、職能的・戦略的なレベルで競争していた。当然のことながら、大企業の出現は、小規模企業がそれまで国富に及ぼしていた生産高での影響を変化させた。

だが、アメリカの小規模企業は時代遅れの存在とはならなかった。それというのも、その多くは新たに集中特化した市場に自分の居場所を見出すことで、大企業とうまく共存していたからである。経済の主役が大企業であったとしても、一部の産業分野では規模のはるかに小さな企業にもチャンスは依然として残されていた。小規模企業の主たる優位性はその柔軟性にあった。それは、差別化のもと優れた特徴をもつ商品の製造を可能にし、市場と消費者ニーズの変容に機敏に対応するため、製品系列を素早く改編できるものにした。さらに小規模企業は、多くの商業部門とサービス部門では最重要な地位を占めていた。この時期のアメリカでは、大企業の成長は、小規模企業の数の増大と手を携えて進行していたのである。

ドイツ

ドイツの大企業は、一九一四年以前まではアメリカのそれとかなり類似した特徴を有していた。だが、明確な相違点もいくつかあった。中でも、ドイツの所有者は、経営上の意思決定でアメリカよりも大きな発言権を行使し続けており、企業規模拡大に必要な投資も続けていた。ドイツの所有者は、周到に設計された重層的な階層的経営組織が現実のものとなるよう心を砕いていた。また、アメリカと同様、世論は大企業に好意的であった。さらに、長期にわたって国家に奉仕する有能な官僚の存在といった伝統のおかげで、ドイツの企業家にとっては、経営者と共存するのは容易なことであった。企業の規模拡大、カルテルや業界団体をベースに組織する傾向、そして、(多くの創業者でない構成員の取締役会への受容を導いた) 産業界と銀行との緊密な結びつきは、大企業の最高責任者にとってドイツ固有の複雑さをいくつか創り出した。一族の伝統に基づくか、あるいは人から人へと伝えられた経営方法は、規模を拡大しつつあった企業にはもはや適しておらず、さらには調整と効率の必要性の高まりのゆえに、実際には逆の効果を招く場合もあった。企業管理の体系的な展開が大規模にみられたのは、こうした企業が直面した新しい経済的・技術的な趨勢に対して時宜を得た対応ができたからである。

だが、アメリカで起こったことと違い、ドイツの大企業は第二次産業革命が可能にしたすべての産業部門で覇権的な地位を手にしたわけではなかった。アメリカと同様、最初の大企業は鉄道部門で誕生し、次に電気機械工業、冶金《やきん》工業、化学工業、重機械工業といった別の産業に拡大した。しかしながら、消費財分野では、イギリスとアメリカの企業が急速にこの分野を占拠したという事実はもとより、（アメリカあるいはイギリスと比較した時の）一人当たりの所得が低かったので、この分野の大企業はドイツには事実上なかったのである。

対照的に、一八八〇年代に始まったことであるが、ドイツの電気機械製造企業であるジーメンス社とＡＥＧ社は、アメリカのＧＥとウェスティングハウス社と提携することで、六〇年以上にわたって世界レベルで電気機械製造部門の覇権を握り続けた。二〇世紀初頭、ジーメンス社とＡＥＧ社でドイツ市場の七〇％を支配していた。化学工業の状況も同じであった。そこでは、一九一三年までに、三社（ＢＡＳＦ社、バイエル社、ヘキスト社）がドイツ市場を支配していただけでなく、世界の合成染料需要の七五～八〇％を生産していた。ドイツは重機械工業でも覇権を握っていた。同工業は、巨額の資本金を必要としていたことに加えて、多くの「ユニバーサル・バンク《総合銀行》」が演じた重要な役割を説明するのに最適な特徴である、問題山積のキャッシュフロー経営をしばしば経験していた。実際、ユニバーサル・バンクは新しい技術を開発できる能力のある多くの企業の株式を所有していたのである。

ドイツにおける企業とユニバーサル・バンクとの当初の関係は、アメリカあるいはイギリスにおける状況と大きく異なっていた。ドイツの銀行は全国規模の経済発展で決定的な役割を演じた。銀行の評価を基準にして、資金は特定の企業、あるいは特定の産業部門に投資として流れ込んだのである。銀行は、株主として企業経営でも大きな役割を演じた。銀行は、通常、投資先の産業部門を熟知したスタッフに全幅の信頼を置いていた。事実、ドイツの大手銀行の代表者は、新興産業企業の最高レベルの意思決定で、アメリカやイギリスの銀行よりもはるかに重要な役割を演じた。この点は、二つの基本的な相違に起因している。まず第一に、総合銀行として、ドイツの金融機関はアメリカのそれよりも（資本金でも従業員数でも）はるかに巨大であった。それと同様に重要なのは、ユニバーサル・バンクが企業の資金調達において演じた役割のゆえに、最高レベルの意思決定に関与する多くの機会を得ることができた、という点である。最終的には、ドイツとイギリス、そしてアメリカの銀行と企業の関係は互いに似たものとなった。二〇世紀初頭までに、冶金工業、機械工業、化学工業といった産業を主導していたドイツの企業は、将来の成長に向けた資金調達を独力で賄えるまでになった。同時に、生産、マーケティング、新製品開発と関係する経営問題が次第に複雑になるにつれて、銀行家がそうした企業で演じる役割は限られたものになったのである。

国内市場と海外市場の規模と特性、政治権力を掌握した人々の大企業に対する受け止め方、さらに利用できる諸資源は、ドイツにおける大企業体制の誕生を決定づけた要因であった。企業が主要なターゲットとしていたのが、非常に広大でダイナミックな国内市場であったアメリカと違い、ドイツの製造企業は、海外市場が自分たちの成功にとって重要であることを理解していた。その成長を牽引した主な力の一つは輸出、特に化学製品と機械の輸出で、東ヨーロッパ中央部と南部のいくつかの国で新しい市場を見出した。その中の複数地域（都市の人口水準と一人当たりの所得はそれほど高くはなかったけれども）では、一八七〇年頃から繊維工業あるいは金属機械工業を含む工業化が始まった。そこでは、電力供給網、鉄道網、さらには電信網に対する必要性も高まった。一九一三年時点でドイツは、化学工業（世界輸出の二八・五％）、電気機械工業（同三五％）、そして工作機械工業（同二九％）といった産業で最大の輸出国であった。国内市場と海外で成長している市場を併せた市場は、ドイツの企業家に対し技術革新とさらなる規模拡大に向けた大規模投資に十分な刺激を与えたのである。

ドイツでは、大企業流の事業展開に対して、政府あるいは裁判所からの圧力はなかった。この状況はアメリカと大きく異なっていたので、一八七五年以降の三〇年間に、市場を規制するドイツのカルテル数は四から一〇六（一八九〇年）、一八九六年には約二倍の二〇五、最終的に一九〇五年には三八五にまで増大した。事実、ドイツには独占あるいは独占的な政策を禁じる特定の法律はなかった。アメリカの最高裁判所が（企業間の協定〔カルテル〕を非合法とした）シャーマン反トラスト法に対して合憲判決を下したのとほぼ同じ時期の一八九七年に、ドイツの高等裁判所は、裁判所が価格、生産量、そして市場占有率に関する契約的協定を容認しうることを確認する判決を下していた。裁判所は、そうした協定は合意に至った企業はもとより、公益にとっても有益であると判断したのである。協定を法的に完全承認したことが、ドイツにおけるM＆Aの影響を限られたものにした。企業合同は、アメリカで生じたM＆Aよりもたしかに限定されたものであった。カルテルはドイツ経済の最も活力のある産業部門の特徴となった。それは企業間の競争を排除するものではなく、その代わりにゲームのルールだけを変えた。ドイツでは、巨大企業のカルテル加盟は、効率性の犠牲を意味するものではなかった。例えば、価格協定にかかわった企業は、規模の経済性と多角化を遂行し、最適かつ効率的な運営を探求し、カルテルで確定された価格と自社の製造コストとの差額が大きくなるよう、単位原価を低減できる垂直的統合への強い動機をもっていた。研究者の中には、カルテルが価格変動の激しい市場を安定させ、そのことで企業が研究開発に巨額投資できた結果、どのようにして積極的な成果がイノベーションの分野で生まれたのかを示す者もいた。

ドイツの場合、優れた高等教育機関の発達がもつ意義を認識することも重要である。高等教育機関は、複数の産業で企業が成功した際の、重要な構成要素を代表するものであった。一九世紀末以降、ドイツには世界最高峰の理工学部が存在し、ドイツの大学は科学技術の研究でアメリカやイギリスの大学よりもはるかに貴重な研究センターとなった。ドイツの指導者たちが、科学と産業との連携に種々の資源を投下する重要性を理解しはじめて以降、国家がこうした状況下で決定的な役割を演じた。また、ドイツ企業の急速かつ堅実な成長にとって肝要であったのは、高等訓練を積んだ職人階級が以前から存在していたことである。職人は、労働者の教育と監督にそれほど費用をかけることなく、かなり柔軟性に富んだ工場生産への移行を可能なものとした。さらに、企業家団体が複数の産業部門に出現したことが、他の産業部門との交渉はもとより、公共政策と調整された長期成長に関する計画や戦略の展開を可能にした。こうした企業家団体は、ドイツの様々な地域間での政策調整でも重要な役割を演じた。例えば、地方の商業会議所は、労働者研修プログラムだけでなく、ドイツの全領域を網羅するまで拡張された基本的な規格の策定と実施に対する貢献でも重要な役割を担っていた。新しい技術とその実用化に門戸が開かれた状況のもと、国家は、産業界と大学、ならびに専門家団体の利害を結びつける能力を有していたおかげで、技術者、技術者的官僚、研究者で構成される、新しい中産階級を鼓舞する最前線に立てたのである。そして、ドイツの工業化と経済近代化を成功裏に先導したのは、この新しく誕生した中産階級であった。

アメリカの場合と同様、大企業をドイツ経済にとって欠くことのできない主役として支持することは、経済で重要な役割を演じ続けてきた中小企業を崩壊させるのではなく、そのあり様を大きく変容させた。ドイツの中小企業の多くは、引き続き極めて活動的であったし、職人の貴重な技能と地元の諸団体から得られた支援のおかげで、非常に有望な製造ニッチ市場をすぐに見つけ出した。多くの場合、これら地元企業は同族経営で、多様な事業活動に従事していたのである。

イギリス

大量生産を可能にする新しい技術の出現と、激化する国際競争という難題は、第一次産業革命発祥の地であるイギリスに強いインパクトを与えた。第一次世界大戦直前の数年間に、ダンロップ社（ゴム）、コートールズ社（化繊）、そしてピルキントン社（ガラス）といった企業は、製造とマーケティング・ネットワークとの統合に成功し、すでに国際レベルで競争していた。一世紀以上に及ぶ工業化は、イギリスを他の諸国と大きく異なる国にしたのである。イギリスの企業家が遭遇した好機はもちろん、その制約もドイツやアメリカのそれとは異なっていた。こうした理由から、イギリスの大企業はこれまでのところで述べてきたものと相違する特徴をいくつかもっていた。例えば、イギリスの大企業は、とりわけ消費財生産部門に集中していた。そこでは、場合によっては大量生産、大量物流、企業管理に投資しない、という決定が下された。一九世紀末から二〇世紀初頭に至る数年間に、イギリスの大企業は、限られた垂直的統合と、多くの事例でみられたような、かなりの数の家業《ファミリー・ビジネス》への固執で他国の大企業と差異化していた。そこでは、重層的な階層的経営組織を構築する余地はほとんどみられなかったのである。

ファミリー・ビジネスがイギリス最大規模の企業で大勢を占めていたことは事実であったとしても、イギリスの資本主義を同時代のドイツ、あるいはアメリカの資本主義と比べて「個人的」あるいは「同族的」と定義するべきかどうかについては、すべての経営史家が同意しているわけではない。さらに、同族所有のビジネスが専門経営者が舵を取っているビジネスよりも効率性で劣っていた点を明示するのも容易なことではない。新しい技術の要請に直面した場合に、「同族経営への固執」が「時代遅れの産業」と同義語であるとしばしばとらえられていたのであれば、一九世紀末のイギリスの特徴的な状況が、企業家に三つ叉投資〔生産、流通、マネジメントへの投資〕というアメリカのパラダイム採用をより合理的なものにした点も、記憶に留めておくべきである。だが、イギリスの大企業がたどった道は、いくつかの点ではそれほど効率性に富むものではなかった。それは、イギリスの大企業が、経済面で新しい技術がもたらすであろう可能性を十分に活かせない道であった。それにもかかわらず、この道は、多くのイギリスの企業家にとって、おそらく最良の選択であった。それというのも、彼らは、新たな経済状況と第一次産業革命から継承した物質的・精神的な構造と結合する必要があったからである。イギリスの企業家が遭遇した障害と好機には、イギリス市場の特性、大衆の受け止め方、大企業と教育制度に関してイギリスの立法府の議員がとった立場、といったものがあった。

概して、イギリスの企業は、国内市場と国際市場を併せた巨大市場という有利さを享受していたように思える。一八七〇年には、イギリスは都市化の水準はもとより、一人当たり所得でも世界最高レベルに到達していた。（ロンドン、カーディフ、グラスゴー、エジンバラを頂点とする）「黄金の四辺形」内に住む一〇〇〇万人の住民は、世界初の「消費社会」を構成していた。同時に、一八七〇年から第一次世界大戦勃発の間に、イギリスの輸出額はＧＮＰの約三〇％を占めた。しかしながら、このデータをより詳細にみれば、イギリス企業はアメリカやドイツの企業と異なり、国内市場の需要も海外の得意先からの需要もともに、第二次産業革命が提示する新たなチャンスを利用するよう企業を刺激していなかったことがわかる。例えば、国内市場はそれほど活発ではなかった。それというのも、比類ない成長を達成した〔一七世紀後半から一八世紀前半という〕一世紀の後に、特に同時代のアメリカあるいはドイツと対比したとき、イギリスの一人当たり所得の増加はそのテンポを落としはじめていたからである。同じく重要なのは、イギリスが、いまだ第一次産業革命期を特徴づけた産物を輸出し続けていた、という事実であった。一九〇〇年代初頭に、繊維製品が輸出の三八％を占め、鉄鋼が一四％、機械に至ってはわずか七％しかなく、石炭がちょうど一〇％であった。アメリカやドイツと比較したとき、イギリスの社会経済構造は、経済学にとっては興味深いものであったとしても、合理的なアメリカモデルの大企業を追撃できるものではなかったのである。一八七〇年に、イギリスは都市型産業社会への転換を完了していた。アメリカの住民の大部分が都市部からかなり離れた場所に居住していたことが、一九世紀中頃に、アメリカ企業にマーケティング・ネットワークを自身で構築することを強いたが、大多数のイギリスの住民はすでに産業として発展していた〔鉄道や通信などの〕インフラに支えられた都心部に住んでいた。この点は、組織内の物流の内在化を現実味のない選択にした。さらに、イギリスの都市は、ドイツの都心部と違って、拡張や再建を必要としなかった。ドイツでは、急速な成長を背景に、そうした諸都市は金属構造物や発電所を渇望するようになり、したがって、近代産業にとっての最良の得意先となった。こうした状況を前提として、イギリスの企業家が同じ産業部門のアメリカ、あるいはドイツの企業がたどった道を追いかけることを選択していれば、イギリスの企業は短期間にそのコストが減少するよりもむしろ増加するのを目にしたであろう。

イギリスの大企業が、アメリカやドイツと違っていた理由はこれ以外にもあった。ここでいう相違点は規制と関係していた。イギリスでは、企業間の競争を規制する協定の効力は完璧であった。法律はそうした協定を認めることも邪魔することもしなかった。こうした「無策の策」という姿勢が一般的であった。それというのも、実際に最低限の効率性しかない製造企業でさえ生き残れる――繁栄する――のを保証した協定のおかげで、伝統的な商業、あるいは小規模企業にとって、大企業は並外れた破壊屋ではなかったからである。権利が侵害されていると感じた有権者がいなかったので、反トラスト政策を採択する理由はほとんどなかった。アメリカでみられたのと同様の合併の波はイギリスでも起こったが、関係する資本金額はもとより、関係する企業数もはるかに少なかった。一八九九年に、アメリカでは合併のピークを迎え、その年合併した企業は九七九社、そこで結合された資本金は四億ポンドであったが、イギリスでは二五五社、総計二二〇〇万ポンドにすぎなかった。しかしながら、最大の相違は合併で誕生した組織にあった。アメリカでは、大半の合併は中核となる階層的経営組織と組織能力の新規の発展をもたらした。しかし、合併によってイギリスで誕生した企業は、アメリカの企業よりも小規模企業同士の連合体に留まった。そうした企業の連合体は、(例えば、購入活動あるいは宣伝活動で)新たに協働することはできたとしても、自分たちの目的は各構成会社が市場占有率と経営上の絶対的な自立性の保持を保証することにあった、と公然と宣言していた。イギリスの合併は、再編された複数のアメリカ企業にみられた重層的な階層的経営組織が入る超高層ビルなど必要なかった。つまり、イギリスの企業連合体を構成する企業のリーダーたちが価格を設定し、生産量を再分割し、協定が全パートナーから敬意を払われているかどうかを確かめるために、一年にほんの数回会合を開催できる、はるかに小さな本社で満足していたのである。

大企業とその教育制度との関係も、イギリスではかなり違ったものであった。イギリスの高等教育機関が新興産業企業のニーズに対応したスピードは、非常にゆっくりとしたものであった。イギリスで工学系のカリキュラムを履修登録した学生は、一九一〇年に一一〇〇人をわずかに超えただけであったのに対し、ドイツには初年度生だけで一万六〇〇〇人以上在籍した。イギリス企業の技術面での要請を叶える大学の設立に向けた方策は、一定程度とられていた。しかし、経営者教育に関してはわずか、あるいはまったくとられなかった。中には、これらイギリスの状況下でみられた諸々の点を、世論の大勢はもちろん、知的エリート層の側での工業化社会に対する根深い反抗に帰す者もいた。しかしながら、今日、経験を踏まえた証拠はこのような考えを支持するものではない。たしかに、イギリスでは、ファミリー・ビジネスの所有者たちは、企業の支配権を共有あるいは委譲するのを渋っていた。その結果、所有者たちが自分たちの企業に行った投資は、アメリカあるいはドイツのファミリー・ビジネスでのそれよりもかなり少額であったのである。また、第三世代のイギリス企業家たちは、新たな産業革命による技術的・組織的な要請に対して、文化的にもある程度抵抗した。これら異なる要因を一緒にすれば、なぜイギリスの大企業が、アメリカやドイツのそれとは違った形で管理されたのか、という点の解明におそらく近づけるはずである。

アメリカとドイツの大企業が手にした成功と対比してみれば、一八八〇年以降のイギリスの状況は、一部は失われた好機の物語、あるいは幾多の困難を伴うものの最終的には克服された遅れ、と表現できる。この解釈を象徴的に示すのが合成染料部門である。国際的にみてイギリスは、一八七〇年時点で、合成染料工業の大規模な発展と覇権を握るためのすべての必要条件を満たしているように思われた。一八五六年に最初の合成着色料を発明したのは、イギリス人のウィリアム・パーキンであった。イギリスには石炭（染料生産のための最初の原材料）の豊富な埋蔵量があり、最高の潜在市場を提供する巨大な織維工業もあり、資本金あるいは技術面での技能を確保する際の障害も皆無であった。それにもかかわらず、一九世紀最後の数十年に一番手《ファーストムーバー》としての役割を担ったのは、徹底的に工場を最新鋭化し、広範なマーケティング・ネットワークに投資したドイツの大企業であった。時間の経過とともに、イギリス企業は冶金工業、重機械工業、大量生産された軽機械製造業といった産業でも同様の敗北を喫したのである。その結果はすさまじいもので、イギリス経済を震撼させた。

このようにしてイギリスは、アメリカとドイツの後塵を拝するようになった。だが、イギリスは、二〇世紀後半の経済で重要性を増した国際金融を含む多くの産業部門で、依然その強靱さを維持し続けている。イギリスには、それ以外にも他のヨーロッパ諸国、あるいは世界の国々を実績で凌駕する多くのものがある。例えば、イギリスのGNPは、一九五〇年代までドイツ、あるいはフランスのそれよりもわずかとはいえ大きかった。イギリスは重工業では後れをとったものの、国際貿易や小売といったサービス業における大企業の誕生を最初に（そして最も迅速に）支援した国であった。また、イギリスは多国籍企業の推進者でもあり、そこではイギリス企業自身が、複雑で多角的な事業活動を管理するための一連の適切な組織能力を開発できることを示した。さらに、イギリスの大企業は、繊維工業のような一部の分野において、広範かつ収益性に富んだ産業集積を誕生させた小規模企業と中規模企業の活気ある結合体と並んで、（成功と失敗を伴いつつ）事業展開していたのである。

遅れて登場した国々

最先進諸国が到達した技術レベルが相当高かったため、一九世紀最後の二〇年間に、工業化の道を歩むことを決意した国は、「第一次」産業革命期ならびに「第二次」産業革命期に登場した強力な競争相手の間隙を縫って進まなければならなかった。この点は、産業界と国家との緊密な結びつきを必然的にもたらした。資本集約的な産業部門、不十分な資本蓄積、さらには経済の近代化に必要な社会文化的な資源の不足、といった影響は、単に競争を規制する以上の大きな役割を政府に担わせることになった。国家は、保護貿易主義、助成金、委託、救済によって大企業を支援した。ある場合には、時間の経過とともに、国家自身が企業家の役割を演じるものへと変身し、結果として企業戦略に重大な変化がみられた。イギリスとドイツでの経験、特に実利的なアメリカの事例からもわかるように、成長の理由はもっぱら経済面（その目的は単位原価の低減）にあった。しかし、遅れて登場した国の大企業には、「戦略的な成長」の事例が数多くみられた。それらは、政治的な目的によって導かれたものであったり、あるいは国家との交渉でより強い立場に立つために企業が追求したものであった。

フランス

第二次産業革命を基準点として、フランスは一方でアメリカ、イギリス、ドイツといった国で起きたことと、他方でロシア、日本、イタリアで起きたことの中間点に位置していた。

フランスは通常、産業的には遅れて登場した国と分類されてきた。複数の学者は、工業化への道のりが長くて険しかったのは、フランス革命とその政治的・経済的な遺産のためであった、と主張している。第一次世界大戦の直前、効率性でアメリカの大企業と比肩できるフランスの企業は非常にまれな存在であった。既存の大企業は、何よりも鉱山業、輸送業、電力産業、銀行業といった非製造業部門と、金属加工業と化学工業といった一部の製造業部門に集中していた。さらに、フランスの大企業は、アメリカとドイツよりもその規模は終始小さかった。銀行と産業界との関係は依然学界での論争の種であるが、資金調達が大きな問題となることはフランスでもあったかもしれない。確実にいえるのは、フランスの大企業のほぼすべてが、依然として同族によって所有・支配されていたという点で、おそらくこれが大量生産と大量物流への投資を遅らせた要因であった。

それにもかかわらず、一九〇〇年代初頭には、フランスでも第二次産業革命期に発達した産業部門で大企業が誕生した。フランスでは、ほぼすべての産業部門にあった企業の多くは小規模で、同族所有であったが、中にはアメリカやドイツやイギリスで登場しはじめた、現代的な企業と似た企業も次第にみられるようになった。世界の最も進歩した企業と同様、フランスの企業の成長も、新しい技術への投資、経営組織の専門化、そして自身の産業部門で長期にわたって主導的な役割を確保・維持できるようにした組織能力の開発によっていた。この意味で、フランスはいわゆる一番手国との比較では標準的な国に近い。フランスの鉄鋼業は、原材料の希少さと国内市場の狭隘さのせいで、ドイツの鉄鋼業よりも規模は小さかったが、非常にダイナミックで、経営者資本主義と大量生産が出現した最初の事例であった。

ル＝クルーゾは、階層的経営組織の構築では最も著名な事例の一つである。成功物語は繊維、ガラス、セメント、出版、輸送機器、そして楽器といった他の産業部門でも散見された。そして、こうした産業に存在していた主要なフランス企業は、ドイツ企業とほぼ同程度の規模であった。第一次世界大戦前夜には、フランスの大企業は石油、ゴムとタイヤ、自動車、電気、アルミニウムといった新興産業部門はもとより、第二次産業革命期の技術によって変貌を遂げた一部の成熟部門に集中していた。その速度は遅かったものの、フランスも他の先進諸国と同じ方向に進んでいたのである。一九二〇年代末におけるフランスのＧＮＰは、ドイツとイギリスの四分の三しかなく、アメリカのちょうど七分の一であったが、一九世紀末から二〇世紀初頭の三〇年間に、大企業と経営者資本主義が将来的に拡大する礎を築くことに成功していたのである。

ロシア

ロシアにおける大企業の歴史は、一九一七年の一〇月革命以前にその起源があり、他の遅れて登場した国と類似した特徴をもって登場したが、第一五章で論じる固有の特徴もいくつか散見された。ロシアにおける政府の介入は、以下の点で重要な役割を担っていた。つまり、地方の企業家精神を鼓舞するとともに、助成金を支給し、全国市場に役立つ企業を保護するために関税を使い、そして海外からの投資は地方の投資意欲が不足していることが確認された後で誘致する、といった点である。国家は、大きな国であるロシアの工業化と近代化の土台となるインフラを整備する際に、直接介入した。鉄道業の発展(他の諸国で生じたように、鉄道は最初の大企業であったし、冶金工業や機械工業といった他の重要部門の興隆に刺激を与えた）は、その多くを率先垂範する政府の主導力と財政援助に負っていた。ロシア政府は全路線に補助金を交付し、一八九二年から一九〇三年にかけて、一部の路線を所有していた民間企業を買収金を支払った上で接収したのである。その結果、二〇世紀初頭までに、ロシア政府は、既存の鉄道網の七〇％を管理するまでになっていた。

地方あるいは海外の企業家精神によって創設された最初の大企業は、主に冶金、機械、石油、ゴム、輸送機械、海軍造船所といった資本集約的な産業部門にみられた。こうした産業の市場のほとんどは寡占状態にあった。この点は、他の多くの工業国の同じ産業でもそうであった。ロシアでは、ドイツやイギリスのように、大企業は頻繁にカルテルを結成していたし、政府はいかなる方法であれ、その邪魔をすることはなかった。政府は、一八九二年に「石油シンジケート」を承認した。三年後、製糖業者間の非公式協定を正式のカルテルに変えたのも政府であった。一部の産業部門での成功は重要で、例えば、ロシア産業界は鉄鋼生産のための最先端技術を輸入することに成功した。二〇世紀初頭までに、ドン川流域は世界で屈指の金属加工工場が存在する場所として自慢の種になっていた。それにもかかわらず、産業界で成し遂げられた進歩は、主に小作農業と三流商業に根ざした他の経済領域には波及しなかったのである。

日本

第一六章で考察するように、日本は国際経済で最前列に列した最初の非西欧国である。一八六八年の明治維新以降、政府は積極的に工業化を推し進め、自身が鉱業、綿工場、セメント工場、ガラス工房、造船所といった分野で企業を興し、管理するという仕事を引き受けた。政府は外国人専門家を数多く招聘し、助成金を手当てしていた。それにもかかわらず、国家だけが日本の産業発展における唯一の立役者ではなかった。政府は自身が興した大企業を管理できなくなることを理解しはじめ、そうした企業を民間企業として引き渡したときに、民間の企業家精神が重要な役割を演じるようになった。このように

表9－1　一人当たりの所得（イギリス＝100）

	1820	1870	1913
オーストリア[1]	74	57	69
ベルギー	74	81	82
フランス	69	57	69
ドイツ[2]	63	59	76
イタリア	62	45	50
イギリス	100	100	100
スペイン	61	42	45
ロシア[3]	43	31	30
アメリカ	73	75	105
日本	40	23	27

注：1）現在の国境線によるもの。
2）ドイツ連邦共和国の国境線によるもの。
3）ソビエト連邦の国境線によるもの。
出所：A. Maddison, *Monitoring the World Economy*, OECD, Paris, 1995. 同書の表3.1より作成。

して日本の工業化で中核を担った制度としての財閥は始まった。財閥とは、三井、岩崎（三菱）、あるいは住友といった裕福な同族によって所有・支配されていた、多角経営を旨とする企業集団である。典型的な財閥は種々の関連産業部門で多角化していた。そのようにして多角化した関連部門の多くは、金融、海運、国際貿易、そして特に機械輸入に集中していた。一九世紀から二〇世紀に至る数年間に日本で成し遂げられた経済的発展は意義深いもので、それは二〇世紀後半の日本の目を見張るような成長へと向かう道を切り開いたのである。だが、国内市場の狭隘さと最適な技術力を育成できなかったことが、工業発展の第一ステージで日本企業が主要先進国のそれと同等レベルの効率性に到達するのを妨げていた。

イタリア

第一次世界大戦勃発前の二〇年間に、イタリアは工業化をかなり経験した。イタリアは、第一次産業革命と第二次産業革命の諸側面を混ぜ合わせた経験をくぐり抜けた。つまり、伝統的な産業部門での小規模企業の優勢さが、冶金工業、種々のタイプの機械工業、電機工業といった分野での一連の早発の寡占状態と共存していたのである。イタリアにおける諸資源の組み合わせと、その当時の国際的な最先端技術を前提にすれば、大企業と国家との緊密な連携が出現するのは避けようのないことであった。政府は、保護貿易主義、政府調達、特典、さらには助成金といった周知の手段でもって介入した。これらの組み合わせに、イタリアでは「産業救済」という独自の制度（特にその利用回数において独特の制度で、一八八〇年代に開始されて以降五〇年間に複数回——四回——利用された）が追加された。イタリアには、フィアット社（自動車）、ピレッリ社（ゴム）、ファルク社（鉄鋼）といった著名な民間大企業もあった。だが、国内需要の狭隘さはそうした大企業が、最先進工業国並の企業に成長するのを妨げたのである。これらの大企業は、せいぜいのところイタリアを、工業も、企業統合もそこそこみられた南ヨーロッパで唯一の工業国家にしただけであった。

表９-２　1830～1990年の世界の製造業生産高に占める割合

（単位：％）

	1830	1860	1880	1900
全ヨーロッパ	34.2	53.2	61.3	62.0
イギリス	9.5	19.9	22.9	18.5
ハプスブルグ帝国	3.2	4.2	4.4	4.7
フランス	5.2	7.9	7.8	6.8
ドイツ	3.5	4.9	8.5	13.2
イタリア	2.3	2.5	2.5	2.5
ロシア	5.6	7.0	7.6	8.8
アメリカ	2.4	7.2	14.7	23.6
日本	2.8	2.6	2.4	2.4
第三世界	60.5	36.6	20.9	11.0
中国	29.8	19.7	12.5	6.2
インド・パキスタン	17.6	8.6	2.8	1.7

出所：Christopher Freeman and Francisco Louca, *As Time Goes By : From the Industrial Revolution to the Information Revolution*, Oxford University Press, Oxford, 2001, p. 183より作成。

表９-３　アメリカ，イギリス，ドイツの人口と一人当たり GDP

	アメリカ	イギリス	ドイツ
人口（100万人）			
1870	40.2	31.4	39.2
1898	73.8	40.3	52.8
1913	97.6	45.6	65.0
一人当たり GDP（1990年・ドル）			
1870	2,445	3,190	1,839
1898	3,780	4,428	2,848
1913	5,301	4,921	3,648

出所：Angus Maddison, *Statistics on World Population, GDP and Per Capita GDP, 1-2006 AD*, http://www.ggdc.net/maddison より作成（最終アクセス日，2010年10月６日）。

最後の分析で、第二次産業革命期における国別にみた企業の発展パターンは、似ていないどころか相当似通ったものであったことがわかる。国家の役割は国によって異なっていた。（多くの場合）市場の規模とその性格も同じように国ごとに異なっていた。新規の機会に迅速に反応できた経済もあれば、後塵を拝した経済もあった。社会的・文化的な環境が変化と成長に有利に働く事例もあれば、他方でそれが制約となる事例もあった。

だが、経営規模の拡大はほぼ普遍的にみられたし、技術的な組織能力をもった企業管理に向かう傾向も同じであった。この点は、同族支配が強固であった企業にもいえることであった。

第四部　両大戦間期における国家と市場

第一〇章　複数事業部制企業と経営者資本主義

アメリカ大企業の組織改革——U型組織からM型組織へ

第一次世界大戦終結時に、世界屈指の工業国アメリカに存在した大企業は、一部は企業の内部成長（資本蓄積）が生み出したものであり、一部は合併（資本集中）の結果であった。後者の方が、前者を合算したよりも結果的にははるかに大きな資本金額をもたらす場合が多かった。合併のプロセスで、効率の悪い工場は閉鎖され、それ以外は規模と範囲の経済性の利点を活かすために、最先端技術を備えた工場として再建された。これら最先端技術を装備した工場も、旧来型の工場と同じ製品を生産し続けていたのはもとより、新たな組織面でのデザインの一部となったのである。合併の成功を的確に判断する指標は、単位当たりコストの低減と合併後の市場占有率の拡大であった。

アメリカの大企業にみられた企業管理上の主たる特徴は、一般に、その組織が生産、マーケティング、ロジスティクス、人事、財務、法務といった、職能に基づく中央集権的な構造（U型組織）をとっていた点にあった。多くの場合、こうした職能は、日常的には取締役会構成員によって管理されていた。トップ・マネジメントと取締役会はまったく同じ人々で構成されていたし、権限の中央集中度は非常に高かった。この種の職能型組織を機能させる難しさは過小評価されるべきではない。それというのも、企業は一国あるいは複数の国にまたがって、工場、物流センター、倉庫、研究所、事務所を構える複数事業単位型の存在であったからである。これらの構成要素をすべて融合させるのは、複雑で骨の折れる仕事であった。

アメリカでは、こうした問題は第一次世界大戦前の四〇年間で解決された。先駆的な企業は、組織のデザインを改良し、権限とコミュニケーションの明確な経路を確立する一方で、技術面・管理面でのノウハウも獲得した。専門経営者《プロフェッショナル・マネジャー》の役割が次第に重きを増すにつれ、組織面での重要な変化は一九二〇年代でも引き続き生じた。これらの変化から現代の複数事業部制企業が誕生したのである。

こうした新しい形態をもつ企業構造の出現は、企業内外の要因に起因するものであった。GNPと総需要は一九二〇年代に安定しはじめるが、結局それは、一九三〇年代に急激な下落を経験する前兆にすぎなかった。企業は、規模拡大をもはや外部要因――人口増、鉄道網の建設、活況を呈する都市――に依存できなくなり、需要減退の回避が不可欠となった。同時に、多くの企業における内部成長と合併は、生産と直接関係しない職能に対する早すぎる投資のせいで、社内の資源――従業員、各種制度、そして特にノウハウと組織能力――の余剰を生み出した。経営者はこうした余剰資源を取り除くか、うまく活用しなければならなくなったのである。

電機や化学といった特定の産業部門では、研究開発（R&D）の進展が、独創的な技術に基づく新製品開発の可能性を切り開いた。このような状況下で、企業の成長は（価格、嗜好、あるいは他の需要要因の変化といった）外部の所産ではなく、むしろ内部の展開に基づくものとなった。かくして、企業経営者にとっては、未活用の資源が継続的に成長を刺激するものとなったのである。時に、こうした資源で最も貴重なものが、経営者自身である場合もあった。

そこから、旧来の組織の枠組みでは管理できなかった多角化のプロセスが誕生した。事実、企業の多角化が「収穫逓減の法則」による成長の限界を逃れられるようなら、依然として存在する唯一の限界は、その増大する責任を前提とすれば、組織を再編し別のものと置き換える企業経営者の能力にあった。多角化のプロセスは、多くの企業を新規かつ重要な組織問題を真っ向から解決する先頭に立たせたのである。

企業内に緊張を生んだのは製品系列の拡大であった。それは、中央集権化されたU型組織がもつ典型的なピラミッド構造の内部で処理するのが難しい問題であった。特に、トップ・マネジメントは進むべき方向を見失っていた。なぜなら、いまや経営陣は増加した製品系列の進捗状況を見守ることを期待される一方で、戦略的な意思決定に焦点を合わせる時間を十分に与えられていなかったからである。

デュポン社とGMは、こうした問題の解決でパイオニア的な役割を演じた。両社のリーダーは、問題が多面的で、市場に対処する際に、経営陣にある程度の自由を認める能力はもとより、戦略に集中する必要があることも理解していた。製品系列あるいは地理的区分に基づいて独立事業部《ディビジョン》が設置された。新規事業部は、効率的な運営に必要であったすべてのライン職能とスタッフ職能を有していたが、そこにはトップ・マネジメントがもはや日々の事業活動に専念しない、という一つの重大な相違があった。その代わりに、トップ・マネジメントは企業全体を統括し、調整し、評価し、そして資源を割り振ることに全力を注いだ。本社は、こうした戦略的な役割を遂行するため、全事業部を監視できる数のスタッフを抱えていなければならなかった。この種のシステムは、全社的な意思決定者の間で、さらにはそうした意思決定者と事業活動との間で、齟齬が起きないことを保証するものでもあった。

通常、創設された事業部は、共通の技術、あるいは地理的近接性に基づいて設けられた。デュポン社は、ニトロセルロースから事業を始め、人工皮革、ニス、合成繊維、プラスチック素材に参入した。一

表10-1　五大先進工業国における上位100社での M型組織の導入割合

（単位：％）

	1932	1950	1960	1970	1980-1983	1990
アメリカ	8	17	43	71	81	n.d.
日　本	0	8	29	55	58	n.d.
ドイツ	n.a.	5	15	50	60	70
フランス	3	6	21	54	66	76
イギリス	5	13	30	72	89	89

出所：L. Hannah, "Marshall Trees and the Global 'Forest': Were 'Giant Redwoods' Different?," in N. Lamoreaux, D. Raff, and P. Ternin (eds.), *Learning by Doing in Markets, Firms and Countries*, University of Chicago Press, Chicago, IL, 1999より作成。

方GMは、ディーゼル車、トラクター、航空機を製造していた。この種の共通基盤とともに、複数事業部制企業（M型組織としても知られている）は、依然柔軟性を手にしつつも、高度なレベルの結合を維持し続けた。トップ・マネジメントは、多角化を進めるプロセスを見渡しつつ、ある事業部から別の事業部に財務的資源、技術的資源、ならびに管理的資源を動かすことができた。トップ・マネジメントと事業部との連携は、複数事業制企業が、第一次世界大戦前の数年間に定着した統合された企業との連続性をもっていたことを意味している。むしろ、それは自然な進化の賜物で、企業規模にみられた基本的な制約が変化したのである。第二次産業革命期には、統合された企業の基盤は技術が担っていた。複数事業部制企業の場合に制約になったのは、新規事業と企業の中核をなす科学・技術との近接性であった。このようにして、企業は成長し続けただけでなく、効率よく統制されたのである。

複数事業部制モデルは、企業の意思決定権限の広範な分散を必要とした。トップ・マネジメントを戦場における最高司令長官とすれば、事業部の最高責任者は将校としての役割を演じた。この点は最終的に受け入れられたが、当初はしばしば抵抗に遭った。複数事業部制モデルは、統合された企業の成功を示すのと同じ指標を使って、その成功度合いを示さなければならなかった。つまり、どの程度の市場占有率をもっているのか、単位当たりでどの程度の経費が削減されたのか、といった指標である。両大戦間期に、アメリカの少数のパイオニア的な企業によって採択された複数事業部制組織は、その有効性を自ら証明し、一九四〇年代にはアメリカのビジネス・システムに浸透した。次いで、国際市場でアメリカ企業と真っ向から競争していた他の諸国の多くの大企業でも採用される組織モデルとなったのである。

最も著名な経済学者の一人ヨゼフ・シュンペーターの悲観的観測は、一九四〇年代初頭については的を射ているようには思えない。シュンペーターは、産業資本主義は大企業に基盤を置くと主張していたし、大企業は、彼がブルジョアジーの覇権と結びつけた企業家精神の閃光を消し去ることで終焉を迎えてしまうのでは、との懸念も表明していた。この偉大な思索家――最終的に企業として結実する企業家精神の存在を認めた――は、複数事業部制企業がアメリカ型の資本主義モデルのもつ力を具体的に示す事例であることを理解していなかったのである。アメリカ型の資本主義モデルは、官僚制組織の存在を介して、企業家精神が流布するのを保証した。この点では、長期にわたる成長パターンという複数事業部制企業にみられる現象を把握しようとするなら、オリヴァー・ウィリアムソンの考えも少し中心からそれているように思われる。彼は、垂直的に統合された大企業の本質に関する優れた洞察を提供してくれている。そして、取引費用を制限しようとする取り組みが、大企業の成長で決め手となっていたことを立証した。また、トップ・マネジメントの限定された理性、ある種特殊な投資の必要性、そして財とサービスを購入する人々の迎合的な行動がもつ有効さも探究していたのである。

企業を技術的資源と経営的資源のたまり場《プール》とみるアルフレッド・チャンドラーの視座は、以上の見解を包容した上で、さらに前に進めているようにみえる。彼の企業の見方――それは経済学者エディス・ペンローズの知的な枠組みに非常に近かった――は、水平的・垂直的な統合の双方を扱えたことで、現代企業を理解するための論理的に筋の通った基盤を確立できたのである。チャンドラーの研究は、本章の内容の典拠ともなっている著作、『経営戦略と組織』の刊行で栄誉をもって報いられている。

GM――複数事業部制大企業の成功と社内対立を招いた事例

この時点では、複数事業部制による問題の解決は、単純だが普遍的に成功した結果以外の何ものでもないことを強調しておくのが賢明であろう。当代屈指といって間違いない企業家で、組織図や企業の官僚制を嫌悪していたヘンリー・フォードは、複数事業部制のもつ利点を理解できなかった。標準化、垂直的統合、そしてその偉大なイノベーション――組み立てライン――を実行に移す強固な意志をもつ、このアメリカの「英雄」は、信じ難い変革をもたらした。自動車の組立に要する時間は、一九一三年の一二時間八分から翌年にはちょうど九〇分に短縮された。フォードは最低賃金という概念を導入して、八時間労働の賃金を（当時の一般的な水準の）二倍の五ドルに引き上げたが、組立に要したコストは一九〇八年の八五〇ドルから一九二五年には二九〇ドルにまで低減した。フォードが行った投資、特にデトロイト郊外のハイランドパーク工場の製造工程に対する投資は、現代の連続生産工程と規模の経済性の象徴となった。フォード社は、一九二一年まで、アメリカ市場で五五・七％のシェアを誇る世界一の自動車メーカーとして群を抜いた存在であった。一方GMは、一二・三％のシェアを占めていたものの、大きく引き離された二番手であった。

熱心な帝国構築者――ウィリアム・C・デュラント――によって一九〇八年に創設されたGMは、アメリカ自動車産業の複数のパイオニア企業が合併して誕生した。GMは、ビュイック、オールズモビル、キャデラック、ポンティアック、ならびに自動車、トラック、そしてコンポーネントを作っていた小規模メーカーが合併して誕生した。この合併の目的は、デュラントにとっては、生産能力の合理化によるコスト削減ではなく、むしろ生産規模のさらなる拡大を目的とした工場の再編にあった。不幸なことに、彼の非常に楽観的な需要予測、本社を創設するという合理的な方法で様々な企業を統合しようとした際の彼の能力不足、さらには効果的な階層的経営組織を展開できなかったことが、一九一〇年代に増大する財政難だけをGMに残した。一九二〇年までに、GMの大株主は化学業界の巨人デュポン社に取って代わられた。デュポン社は、デュラントの役割を引き継ぐ人物としてピエール・S・デュポンを任命し、GM経営陣の一人であったアルフレッド・スローンに実際の経営を託す決断を下した。スローンはマサチューセッツ工科大学（MIT）で教育を受けた技術者であった。彼は、GMの元取引先であった自分の会社、ハイアット・ローラー・ベアリング社をデュラントに売却した後、GMに入社した。一九二〇年代初頭のわずか数年間で、スローンとデュポンは、デュラントが配備した折衷案的な事業単位《ユニット》の混成物であったGMを、調和のとれた複数事業部制企業に変身させた。それによりGMは、自動車部品とアクセサリーはもとより、自動車、トラック、その他の商用車を製造する独立事業部で構成される企業となった。各事業部には、生産と流通双方の組織があった。

再編されたGMは、フォード社を抜いてレースの先頭に立った。フォードのモットーは、「それが黒色である限りどんな色でもいい」であった。それに対し、スローンは、「すべての財布と目的に適った自動車」という異なる考え方を採用した。GMでの自動車製造は、五つの事業部に細分され、各事業部は消費者の異なる所得水準に焦点を合わせた車を製造していた。生産は、重要な指標に基づいて精緻に計画された。そうした指標には、GMの市場占有率はもとより、より重要なことに、競合他社の市場占有率に関する情報をもたらす毎月の登録台数報告書といったものも含まれていた。スローンは、自動車のマーケティング手法が変化していたことを察知していた。つまり、顧客にとっての最初の車を売るのが、もはや目的でないことを理解していたのである。それに代わって、GMはドライバーが乗り換え車の購入を考えるようになることを望んだのである。そこでGMは、多彩な色をもつ種々のモデル車の、スタイル、乗り心地の良さ、走行性能の改善に焦点を絞った。

フォード社が一番手企業としての好位置を失いはじめるにつれて、フォードは中核を担っていた数名の経営者を解雇するという暴挙に出た。スローンは、すでに最高との評価を得ていたGMのトップ・マネジメント層をさらにレベルアップする目的で、フォード社を解雇された人々の採用を即決した。フォードは、一九二一年以降、自身の帝国で日常的な業務を遂行する経営者としての職務に再度復帰したが、結果は依然として悲惨な状況にあった。彼の会社はただ同じ方法で、同じ車を生産し続けるしか能がなく、その生産方法の大半は、もはや「最先端」というにはほど遠いものであった。一九二五年、フォード社の自動車販売シェアが四〇％に下落したのに対し、GMは二〇％に増大した。一九二〇年代末（一九二九年）にはシェアの逆転が完了した。GMのシェアが三二・三％に伸びたのに対し、フォード社のそれは三一・三％に下がり、三番手の主役に成長してきたクライスラー社が八・二％を占めたのである。

一九二七年から三七年の間に、フォード社は一五九〇万ドルの損失を計上した。同じ時期に、GMの純益は二〇億ドルに手が届くところにまで増えた。一九四〇年はフォード社が致命的な衰退を記録した年であった。同年、同社のシェアがクライスラー社の二三・七％より下の一八・九％に下がったのに対し、GMは四七・五％で自動車市場のほぼ半分を支配したのである。スローンのGMが、フォード社を追い抜いてアメリカ最大の自動車製造メーカーとなったとき、それが意味したことは明らかであった。それは、有能な専門的経営者と、見事に設計された管理機構が、大企業の競争力を維持する際の主要な要因となったことを示唆したのである。一九四七年にフォードが亡くなった後でようやく、フォード社は失地を回復することができた。同社はGMの組織形態を模倣し、多くの有能な経営者を採用した。複数事業部制による問題解決は成功した。それというのも、複数事業部制は、複雑で非常に巨大な現代企業における意思決定権限の配分という重要な課題に十分応えうるものであったからである。意思決定権限がトップ・マネジメントにのみ与えられていたなら、組織はタイムリーな情報と変革に向けたモチベーションを欠くがゆえに被害を被る。他方で、意思決定権限が低い地位にいる者にのみ与えられていても、結果は無秩序状態を招くのが関の山であった[1]。スローンの組織構造の全容は正確に記述されてはいないが、U型組織よりも著しく進歩したものであった。

以上の経緯についての一般的な説明は、スローンがしばらくの間推進していたプロジェクトを、数か月で理論から実際に使えるものへと転換できた、とするものである。彼は結果的に、本社を事業部から分離し、さらには戦略を日々のルーチン的な管理から分離する、組織構造を導入したのである。そうする際にスローンは、デュポン社の前財務部長であったドナルドソン・ブラウンの綿密な研究に依存した。ブラウンは、意思決定に必要な情報をトップ・マネジメントに常時提供できるようにするため、入ってきたデータを絶えず監視し続ける周到な財務統制システムを創り上げていたのである。

企業再編の試みは、もちろんM型組織の理論が示唆するよりも複雑で、人間味溢れたものであった。フォード社でそうであったのと同様、GMでも確執と妥協が充満していたし、それが権力構造に影響を与えた。所有者（主にデュポン家）は、複数事業部制企業の理論モデルを厳格に適用することを要求し、特に本社から各事業部の最高責任者を除外し、トップ・マネジメントと株主の少数代表者で構成された経営執行委員会に権力を集中させることを望んだ。経営執行委員会の目的はGMの統制にあった。だがそれと同時に、一九二一年にスローンが着任するまでの同社の特徴であった、統制のとれない成長という趨勢から同社を守ることも目的としており、この点はほぼ成功を収めていた。GMはトップ・マネジメントに責任を委譲すると同時に、大株主の最終決定権も留保していた。大株主は、融資を拒絶することでトップ・マネジメントの決定に拒否権を行使できたのである。この特権は、所有者としての株主が支配していた財務委員会の権限でもあった。

しかしながら、トップ・マネジメントの構成員の中には、戦略計画を日常的な経営活動から完全に分離してしまう、という考えに警戒感を抱く者もいた。アルフレッド・スローンがまさにそうであった。経営者の視座に立てば、最も重要なことは事業部内での合意《コンセンサス》の形成と、中間管理職に対する企業家精神の涵養であった。そうするために、GMのトップ・マネジメントに期待されたのは、事業部のトップを資源配分の決定はもとより、戦略計画の策定にかかわらせることであった。この選択は、現実味のあるもう少し深い意図に基づくものでもあった。トップ・マネジメントは、いかなる主導権であれ、それが「上」から押しつけられたものであれば、事業部は間違いなくそれに反対することを理解していた。その中で、そのような戦術が遂行されれば、同社が支払わなければならない高い代償も理解していた。そのため、コンセンサスやサポートと引き替えに意思決定における発言権を与えるという妥協案も準備されていたのである。

計画段階から誰が関与すべきかという問題だけが、所有者とトップ・マネジメントの意見が異なる喫緊の課題ではなかった。トップ・マネジメントは、企業戦略の方向性に関する重要な決定を、最終損益で判断する傾向をもつグループにのみ任せることはできない、と論じることで、新規投資を拒否する所有者の権利と断固闘った。誰が企業組織の変革を指導するべきかについての所有者とトップ・マネジメント層との闘いは、制度的・技術的な制約の影響を受けた。特に、二つの要因が、所有者が切望した所有者版の理論的M型組織の実現を長期にわたって妨げていた。一つ目の要因は、政府の反トラスト政策であった。一九四〇年代後半、司法省はGMの株主であったデュポン社に対する法廷闘争を始めた（最終的に同省が勝利した）。二つ目の要因は、GMの成功そのものであった。第二次世界大戦前後の十数年間に同社が蓄積した巨額の収益は、所有者からの圧力を事実上帳消しにし、スローンの言葉を借りれば、同社のトップ・マネジメントに「自分たちがやりたいことは何でも行えるだけの資金を手にする」ようにした。新規投資に必要な資金が不足し、国家の介入が最小である限り、GMの所有者は、財務的資源の配分を介した所有権の支配はもちろん、戦略と経営との明確な分離によって特徴づけられる理論的なM型組織を躊躇なく主張できたのである。所有者の主張するM型組織は、本社にいる事業部ユニットの最高責任者を意志決定にかかわらせようとするトップ・マネジメントの邪魔をし、それに代わって組織内のコンセンサスを広げるために非公式な手段を使うことを強いた。かくして、一票を投じる権利は正式に認められなかったが、事業部のトップは本社での会合への出席は認められた。新規投資のための新たな資本を生み出した信じ難い収益のおかげで、こうした関係にあった期間は、GMの社史からみればむしろ短いものであった。このようにして、トップ・マネジメントは財務的な影響力を行使する所有者の指揮能力を大きく弱体化した。その結果、事業部のトップには、経営資源配分に関する計画段階とその決定に直接関与する機会が認められたのである。

GMの所有者は、一九五六～五八年に業績が下降しはじめた時に支配権を取り戻せただけで、「純粋な」M型組織が最終的に採用されたのはその時点の話であった。一九五八年に組織された新たな組織構造は、株主の財務上の拒否権を再度確立し、事業部間の厳格な分離を本社に課した。新たな構成者で出発したトップ・マネジメント（この時点までにスローンは引退していた）は、中間管理職を戦略策定にかかわらせなかったし、さらにトップ・マネジメントの決定を受け入れるよう説得することなどしなかった。結果は、不信感と不同意の蔓延であった。一方では、業務担当経営者の側で反感が増大していた。彼らは、新規の政策が以前のものより有効であるかどうかに関係なく、本社が提案した方針を実行する際に、次第に非協力的になった。他方では、トップ・マネジメントは業務上の些細なことへの関与など、これまで以上に口出しし、そうすることで中間管理職の反抗を避けようとした。GMでは、理論版のM型組織の採用は、能率増進とガバナンスの改善に代わりに、コンセンサスの崩壊をもたらし、結果的に同社の長期的かつ漸進的な衰退を招いたのである。一九六〇年代のグローバル競争は、まさにこうした限界を露呈させるものであった。

当時の研究者間の論争にみる経営者資本主義の台頭
——所有と支配の分離の問題点と経営者の役割

ＧＭの事例から得られた結論にもかかわらず、複数事業部制企業の出現が、所有と支配の分離を伴う経営者支配企業の重要性を主張する際の有力な要因であったことに疑問の余地はない。一九三〇年代初頭、法学教授のアドルフ・バーリと経済学者のガーディナー・ミーンズは、所有と支配の分離が所有概念に及ぼす影響を正式に認めた。二人は、ある組織を統治する人々とそれを所有する人々との分離に焦点を当てた。バーリとミーンズが一九三二年に刊行した『現代株式会社と私有財産』は、アメリカの産業界を考察するシリーズ物としては草分け的な一冊であった。このシリーズは、アメリカ大企業の調査を介して行われた包括的な研究に基づくものであった。二人は上場企業が、現代世界の支配的な経済形態となっているという事実を強調した。株式所有権の移転が容易にできることで、個人の富を多数集めれば巨大な額にすることも可能であった。だがこれは、企業の「旧来型の」構成員を投資家に変えることと、株式の所有を企業の支配から分離することで、企業とその所有者である株主との関係を根底から変えることになる。所有と支配の分離がもたらした重大な帰結の一つは、支配集団（一般には企業のトップ・マネジメントとみなされている）の利害と大多数の株主の利害との間に相違が生じる可能性にあった。

経営者に関するバーリとミーンズの見解は悲観的であった。二人にとって企業の上層部とは、株主か

表10-2　アメリカの全株式会社における名簿上の推定株主数（1900-1928年）

年	全株式会社の株式資本総額（ドル）	株主一人当たり額面100ドル株の平均持株数	アメリカにおける推定株主数（人）	株主の年増加率（%）（年加重計算）
1900	61,831,955,370	140.1	4,400,000	
1910	64,053,763,141	86.3	7,400,000	5.2
1913	65,038,309,611	87.0	7,500,000	0.5
1917	66,584,420,424	77.3	8,600,000	3.5
1920	69,205,967,666	57.3	12,000,000	12.0
1923	71,479,464,925	49.7	14,400,000	6.2
1928	91,881,243,985	51.0	18,000,000	4.5

出所：A. A. Berle and G. C. Means, *The Modern Corporation and Private Property*, tenth printing 2009, Transaction Publishers, New Brunswick, p. 56より作成。森　杲訳『現代株式会社と私有財産』北海道大学出版会，2014年，55ページ。

ら完全に独立していて、自分たちの選択をもはや誰にも説明しなくてよい立場にいることを確信するだけの存在ではなかった。そして、二人にとって経営者とは、収益の流れを自分たちに有利になるよう変えることができ、収益をどう投資するかを自分たちで選択できるよう事態を整理し、可能なら大多数の株主の利害に焦点を合わせるよりも、自分たちの威信、権力、個人的な満足をもたらすよう、目的を遂行できる存在でもあった。ある事例で経営者は、株主に高額の配当を払うよりも、収益を自分たちの権限を強化するために再投資することを選択していた。二人にとって経営者とは、所有者の特権を奪い、日常的に経営活動を監視する者に、企業の生き残りを託する存在であった。経営者に委譲された支配権は、〔株式の分散化に伴う〕単なる所有権の漸進的な分割の結果ではなく、どちらかといえば大企業の成長に次いで起こった組織改革の所産であった。なぜなら、こうした現象は所有権の分割がなかった企業でもみられたからである。

　バーリとミーンズにとって所有と支配は、互いに補足し合ったり、あるいは同じシステムで互いに関連し合う構成要素にはほど遠いもので、一方が他方に不利に働く点に至るまでは、同じ軸の両端に位置するものであった。したがって、根底にある問題は、集団のどの構成員に対して責任をもつのかを確定する方法であった。二人にとって、この問題には三つの考えうる解答があったし、それらは現代のコーポレート・ガバナンスの考えられる三つの形態と直結している。最初の解答は、基本的には所有者のもつ権利の伝統的な概念に戻って、経営者の利害と責任は株主に向けられるべきである、という考えに基づくものであった。しかし、株主にあるとすれば、最終結果は時代錯誤となろう。そこでは、たとえ株主が実質的に自分たちの権力を放棄していたとしても、経営者はもっぱら株主の利益のためだけに働く一種の管財人に変身してしまっている。二つ目の解答も、まったくもって合理的なものとは思えなかった。つまり、自分たち自身の利益のために企業を管理するトップ・マネジメントの出現という状況を正式に認めてしまうものであった。幸いにも、バーリとミーンズは「三つ目の選択肢の存在」について記している。つまり、現代の上場企業は、所有者（あるいはそれを経営する個人）はもとより、どちらかといえば、コミュニティ全体に奉仕する、という原則の承認である。二人が語るところによれば、この三つ目の選択肢こそが社会的に受容される線に沿って、現代企業が発展する道を切り開く解答であった。現代の株式会社は、それが組織構造と利害の複雑さに直面して、株主あるいは経営者集団のみならず、社会全体に対する責任を果たすために存在すべきなのである。企業支配（株主対経営者）という問題への解答は、次には従業員、取引先、流通業者、最終顧客、そして最終的にはその最も広い意味でのコミュニティといったステークホルダーに視点を定めることで、異なる次元に移行できるのである。

このような立場は、フランクリン・D・ローズヴェルト大統領のニュー・ディール政策によって生まれた思潮と、アメリカ史で最悪の経済不況期にあった当時の雰囲気とうまくマッチしていた。この危機に対処する取り組みの中で、ニュー・ディール政策はまず初めに全国産業復興法（ＮＩＲＡ、一九三三年）に注力した。同法は、一種のより協同主義型の資本主義と、新しい形でのビジネス規制を企図したものであった。しかし、ＮＩＲＡは失敗し、一九三五年までに廃止された（ＮＩＲＡは当初より一九三五年までの時限立法であった）。残されたのは、何か重要なものが変化していたという確固たる意識と、政府の伝統的な規制政策あるいは反トラスト法では何も変わらないかもしれない、という思いであった。後者の点が、後にジェームズ・バーナムに『経営者革命論』[2]を書かせたのである。同書は、経営者が手中にした権力の新たな位置づけを認めるものであった。彼は、時間の経過とともに、アメリカがナチスドイツやソ連邦に近づく計画経済を採択する時代が訪れることまで予見していた。

バーリとミーンズよりも何年か前に、まったく異なった状況下（第一次世界大戦後のドイツ）で、大物政治家であり尊敬に値する経営者でもあったヴァルター・ラーテナウは、二人と類似の結論に至っていた。彼は、企業を構成する様々な集団が、コミュニティに奉仕する存在として統合する同じ方法で、企業と国家は社会に統合されるべきであると宣言していた。彼は、二人と同様、企業の日常的な経営活動から株主が漸進的に撤退するという現象に注目していた。さらに、その資金を恒久的に投資し続ける株主と、単に投機目的で株を取得した株主という二種類の株主を視野に入れていた。第一グループの目的は経営者のそれと一致していると確信していたが、第二グループには利益相反という一連のリスクがあることを信じて疑わなかった。それというのも、企業は自社の収益を蓄積し、それを再投資しようとするのに対し、第二グループの株主は短期の利益にしか関心がなかったからである。ラーテナウは株主の権利を制限する法律を支持した。それは、（不注意で競合他社と価値ある情報を共有しないように）企業はどのように業績を上げていたのかを株主に洩れないようにし、さらに将来の成長のための社内資金調達の可能性を経営者に担保するためであった。彼の考えでは、企業は、緊密な関係をもたない株主の私的利害のために犠牲となる存在ではなかった。大企業は、もはや（民事法や商事法といった）私法によって規制された利害集団ではなく、むしろ国民経済の基本的な構成要素であって、そのような存在としてコミュニティの「一部」を構成するのである。彼にとって、企業内で生まれ、暗黙の内に経営者集団に集中した権力は、経営者集団に社会的責任を委ねるものであった。この社会的責任は、企業やコミュニティを構成している種々の集団から託されたものとして経営者が責任をもって対処すべきものでもあった。

ラーテナウは、バーリとミーンズと同様、企業の利害は基本的には組織内で統合され、コミュニティの利害とも連携できる、と結論づけていた。二人は、こうした前提から始めて、経営者の権力を組織されたアングロサクソン型社会的多元主義の抑制と均衡という伝統の中で描写した。しかし、ラーテナウは異なる状況もみていた。彼の目的は、経営者が旧来型の私的所有権を尊重するのはもちろん、規制と公的な制約にも固執した点を確認することにあった。彼が基準点を置いたのは祖国ドイツで、そこには個人と社会との特別な関係概念があり、社会の要求を個人の権利よりも優先する伝統があった。こうした考え方はドイツ文化に深く埋め込まれていたものであった。その結果、所有権の弱体化とその非人格化は、彼にとっては、大企業の自然な発展はもちろん、公共政策の明確な目的である「新しい経済」、つまり企業が自身の目的を集団的な利害への奉仕に置き、国民国家の保護と擁護者としての中心的な役割を引き受けるであろう「新しい経済」を設計する際の構成要素の一つでもあった。

ラーテナウと同様、バーリとミーンズは、現在も大不況の真っ只中で依然として存在している二つの基本的な問題と苦闘していた。第一に、第二次産業革命期に出現した大企業を支配する際に社会が果たす役割を確定しようとした。第二に、より具体的なものとして、コーポレート・ガバナンスにおけるステークホルダー概念、つまり現在も重要度の高いもう一つの問題にも取り組んでいたのである。こうした問題が現在に至っても依然存在しているという事実が示すように、いずれの問題も一九三〇年代のニュー・ディール政策あるいはドイツ版の産業改革であった国家社会主義によっても解決できなかった。第二次世界大戦後に出現したのは、アメリカや他の先進国で支配的で馴染みのある制度であるのはもとより、現在は多国籍企業でも主役となっていたM型組織の強化・拡大版であったのである。

注

（1）次を参照のこと。T. K. McCraw, *American Business, 1920–2000 : How It Worked*, Harlan Davidson, Wheeling, 2000, pp. 22–23.

（2）J. Burnham, *The Managerial Revolution*, John Day Company, New York, 1941.（長崎惣之助訳『経営者革命』東洋経済新報社、一九五一年）

第一一章　両大戦間期のヨーロッパ——アメリカへの収束とアメリカとの相違

一九二五年一二月二五日、ドイツの複数の化学工業企業、とりわけ同国最大級の企業（アグファ社、ヘキスト社、バイエル社、BASF社）の間で、IGファルベン社（「IG」はドイツ語の「利益共同体」を意味している）と呼ばれる企業連合体を組織する正式の協定が締結された。（IGファルベン染料工業会社としても知られていた）同社は、ヨーロッパ最大の化学コンツェルンであり、世界最大規模の企業の一つでもあった。同社は、専門用語でいうところの生粋のカルテルではなく、フランクフルトにあった立派な建物の本社への吸収であって、約一〇万人の従業員を雇用していた。誕生の背後にあった主な目的の一つは、第一次世界大戦後に失った世界の化学工業界での覇権を、再度ドイツ企業の手に取り戻すことにあった。国際的にみたIGファルベン社の重要性は次のような事実で確認できる。つまり、第二次世界大戦勃発前に、例えばアメリカの先行企業であったスタンダード・オイル社やデュポン社といった企業との間で複数の国際的かつ内密の協定やカルテルを締結していた、という事実である。ドイツ化学コンツェルン誕生のもう一つの帰結は、他のヨーロッパ諸国でも類似の動きが模索されたことであった。IGファルベン社誕生直後に、イギリスとフランスでは同社と同じような統合戦略が実行された。この戦略のもと、一九二六年にはイギリスでインペリアル・ケミカル・インダストリーズ社（ICI）が、そして一九二八年にはフランスでローヌ・プーラン社がそれぞれ創設されたのである。

この合併と連合による統合プロセスには、経済面・政治面双方の性格をもつ多くの決定要因があった。第二次産業革命で最も重要な位置を占めていたのは化学工業であった。そこでの統合戦略は、一部は収益を安定させるために、また一部は規模と範囲の経済性を活かして単位原価を削減するために行われた。その際の必須条件の一つは、R&D活動、情報、特許の統一であった。しかし、同時に政治も重要な役割を演じていた。ICI結成の事例はこの点を物語っている。IGファルベン社は、誕生直後から、将来有望な市場に参入するため、外国企業の買収という積極的な戦略をとりはじめた。もちろん、同社の第一のターゲットは優れた品質のドイツ染料に対する、大量の潜在需要が見込めるイギリス市場であった。一九二五年、IGファルベン社はマンチェスターに本社があるブリティッシュ・ダイスタッフズ社（BDC）に買収の申し出をした。このBDC自体も、第一次世界大戦期に行われたイギリス政府主導の小規模メーカー間の合同の結果誕生していた。ドイツ企業の動きはイギリス政府にとって受け入れ難いものであった。そこでイギリス政府は、「全イギリス」企業の合同を間接的に推進し、一九二七年一月一日にBDCが化学工業会社四社と合同してICIを設立したのである。

不完全な収束

ICIの事例は、すでに述べたように、両大戦間期のヨーロッパでみられた唯一の動きではなかった。だが、とりわけこの事例は多くを語ってくれる。まず第一に、物語全体の背後には第二次産業革命の避けられない論理があった。第一次世界大戦は西欧、特にヨーロッパの経済発展における重大な分水嶺となった。大陸全体が被ったかなりの物的損害、人命の損失、さらにはヨーロッパの大半の国の政治的・制度的な構造における大きな変化を乗り越えて、同大戦はヨーロッパ経済を先導する産業部門で最深部

表11-1　ヨーロッパの国内カルテル数（1865-1930年）

年	ドイツ・オーストリア		ハンガリー	スイス	フランス	イギリス	日　本
1865	4						
1887	70						
1890/1	117		8				
1900/2	300	50					
1905/6	385	100	50			40	
1911/12	550-660	120					
1921						446	8
1929/30	2,100	40-50，70-80		90以上	80＋		30＋

出所：Jeffrey Fear, "Cartels," in Geoffrey Jones and Jonathan Zeitlin, *The Oxford Handbook of Business History*, Oxford University Press, Oxford, 2008, p. 275より作成。

にまで及ぶ近代化が生じていたことを明確にした。第一次産業革命を際立たせていた産業（繊維、鉄鋼、金属加工）は、第二次産業革命期の資本集約的な産業である化学、電機、冶金《やきん》工業に次第に道を譲った。第一次世界大戦が国内生産体制とあらゆるレベルの国内産業の効率性を白日のもとに晒したことから、戦闘行為に加わったほぼすべての国は、大量生産と規模の集中度がもたらす優位性を試されることになった。機械工業は特にそうであったが、化学・鉄鋼・電機でも同じことであった。大半の国で、戦争続行はある程度の規模の組織の創出を必要としたが、中には規模を拡大しすぎて平和時の状況に適応できなくなった組織もあった。

ヨーロッパの周辺諸国でも、その頃になってやっと産業近代化の道を歩みはじめた国があり、そこでは第二次産業革命が求める技術面での要請は喫緊の課題となっていた。新興の資本集約型産業の成功は、ヨーロッパ企業の指導者にとって納得できるものであり、その影響は彼らの戦略と組織構造に特に垣間見られた（アメリカ企業の平均的水準にはとてもかなわなかったが）。第二次世界大戦直前には、株式時価総額で世界のトップ五〇位までにランクされた企業集団は、アメリカに三二、イギリスに一一、ドイツには四、存在した[1]。参照可能な比較調査結果はすべて、両大戦間期のヨーロッパ最大の企業は、平均するとアメリカ最大の企業よりもはるかに小規模であったという事実を明らかにしている。技術集約的で資本集約的でもある電機工業では、一九三〇年時点での各国トップ四社の資産は、アメリカ企業の一三億ドルに対し、ドイツ企業で三億五八〇〇万ドル、フランス企業では一億三五〇〇万ドルにすぎなかった。

第二に、ICIの事例は、両大戦間期の「ヨーロッパ型企業」の経済的、文化的、政治的な環境がもつ特徴を明らかにしてくれる。政府が権威主義的であるか、あるいは民主主義的であるかにかかわらず、そこでとられた政策は保護貿易主義、「協調組合主義《コーポラティスト》」、そして次第に介入主義的な傾向を強めた〔協調組合主義とは、社会の諸階層や諸個人の利害を、企業や労働組合などによって集約、調整する政治的・経済的な体制志向のこと。介入主義とは、国家が経済過程に積極的に介入して経済を導くべきだとする考え方のこと〕。協定とカルテルは一国レベルはもちろん、国際レベルでも容認された。こうした状況はヨーロッパの大企業の性格を方向づけ、極端な結果として、すでに第九章で指摘した特徴をもたらしたのである。

「ヨーロッパモデル」の起源——狭隘な市場

一般に、ヨーロッパにおける第二次産業革命の普及は、歴史家にいくつかの困惑する問題を提示している。アメリカのビジネスシステムと同様、そしていくつかの国の間にみられる相違にもかかわらず、新しい技術的要請の波は、ヨーロッパのビジネスシステムのもとで、企業家と政府が新しい組織的・財務的・競争的な慣行に目を向けることを強いた。資本集約的で技術集約的な産業に従事するヨーロッパの企業家は、成長と統合の政策、資本と原材料の適切な供給源の確保、規律正しい労働力の組織化、さらには、それまでよりも大きな規模で生産した製品のための新たな物流チャネルの開拓、をそれぞれ実現しなければならなかった。実際、企業家の多くは、国際競争に十分耐えうる、強固で永続的な組織能力といった特徴をもつ企業の構築という取り組みで成功していたのである。

しかしながら、これらすべての取り組みが行われる際の枠組みは、アメリカの企業家や経営者が事業展開していた枠組みとは異なっていた。第一次世界大戦は、最初のグローバル経済をあっけなく終焉させ、一種の大陸規模の市場をヨーロッパの企業家から取り上げ、それをアメリカ企業にとって応対可能な市場にした。さらに、ヨーロッパ史が創り出した文化的な環境は、アメリカ企業が享受したビジネスや産業界と政府との関係に対する受け止め方ほども好意的ではなかった。こうした文化は、企業家の機会と意思決定に影響を及ぼした。要するに、第二次産業革命が引き起こした諸課題に対する反応は、アメリカ企業のそれとは異なっていたのである。ヨーロッパにおいて経営者主導型企業モデルが普及したスピードは、前述のようないくつかの要因、市場の構造、さらにはそれぞれの国が採択していた産業政策によって漸進的なものであった。

ヨーロッパにおける経営者資本主義への移行が、かなりゆっくりとしたものであった理由を見つけ出すのは難しくはない。二〇世紀前半、ヨーロッパは危機と混沌に巻き込まれた。二度の世界大戦、深刻な経済危機、独裁国家の登場、一九三〇年代の国家経済主義、すべてがインパクトを与えていた。ヨーロッパ企業の性格を形成した主要な要因もまた、狭隘な国内市場とその覇気のなさにあった。一八七〇年の一人当たり所得は、アメリカを一〇〇とすると、イギリスが一三〇、ドイツが七五、フランスが七六、イタリアが五九であった。第一次世界大戦直前にこの格差はさらに広がり、イギリスは九二に落ち、ドイツが六八、フランスが六五、イタリアが四八となった。一九世紀後半から第一次世界大戦までに、アメリカはその人口が四倍以上増えたが、一方ドイツとイギリスでは増加はそれほど顕著でなく、フランスとイタリアに至ってはほぼ横ばいであった。

第九章で述べたように、イギリスは第一次産業革命期の典型産業では覇権的地位を堅持していた。例えば、繊維工業への国際投資のかなりの部分はイギリスに集中していた。だが、ＩＣＩの事例が示すように、第二次産業革命を支えた資本集約型の新興産業では、イギリスはアメリカとドイツのはるか後塵を拝し、多くの場合政府主導下の産業界の統合が起きたのも戦時下に限られていた。

大陸の周辺地域（南部イタリアや、いくぶん広くとればフランスの農村地帯）を特徴づけていたのは、依然として、社会面と経済面での「後進性」と、全体としての農業の優勢さであった。この点は、周辺部の諸国が需要の低迷で苦しめられていたのはもとより、消費スタイルが大量消費社会のそれといくつかの点で対照的であったことも意味した。それは、中小規模の生産が一般的であった衣類、はき物、家具といった産業はもちろん、食品・飲料品産業でも歴然としていたのである。

一つだけで新しい時代の到来を十分に代表できる産業――例えば自動車産業――に着目したとき、ヨーロッパとアメリカとの相違はさらにいっそう明白なものとして現われる。一九二〇年代半ばに、アメリカは人口千人当たり一六〇台以上の車を誇っていたが、イギリスではわずか一五台、フランスでは一三台、そしてドイツとイタリアではたった三台にすぎなかった。

輸出活動の増大は、海外直接投資が可能としたように、相対的に低迷している国家の各種システムを後押しできたはずである。これが第一次世界大戦前に起きていれば、ヨーロッパ諸国がその競争優位をフルに活かす一助となったであろう。しかしながら、「最初のグローバリゼーション」の終焉と、大恐慌期に起こった自給自足的経済体制に特徴づけられる両大戦間期に、巨大かつ競争に勝てる国際企業を創設するのは容易なことではなかった。直接投資を通して生産を国際化する戦略は、主に狭隘な国内市場しかない国の企業によって採用され続けた。以上のことは、第一次世界大戦の終結がヨーロッパ市場を国家が保護する経済に分断した状況下においても行われた。そこでは海外投資が限定され、一部の製品の進出だけが許可された。一方、ヨーロッパ大陸の小さな経済に属している企業は、国内経済だけで

表11-2　世界の製造業生産高に占める各国の割合（1880-1938年）

（単位：%）

	1880	1900	1913	1928	1938
イギリス	22.9	18.5	13.6	9.9	10.7
アメリカ	14.7	23.6	32	39.3	31.4
ドイツ	8.5	13.2	14.8	11.6	12.7
フランス	7.8	6.8	6.1	6.0	4.4
ロシア	7.6	8.8	8.2	5.3	9.0
オーストリア＝ハンガリー	4.4	4.7	4.4	---	---
イタリア	2.5	2.4	2.4	2.7	2.8

出所：Christopher Freeman and Francisco Loup, *As Time Goes By : From the Industrial Revolution* to *the Information Revolution*, Oxford University Press, Oxford, 2001, p. 249より作成。

は大規模かつ統合されたビジネスの成長を支えられないことが明確になった場合、第一次世界大戦前であったとしても国際化を始めていた。事実、オランダとスイスの企業の多くは、同大戦のはるか前に多国籍企業になっていた。その好例が、一八六〇年代後半に設立された〔スイスの〕ネスレ社であった。同社は、創業直後から事業活動を国際化し、フランスとドイツで主力製品（母乳の代わりとなる乾燥粉ミルク「フォーミュラ」）を販売していたのである。

　しかしながら、海外投資は一般的に第一次世界大戦と「最初のグローバリゼーション」の終焉から大きな影響を受けた。戦闘行為に加わっていた国の企業は、特段の影響を被っていた。同大戦中の軍需物資の調達と産業の国有化に加えて、第一次世界大戦の終結は敗戦国が有していた国際資産の大規模な没収という事態を招いた。ドイツ企業が同大戦前の数年間に構築していたヨーロッパの子会社の広範なネットワークは、勝利した連合国側によって解体されてしまったのである。

　イギリスはこうした枠組みから部分的に除外されていた。両大戦間期も、イギリス企業はヨーロッパ企業の平均よりも高い水準にあった国際化に依存し続けた。海外直接投資を介したイギリス多国籍企業の事業活動は、鉱山業や石油業といった特定の産業に集中していた。しかしながら、繊維工業を含む第一次産業革命の典型的な賜物であった垂直統合政策を採択したイギリス企業でさえ、あまりにも輸出に比重を置きすぎていた。一方、一九三〇年代初頭の自給自足政策で頂点に達した、資本流動性に対する高い障壁は、ヨーロッパを狭隘な国別市場に分断されるままにし、各国の成長率は大西洋の向こう側の国、つまりアメリカよりもかなり低い状態に据え置かれた。アメリカの一人当たりＧＮＰが、一九一四年から五〇年まで（平均して年に二・八％で）拡大していた間に、ヨーロッパではオランダとスウェーデンだけが年成長率で二％を超えていたものの、他の諸国は平均で一～一・二％とはるかに後れをとっていたのである。

ヨーロッパモデルの起源――種々の制度が演じた役割

ヨーロッパ大陸の構造的な「後進性」がもたらした一つの帰結は、最先端技術へのアクセスを加速化することを目的とした公共政策の採用であった。ヨーロッパでは、国家の種々の制度が、国ごとに大きく異なる影響を与えつつ、競争政策の策定や企業家の選択で一定の役割を演じていたのである。

カルテル

まず第一に、法的な制度は、市場と競争を規制する際に重要な役割を演じた。ヨーロッパの人々は、一八九〇年に反トラスト法を連邦法として導入していたアメリカの人々よりも、共謀行動に対してははるかに寛大であった。それと対照的にドイツのカルテルは、すでに考察したように、第二次産業革命が普及する過程で常識的な存在となっており、政府は企業間の協定を産業政策の重要制度と捉えていた。両大戦間期に、カルテル化はヨーロッパ中に広がり、民主主義国家はもちろん、独裁政権下で着手され計画された経済政策の基本的な構成要素ともなった。カルテルは、加盟企業が相対的に安定した価格と需

表11-3　名目平均保護関税（1877-1926年）

	1877	1889	1897	1913	1926
アメリカ	29.91[1]	30.1[1]	21.0[1]	18.9[1]	13.5[1]
	42.58[2]	45.4[2]	41.6[2]	40.5[2]	38.6[2]
	68.4[3]	66.2[3]	51.2[3]	46.5[3]	34.9[3]
ドイツ	-	8.8	9.6	6.9	5.2
ロシア	14.6	34.5	33.8	30.3	-
イギリス	5.3	4.9	4.7	4.5	8.6
フランス	5.2[4]	8.3[4]	11.6[4]	9.0[4]	5.7[4]
	6.6[5]	8.6[5]	10.6[5]	8.8[5]	-
オーストリア＝ハンガリー	0.9	6.6	7.7	7.0	7.7
イタリア	8.45[4]	16.8[4]	16.2[4]	7.5[4]	3.1[4]
	7.3[6]	17.6[6]	18.5[6]	9.6[6]	11.9[6]
日　本	4.0[1]	2.5[1]	2.5[1]	10.0[1]	6.5[1]
	4.5[2]	3.0[2]	3.5[2]	19.5[2]	16.0[2]
ヨーロッパ（平均）	9.2	12	11.9	9.3	8.3

注：1）全貿易。
2）保護対象品目のみ。
3）保護対象品目が全貿易に占める割合（%）。
4）Brian R. Mitchell, *European Historical Statistics 1750-1975*, London: Macmillan 1981のデータ。
5）Maurice Levy-Leboyer and Francois Bourguignon, *L'Économie française au XIX siecle*, Economica, Paris 1985, tab. VI の推計。
6）Giovanni Federico and Antonio Teña, "Was Italy a Protectionist Country ?", *European Review of Economic History*, vol. 2, issue 1, 1998, pp. 73-97 のデータ。
出所：Vera Zamagni, *Dalla rivoluzione industriale all'integrazione europea. Breve storia economica dell'Europa contemporanea*, Il Mulino, Bologna, 1999, p. 119より作成。

要から利益を得ることを可能にした。価格と生産割当量に対する統制は、統合戦略や成長戦略を遂行しようとする動機に重大な制約を課すものであった。他方で、安定的な価格協定は、合意された価格を下まわるよう製造コストをできる限り引き下げるために、各企業の能率増進を刺激したというのも事実であった。

ヨーロッパ文化を前提とした社会的見地からすれば、カルテルは「アメリカ流」の巨大な産業集中に代わる優れた選択肢であった。この点は、ドイツのような国では特にそういえた。そこでは、大企業と金融資本は、社会的にも、政治的にも、そしてイデオロギー的にも人気がなかった。安定した市場割当量は、両大戦間期のヨーロッパで非常に望ましいものであった、比較的安定した雇用レベルを維持しつつ、企業には慎重に計画した投資を可能にした。これが特にいえたのは、一九三〇年代初頭の金融危機発生後のことであった。

結果として、両大戦間期のヨーロッパにあったカルテルはかなりの数に上った。いくつかの推計値によれば、一九二〇年代——大恐慌前には特に——には、ヨーロッパのカルテルと協定は何千という数字に達していた。それらは、小さな国（オーストリアで約五〇、スイスで約一〇〇）にも、大きな国にもあった。フランスには約八〇、イギリスには四〇〇以上、ドイツには二〇〇〇以上のカルテルがあった。

両大戦間の激動期に、カルテルは国際的規模にまで拡張した。これは、明らかにグローバル市場における不況と不安定の「論理的な」帰結の一つであった。企業には、不確定要素を小さくするために、より高度の調整を求める強いインセンティブがあった。それで、国際カルテルと「協定」の事例は、化学や医薬品から化繊、白熱電球、電機、鉱山に至る多くの産業で見出すことができるのである。一九三〇年代末には、ヨーロッパの主な一流企業のほぼすべてが国際カルテルに加盟していた。その結果、国際カルテルはフランスに六九、ドイツに五七、イギリスに四〇、スイスに二五、イタリアに一六、ベネルクス三国に四〇以上みられたのである。

企業家と介入主義国家

ヨーロッパ大陸の経験では、政府が、資本集約型産業に対する巨額投資の発案、支援、所有といった点で重要——多様なニュアンスで——な役割を演じていた。

いくつかの事例では、政府が巨大企業の主たる顧客であった。この点は、国家の安全保障と直接関係する分野で特にいえた。他には、政府調達、保護貿易、関税障壁、時には金融支援を通して、比較的脆弱な国内需要という特徴をもつ国では、国家の支援は近代的かつ効率的な産業基盤の構築を目的とする場合もあった。この点は、イタリアのような国でははっきりと現れた。そこでは、国家の介入主義的な姿勢が、その発端から工業化に影響を及ぼしていた。さらに、国家はいくつかの最重要生産設備も直接所有していた。一九二〇年代半ば以降、イタリア政府は、同国の企業が破産と経営不振を避けるためにとられた種々の「救出」手段を通して、事実上、製造業（中でも資本集約型産業）に従事する多くの企業で影響力をもつ株主となった。この政策は、ＩＲＩ（産業復興公社、イタリアの大手銀行が所有していた株式を引き継いだ公的機関）の設立を伴いつつ、国家が最重要な投資家以上の存在となった一九三〇年代初頭まで継続した。一九三七年までに、政府は造船業で八〇％以上の株式資本を、機械工業では約二五％、鉄鋼業では五〇％をそれぞれ支配していた。いくつかの事例では、こうしたやり方は、最先端技術の採用という重大な成果を伴いつつ、全製造部門の合理化と近代化への道を整備したのである。

イタリアの経験は一つの非常にユニークな事例とも、他のヨーロッパ諸国がほとんど模倣しなかった事例とも受け止められよう。例えば、ＩＲＩの事例は、露出度と直接度はそれほどでもない介入であった。それは、第二次世界大戦後の日本の通商産業省（現、経済産業省）が採用した特徴的な産業政策へのアプローチ法、つまり非公式の圧力により近いもう一つの干渉の仕方を例証するものであった。種々の形態での大衆の支持という企業に対する支援もヨーロッパ各国でみられ、国家が置かれた異なる環境のもとで、各国の資本主義がとる構造に直接影響を与えたのである。

資本市場、企業財務、所有、支配

ヨーロッパの大企業が両大戦間期にとった特定の組織形態を決定した二つ目の重要な要因は、金融市場の構造と、それが企業の財務戦略に及ぼした影響である。イギリスでは、地元の銀行あるいは地方銀行が、第一次産業革命期に特有の産業分野で事業展開していた小規模企業のほとんどに資金供給していた。だが、企業家の製造や商業における企業家精神を支援する際に重要な役割を演じていたのは、活況を呈していた株式市場であった。第二次世界大戦直前に、約一七〇〇社がロンドン証券取引所に上場していた。ロンドン証券取引所での活発な売買は、資本集約的な部門で数多くの重要なM&Aを推進するのに必要な財務的資源の流れを作った。一九二〇年から四〇年までに、約三二〇〇社が統合プロセスと関係していた。ある場合には、このプロセスが結果として近代的で、分権化された組織機構と経理方法に特徴づけられた大企業を誕生させた。この点は、例えばダンロップ社の事例が示している。一九二〇年代に創業した同社は、積極果敢な買収と関連分野への多角化という戦略に対処できる事業部構造を導入したのである。しかしながら、他の事例では、電機工業といった技術的に進歩した産業でさえ、その成長過程は持株会社のもとでの連合といった伝統的なアプローチ法が永続化する中で管理されていた。こうした組織構造では、金融会社が多数の子会社を直接支配していた。これら子会社は、多くの場合、取締役兼任制という緊密なネットワークを用いたピラミッド構造のもとに統合されたのである。

多くのイギリスの産業企業は、創業家の代表者が取締役会で多数の席（時には、創業家が所有する実際の株式数に授けられた権利に不釣り合いな数）を占拠するという状況下に置かれ、ロンドン証券取引所に上場されていたとしても、その大半が「個人」企業として存在し続けた。複数の研究者は、例えば次のような事実を指摘している。つまり、組織改革に目を向けていたにもかかわらず、「いかなる犠牲を払おうとも、同族支配と同族所有を維持する目的に基づいた、守りの戦略以外の何ものも追求しないという気乗り薄さが、経営者階層全体に(2)」垣間見られたのである。

こうした社会の様相は、M&Aのプロセスを経て登場した大企業に影響を与えた。この種のイギリスの持株会社——ビジネスにおける役割を同族に保持することを許した——は、統合されていない、分権化されたM型組織であった。こうした慣行は、一九世紀最後の数十年間におけるイギリス産業資本主義に特徴的な企業合同とパートナーシップに基づく連合体制を生み出した。合併の多くは、カルテル以外の何ものでもなかった。その中で市場の共謀的分割が行われたのである。

ドイツにおける大企業の成長は、多くの巨大金融機関で構成される安定的な自己資金調達と効率的な銀行制度とともに、株式市場によっても支援されていた。すでに指摘したように、「総合《ユニバーサル》」銀行がドイツの金融市場構造を形成し、中核を占める所有者が同族、個人、あるいは別企業であった企業で、集中化の進展を支援していた。この構造は、産業株に投資したり、また委任投票を介することで影響力を行使していたメインバンク〔大株主で役員を派遣している主力銀行〕に支えられる場合が多かった。この時期以降、銀行がドイツ資本主義のカギとなる構成要素となった。銀行は重要な債権者であり、影響力をもつ株主でもあった。多くの事例で銀行は、トップ・マネジメントを専任し、厳格な監視を通して、企業に対する影響力を効果的に行使した。メインバンクの関与は、財務的資源を産業組織に集中するという証券取引所のもつ役割を徐々に弱体化することで、ドイツ金融市場のあり様を決定づけた。第二次世界大戦直後に、こうした金融システムが部分的に衰退したとき、メインバンクのもつ弱点は、ドイツ企業を株式市場、とりわけウォール街に追加的な財務的資源を求めるざるを得ない立場に追い込むことになった。しかしながら、こうした状況は長続きしなかったし、銀行の権限とその影響力は第二次世界大戦後に復活したのである。

イギリスやドイツ以外のヨーロッパ大陸諸国の資本市場は、どちらかといえばこれら両国の中間に位置する形態をとった。フランスや特にイタリアでは、企業家一族が資本集約型産業の企業を厳格に支配し続けることができた。企業家一族がトップ・マネジメントの地位を握り、株式市場からは比較的限定された財務的資源しか調達せず、その代わりにメインバンクが提供する貸し付けに依存したのである。

労使関係

ヨーロッパとアメリカとの相違をさらに際立たせていた他の領域は、資本家と労働者との関係であった。この関係は、経営上の慣行と労働者の参加という二つの視座からとらえることができる。（その最も権威主義的な独裁政権下の）ヨーロッパのビジネス文化においてさえ、ブルーカラーとホワイトカラーは依然として企業関係者として最も重要なステークホルダーであった。労働者のガバナンスへの参加は、第一次世界大戦後にヨーロッパが経験した特徴であった。労働者にとって比較的好意的な文化的雰囲気をもたらしたワイマール期ドイツでは、企業経営への労働者の直接的な参加が促され、そうした経営慣行はナチス政権期までにはよりいっそう明確な形をとるようになった。こうした事例では、フランスの人民戦線（一九三〇年代末に一時期政権を握った左翼連合）でもある程度みられたように、工場協議会が存在していた。これは、従業員が経営者の主だった意思決定に関する情報を知ることができるようにし、さらには会社がどの方向に向かうかを確認できるようにする組織体であった。こうした参加型の経営慣行は、第二次世界大戦後に再度出現し、戦後復興に続く経済発展期のヨーロッパ労使関係を取り巻く思潮に大きな影響を与えたのである。

イタリアやスペインといった他のヨーロッパ諸国では、労働者の経営参加は別の形をとった。労働者の自由と労働組合組織化を制限した独裁政権下で、従業員の正式な経営参加は、時として階級対立を管理下に置く目的で設けられた。これはファシスト国イタリアでみられた。そこでは、一九三〇年代に

「コルポラツィオーニ〔ファシズム期に労使双方が参加して組織された協調組合〕」が導入された。それは、資本家と労働者との関係を産業ごとに処理しようとする、制度化された法的組織であった。こうした組織体はまた、ファシスト党の政権下で水面下に隠れていた対立を取り締まり、少なくとも形式上は労働者と資本家を対等なものと扱ったのである。

ヨーロッパの労働者は、経営参加が単に形式的な試みであったにもかかわらず、企業の枠組みの中で卓越した地位を保持していた。事実、ヨーロッパの労働者は、一般に強固な政治的アイデンティティと、ニュー・ディール期以前のアメリカ労使関係システムの特徴であった労働組合組織率よりも高い組織率を誇っていたのである。十分な給与を得ていたアメリカ労働者は、平均すればヨーロッパの労働者よりもその組織率は低かったし、会社生活に直接関与することにもさほど関心を示さなかった。この違いは、ほぼすべてのヨーロッパの大企業で働く労働者が、作業現場で自身が担当する生産工程に対し、ある程度の支配権を保持していた、という事実と関係していた。つまり、その生産工程は、かなりの自律度を享受していた熟練ブルーカラー労働者によって遂行されていたのである。

近代的で官僚的な作業管理技法がヨーロッパに紹介されたとき、それはユニークな労使関係システムを通して濾過された。つまり、全面的に拒絶されないまでも、ヨーロッパ特有の環境に合うよう大きく改造されたのである。この点は、アメリカで人気の高かった科学的管理に基づく経営慣行についてもいえる。作業組織に科学的手法を導入するいくつかの成功例は、〔F・W・テイラーの科学的管理法ではなく〕仕事のリズムとタイミングを厳格に統制することで労働者の生産性向上を目指す、〔テイラーの科学的管理法をフランス人のC・E・ブドーが改良した〕ブドー・システムといった形態をとった。一九二〇年代、ヨーロッパの大半の自動車製造業者（特にフランス〔ルノー社〕のそれ）は、海外でも活用されていたテイラー流の管理技法を採用しようとした。だが、こうした技法が表向きには導入されたとしても、ヨーロッパの組み立てラインの能率は、平均するとアメリカの自動車産業の水準よりも低く留まっていた。要するに、アメリカ発祥のシステムをヨーロッパに導入することに対しては、根強い社会的抵抗があったのである。

　ヨーロッパとアメリカでは経営者階層の構成にも明確な相違があった。アメリカでは、経営者としてのキャリアは社会階層を昇る手段を提供しており、そのことから労働者階級の中間層・上級層にいる若者にとっては、まさに魅力溢れるものであった。アメリカでは、経営者になるための教育が、特別な機関やビジネス・スクールの専門研修コースの一部として提供されていた。一方、ヨーロッパでは経営者育成に向けた特別研修はほとんどなかった。研修は一般にＯＪＴであり、多くの場合、社内のキャリアパスが事務員、ブルーカラー労働者、セールスマンを指導者の地位に就かせるものとして機能していた。一部の例外は技術者で、特別の研修を受けた高学歴従業員だけが経営者としてのキャリアを積むことができた。科学技術系大学《ポリテクニック・ユニバーシティ》が、フランスやドイツ、さらにはイタリアの企業家のもとに専門家を送り込む主な供給源であった。この特別研修は、市場の要請よりも生産の技術的側面を指向するという、広範に採用されている経営慣行を結果的に招来したのである。

両大戦間期のヨーロッパ企業の戦略と構造

　以上のような、両大戦間期の経済における展開の結果、ヨーロッパの企業は平均するとアメリカのそれよりも小規模であった。所有と支配の分離を進める可能性は低かったし、それほど多角的でもなかった。その結果、「単一ビジネス」戦略は、初期の組織構造と一体化して、ヨーロッパ全土で貫かれていた。この点は、主要なステークホルダー――個人、同族、銀行、あるいは政府をも含めて――が、ビジネスに対する支配権を維持したことで、アメリカ型の企業経営のもとでステークホルダーが直面した問題を避けられるものにした。かくして、権力はそれほど集中しなかった。組織は、複数の重要な例外はあるものの、専門経営者《プロフェッショナル・マネジャー》を雇ったり、権力と責任が分散している正規のシステムを取り入れたりする可能性はそれほど高くなかったのである。

その代わりに、ヨーロッパの企業は持株会社（H型組織）の漸進的な普及を含めて、アメリカ企業とは違う道を歩んだ。持株会社は、柔軟性に富み、様々な状況に適応可能なことが明らかになった。イギリスの場合、すでに述べたように、持株会社は企業の統合プロセスを生み出した手段であり、これがイギリスの連合的な傾向を活かし続けたのである。ヨーロッパ大陸の場合、特に未発達の資本市場と同族経営型のビジネスが特徴的な諸国では、同じH型組織が水平的・垂直的な統合をともに可能にした。所有者はそこで、企業とその子会社に対する権力を保持しつつ、統合のための資金を集めることもできたのである。

注

（1） C. Schmitz, *The Growth of Big Business in the United States and Europe, 1850–1939*, Cambridge University Press, Cambridge, 1993. 同書の第2表を参照のこと。

（2） J.F. Wilson, *British Business History, 1720–1994*, University of Manchester Press, Manchester, 1995, p. 155.（萩本眞一郎訳『英国ビジネスの進化——その実証的研究、一七二〇–一九九四』文眞堂、二〇〇〇年、二五八ページ。ただし訳文通りではない）

第一二章　日本の奇跡の源流——企業家精神、国家、企業集団

近年、資本主義は世界の異なる国や地域で、多様な発展形態をとるのが目にされている。近代日本の経営と経済を通覧する際には、資本主義のそうした相違性と類似性を念頭に置く必要がある。

日本の国内総生産（GDP）は、一八二〇年から七〇年の間に、ヨーロッパの年率一％に比してほぼ〇・二％で成長した。それに続く四〇年間（第一次世界大戦の勃発まで）、ヨーロッパの経済成長率にさほど変化はなかったが、日本経済は平均一・五％で成長した。これらの数字の背後にあるのは、一つの国が極めて急速に経済成長を達成した魅力的な物語である。一九世紀最後の四半期までの日本の特徴であった、ほぼ全面的な鎖国といった状況を考慮に入れれば、この成長はことさら興味深いものとなる。日本の発展は、企業家精神と新しい形での経営組織、さらには国家主義的な文化によって強化された計画策定を含む、この国独自の工業化モデルによって可能となったのである。

封建制からの近代化

一八六八年は、いわゆる「明治革命」（「明治維新」の方が使われる頻度は高い）が始まった年で、当時は少数の独裁的政治家と公家、ならびに武士からなる集団が日本の支配権を握っていた。明治維新は、

二世紀半に及ぶ時期〔江戸時代〕に続いて起こった出来事であった。この間、皇帝（天皇）は徳川幕政下で象徴的な役割を担うしかなく、政治面・軍事面での指導者であった将軍が実質的にこの国を支配していた。この革命とも呼べる事態は通常、近代日本が始まった日ととらえられている。この政治面と経済面での急激な変革に先行する数世紀間に日本が培った独自の経済的特徴の中のいくつかが、最終的に近代化のプロセスに影響を与えたのである。徳川期の日本は海外からの影響に左右されない国であった。一七世紀初頭以降、支配階層の外国人に対する敵意は、西洋人を日本から排除することには成功したが、それによって交易と人材の流れが妨げられ、当時のヨーロッパ経済の特徴であった技術の流入も遮られてしまった。例外的にオランダと中国の商人には認められたが、日本は西欧とその資本主義的経済とはほぼ鎖国状態にあった。

鎖国政策は非常に強固な社会的硬直性を伴った。前近代の日本は、〔士農工商という〕カーストで分断された社会で、その特徴は社会的流動性がほぼみられないという点にあった。現役労働者の大多数は小作農で、主に稲作に従事していた。国民経済全体は、税制を含めて米の生産に基盤を置いていた。順序にそれほどの意味はないが、職人と商人が三番目と四番目のカーストを構成していた。公家階層と軍人である武士は上流階級に属していた。流動性がないわりには、前近代の日本には高度な都市化がみられ、それが将来的に商人集団と企業家集団が自立する基盤となったのである。

三井や住友に代表される一部の商家が、経済で重要な役割を徐々に担いはじめた。これら名門の商家は、銀行業務と租税徴収といった金融サービスを提供することで、有力政治家との親密な関係を構築していた。彼らが演じた重要な役割とこうした政治家との関係は、これら「政商」に外国貿易における特権を供与し、それが製造業に対する将来の投資の源泉となったのである。

日本には、全国津々浦々に存在した何千という学校〔寺子屋や私塾、および藩校〕に基盤を置く、効率的な初等教育制度もあった。〔幕府という〕強力な中央政府も同じく利点をもっていた。それというのも、住民が通貨の厳格な統制によって実証される広く行き渡った経済政策に馴らされたからである。米穀を中心としたモノカルチャーであったが、前近代日本の主要産業部門の特徴は、高度の専門技能にあった。また、道路や灌漑水路といった効率的な物流網も整備されていた。明治維新という政治面での急進的な改革の後、新政府の主たる目的は、独立国家としての日本の立場を堅持するのに必要と信じた経済の近代化に置かれた。強力かつ広範に拡大した国家主義は、有能な官僚によって遂行された積極果敢な介入主義的公共政策を奨励した。日本のはっきりと表現された目標は「キャッチアップ」であり、明治期の新しい指導体制はこの新たな目標達成のために、伝統を捨てるよう社会全体にかなりのプレッシャーをかけたのである。

キャッチアップ戦略は、インフラの近代化、最新技術の習得と普及、国家の直接介入に基づく産業政策の展開、さらには新金融財政政策の創出といった、いくつかの分野で導入された。制度面での近代化は西欧モデルの模倣によって断行された。日本海軍と通信・郵便制度はイギリスをモデルに創られ、他方フランスは司法制度と初等学校教育改革の基準を提供した。日本陸軍はドイツをモデルとし、日本の新銀行制度はアメリカのそれをほぼそのまま「輸入」した。

日本は教育によって優秀な人材を育てはじめた。その成果は驚くべきもので、一八七五年に初等教育を受けていた日本の児童は三割以下であったが、二〇年後には六割以上に上昇し、第一次世界大戦直前にはほぼ一〇〇%に達した。一八七〇年代末に、東京に世界最大級の工学系学部を含む近代的な大学が設立された。政府は、アメリカとヨーロッパに留学する大学院生向けの基金を制度として準備した。さらに、海外の教授連や技術者、さらには専門家を数多く雇い入れることで海外の知識を活用したのである。政府は、一八七〇年から八〇年の間に国有企業を設立し、それを通して鉱業、造船業、土木工業、

表12-1　日本の産業別国民所得構成（1888-1987年）

年	第一次産業	第二次産業	第三次産業
1888	0.415	0.122	0.463
1910	0.315	0.257	0.428
1920	0.247	0.321	0.432
1930	0.209	0.435	0.356
1955	0.167	0.293	0.540
1970	0.059	0.475	0.466
1987	0.028	0.460	0.512

出所：Ryoshin Minami, *The Economic Development of Japan*, St. Martin's Press, New York, 1992, p. 92より作成。

表12-2　日本の労働力構成比（1888-1987年）

年	第一次産業	第二次産業	第三次産業
1888	0.699	0.301	
1910	0.602	0.35	
1920	0.534	0.239	0.2273
1930	0.495	0.244	0.261
1955	0.371	0.297	0.333
1970	0.172	0.418	0.41
1987	0.082	0.402	0.516

出所：表12-1と同じ。p. 212より作成。

繊維工業、セメント工業、ガラス工業といった、第一次産業革命期を代表する産業に関する海外の知識と技術を最優先で獲得した。

国有企業が新しい技術と知識の輸入者としてかかわったにもかかわらず、事業面では成功したとはいえなかった。これら「実験工場」は、能率はかなり悪く、ひどい管理のもとに置かれ、十分に活用されなかった。その本当の役割は、最新技術の漸進的な普及にあった。なぜなら、国有企業がかかわった分野は、当初から民間の企業家精神が大きく欠落していたからである。明治政府の取り組みは、与えられた目標をほぼ達成したとみなしてかまわないであろう。明治政府は国民の中から隠れた企業家的才能を発掘し、ほどなく民間企業が力をもつようになった。一九世紀最後の二〇年間に、日本のＧＤＰは年々四・三％で拡大し、全財政支出は年平均四％以上で増大した。これは毎年約五％の資本ストック〔工場や機械などの生産設備〕の増加をもたらした。鉱山業の生産高は年率一〇％以上、一方、製造業は六％以上でそれぞれ成長した。機械工業と繊維工業の成長率は一〇％に近づき、それを超えた。この数字は貿易収支の増加とほぼ同じであった。

日本の産業基盤が強固になるにつれて、この小国だが国家主義的な国は、軍部の野心をも鼓舞しはじめた。一八九四年に始まった日清戦争に勝利し、ほぼ一〇年後には韓国の支配権を巡るロシアとの戦争でも勝利を収めた。日英同盟を結んだ日本は、第一次世界大戦に参戦し、アジアにおけるドイツの権益と戦って勝利した。こうした軍事上の取り組みは、産業基盤の内発的成長と国家全体の成長を押し上げるのに寄与したが、それは物価を一定とした一人当たりのＧＤＰの動向で確認できる。ＧＤＰは、一八七〇年を一〇〇とすると、一八九五年には一五二に、一九一五年には一九四に、一九二〇年には二三〇にまで増大したのである。同時に、第一次世界大戦にかかわった大半の西欧諸国と同様、製造部門の構成も変化した。製造面と輸出面で他の産業を先導していたのは、相変わらず繊維工業であったが、化学、鉄鋼、機械といった「近代的な」工業が次第にその重要度を増しつつあった。

軍需物資の調達とカルテルの奨励で、両大戦間期には日本の資本集約型産業の強固さは格段に向上した。そうした産業の製造業部門総生産高への貢献は、一九三〇年代初頭の三四％から、三七年には五五％以上へと拡大した。一九一五年から四〇年に、固定資産ストックの年間成長率はおよそ七～八％で、機械工業、化学工業、鉄鋼業は毎年二桁で成長したのである。

商人から企業家へ――財閥の誕生

すでに述べたように、驚異的な日本のパフォーマンスは、中央集権的に進められた近代化政策に基盤を置くものであった。だが、そこで民間企業家が果たした大きな貢献を見逃すことはできない。教育は民間人の企業家精神を助長し、比較的安定した政治的・金融的な環境のもと、企業を興す機会も増えた。

民間部門が大いに成功を収めた結果、政府はそれほど経済に関与しなくなった。日本政府は、一八八〇年代末までに、産業近代化への直接関与を止めることを決断し、「実験工場」を手頃な価格で民間企業家に売却した。それを購入した実業家の何人かは、徳川期にも活躍していたし、そこで得た富を元国家事業の買収に注ぎ込んでいた。このやり方は実業家に家業多角化の機会を与えた。その好例は三菱グループで、それまでの海運業を基盤にしつつ、船舶に欠かせない石炭供給を確保するため、鉱山業（高島炭鉱）へと家業多角化を進めた。三菱グループは後に、元国有企業であった一つの「実験工場」（長崎造船所）を購入することで造船業にも参入した。次に行われた鉄鋼業への投資は、それが造船所に基本的な資材を提供してくれるとの考えで実行され、同じ戦略は保険業に参入した際にも採択された。

三菱に代表されるこうした事業形態は、「財閥」あるいは「金融集団」として知られている。両大戦間期に、財閥は資本集約型と労働集約型の産業、金融サービス業、銀行業、保険業へとその事業を拡大した。徐々に強大化する財閥の力は、次のような事実によって実証される。それは、第二次世界大戦直前に、五つの主だった財閥――三井、三菱、住友、安田、そして後の日産（元は鮎川）――は、日本の製造業部門生産高全体の三分の一と、日本全体で投資された総資本の一割以上を占めていた、という事実である。

財閥は、アメリカのM型組織をもつ企業とも、ヨーロッパのH型組織をもつ企業とも違っていた。前者ほども中央集権的でないし、後者よりも中央集権度は高かった。独自の所有構造と組織構造は、財閥に一連の多様な事業を展開する能力を与え、一部の事業で技術を共有し、すべての事業には共通の資金源をもっていた。財閥は非常に効率的で、その戦略は急速に拡大する日本の産業経済に適していたのである。

両大戦間期の日本の大企業集団は、持株会社に基づく「複数子会社型」構造という特徴をもっていた。持株会社は、各財閥の創業家によって完全に支配されていた。それは、銀行業と保険業を含む様々な部門に積極的に関与し、多くの場合、自らも株式の相互持合いに基づくピラミッド型支配連鎖の頂点にいた。この複雑な構造で重要な位置を占めていたのは、財閥グループの商事会社としての商社であった。商社は、貿易業務を代行し、グループ全体の財務流動性〔企業の短期的な支払い能力〕を確保していた。各財閥の同族支配は、レバレッジ・エクイティ〔持ち分を利用した借入金〕の活用によって保証され、強化された。これは、株式相互持合いや役員兼任制といった、他の支配機構と組み合わせて用いられたのである。

一九三〇年代初頭、四大財閥は業界トップクラスの子会社をそれぞれ一〇社程度抱えていた。子会社の事業は、綿と絹の紡績と織物といった繊維工業から、電気機械や電気化学の工場といった電機工業、さらには鉱山・鉄道・製鉄所の所有まで、あらゆるものに及んでいた。最大財閥であった三井グループは、その配下に一〇〇社以上の子会社と関連会社を抱えていた。

各財閥の「ハウスバンク」は債権者と株主という二つの役割を演じていた。〔銀行代理機関である〕ハウスバンクは、財閥構成企業に諸資源を割り振るのに使われた際には、「清算会社」の役割も果たしていた。経済的価値を大きく超える財閥の重要度と権力の大きさは、第二次世界大戦直前に明らかになった。その時点で、四大財閥系銀行は日本全体の融資の四分の三を引き受けていたのである。

組織面だけからいえば、財閥は何百という会社と何千という従業員をうまく管理するのを分権的な生産構造に頼っていた。二〇世紀前半におけるアメリカの主要企業と違って、財閥は通常、新規に子会社を創ることで事業規模を拡大した。これら子会社は、時にまったく新しい事業分野に存在していることもあり、それで財閥は内部蓄積や垂直的統合、さらには多角化――共通の技術の有無にかかわらず――を通して成長できたのである。

企業コミュニティ

財閥は日本の経済成長にとって極めて重要な存在であったが、財閥に属さない企業家の進取《イニシアティブ》の精神がもたらした貢献も過小評価されるべきではない。中小企業は、全国津々浦々に点在していた。小規模の「企業家的」企業は、多くの場合、工作機械製造や軽工業といった熟練指向型の産業に特化していた。その好例は、小規模機械工業企業が集積していた（東京南部の）「大田区」という地理的エリアでみられた。一九三〇年代に、大田区には五〇人足らずの従業員しか雇っていない二〇〇〇社以上の企業があった。第二次世界大戦前の日本では、従業員一〇〇人以下の企業が全生産事業所の九五％を占め、現役の製造業労働者の半数近くを雇用し、なおかつ工業生産量の四割以上を生み出していた。安価な労働力を利用できたことと小型電動エンジンの普及が、日本で小規模事業が長期にわたって存続できた大きな要因であった。その結果、日本の生産体制は一種の「二元論」（二つ〔ここでは大企業と中小企業〕の根本的な原理からある対象を説明する考え方）によって特徴づけられた。少数の巨大企業と大企業集団は、その周りを多数の小規模企業あるいは零細企業に取り囲まれていたのである。

これら中小企業は、完全に独り立ちしていない場合が多かった。中小企業は、財閥の主だった構成会社と下請け関係の長い連鎖によって繋がっていた。企業家のイニシアティブは、こうした活気溢れる母体から生まれていたし、主として熟練技術者とブルーカラー労働者がその先陣を切っていた。

「君臨すれども支配せず」——財閥における企業管理、労働組織、労使関係

多角化した日本の巨大企業集団は、次第に複雑さを増し、分散化する事業活動を管理するのに適した組織構造を必要としたことから、ほどなく階層的経営組織をもつようになった。この階層的経営組織は、ヨーロッパ企業やアメリカ企業との共通の特徴をいくつかもっていたが、その機能は異なっていた。権限は、アメリカの組織ほども明確に示される必要はなかったし、協力と競争のバランスは、日本の文化と社会関係によって形成された独自のやり方で保たれた。階層的経営組織の拡大は、両大戦間期にも引き継がれ、特に第二次世界大戦直前の財閥でもみられた。その結果、経営者の大集団は、持株会社と被支配会社双方でトップ階層を占めたのである。

財閥における所有と意思決定との分離は、第二次世界大戦までは「番頭」の任命を通して成し遂げられた。番頭は一種の全般管理者《ゼネラル・マネジャー》で、法的には財閥の家系に属していなかったが、何年にも及ぶ雇用関係を通して、財閥家族とは忠誠心という固い絆で結ばれていた。それで、所有者は自身の会社の経営に次第にかかわらなくなった。その結果、第一次世界大戦終結時まで、財閥家族の大半は構成会社を「支配」するというよりもそこで「君臨」していたのである。

一九二〇年代と三〇年代の主要な日本企業の特徴であった多角化と事業規模の拡大は、各財閥企業のトップにいて、長期にわたってその地位を維持していた俸給経営者《サラリード・マネジャー》によって遂行された。こうしたトップ・マネジメントは、もとは経験の浅い大卒者、専門家、技術者で、時には行政官僚出身者もいた。一九二〇年代半ばには、日本のトップ・マネジメントの三人に二人は大卒の学位をもっていた。

これら経験は少ないものの、意欲十分であった経営者の多くは国際的な経験も有していた。彼らは国

家主義的精神をたたき込まれ、そのもとでビジネスを通して日本の成功を追求するよう駆り立てられた。経営者が産業の発展に向けた健全な戦略を策定・実行する際に頼ったのは、自分たちの提案に資金を提供してくれる財閥オーナーであった。財閥は、専門経営者《プロフェッショナル・マネジャー》を督励することで、ハイテクで資本集約型の産業に参入できたのである。

同時に、主として地方出身の労働者集団からなる「産業プロレタリアート」の興隆は、企業にとって、こうした膨大な数の労働者のやる気を引き出し、規律を正し、そして管理するという問題と向き合わざるを得なくした。工業化前の日本社会を支配していた伝統的・温情主義的な規範は、先任権の原則、規律、権威者に対する敬意を強調していた。だが工業化のプロセスは、日本や他の諸国でも同様、温情主義的な文化を徐々に崩壊させることで、労働者をして何か別のものに権威を求めるよう促した。工業化は、工場規律が悪化した第一次世界大戦の直前と直後にみられたように、時に厳しい社会対立を引き起こした。その一部は、生活状態の貧窮化に呼応したものであった。企業管理にとって、工場内で教育を施した元小作農労働者を雇い続ける必要性がある中での、こうした社会的圧力の存在は、企業の所有者と経営者にそれまでとは異なる労使関係モデルの構築を迫るものとなった。

財閥構成会社の経営者は、労働者に対処する際、その家族をも対象とする福利厚生や保険制度、さらには教育制度を用いて雇用安定度の向上を図った。財閥構成会社の賃金構造は、ほぼすべての従業員（全員ではないけれども）に対する特別研修制度や業績給とボーナスで構成されていた。それは、多くの経営者が労働者のやる気を引き出し、その忠誠心を会社に向けさせようとしたものであった。

両大戦間期の国家主義、軍国主義と産業の成長——国家の役割

財閥は、日本独自の産業近代化にとって極めて大きな存在であった。一九三〇年代に、日本の国家主義の成長は陸軍と巨大企業集団との密着度を高め、財閥を国家の軍需物資調達の主要な受益者にした。一九三〇年から三五年の間に、軍事支出に当てられた財源は、全公共支出の三分の一弱から約半分にまで増大し、資本集約型産業にはっきりとした効果をもたらした。日本の軍事支出は、一九三一年の全製造業生産高の三分の一から、三七年には五五％を超えるまでに拡大したのである。その一年後、陸軍は戦略的産業を完全に統制下に置いた。

この間、財閥の経営陣は、海外から得た知識で精力的に技術革新を推し進めた。その力点は「リバース・エンジニアリング」、すなわち、品質と能率を改善するための西欧技術の模倣に置かれた。ヨーロッパとアメリカの主要企業集団と日本企業との各種の協定は、このプロセスにとって重要な意味をもっていた。例えば、電機工業に関しては、東芝はGEとの間で密接な関係を深めていたし、三菱グループはウェスティングハウス社（一八八六年創業のアメリカの電機メーカー）との間で緊密な関係を構築していた。ジーメンス社（一八四七年創業のドイツの電機メーカー）と日本の鉱山業グループとの共同出資からは富士電機が誕生した。

同時に、日本政府はその公立研究所の成果を産業システムに注ぎ込んでいた。電気産業では、二つの研究センター——一つは国家の管理下に、もう一つは陸軍と海軍の支援下に置かれていた——が無線通信とレーダーの分野で重大な発明をした。類似の関係は、造船業や航空機製造業はもとより、鉄鋼業でもみられた。製造業に関する限り、戦争の準備とその遂行が日本政府にとっては最優先課題であった。

ナチスドイツが行っていたやり方をモデルに作られた生産調整と原材料の割り振りは、企業間のパートナーシップによって成し遂げられた。これは、〔農商務省を分割して〕一九二五年に商工省として設立され、当初は「ＭＣＩ」、第二次世界大戦後は「ＭＩＴＩ」と呼ばれるようになった通商産業省によって企てられた。当時、同省は強力な法律に支えられて、日本の産業システムに大きな影響力を行使したのである。

数世紀間続いた鎖国政策の終焉から第二次世界大戦勃発までの八〇年間に、日本は近代化を達成し、第一次産業革命から第二次産業革命へと見事に転身した。当初、周辺国の一つであった日本は、その間取り入れた独自の経営技法と組織のおかげで、二〇世紀後半までには、少なくとも部分的には世界を主導する経済国としての地位に上り詰めることができたのである。

日本で国家が果たした役割はかなり重要であった。それは、産業の近代化に対し、国有企業を介して直接的に関与することは断念したにもかかわらず、経済システム全体に強い影響を及ぼし続けた。国家は数多くの「戦略」産業における産業発展の形を最終的に決定した。両大戦間期に、労使関係は〔労使の〕上層部同士の「合意」と、規律正しく、献身的な労働者によって特徴づけられる）効果的なシステムとして多くの日本の企業で確立をみた。一方、財閥の組織構造と所有構造は独特のものであった。この巨大かつ多角的な集団は、日本の全製造システムのかなりの部分に責任をもち、専門経営者という技術的に進歩した支配集団の存在によっても特徴づけられていた。この専門経営者が、日本が猛進できた長期経営戦略を立案し、実行に移したのである。日本の大企業は、企業家にとって非常に寛大な状況下で、その数に関しても重要な役割を担った。産業革命期における日本の企業家コミュニティを構成していたのは、元の武士階級、商人、技術者、公家、さらには小作農をも含む、極めて多彩な集団であった。そこには日本社会の底辺階層出身者も含まれていた。企業家が誕生する様々な母体の存在は、〔四大財閥からなる）最大の集団にもさらなる拡大の機会を提供した。その顕著な例は、日本で最も有名な会社の一つであるトヨタ自動車の初期の歴史が提供してくれる。（明治維新のちょうど一年前の）一八六七年に、大工の子として生まれた豊田佐吉《とよださきち》によって設立された同社は、当初織物の生産性を格段に向上させた機械式織機（その後、自動織機と呼ばれた）を製造していた。企業家精神の商工業的成功――それは第二次世界大戦直前に自動車の生産へと方向転換し、社名をトヨタに変更したことに現れている――は、豊田家が三井財閥との間に締結した協定のおかげであった。三井財閥はトヨタ製の自動車を大々的に商品化した。この三井財閥に属する企業は、それ以降現在に至るまで、長期にわたってトヨタの安定株主であった。日本の多様な小規模企業からなる世界は、主に大企業集団からなる世界を補足するだけの存在であったが、豊田家に代表される企業家組織は、日本の発展にとって多大な貢献をしたのである。

こうした功績は、それに基づいて日本が第二次産業革命を特徴づける産業で成功するための、最初の基盤を築き上げる堅牢な土台となった。日本の資本主義は、西欧資本主義の多種多様さとは違った形で急速に発展し、実業家たちは日本の文化と一般的な社会慣行に適した経営制度を育て上げた。同時に彼ら実業家は、主導役を演じた産業の生産性と能率を向上させるために、西欧技術を活用していたのである。

第五部　第二次世界大戦からベルリンの壁崩壊まで——「空間収縮」時代

第一三章　第二次世界大戦から第三次産業革命まで

第二次世界大戦が勃発した時点において、工業化で世界の最先端を走る国の多くは矛盾した状況に陥っていた。一方では大恐慌の余波を切り抜けようともがき、他方で企業家たちを援助し、第二次産業革命の技術が生み出した経済的な機会を十分に利用しようともしていた。すでに資本集約型産業は世界中に広がっており、多くの国で国民総生産（ＧＮＰ）の水準を引き上げることに貢献していた。産業の発展とそのインパクトには、国によって大きな違いがあり、各企業がとった戦略と組織構造にも違いがあった。しかしながら、全体としてみれば、「大企業」はこの技術革命の一つの主要な産物であり、それはいまや経済成長のプロセスにおいて決定的な役割を果たしていた。大企業の特徴として三つの点が挙げられる。すなわち、複雑な組織構造、多くの場合、互いに利害が対立する企業家・経営者・株主・従業員・地域社会・政府といった行為者の存在、そして研究開発（Ｒ＆Ｄ）が担う戦略的役割の重要度の上昇、である。一九二〇年代以降、研究開発部門は、大企業において大いに人気を博した多角化戦略を支えた。これまでの章でみたように、企業は新しい技術をみつけ、それを新しい製品やプロセスへと発展させることで多角化戦略を遂行した。

大企業においては、イノベーションのプロセスは制度化され、全国的あるいは国際的な科学とエンジニアリングのネットワークと結びついた。企業で研究開発に従事する人々は、自分たちを教育してくれた教授や教師との関係を引き続き維持しており、このことは企業の研究開発部門と主要な大学の研究室との協働がごくありふれたものとなったことを意味した。このイノベーションの制度化の過程は、特にアメリカやドイツといった「経済のリーダー」において見事に展開したのである。

その一つの結果は、研究所、科学者、そして研究者の数が全体として増加したことである。アメリカでは、大企業の研究開発部門で雇用されている従業員数が、一九二〇年の三〇〇〇人未満から一九三三年の一万人、ついには第二次世界大戦直前に三万人近くへと増加した。研究者と科学者は化学、石油、ガラス、通信、ゴムといった分野に集中していた。

組織の観点からすれば、この増加した研究開発活動のすべては、イノベーションの体系的なプロセスへと繋がっていた。初期の段階でみられたやり方は、個々人の創造活動にかなり重点が置かれていたが、いまやイノベーションは集団的なプロセスとなった。このことは、組み立てラインをもつ企業で起こったことと類似しており、官僚主義的な規則、明確な役割、そして比較的複雑で厳格な階層構造をもったビジネス・システムによって特徴づけられた。それは、一九二〇年代中頃に、著名な科学者であったベル研究所のＥ・Ｂ・クラフトが発表した論文の中で、「この組織の……際立った特徴は、着手時にグループ・メソッドを用いる研究開発法である」と述べられていた。ＡＴ＆Ｔの「研究の中核」の一翼を担っていたクラフトは、研究所がどのように機能しているか、次のように説明していた。

> 解決が求められる問題が研究所で持ち上がったとき、その問題は各要素に分解され、各要素はその分野を熟知する専門家グループに割り当てられる。しかし、全員は協働しており、その貢献は全体として問題の解決に向けられている。[1]

このように、研究開発は戦略的な資産となり、特により高度な技術的精巧さが求められる産業においてはそうであった。科学に関するより深い知識と優れた技術を保有することは、全国的あるいは国際的な成功を達成しようとする企業にとって極めて重要なことであった。その技術が最先端なものであったので、多くの場合、そうした企業の製品は特許で保護されなければならなかった。企業の生存はこの種の保護にかかっていた。当初の関心は、垂直統合戦略を追求し、すべての研究活動を一つの組織の内部で遂行することに置かれていた。これによって企業は、通常は外部委託《アウトソース》できない「慎重な扱いを要する」資産に対する支配を維持できるよう望んだのである。また、研究開発と生産やマーケティングといった社内の他の重要な部門との間の相互依存関係も認識していた。

研究開発に要する高いコストは、多くの企業の投資予算に重大な影響を与えた。この点は、新しい技術の創造がかなりの程度で基礎研究に依存している場合には困難なものとなった。それというのも、基礎研究は不確実性が極めて高く、投資を回収するのに相当の時間がかかるという特徴をもっているからである。主要な企業は研究開発に従事する労働者にインセンティブを与えるシステムを構築し、さらに、頻繁に行政の支援を得て技術の前進を大規模に追求した。そうした企業が成功を収めたところでは、結果として構築されたイノベーション力は、企業、産業、そして国全体の競争力にとって決定的に重要なものとなった。

第二次産業革命を主導した国々における企業の研究開発部門は、他の研究機関（これらもまた技術進歩に貢献した）のネットワークと並行して活動していた。そうした機関には、私立大学や科学技術系大学（アメリカでは基礎研究を発展させるために民間企業がしばしば財政支援を行った）、普通の官庁や特別な機関、あるいは軍の資金が投入された国の研究機関などがあった。これらすべてのグループによる発明とイノベーションの流れは、一連の「波及効果《スピルオーバー》」――ある経済主体の便益がその費用を負担しない外部にまで及ぶこと」を生み出し、それは全体として製造業部門全体に利益をもたらした。基礎研究のコストが高く、また増加していたので、こうした利益がもたらす恩恵は極めて重要であった。

研究開発で質的転換がみられたいくつかの国は、複雑な「国のイノベーション・システム」をつくり上げた。そこでは、すべての段階において、多くの機関がイノベーションのプロセスをよりスムーズに行い、より生産的になるよう協働していた。ドイツでは、技術的なスキルや工学が奨励され、一九三〇年代にはヨーロッパの中で最も進んだ技術水準に到達することができた。それにもかかわらず、最も洗練された効率のよい「国のイノベーション・システム」は、疑いなくアメリカに見出せた。両大戦間期には、アメリカのR&D研究所の全国規模のシステムのほとんどは、科学研究の実用面での応用を主たる活動とする大企業によって担われていた。この種の仕事はまた、ボストンのマサチューセッツ工科大学（MIT）のような大学でも行われていた。企業は、このような研究に対して直接資金を提供するか、あるいは大学の研究室で働く科学者に対して気前のよい奨学金を提供していたのである。

研究大学や大企業の研究開発部門のほかに、民間の研究所も数多く存在していた。これら独立系の研究所は、しばしば研究大学などの学術機関によって資金提供され、委託研究を請け負っていた。そのために、そうした研究所は全国的な、あるいは国際的な学術コミュニティと密接な関係を維持する理由が十分あったのである。

場合によっては、連邦政府が研究プロジェクトを実施することもあったが、これは第二次世界大戦以前の非常に限られた条件下におけるものだけであった。これらのプロジェクトは三つのレベルで行われた。第一に、研究機関と大学の研究所のための基金規定を通して。第二は、特定の調達戦略、特に軍需品の調達を通して行われるもので、契約者が特殊な技術を開発することを促進した。そして第三は、基礎研究と応用研究を行う連邦政府の機関を通して行われるもの。実業界と密接な関係をもった公共機関である全米学術研究評議会（NRC）は、アメリカが第一次世界大戦に参戦する直前の一九一六年末に設立された。その目的は、公共のものであれ民間のものであれ、様々な研究機関間の協働を促進し組織することにあった。第一次世界大戦と第二次世界大戦の間に、NRCは遠隔通信や石油精製といった戦略的分野の、新しくて先進的な技術の開発にその努力を傾注したのである。

技術によって方向づけられた産業――第二次世界大戦の役割

二〇世紀前半につくり上げられた「国のイノベーション・システム」は、第二次世界大戦中、厳しい試練に直面した。同大戦はすべての参戦国の製造業に対して膨大な戦時需要を満たすことを求めた。大戦は、平時に公共部門と民間部門の双方における研究を抑制していた予算制約のほとんどを即座に取り払った。アメリカの研究関連の連邦支出は、一九四〇年から一九四五年の間に八〇〇〇万ドルから一三億ドル以上へと増加した。政府は科学研究開発局（OSRD）を設置し、連邦政府の先導的な「科学アドバイザー」となった優れた科学者であるヴァネヴァー・ブッシュを責任者に据えた。OSRDは公的資金を研究機関に供給し、民間企業が研究集約型産業と技術集約型産業におけるアメリカの競争力強化に積極的に貢献できるようにした。

第二次世界大戦中、アメリカとドイツは、化学、医薬品、航空輸送、エレクトロニクス、そして「新素材」（例えば合成繊維やプラスチック）といった応用軍事研究の多くの分野で重要な技術進歩を達成した。これらは決定的に重要なイノベーションで、市場構造、産業、そして特にそれにかかわった企業の根本的な変革の土台となった。

同様に根本的なイノベーションは、多くの国で個々別々に出現した。それらは幅広い代替技術を生み

表13-1　各国の航空機生産（1930年代）

	1933	1936	1939
フランス	600	890	3,163
ドイツ	368	5,112	8,295
イタリア	500	1,000	2,000
日本	766	1,181	4,467
イギリス	633	1,677	7,940
アメリカ	466	1,141	21,195
ソ連	2,595	3,578	10,382

出所：Christopher Freeman and Francisco Louça, *As Time Goes By: From the Industrial Revolution to the Information Revolution*, Oxford University Press, Oxford, 2001, p. 286.

出し、その多くは戦後にも大きな波及効果をもたらした。その好例がレーダー技術である。レーダーは戦間期に実験的に開発されていた。それは第二次世界大戦中に応用が進み、改良され、ついには不可欠なものとなった。電磁波の利用に基づくこの技術は、イギリス、ドイツ、アメリカで同時に開発された。ジェット・エンジン技術は一九三〇年代初めにドイツとイギリスで開発が進み、一九四〇年代初めには効率的な試作品《プロトタイプ》として用いられた。アメリカはジェット機の開発に遅れをとったが、イギリスと全米航空諮問委員会（ＮＡＣＡ）の援助によってある程度その遅れを取り戻すことができた。ＮＡＣＡは海軍とウェスチングハウス社やＧＥのような巨大な民間企業との間の協働関係を推し進めた。

第二次世界大戦はまた、多くの新しい技術の選択と応用も間接的に促進した。原料の不足は、必然的に有効な代替品の発見に導いた。例えば合成ゴムは、日本が東南アジアに侵攻し、天然ゴム供給が不足した後に、アメリカで開発された。同じように、化学繊維や合成ポリマー（アメリカのデュポン社とドイツのＩＧファルベン社の対立のはるか以前に開発された）は戦争中に広く利用された。それらは、絹糸のような次第に不足し始めた原料の代替品となった。ジェット・エンジン分野と、兵士・爆弾・軍需資源の空輸におけるドイツの実験は、近代的な航空技術の発展が極めて重要であることを証明した。

大戦末期には、「ビッグ・サイエンス」と特徴づけられる分野において研究への取り組みが強化された。そこでは、イノベーション活動は、充当される予算の点でも、動員される人的・物的な資源の点においても大規模なプロジェクトに基盤を置くようになった。このプロセスは、特に、先端科学の多くの分野でフロンティアにいることにこだわったアメリカで大きく進展した。一九五〇年代と一九六〇年代に、冷戦によってアメリカの軍事支出は国内総生産（GDP）の約一〇％にまで増加し、研究開発に対する連邦支出の合計は、一九五五年の三〇〇億ドルから一九六五年には八〇〇億ドル以上へと増加した。支出のピークは一九六九年で、その額は九〇〇億ドル以上になったのである。

「ビッグ・サイエンス」は、軍事関連の研究プログラムと、純粋に商用目的の民間企業の研究プログラムの合流を促進した。民間企業はこの有利な環境に促されて、研究開発に多額の投資を行った。アメリカでは、R&D研究所に雇用されている科学者と技術者の数が、一九四六年の五万人から一九六〇年の三〇万人以上へと増加し、一九八〇年までには約五〇万人となり、一九九〇年までには七〇万人に達した。アメリカほど劇的ではないが、イギリス、ドイツ、日本でも同じような変化が起こった。

新しい産業革命を導いた新しい産業

第二次産業革命を特徴づける製品とプロセスにおいて、イノベーションの波で非常に大きな部分を占めた領域は、事実上、「化学」であった。イノベーションは、化学、医薬品、（石油）精製、食品および飲料、そして鉄鋼といった産業においてみられた。これは今日の新技術と産業とは対照的である。今日のマイクロエレクトロニクス、インターネット、ジェット・エンジン、大量航空輸送、原子力エネルギーといった技術と産業では、イノベーションの主たる科学的基礎は物理学と、空間、時間、そして既存の物質の限界を超えようとする取組みの中に見出すことができる。今日の「第三次産業革命」はまったく新しい産業の創造によって区別され、それは新しい市場機会と、少なくとも三つの広範なビジネス領域における急進的な変化を伴っている。

最初のビジネス領域は通信分野である。その変化は、インターネットと近代的な遠隔通信システムの普及によって特徴づけられる。大規模通信ネットワークは、グローバルな規模でのパーソナル・コンピュータ（ＰＣ）の普及と、固定電話と後には携帯電話システムにおける技術進歩の両方によって可能となった。

二つ目の領域は輸送である。その変化は、第二次世界大戦という緊急事態と結びついた技術進歩の結果として生じた。より大型で高速の飛行機が、より進んだ、あるいはまったく新しい素材、例えばプレキシガラス〔アクリル樹脂ガラスの一種で、風防ガラスなどに用いられる〕のようなものでつくり上げられた。これらの飛行機はジェット・エンジンによって推力を得て、特殊な燃料で運航された。これは民間航空にも影響を及ぼし、航空会社は輸送コストの低減で利益を得た。大規模航空輸送時代の幕が上がったのである。

第三次産業革命のイノベーションが集中している最後の領域は、物理材料である。応用物理学の一見無限に続く可能性は「マンハッタン計画」と原子爆弾の作成において現実のものとなった。原子力の平和利用のための研究プロジェクトは戦後すぐに開始され、商用化計画はまもなく各工業国で急速に広まった。原子力実験は、石油や石炭といった伝統的なエネルギー源の不足と価格高騰の両方に直面した工業国にとって、特に重要であった。これと並行して、一九五〇年代と一九六〇年代の分子生物学と生化学、遺伝子学における研究の前進の結果として、まったく新しい「バイオテクノロジー」分野が出現した。いまや初めて、細胞が新しい自然物質を製造する小さな工場として使われるようになったのである。

第一次・第二次産業革命の場合と同様、第三次産業革命のすべての分野でカギとなる要素は、一般汎用技術（ＧＰＴ）の利用可能性であった。ＧＰＴは、広範な産業に適用することが可能である。半導体

――そしてその後継の集積回路（あるいはマイクロチップとマイクロプロセッサ）――は、第一次産業革命期に蒸気機関が果たした役割や、第二次産業革命期に電気や化学が果たしたのと同じ役割を、第三次産業革命において果たした。半導体は第三次産業革命に典型的な製品やプロセス（遠隔通信、家電、医療機器、工作機械、そして兵器）の多くにとって極めて重要であった。半導体、集積回路、そしてマイクロチップは輸送業や通信産業にとって必要不可欠なものであった。というのも、それらによって革新的な企業がＰＣや、それに続く応用技術であるインターネットを開発することができたからである。

最初のトランジスタ〔半導体素子〕は、一九四七年末に、ＡＴ＆Ｔの研究開発部門であるベル研究所の研究者ウィリアム・ショックレーらのグループによって開発された。ショックレーは固体物理学の専門家であった。ＡＴ＆Ｔは、電話通信システムでスイッチとして用いられていた真空管と電気機械的な装置の効率のよい代替品の開発に特に関心をもっていた。データ通信と音声通信の需要が大幅に拡大すると予測したベル・システムは、アメリカ国内の通話量が既存システムの処理能力の限界に達していることを認識していた。トランジスタはこの問題に理想的な解決手段を提供したのであった。

ショックレーと彼のチームは、ベル研究所の研究成果の実用化によって、一九五六年にノーベル物理学賞を受賞した。半導体技術（すぐにＡＴ＆Ｔ自身によって、誰にでも利用可能なものにされた）は、真空管と電気機械的スイッチに置き換わり、一九五〇年代の終わりまでには電話システム発展の障害となっていた技術的な隘路を解消した。これはまさに、アメリカの巨大な遠隔通信ネットワークの効率性とパフォーマンスを高めることが求められていた時に実現した。しかし、ショックレーの発明の最も重要な応用は、後に発見された。その発見は二つの企業によってほぼ同時にもたらされた。一つは大企業であるテキサス・インスツルメンツ社であり、もう一つは科学者によって率いられたベンチャー企業、フェアチャイルド・セミコンダクタ社であった。両社はほぼ同時に、集積回路〔ＩＣ〕を開発した。最初の

表13-2　アメリカの防衛向け半導体生産（1955-1968年）

年	全半導体生産額（100万ドル）	防衛向け半導体生産（100万ドル）	防衛向け生産の割合（%）
1955	40	15	38
1956	90	32	36
1957	151	54	36
1958	210	81	39
1959	396	180	45
1960	542	258	48
1961	565	222	39
1962	575	223	39
1963	610	211	35
1964	676	192	28
1965	884	247	28
1966	1,123	298	27
1967	1,107	303	27
1968	1,159	294	25

出所：D. C. Mowery and N. Rosenberg, *Paths of Innovation : Technological Change in 20th-Century America,* Cambridge University Press, Cambridge, 199より作成。

表13-3　アメリカの集積回路（IC）生産高と価格，および防衛市場の重要性（1962-1968年）

年	全生産高（100万ドル）	平均価格（ドル）	防衛生産比率*（%）
1962	4	50.0	100
1963	16	31.6	94
1964	41	18.5	85
1965	79	8.33	72
1966	148	5.05	53
1967	228	3.32	43
1968	312	2.33	37

注：＊防衛生産には国防総省，アメリカ原子力委員会，中央情報局，連邦航空局，およびNASA向けの装置を含む。

出所：D. C. Mowery and N. Rosenberg, *Paths of Innovation : Technological Change in 20th-Century America,* Cambridge University Press, Cambridge, 199より作成。

マイクロチップは、半導体特性をもつゲルマニウムとシリコンの結晶で作られたもので、一九五〇年代初めに開発された。このイノベーションは一〇年後にマイクロプロセッサへと繋がった。マイクロプロセッサは、フェアチャイルド社の元従業員の何人かによって設立されたベンチャー企業であるインテル社によって設計され、製造された。

幅広く応用できることがわかると、半導体はすぐに防衛産業、特にミサイルと宇宙計画に携わる軍産業のリーダーたちの関心をとらえた。一九五五年までに、半導体生産の約四〇％は軍事目的であったが、一九六〇年までにその割合は五〇％にまで高まった。半導体の民間消費は、最終的には政府による消費を超えるまでに成長した。一九六〇年までに、アメリカ政府消費の割合は全体の三分の一まで低下したが、連邦政府によるこの分野の基礎研究に対する資金配分を特に考慮すると、その数字はいまだに重要な水準にあった。この資金は、どこよりもまして、全米航空宇宙局（ＮＡＳＡ）によって提供されたものであった。

一九七〇年代後半、アメリカの半導体産業が日本や東南アジアの製品に対して競争上劣位になる以前に、アメリカ政府は再び、セマテック〔半導体製造技術研究組合〕を創設して半導体分野における研究開発を促進した。セマテックは主要企業によるコンソーシアムで、その目的は情報を共有し生産の協力を行うことにあった。大量の情報を迅速に、そしてより低い単位コストで処理することのできるマイクロチップやマイクロプロセッサ、そしてメモリの開発は、一九七〇年代初頭以降、至るところに存在するようになったＰＣの開発には不可欠なものであった。

グローバル・トレンド

一九五〇年代半ばまでには、第三次産業革命の技術は非常に多くの新たな経済的機会を、最初は先進国で、やがて全世界で創出しつつあることが明らかになった。これらの新技術のインパクトは、〔プロダクト・ライフサイクル理論を提唱したアメリカの経済学者〕レイモンド・ヴァーノンによってまとめられた。彼は、それらが「空間収縮」をもたらすこと、つまり物理的な距離が収縮し、人と財、資本と資源、特に知識とデータの移動を妨げている障壁を取り除くことを論じた。世界中の一連の政治的・社会的・文化的変化と結びついて、この収縮する空間は、急速にマクロ経済のレベルでもミクロ経済のレベルでもビジネスを変革した。二五年も経たないうちに、企業家と革新的な組織はこの新たな機会を利用し、技術的および経済的な舞台で起きた変化にふさわしい、新しいタイプのビジネスをつくり上げた。

二〇世紀最後の二五年間は、グローバル化の新しい時代であった。その特徴は主に世界貿易の規模および頻度の増大にあった。二〇〇〇年における世界全体の輸入と輸出を一〇〇とすると、一九八〇年に三〇であったものが、一九九〇年に五四、一九九五年には八五というように、急激に成長したことがわかる。二〇〇五年には、それは一六〇以上にまで拡大した。貿易の大部分は、工業国間のものであったし、現在もそうである。経済先進地域では、グローバル化は急速に、そして容易に達成される。豊かな国にとって、グローバル化は海外直接投資の劇的な増加をもたらし、その多くは主な世界的企業によって行われている。グローバル化はまた、企業に対して重要なコスト低減をもたらしている。それは、新技術によってモニタリングや情報収集にかかるコストが低下するからである。

世界のＧＤＰに占める海外直接投資の割合は、一九八〇年の四・八％から一九九〇年には八％、そして二〇〇五年には二四％に達した。これは先進国間、先進国と開発途上国間における貿易の急激な拡大によるものであった。並行して、国境を越えた合併と買収（M&A）の件数と金額も増加した。全世界的にみると、それは一九九〇年の二五〇〇件から二〇〇〇年の七〇〇〇件へと増加している。

金融市場は、制度的なイノベーションと新技術が結びつき、世界中で融資や投資に利用可能な金融資源の流れを、幾何級数的に増加させることになった、もう一つの領域であった。金融分野においては、新たな経済主体が付随して出現した。これによって、ますます多くの金融資源を、最も巨大な多国籍企業が利用できるようになったのである。経済協力開発機構（OECD）によれば、一九九〇年から二〇〇〇年の間に、OECD加盟諸国内の活発な機関投資家（ミューチュアル・ファンド〔投資信託〕、年金基金、保険会社など）が利用できた資産は約三倍に拡大し、三五兆ドルを超えた。この金額はわずか一五年前の水準の一〇倍以上になっていたのである。

グローバル化は、人的資源の移動とその価値にも深く影響した。OECDが提供したデータをみると、一九八五年二〇〇〇年を基準（一〇〇）として、最も工業化していた国への移民の流入指数をみると、一九八五年には約六〇であったものが二〇〇四年には一二〇を超えたのである。この拡大は、世界の最も発展した国の労働市場に重大な変化をもたらし、それは専門職の市場や熟練労働者、不熟練労働者の市場にも変化をもたらした。

グローバル化は一九七〇年代のマイナスの経済循環の後で急激に進展し、ビジネス上の競争を根本から変化させせた。企業や企業家は、その戦略、構造、そして組織のパフォーマンスに関して、それまで以上に圧力を受けるようになったのである。

「空間収縮」時代の企業と企業家

第三次産業革命の新技術は、企業がそれぞれの競争と新しい市場機会に適応しようとする中で、幅広い企業家的な創造性をもった対応を引き起こした。

大企業は戦略を刷新し、一番手企業としてのポジションを再度維持しなければならなくなった。企業家的精神あふれる新しいベンチャー企業やニッチをねらう製造業者には多くのチャンスが生まれた。これは特にコンピュータ産業ではっきりしていた。そこでは、二つの領域、すなわちメインフレームと小型コンピュータの製造と半導体産業が最も影響を受けた。第二次産業革命のビジネスと同じく、コンピュータ産業に属する企業は、一番手企業であることと、製造・技術・マーケティングに関するひと揃えの能力をもっていることが、報酬を得る条件であった。

最初はメインフレーム・コンピュータ、後にPCの生産は、実際上アメリカ企業によってほぼ支配されていたが、市場は理論的にはグローバルであった。トップ一〇社には電気機械産業のリーダー的企業、すなわちGE、AT&T、フィルコ社（民生用電子機器のメーカー）のような企業が入っていた。事務機器メーカーの三社もそこに含まれていた。すなわち、ナショナル・キャッシュ・レジスター社（NCR）、バロウズ社、そしてIBMである。IBMのコンピュータへの多角化は、同社が直面していた反トラスト法訴訟への対応と、それまで行ってきたデータ処理事業と新技術が明確に関連があるという二つの理由で推し進められた。一九六〇年代初頭までのコンピュータ産業のリーダー企業であったコントロール・データ社（CDC）は、第二次世界大戦後に著名な電気技師であったウィリアム・ノリスによって設立された。ノリス時代の同社は、科学的データ処理の市場において確固たる地位にあり、より小さな企業を買収することによって、垂直統合を進める積極的な戦略を展開した。この戦略によって、同社は必要とするほぼすべてのコンポーネントの生産を支配することができるようになっただけでなく、他の企業に対する重要なサプライヤーとなることもできた。ＩＢＭはコンピュータ産業における一番手企業の一つであった。それはＩＢＭが一九五〇年代初めに人的資本と研究開発に戦略的な投資を行ったからである。

ＩＢＭの投資によって、エンジニアたちはコンピュータの設計を改良することができ、さらに操作に必要な言語、すなわちソフトウェアを開発することができた。わずか二、三年のうちに、同社のエンジニアと技師の数は五〇〇人から五〇〇〇人以上にまで増大した。アメリカ政府からは、同社とＣＥＯであるジェームズ・ワトソン（シニア）に対して若干の間接的な支援がなされた。政府は、同社の最大の顧客であるのはもとより、研究開発活動に対する資金援助や新製品のテストにおいても、極めて重要な役割を果たした。事実上、政府は同社のために、この新しい将来性のある市場の周りに参入障壁を築き上げた。一九五〇年代の終わりまでに、同社は市場を支配するようになり（その売上高は第二位のレミントン・ランド社の一〇倍もあった）、事実上、コンピュータ産業のすべての部門を活動領域としたのである。

しかし、その支配的地位にもかかわらず、ＩＢＭはＰＣの開発においては挑戦を受けることになった。同分野では、ＣＤＣやデジタル・イクイップメント社（ＤＥＣ）など、いくつかの専門メーカーが活動していた。ＩＢＭもまた、生産者ごとにバラバラに設計されたＩＢＭコンピュータとソフトウェアの間に互換性がないという、深刻な問題を抱えていた。互換性問題は、メインフレームと小型コンピュータを含む複数製品部門の統一的な経営を特に困難にしていた。この状況はＩＢＭが規模の経済性を利用することを妨げ、標準的なインターフェースと共通言語を具えたコンピュータの「ファミリー」機種を開発することを後押しした。この戦略によって、ＩＢＭは拡大する広範な製品市場をカバーできるようになったのである。

一九六三年、ＩＢＭは新しいマイクロプロセッサ技術を用いたシステム三六〇を発表した。このイノベーションには巨額の投資を必要とした。四年間に、ＩＢＭは新しく六万人の従業員を雇い（そのうち一〇〇〇人はフルタイムでソフトウェアの開発に取り組んだ）、新しい工場を五つ建設し、合計の投資額は約七〇億ドルに達していた。結果として、一九六〇年代末に巨額の赤字となったが、そのときには、システム三六〇はメインフレーム・コンピュータの世界標準としての地位を確保していた。システム三六〇の導入によって、最終的にコンピュータ部門で、毎年の増収を実現することができたのである。その額は一九六三年には一二億ドル、一〇年後は約九〇億ドルであった。ソフトウェアのデザイン、ハードウェアの製造、マーケティング、販売、そしてメンテナンスにおける規模の経済性は、極めて高い参入障壁を形成した。同社は世界市場の約七〇％を支配し、他方でその競争相手は小さなニッチ市場で限られた地位を確保できていただけであった。ＩＢＭとは対照的に、家庭用品の製造を同時に手掛ける巨大な企業であるＧＥとウェスチングハウス社は、最初は真空管のような古くなった技術に固執していた。

初期の半導体産業は、一九五七年に企業家企業として設立されたフェアチャイルド社のような比較的、小さな企業によって占められていた。これら小企業は、しばしば関連産業でも活発に活動した。モトローラ社は半導体産業で事業を始めたとき、著名な自動車部品製造業者であった。テキサス・インスツルメンツ社（ＩＢＭの主要なサプライヤーの一つであった）は、石油産業向けの探索装置の製造を積極的に行っていたが、戦争中にレーダーやソナー装置を製造するためにハイテク産業の仕事を始めた。モトローラ社とテキサス・インスツルメンツ社は競争相手をすぐに打ち負かし、一九八〇年代半ばまで市場を支配した。

テキサス・インスツルメンツ社は、長期にわたって製造とマーケティングに投資を行った後で、（先にみたように）一九五〇年代末に集積回路を発表した。これによって国際的な拡張プロセスが始まり、同社はすぐに世界で最も巨大な半導体製造業者となったのである。同社は、市場の一一～一二％を手中にし、次いで同じような戦略をとったモトローラ社が続いた。フェアチャイルド社はこれら二つのリーダー企業を真似しようとして失敗した。フェアチャイルド社は、強烈でカリスマ性のあるリーダーたちに率いられた純粋な企業家「事業」であったが、彼らが会社を、統合された官僚主義的な組織へと転換しようとしたとき、その難しさに直面したのである。

半導体とメモリ記憶装置《ストレージ》の国際市場では、適切な規模の投資を積極的に行った新規参入者が、リーダーの地位を獲得することができた。成功を可能にした技術は、何百もの小さなベンチャー企業の試行錯誤の中から生まれた。そのような企業は、カリフォルニア州のシリコン・バレーのような技術の集積地でクラスター（関連する企業がブドウの房のように集合し一定のまとまりをもっている関係）を作っていた。しかしながら、その後、半導体をめぐるゲームの性格が、マイクロチップ技術とマイクロプロセッサ技術の成熟とともに根本的に変化したのである。これは特に小規模な企業家企業にあてはまり、そうした企業の成長はベンチャー・キャピタル投資（第二〇章参照）のような、革新的な資金調達技術によって支えられた。半導体生産設備は巨大になり、次第に高価になっていった。そうなると規模の経済性がより強く働き、単位当たりの平均製造コストが低下し、それはまた半導体産業の集中プロセスを始動させることにもなった。限界的な、生産性の低い製造業者は市場から締め出されたのである。一九六〇年代初頭に、集積回路一つの平均価格は約四〇ドルであったが、一九六〇年代末には同じ集積回路の価格は二ドル以下となった。戦略的な公共政策（それは半導体の供給を制限するものであった）にもかかわらず、一九八〇年までにシリコン・バレーのハイテク・クラスターに属していた三〇以上の製造業者は、七社にまで減少した。

しかし、すべてのハイテク企業が同じような影響を受けたわけではなかった。フェアチャイルド社から分社化《スピンオフ》したインテル社は、一九六八年にボブ・ノイス（集積回路のクリエーター）とゴードン・ムーア（フェアチャイルド社の研究開発担当重役で、集積回路の容量は二年ごとに二倍になるという発言で有名である）によって設立された。インテル社はメモリ・チップの大量生産を行うことで成長を狙った。一九七二年、同社は一キロバイトＤＲＡＭの標準メモリ・チップ（消去可能で書き換え可能）を市場に出し、これはすぐに同社のプレミアム製品となった。その瞬間から持続的な成長を続けたが、それは同社が大量生産したマイクロプロセッサが、市場で次第に成功したからであった。

新しい組織形態？

すでに明らかなように、第三次産業革命期の技術は、新しい製品やサービスを開発し、マーケティングを行い、販売する企業の戦略と組織構造に大きなインパクトを与えた。新技術は大企業の力を弱めることはなく、むしろこの技術革命のおかげで、大規模企業はさらにグローバルになり、それまで以上に大規模に活動を拡大させたのである。研究開発に対する巨額の投資によって特徴づけられるような、技術集約的で知識集約的な産業へのさらなる重点化は、企業の組織内部における学習文化をつくり上げた。無形資本に対する投資は、以前には大企業のみが行うことであったが、いまやこうした新しい市場で活動するすべての企業にとってますます重要になってきた。最大の企業は、長期間にわたる知識経営の実践経験と能力によって、一歩先んじてスタートを切れたのである。

大企業はその重要性を維持したが、新しい産業部門、製品、サービスの発展は、事業戦略と行動に変化を生じさせた。一九七〇年代初めから、新技術の採用に伴って、大企業は組織構造の再編を余儀なくされたのである。多くの場合、組織の分権化が必要となり、中小規模の生産ユニットを作り、それによって生じる企業家的な行動を通して利益を得るような展開がみられた（第二〇章参照）。

近代経済の発展における大企業の役割を論じた影響力のある論文の中で、アルフレッド・チャンドラーと曳野孝氏は、大企業が現代経済の成長に貢献する方法の一つは、自分自身を中心的な「結節点」として組織できる能力にあると述べている。それぞれの結節点は他の企業のネットワークの中で機能する。そしてグローバル経済が成長すると、これらの中小規模のネットワークは次第に規模と重要性を拡大させるのである。

財閥の例でみたように、非公式な調整プロセスによって結びつけられた企業のネットワークは、歴史上目新しいものではない。いくつかの産業における「垂直ネットワーク」の形成、あるいは一つの大企業の周りを取り巻くように組織された下請企業は、第二次産業革命期のビジネス組織の形態と同じである。これは、垂直統合による内部化が一般的になった時でさえそうであった。情報化時代とデジタル・イノベーションは情報コストの低減をもたらし、それは大企業によって調整された製造業者のネットワークの形成に貢献した。一つの重要な例は、バイオテクノロジー分野へと進出した医薬品産業にみられる。第三次産業革命は大企業の内部における組織的な再編成を引きおこし、これらのグループ内におけるさらに高度な分権化を促進した。このプロセスがピークを迎えたのは、二〇〇〇年頃のことであった。

注

（1）David Nobel, *America by Design : Science, Technology and the Rise of Corporate Capitalism*, Knopf, New York, 1979, p. 119.

第一四章　アメリカの覇権とその余波

第二次世界大戦が終焉を迎えるまでに、アメリカはすでに何十年にもわたって世界を主導する経済大国であった。アメリカ以上に第二次産業革命が生み出した機会をつかみ、拡大させた国はなかった。アメリカ企業は、社会を変容させたイノベーションが長く続いた時代を十分に利用した。それは、高い資本集約性、増大の一途をたどるエネルギー消費、連続的で効率的な製造プロセス、大量流通方式、そしてかなり大きな規模と範囲の経済性を特徴としていた。すでに二〇世紀初頭には、アメリカの主要部門（冶金《やきん》、機械、化学、電気、電気化学）は大規模企業によって支配されていた。同時期のイギリスの状況と比べると、アメリカにおける実態はかなり異なっていた。実際、アメリカでは、技術的な条件が整ったほとんどの産業（生産財部門と大量消費向け消費財部門の両方）における大企業の誕生と成長は、自然要素の幅広い利用可能性（農業用地、森林、地下資源）、国内市場の並はずれた成長性（それはある部分、移民増加の波によって引き起こされた大きな人口ブームと一人当たり所得の増加が結びついた結果である）、共謀を防ぐ反トラスト政策、そしてビジネスと組織の変化に適合的な文化の広がりによって、大きく促進されたのである。

アメリカの挑戦

二〇世紀前半の政治的・経済的な混乱でさえ、アメリカの優位性――第二次世界大戦後に実質的に増大した優位性――を危険にさらすことはなかった。第二次世界大戦のおかげで、アメリカ企業は、国防力増強のために行われた政府の経済支援によって利益を得、最終的に、すでに巨大であった生産能力をさらに飛躍的に増大することになった。政府援助はまた、研究に対する新しい支援も含んでいた。これが母国での迫害や戦争から免れるためにアメリカに避難してきた第一級の科学者と結びついた。初めに第二次世界大戦、そして次には冷戦が、航空輸送、エレクトロニクス、合成素材、医薬品といった分野における技術的に進んだ製品の需要を増大させた。これらの製品はすべて、容易に民需へと転換できるものであった。同じようにして、戦闘訓練を受けた何百万人もの人々がアメリカに帰還し、その多くが職場に復帰するための教育訓練プログラムに参加した。一九五〇年代と一九六〇年代に、ソヴィエト連邦との競争に脅威を感じた政府は、教育訓練と科学研究に対し巨額の投資を行い続けた。このようにして、アメリカは、研究大学ではすでに行われていた最先端の教育システムを強化し続けた。輸送、遠隔通信、エネルギーの生産と分配に関する社会基盤のネットワークは、アメリカで高度に発展した。成長は、利子率を低位に安定させた豊富な資本、標準製品の大量消費に向いた市場の需要、そしていわゆるアメリカの世紀《アメリカン・センチュリー》（二〇世紀のこと。タイムズ誌を創刊したヘンリー・ルースが使ったとされる）に乗じたいと願う企業家の大量出現よって維持されたのである。

　戦禍を被ったヨーロッパと日本は、いまだに基本的な物資の欠乏にあえいでいたが、一方、アメリカは消費者のパラダイスであった。消費はさらにアメリカの近代的な流通チャネル（セルフサービスとファストフードなど）と、ラジオ広告、それよりはるかに人気のテレビにおける大量広告によって拡大した。一九六〇年代の初めまでに、アメリカには、世界水準の先導的な製造業者が一社もない分野は、ほんの二、三（例えば衣料と家具）しかなかった。アメリカは半導体やコンピュータといった最先端の分野をリードしただけではなく、輸送や包装された消費財のような技術的にあまり先進的でない産業もリードした。アメリカはさらに、事務機器、発電機、遠隔通信といった分野において最も積極的なプレーヤーであり、他方で防衛産業、エンターテイメントとレクリエーション、そして高度な経営コンサルティングにおけるイノベーションにおいて世界をリードしていたのである。

様々な最前線における優位は、アメリカの支配的な地位を強化し、イノベーションを強く刺激するような、あらゆる種類の財に対する消費者の需要に表れていた。特に第二次世界大戦後の二〇年間において最も印象的なことは、アメリカ全土でみられた自信に満ちた時代風潮であった。こうした文化のもとで、アメリカは新しい大事業へと向かい、アメリカの企業家は、リスクのある新たな挑戦を喜んで引き受けるようになった。国内市場はかつて、企業がわざわざ国際化を行うのをためらわせるほど大きくダイナミックであったが、いまや企業による海外への投資や海外事業が増加しつつあった。技術的・組織的な優位性に確信をもち、アメリカ企業は政治的な障壁をつくろうとしている諸国を押し返した。西側世界における文化的な覇権――いまや英語はビジネスにおける共通言語となりつつあった――に頼ることができたので、アメリカの海外投資は一九六〇年以降に一定の水準に達した。しかし、それによって他の国は自国の制度や価値に対する「アメリカの挑戦」としてますます大きな懸念を表明するようになったのである。(1)

一九六〇年代における最初の衰退の兆候とM&Aの新しい波

アメリカの経済的な強さは抑制できないようにみえたが、それでも一九五〇年代には減速のかすかな兆候をみつけることができた。投資額は徐々に少なくなっており、他国と比較した場合にでも生産性や一人当たり所得の伸びはわずかであった。実際に、新たな時代を迎えた激しい競争の兆候はわずかに現れはじめていたが、アメリカはそれに対する準備を整えていなかった。アメリカ企業は実質的に挑戦を受けることのないほどの成功を享受することにすっかり慣れきっていたからである。GMやラジオ・コーポレーション・オブ・アメリカ（RCA）といった企業は世界のリーダーであり、その経済規模は世界中のほぼすべての国よりも巨大であった。そしてアメリカ国内では、消費者需要も比較的安定していた。ソヴィエトがスプートニクを打ち上げたとき（一九五七年）、アメリカの科学技術力に対する自信は揺らいだが、アメリカのビジネスは、世界で最も素晴らしいイノベーション・システムとしての地位を維持し続けているようにみえた。

しかしながら、まもなく、ヨーロッパ経済の復興と日本企業の再生――両者とも戦後にアメリカから巨額の援助と技術移転を受けた――がアメリカ企業に厳しい国際競争をもたらした。多くの産業分野の企業家と経営者は、この一九六〇年代の変化によって方向を見失いつつあった。一流の教育機関で取得したMBAを誇りにしていたビジネス・リーダーたちは、グローバル競争に順応するのが難しいことに気づいた。どんな分野のいかなる種類の企業でも経営できる能力に自信をもち、彼らは新たな状況に様々な方法で対処した。研究の強化を選択し、よりよいプロセスや製品を探す者もいたし、競争があまり激しくないと思われる分野に投資を行い、利益を得る機会を探し出した者もいた。彼らは、たとえ自分たちの企業が新たな事業において技術的・組織的な優位性を有していなかったとしても、こうしたことを行った。したがって、純粋に技術的な観点から見て、何ら合理的な基準のない合併と吸収（M&A）が、時には行われたのである。

他のいくつかの要因が、多くの企業を新しい形態の多角化に向かわせた。一九五〇年のセラー＝キーフォーヴァー法〔他社の株式・資産の買収が競争制限や独占に繋がる場合にそれを禁止する法律〕の成立後、反トラスト政策は同一産業内における水平統合と垂直統合をより困難なものにした。その間、税制はよりM&Aに好意的になった。企業は多角化に収入と利益を安定させる戦略を見出し、参入できるビジネスのタイプにはこれといった限界を見出さなかった。出現しつつあった情報革命によって、経営者たちは多くの異なる分野に対する投資を管理する手段を手に入れたようにみえた。一九六〇年代終わりまでに、M&Aを通した成長の道筋は広く開かれており、十分に整備されていた。M&Aの件数は一九六五年の二〇〇〇件から四年後には六〇〇〇件にまで増加したことが調査で判明するが、しかし、おそらく最も重要な事実は次のようなものであった。すなわち、一九六三年から一九七二年までの一〇年間に完了したM&Aの多くが、技術や市場に共通の基盤をもたない多角化を含んでいたという事実である。一九七三年から一九七七年の間に、この種の多角化をもたらしたM&Aは、全体の半分にも及んだのである。

コングロマリットの放物線

M&Aの洪水（一九〇〇年代初めのブーム、一九二〇年代のブームに次いで三度目）から新しいタイプの企業、すなわちコングロマリットが出現した。コングロマリットは、関連のない多くの分野での事業展開を選択するという際立った特徴によって、複数事業部制企業とは区別された。一九六八年だけで、ア メリカではM&Aによって四四〇〇の企業が消滅した。その取引の多くには、事務機器製造販売から造船、レストラン、缶入り食材、政府機関に対するコンサルタントまで幅広い分野で経営を行ったリットン・インダストリーズ社のようなコングロマリットが含まれていた。テキストロン社はもう一つの重要なコングロマリットの事例である。同社は一九二三年に繊維産業分野において設立されたが、戦後、主に一九五〇年代と一九六〇年代に行った合併によって新たな分野に参入した。一九六三年、繊維事業を売却したのち、同社の年間売上高の三五%は航空宇宙製品で占められ、二〇%が重機、一六%が消費財、一七%が金属、そして一二%が農業用化学製品であった。

二〇世紀を通して、多角化はアメリカ企業の企業戦略の共通した目標であった。範囲の経済性を実現し、需要の減退に備え、収入と利益を引き上げる機会をつかむために、企業は、既存のビジネスと密接に関連する産業分野においてすでに事業展開している企業を買収するか、新しい企業を立ち上げた。この種の環境適応は、一九三〇年代の大恐慌期でさえほとんど変化しなかった。当時、企業はその伝統的な製品に対する需要減退を補うために、関連する領域で利益の出る商品を開発するよう努力した。それは、戦争中の一九四〇年代、国民の協力によっていくつかの消費財の生産を減らし、軍需品生産への転換を行った時でも、変化しなかったのである。

しかし、一九五〇年代と一九六〇年代の多角化の水準とタイプは変則的であった。それは、当時アメリカを取り巻いていた異常な経済情勢に原因があった。一九五〇年までに、アメリカの工業生産は世界の生産高の四五%にまで達していた。三〇年前には世界の生産高の二五%（二一世紀の直前に、アメリカのシェアはこの水準に戻ったと思われる）であったにもかかわらず、である。アメリカ企業は相当の利益を受け取った。しかし、これらの利益を活用することは、トップ経営者にとって難しい挑戦的な課題であった。利益の一定部分は株主に対して、より大きな配当として分配されたが、一九五〇年代には、その前の一〇年間と同じく、株主は常に裕福であったため、彼らは高い税金が課される配当よりもむしろ、彼らの投資先の長期的な成長を望んでいた。かくして、多くのアメリカ企業のトップ経営者は、長期間にわたり利益が大きく、成長の原資ともなる投資に向けられる、相当額の資金が手元にあったのである。一九四〇年代末からの一〇年間、多くのアメリカ企業が戦後復興を利用し、国際市場へと事業を拡大した。海外における活動――流通ネットワーク、倉庫、組み立て工場、製造工場――への投資は、大きな利益と安定的な成長を約束するものであった。しかし、すべての分野が国際的なプロジェクトに適していたわけではなく、海外に機会を見出した企業の中には、投資家に利益を還元せず、違う方法で利益を投資に回す企業もあった。

このことは、一九五〇年代に急速に拡大しつつあった分野で活動していた、ＩＢＭやゼロックス社のような企業に特に当てはまった。それと類似の企業は、事業を海外に拡大し、その利益はまた、最先端の研究開発（Ｒ＆Ｄ）センターの建設や、新しい研究所のために大勢の科学者や技術者を雇用することにも使われた。一流の医薬品製造企業も同じ道を進み、イノベーション、増大する国内需要、そして輸出から生み出された利益を最初は再投資し、新しい薬の発見に焦点を当てた研究開発費を増大させた。航空宇宙やエレクトロニクスのような他の分野も、同じ道を進んだ。

それにもかかわらず、成熟産業で事業展開している企業もあり、そのような企業にとっては、海外に投資することも新規の研究開発に投資することも、さほど魅力的ではなかった。このような分野は、重金属や、伝統的な技術で製造され続ける標準化された若干の消費財などであった。戦後にアメリカが享受したブームの中では、これらの企業でも大きな利益を出すことができたが、トップ経営者の関心は将来の見通しにあった。そのような会社のリーダーたちは、ヨーロッパとアジアの経済が再び成長したとか、あるいは他の企業と株式を交換することによって行われたのである。

しても、仕事を続けられる戦略を練ることに焦点を絞っており、そのような競争はすでにアメリカ市場に徐々に広がりはじめていた。一九五〇年代と一九六〇年代に、成熟した分野で事業展開していた主要な企業の経営者たちは、投資家に還元しなかった利益を、高い成長率を誇っていた非関連分野をも対象とした新しい多角化戦略に使った。これは通常、すでに事業を展開している企業の支配株式を買収するか、あるいは他の企業と株式を交換することによって行われたのである。

アームコ・スティール社は、この戦略を採用した企業の好例である。同社は一九〇〇年に設立され、長い時間をかけてアメリカで最も重要な垂直統合された製鋼企業の一つとなった。同社は戦時中も戦後のヨーロッパ再建時代においても、高い業績を誇っていた。しかし、一九五〇年代末までに、このような良き時代は終焉を迎えてしまった。同社は、他の製鋼企業とともに、鉄鋼需要の停滞という現実に直面したのである。同社のリーダーは、向こう二〇年間にわたって多角化戦略に乗り出すことを決定した。関連する分野への展開――石油精製装置を製造する工場を買収し、新技術を用いた特殊鋼の生産を開始した――という最初の時代が過ぎた後で、多角化のプロセスは、当初のビジネスから随分とかけ離れた分野へと拡大した。保険会社を買収したが、それは自社の事業に保険をかけることができるだろうというアイデアに基づいており、そのサービスは後に他の産業企業にも拡大された。アメリカ経済の拡大により、保険や金融といった分野は非常に有望なものとなり、ゆえにアームコ社は、投資を他の金融分野にも拡大することを決定した。一九六〇年代終わりまでに、同社は機械、航空機、船舶、そして鉄道設備といった産業材のリース事業を開始した。さらには不動産事業にも参入した。その結果、一九六〇年代末までに、同社の売上高の四〇％は鉄鋼とはまったく関係のない分野からもたらされたのである。

アームコ社のような事例は他にもあった。成熟産業で事業を行い、多角化戦略に乗り出して非関連分野に進出し、コングロマリットへと転換したもう一つの企業は、ゼネラル・ミルズ社であった。合わせると世界最大の小麦生産業者になる七社が、一九二八年に合同して設立された同社は、さらに十社以上の企業を買収し、小麦粉と箱詰め食品の生産と流通において、世界のリーダーとなった。一九四〇年代に、同社は戦時物資の生産を開始し、経営者はこの経験に基づいて、同社は中核となるビジネス以外でも成長できる十分な能力をもっていると判断した。戦後においても同社は防衛産業分野での事業を継続し、小型家庭用製品はもとより、陸軍向けのエレクトロニクス製品も製造した。さらに、いくつかの化学工場も買収した。

もちろん、コングロマリットの成長を促進した別の要因もあった。その一つは、企業の収益に対する財務面での圧力が強まったことである。一九六〇年代半ばまでには、グローバル競争は多くの産業においてその利益を引き下げるようになった。節税の可能性が、コングロマリット化戦略を追求する一つの魅力的な理由となったのである。国際的に活動する鉱山企業や石油企業は、利益に対して重税を課さない国で海外企業を新規に買収することによって、税控除を利用できた。同じロジックを使い、ある企業の利益を、直近に買収した企業の損失を穴埋めするために使うことも多くの場合可能であった。

経営科学《マネジメント・サイエンス》の発展もアメリカにおけるコングロマリット化を促進した。それは、戦時中に戦争目的で考え出された数学モデルの応用に起源をもっていた。第二次世界大戦中に発展したこれらのコンセプトと方法は、後に民間部門の経営問題に対処するために精力的に適用された。投資計画の評価、財務評価フォーム、工場立地の選択、生産管理、在庫管理などはすべて、いまや数学的方法を適用することによって解決可能な問題となった。これを効率的に行うために、コンピュータの体系的な利用が必要になった。このマネジメント・サイエンスの変化は、いかなるタイプの経営問題も新しい技法を使って解決する能力をもつと確信する新しい経営者を出現させた。どのような状況でも使うことができるので、マネジメント・サイエンスの新しい手段は非関連事業の買収コストを低減し、取得した者がそれらをより効率的に運営することを約束していたのである。

　一九六〇年代に、コングロマリットはしばしば（そして多くの場合よくない用語として）専門誌で議論の的となった。最も批判された問題は、コングロマリットのトップ経営者が、相互に関連した分野の財を効率よく生産し流通させる上で、すべての責任を果たすというそれまでの役割から、会社を構成する様々な、まったく異なった事業への投資から期待される、金銭的なリターンに主な関心をもつ新しい役

表14-1　世界の最大級の産業企業（従業員2万人以上）の産業別・国別分布＊（1973年）

グループ	産業	アメリカ	アメリカ以外	イギリス	西ドイツ	日本	フランス	その他	合計
20	食品	22	17	13	0	1	1	2	39
21	タバコ	3	4	3	1	0	0	0	7
22	繊維	7	6	3	0	2	1	0	13
23	衣服	6	0	0	0	0	0	0	6
24	木材	4	2	0	0	0	0	2	6
25	家具	0	0	0	0	0	0	0	0
26	製紙	7	3	3	0	0	0	0	10
27	印刷・出版	0	0	0	0	0	0	0	0
28	化学	24	28	4	5	3	6	10	52
29	石油	14	12	2	0	0	2	8	26
30	ゴム	5	5	1	1	1	1	1	10
31	皮革	2	0	0	0	0	0	0	2
32	石材・粘土・ガラス	7	8	3	0	0	3	2	15
33	一次金属	13	35	2	9	5	4	15	48
34	加工金属	8	6	5	1	0	0	0	14
35	機械	22	12	2	3	2	0	5	34
36	電気機械	20	25	4	5	7	2	7	45
37	輸送機械	22	23	3	3	7	4	6	45
38	精密機器	4	1	0	0	0	0	1	5
39	雑製品	2	0	0	0	0	0	0	2
	コングロマリット	19	3	2	1	0	0	0	22
	合計	211	190	50	29	28	24	58	401

注：＊『フォーチュン』誌のリストは非共産主義国の企業のみを対象としている。
出所：Alfred D. Chandler, Jr., *Scale and Scope: The Dynamics of Industrial Capitalism*, Belknap Press, Cambridge, MA, 1990, p. 19 より作成。

割へと変質したことであった。コングロマリット・モデルを最初に定義づけたのは経営学者で、その多くは一流のビジネス・スクールで教鞭をとっているスタッフであった。彼らは、他の企業の形態と比べた時に、コングロマリットの優位点とみえるものに注意を集中した。その第一は、リスクの減少であった。それぞれの事業単位が相互に関連しない結果、より安定的な収入と全体としてより大きな利益を得ることが可能となる。第二は、コングロマリットが単一企業よりも低いコストで株式あるいは社債を発行できる状況下では、低い資本コストが特徴となる。しかし、もう一つの側面は、いまやより有効に活用できるようになった経営資源と関係していた。すなわち、コングロマリットは規模の小さな企業には無理な、費用のかかる専門家を採用することができ、トップ経営者の才能と特別なスキルは、より多くのビジネスの間でより有効に活用できるのである。コングロマリットを擁護する者は、このモデルが明らかに素晴らしい結果を出した一九五八年から一九六六年までのデータを根拠にしていた。一九五〇年代末から一九六〇年代の初めにかけて事業展開していた五八社の複数事業を営む企業は、印象的な結果を残した。年間売上高は一七％増加し、それはアメリカにおける平均的な製造企業の二倍以上であった。他方で利益は年率一〇％の成長をみせたのである（これに対し、スタンダード・アンド・プアーズにリストされていた企業の平均は六・七％であった）。

それにもかかわらず、黄金時代は長くは続かなかった。一九七〇年代はアメリカを含む多くの国にとって経済危機の時代であった。七〇年代が終わる頃に、アメリカはスタグフレーション、すなわち高い失業率、生産性の停滞、高い利子率、そして高まるインフレ率によって活気を失った。最も巨大なアメリカ企業でさえ、アメリカと世界を苦しめた大きな経済問題から逃れることはできなかった。中でもアメリカのコングロマリットは、経済の減速に何らかの第一義的な責任があるのではないかと疑われさえした。高度に多角化した分野で事業展開している企業を経営することは、次第に困難になってきた。経営者は、懐疑論者が予見した通り、産業全体の状況を無視して、あるいは製品の特定の問題を顧みずしては、事業の財務的側面に注意を集中させることができないのである。彼らは、異なったビジネスを組み合わせるのは簡単ではないということを発見した。それぞれの会社は独自の特徴ある企業文化をもっており、物事を行う時の方法も異なっており、さらに重要なことには、その会社が事業を行う市場に対して異なったやり方で対処しているからである。

大きな問題のいくつかは、コングロマリットの経営者によって作り出された管理構造にもみられた。それらは、多くの場合、伝統的な複数事業部制企業の構造とはかなり異なっていた。密接に関連した分野に多角化した企業は、製造、マーケティング、あるいは研究開発といった主要な職能に基づく組織を構築したが、コングロマリットがこのパターンに従うのはまれなことであった。コングロマリットの本社は比較的小規模で、資金調達や新しいビジネスの買収といった管理機能だけに集中していた。特定の製品の管理やプロセスに関する機能は、買収した企業に丸投げされていたのである。

コングロマリットのトップは、分権制、複数セクター制、複数事業部制といった企業の複雑性を決してとらえているとは思えない統計的分析だけを頼りに、自らの責任を果たしたのであった。成長が継続すると、各事業部はＧＥやインターナショナル・テレフォン・アンド・テレグラフ社（ＩＴＴ）のような企業が、一五〇以上の利益責任単位《プロフィット・センター》を経営している地平を目指して、多角化を始めた。この点で、アメリカの経営者が目安とする投資利益率（ＲＯＩ）は、経営者による議論の出発点の一つという位置づけから、誰も異議を唱えることができない客観的な業績測定指標へと変質した。片方の軸でリターンを評価し、もう一つの軸でリスクを計算する、新しい業績予測システムが創出され、そして経営者は短期でものを考えるようになった。

本社からの監視は、数量的な指標を用いて様々な事業単位の目標を設定し、結果を評価するにすぎな

表14-2　アメリカ企業の世界シェアの変化（主要産業，1960-1986年）

産　業	%
鉄　鋼	－58
非鉄金属	－47
電気機械・エレクトロニクス	－44
化　学	－38
自動車・トラック	－33
タイヤ・ゴム	－26
医薬品	－24
繊　維	－19
石油製品	－18
コンピュータ・事務機器	－11
産業・農業機器	－10
食品・飲料品	－8
製紙・紙製品	－4
航空宇宙	6

出所：Alfred D. Chandler, Jr., "The Competitive Performance of U.S. Industrial Enterprises since World War II," *Business History Review*, 68, Spring 1994, p. 72より作成。

い程度にまで減らされた。そのシステムは「数字による管理」として知られるようになった。しかし、このような新しい方法論でさえ、業績に関連するすべての側面を組み入れることはできず、いくつかの側面は数値化できなかったのである。結果として起こった統制、調整、そして将来の発展を見据えた資源配置といった機能における、経営者の無能さが白日のもとにさらされた。コングロマリットのトップ・マネジメントと事業部のミドル・マネジメントとの間のますます大きくなる乖離が問題となった。ミドル・マネジメントは市場シェアと利益の最前線で戦っている一兵卒であった。このような企業のすべてが失敗したわけではなかったが、一九七〇年代初めまでに、アメリカのコングロマリットの衰退は深刻な状態に陥った。理由は複数考えられるが、中でも二つの理由が際立っていた。（一）技術的なプロセスとコングロマリットを構成する各企業が事業を行っている様々な市場を理解する能力がないか、あるいは理解できないトップ・マネジメントの存在。（二）何十もの事業部からなる集合体を統治することは、ほぼ不可能な仕事であること。その結果、一九八〇年代には、ヨーロッパと日本の企業と競争して優位に立てるように、抜本的な事業の再構築《リストラクチャリング》に取り組む必要があるという認識がみられはじめたのである。

一九六〇年代と一九七〇年代にコングロマリットがアメリカのビジネス・システムに与えたインパクトは、ことさら有害であった。本来の意味からするコングロマリットはさほど多くはなかったが、アメリカの大企業にこの種の投資の流行をもたらしたことを考えると、全体としての重要性はかなりのものであった。一九七〇年代半ばまでに、コングロマリットはアメリカのトップ二〇〇社のうちの八％、五〇〇社の約二一％を占めた。それ以外の多くの企業はより伝統的な経営を行いながらも、コングロマリット的投資の小さなパッケージも有していた。その好例はRCAの物語に見出される。同社はラジオとラジオ放送のパイオニア企業――GE、ウェスチングハウス社、ウェスタン・エレクトリック社、そしてアメリカン・マルコーニ社――によって一九一九年に設立され、その目的は前述の企業が保有していたすべての特許を共有することにあった。一九三〇年代初頭、それまでは前述オーナー企業によって経営されていたラジオの生産工場を統合したのち、独立企業となったRCAは、エネルギッシュなCEOであったデヴィッド・サーノフのもとで、まもなく製造とデザイン、そしてマーケティングの機構も統合し、研究開発に相当額の投資を行ったのである。

RCAは第二次世界大戦中に生じた需要をフルに活用することができた。ある部分それは、引き継いだ数多くの特許と、同社の卓越した研究センターを通して取得された新しい特許によるものであった。新しい特許の多くは、同社のオリジナルな製品ラインとは関連性がなく、レーダー、ソナー、そして他のエレクトロニクス装置に関するものであった。戦後、トランジスタと最初の近代的なコンピュータの出現は、精巧な航法システムと軍用計器における発展と結びついて、同社がアメリカ最大企業の一つにまで成長することを助けた。RCAは、新興のテレビ産業の一番手企業となっただけでなく、他のタイプの電子計器の製造に投資分野を拡大しはじめた。RCAは当初、白黒送信の技術を開発し、その後商業用カラーテレビを最初に市場に出した。

一九六〇年代末にRCAはブームの絶頂期に達したものの、それは衰退が始まる時でもあった。デヴィッド・サーノフは一九七〇年に引退し、彼の息子ロバートが経営権を手中にした。若いロバート・サーノフは、多くの場合、民生用電子機器とは程遠い、新しい分野への多角化によって成長を図ることで、同社の戦略的方向性に強い影響を及ぼした。この戦略の変更の根底には様々な理由があった。一九五八年の反トラスト法裁判の判決はRCAと同分野の他の企業に、保有する特許を競争相手に開放することを要求していたし、他方でヨーロッパと日本のライバル企業からの競争圧力はますます強くなっていた。

しかし、RCAが抱えた問題の最も重要な原因は、最初にラジオ技術で独占的な地位を保持した時や、後にテレビの開発と商業化の時に確保した高い水準の利益を維持したいという願望にあったことは疑いない。一九六八年から七四年まで、同社は利益目標を達成しようとして、ハーツ社（レンタカー）、バンケット社（冷凍食品）、コロネット社（敷物）、出版社のランダム・ハウス、そして他の小規模企業を買収した。こうして、RCAは信じられないくらい幅広い事業をもつコングロマリットとなり――祖業であるエレクトロニクスはいまや売り上げ全体の二五％に満たなかった――、まもなく産業的な危機と財政面での危機の渦に巻き込まれていったのである。一九七〇年代後半までの、激烈な買収騒ぎの後で、同社は膨大な負債を抱え、ヨーロッパと――なによりも――日本の製造業者の高まる脅威に、迅速に対応することができなかった。この危機に対する同社の回答は、コストを削減し会社の一部を売却するというものであったが、こうした行動の大部分は、エレクトロニクスの事業部にのみにかかわるものであった。その間、一九七八年に金融持株会社であるコマーシャル・インヴェストメント・トラスト社（CIT）を買収することにより、多角化戦略を再開するための試みがなされた。

RCAの巨額の負債（一九七五年の一一億ドルから一九八一年には二六億ドルに増加した）は、エレクトロニクス消費財（例えばステレオ・エイト・オーディオカセットとビデオ・ディスク・システム）に関する研究開発の、次第に強まる質の悪化と相まって、会社を倒産に追い込んでしまった。一九八六年にGEに買収されたのち、GEはRCAを解体し、事業セグメントごとに廃止するか、あるいは売却した。後者の場合、エレクトロニクスの生産を継続して行っていた工場は、ヨーロッパのトムソン社あるいはフィリップス社、日本のソニーやパナソニックといった企業に売却された。アメリカの民生用電子機器産業で、四〇年以上圧倒的な強さを誇って君臨してきたRCAは、多角化戦略を展開したものの、イノベーションの不十分さを補うことができず、その結果、この分野全体が、アメリカ産業から消えてしまったのである。

当初、金融業者、銀行家、株主、重役、そして労働者も、コングロマリットやコングロマリットに近似したものを生み出した多角化戦略から利益を得た。しかし、最終的には、彼らの行動の結果は、影響を受けた企業や産業の、長期的に事業を見通す力を弱めることになった。かくして、一九八〇年代にリストラクチャリングの運動が始まった。この運動は、グローバル競争の中で失った領域のいくつかを回復するために、広範に及んでいた活動を縮小するか、あるいは完全に会社の中核ビジネスへと回帰することさえ意図されていた。

いくつかの事例では、リストラクチャリングは、アームコ・スティール社で起こったのと同じような深刻な経営危機の結果として生じた。多角化プログラムのおかげで、同社は一九七〇年代には他のアメリカの製鋼企業よりもはるかに良いパフォーマンスを誇っていた。しかし、一九七〇年代末に、石油産業と鉄鋼部門で同時に危機が発生したとき、同社は混乱状態に陥った。同社の状況は、保険市場でのあまりにも巨額のエクスポージャー（リスクにさらされている資産）の結果として起こった、同社のいくつかの金融サービスの破綻によってさらに悪化した。一九八二年、同社は三億四五〇〇万ドルという巨額の損失で年度を締めくくった（前年度は二億九四〇〇万ドルの収益を報告していた）。次の一二か月で、同社は労働者を二三％削減し、費用を五〇％削り、配当を五五％減少させ、五億ドルの価値のある工場を損失覚悟で処分した。生き残りをかけて、同社は根本的なリストラクチャリングを行い、一九九〇年代までつづく「減量」プログラムを開始した。その中で同社は、自らの中核ビジネスである鉄鋼に回帰し、その生産を特殊鋼に集中させたのである。

ほかの事例において、脱コングロマリット化の戦略を追求する意思決定は、会社の利益と全体の効率性を高めるという意図をもって、経営者が独自に行った。一九七〇年代末から一九八〇年代初めにかけて、例えばゼネラル・ミルズ社は方針を変更し、中核的ビジネスである食品に集中する決定を行った。一九八三年からの五年間に、同社はすべての非食品関連ビジネスを売却し、五億ドル以上の現金を手に入れ、三〇年前と非常に似通った製品ラインに回帰した。同社はこの戦術においてたった一つだけ例外を設けた。それはレストラン事業に留まるというものであったが、それは中核ビジネスと強い相互関係をもつからであった。

ゼネラル・ミルズ社の場合のような自主的なリストラクチャリングでさえ、一九八〇年代の新しいビジネス環境の結果とみるべきである。経営学者とコンサルタントは、無能な経営者を名指しで非難し、他方で機関投資家は次第にその重要度を高めた。後者は巨額の収益を強く要求し、企業の乗っ取り屋の助けを借りて敵対的な行動を起こす、と脅迫した。

一九八〇年代のリストラクチャリング

コングロマリットの危機は、企業分割という異常な事態を生じさせた。一九六五年に一一件の合併につき一件の割合でそれが起こったとすると、一〇年後にその割合は二件に一件となった。企業あるいは主要な事業部の買収と売却は、繁栄を極めるビジネスとなり、最初は産業企業経営者に、そしてすぐに金融界に大きな利益をもたらした。一九八〇年代に企業乗っ取り熱が上がった原因の一つに、新しい機関投資家とそのマネージャー〔ファンド・マネージャー〕の登場があった。一九五〇年まで、株式を保有していたのはほんの四％程度の人々であった。この点では、保険会社も銀行も似たようなものであった。一九二〇年代に、年金基金と株式投資信託がつくり出されたが、世界大恐慌の結果、損害を被ったにすぎなかった。しかしながら、第二次世界大戦後、年金基金と株式投資信託は新たな力をもって再登場した。これらのファンドは巨額の産業投資を行い、今やファンド・マネージャーの能力は、スタンダード・アンド・プアーズのウォール街で最も価値のある会社五〇〇社のリストにある株式で、どれほどのリターンを得たかで簡単に測定されるようになった。最高の結果を出すため、株式は継続的に売買された。一九五〇年に機関投資家は市場にある株式の八％を保有していたが、一九九〇年までには、それらは五五～六〇％にまでなり、他方で個人投資家の持ち分は三〇～三五％となった。取引の合計額は、一九五〇年代初期の五〇万ドルから、一九八五年には二七五億ドルにまで増加した。

当初、企業に対する支配権を売買する市場があり、時には買収した企業と何ら関係のないバイヤーがそれを購入することがあった。多角化、企業分割、買収と売却、そして会社の支配権の追求が、リストラクチャリングの重要なプロセスを推し進めた。会社は、全体かあるいは一部分が、数年前にはまったく考えられなかった方法で買収され、売却され、分割され、そして再統合された。「脱コングロマリット化」は、アメリカの世紀において行われた多角化と同じくらい人気のあるものになった。

通常、「脱コングロマリット化」の提案者は、コスト削減と利益拡大をめざす企業の経営者であった。次の一〇年間にこれらの種類の取引はピークに達したが、いまやその多くは完全に投機的な取引となり、企業にどのような影響があるかおかまいなしに、短期的利益を求める銀行家や金融業者によって進めら

表14-3　製造業におけるLBO（レバレッジド・バイアウト）：（産業のタイプ別，1977-1987年）

	高度技術	安定技術		低度技術	合計
		長期	短期		
企業数	5	13	22	36	76
従業員（1000人）	46.5	42.7	272	367.6	728.8
R&D支出（100万ドル，1982年価値）	63.8	37.2	285.8	71.2	458
産業の全従業員に占める割合	0.7	0.7	15.5	6.8	3.7
産業の全R&Dに占める割合	0.3	0.2	13.1	2.9	1.1

出所：Alfred D. Chandler, Jr., "The Competitive Performance of U.S. Industrial Enterprises since World War II," *Business History Review*, 68, Spring 1994, pp. 70-72より作成。

れている。いくつかの事例では、ディール・メーカー〔証券会社などの仲介者〕があまりにも熱心に仕事をしたため、アメリカの産業システムの重要な部分にダメージを与えてしまった。

敵対的買収、継続的なリストラクチャリング、マネジメント・バイアウト〔経営陣による自社株の買い取り〕、そして資産売却という一連の手法は、多くの犠牲者を出しただけではない。一方では、一九八〇年代と九〇年代にアメリカのシステムが回復するにつれ成功を収めるようになった、多くの企業あるいは事業部も生み出したのである。このような変化は、イギリスも経験したように、アメリカが製造業中心の経済から、サービス業中心の経済へと移行するプロセスの一部分であった。アメリカは、極めてハイテクな第三次産業革命の産業分野の科学を基盤とした事業において、引き続き成功を収めていた。バイオテクノロジーと情報技術では、アメリカの大企業は、世界トップの研究大学システムから利益を引き続き得ていたのである。

アメリカは依然として航空宇宙、遠隔通信、そしてコンピュータに関連する基礎分野の中心地であり、他方でアメリカの大学は、世界的に評価の高い卓越した研究センターであり続けている。それに加えて、すべての産業分野がリストラクチャリングの対象となったわけではない。例えば、化学産業では、デュポン社、ユニオン・カーバイド社、ダウ・ケミカル社、モンサント社といった安定した企業が、自社の組織と製品ラインに焦点を当てたプログラムに着手した。そのプログラムでは、基礎的な部門――石油化学のようなもの――を切り離し、その分野でパイオニアであった小さな企業を買収することによって、付加価値の高い特殊製品――医薬品、バイオテクノロジー、先端材料――に資源を集中した。ＩＢＭのような巨大企業は自身のビジネスを再編し、かつてハードの製造業者として支配的地位にあった産業において、全社をあげてハイエンド・サービスを提供するようになった。このようにして、アメリカは主要な輸出国として留まるとともに、厳しくなる国際的な競争にうまく対応した。したがって、二〇世紀末のアメリカは実質的に一八〇〇年代末のイギリスと似ているとはいえない。アメリカは依然として最先端の分野で無数の企業を育成している。その目的地までの道程は痛みを伴うものであったし、いまだ終わっていないが、二〇〇〇年の時点で、アメリカのビジネスには楽観的な予測をするだけの十分な基盤が整っていたのである。

注

（1）Jean-Jacques Servan-Schreiber, *Le Défi américain*, *Éditions Denoël*, Paris, 1966.（その後 *American Challenge*, Hamilton, London, 1968. として出版された）。（林信太郎・吉崎英男訳『アメリカの挑戦』タイムライフインターナショナル、一九六八年）

第一五章　ソヴィエト連邦――対抗者

中世から共産主義時代まで

一九一七年の一〇月革命のあと、ロシア帝国を引き継いだ巨大な国家、ソヴィエト社会主義共和国連邦（以下、ソ連と略す）は、疑いなく生産手段の私有と市場に基礎を置いた資本主義のシステム――すなわち、これまでの章で本書が分析の枠組みとしてきたもの――に対する最も過激な挑戦者であった。ソ連の創始者であるウラジミール・レーニンと、彼に率いられたロシア共産党《ボリシェヴィキ》(1)は、カール・マルクスとフリードリヒ・エンゲルスの理論を実践に移した。マルクスとエンゲルスは資本主義を、その独特な社会関係のために、安定した公平な社会において実現される近代技術の潜在力が十分には展開できない、搾取の一つの形態とみなしていた。マルクスの教義に従い、レーニンは新しい経済社会的秩序、すなわち「共産主義」と呼ばれるものをつくり上げようとした。そのような社会では、もはや労働者の労働から経済的な利益を得ることは不可能である。生産物は共有され、取引されない。そしてその結果は「能力に応じて働き、必要に応じて受け取る」がモットーの無階級社会であった。

マルクスとエンゲルスは、この壮大なプロジェクトは最も発達し――工業がすでに支配的な役割を果たしており――、公平な社会関係の発達が抑圧されている国でうまくいくと考えていた。つまり、それは、感情が沸騰寸前まで高まれば、このイデオロギーがまるで湯沸かしポットの蓋を持ち上げるかのようなところであった。この地球上の楽園の理想的な候補は、一八〇〇年代中頃の世界の「工場」であったイギリスや、ビスマルク後のドイツ、さらには大企業の時代が幕を開けはじめたアメリカであるとさえいえた。しかし、マルクスは、帝政ロシアも共産主義革命の可能性のある孵化器となると考えていた。それには二つの理由があった。第一に、マルクスはロシアの小農民世界の特徴であった共同社会《コミューン》に魅了されていたことである。オプシチナとして知られる農村共同体は、農奴解放後でさえ田舎の社会生活を統治し続けていた。マルクスによれば、このロシアの共同体の形態は、それ自身近代的な共産主義に容易に転換することができ、したがって、ドイツの政治思想家が「産業革命の恐怖」と考えたものを回避できそうであった。第二の理由は、資本主義がすでに世界中に広まったという現実であった。もしプロレタリア革命が、資本主義体制の中核に位置する一国（イギリス、中央ヨーロッパ、あるいはアメリカ）で始まったら、帝政ロシアはそれに続いて封建的な中世時代から最も進んだ近代的社会形態の一つにまで容易かつ迅速に前進することができるだろう。レーニンはこの未来図の忠実な信奉者で、ゆえに社会主義――共産主義の前の段階で、労働に従って受け取るという段階――は、二つのものから出来上がっていると宣言したのである。すなわち、帝政ロシアから奪った政治権力と、ドイツをモデルとする経済である。国際的な革命が起こらない中で、レーニンは、膨大な数の小農民の拠点である二〇世紀初頭のロシアのような国が、マルクスによって提示されたモデルが示す段階を飛び越えられることに確信をもっていなかった。レーニン曰く、階級のない社会に到達する前に、それらの段階を通過しなければならないのである。

ボリシェヴィキによる権力の掌握は、いまや資本主義が巨大な連鎖となっているという事実、つまり帝政ロシアという最も弱い環を断ち切ることによって、資本主義システム全体を崩壊させる可能性をもつものとして正当化された。ソ連の樹立（一九二二年）前の一九一九年に、グローバルな革命のための重要な機関としてコミンテルン（共産主義インターナショナル）が創設された。革命運動は、ハンガリー、ドイツ、イタリアなどヨーロッパの様々な地域ですでに成熟の段階にあり、他方で赤軍（ソ連の陸軍）はワルシャワの門にまで進んでいた。しかし西側では、革命は起こらなかった。「戦時共産主義」と定義された段階（そこでは、経済が徴発と物々交換に基づく原始的な水準まで後退しており、ボリシェヴィキが勝利した市民戦争の発端を特徴づけるものとされた）を経たのち、レーニンは一九二一年に「新経済政策《ネップ》」（NEP）を開始した。ネップのもとで、資本主義が再び現れた。事実、それはいわゆる現物税に基づいていた。小農民は決してすべての収穫物を徴発されるのではなく、ひとたび税金を（現物か現金で）支払えば、その残りを自由に販売することができたのである。

同じ方法で、工業と商業における小企業には企業家的試みが許容された。しかしながら、大きな産業企業は、分野ごとと地域ごとにまとめられた企業である「トラスト」によって統制された。すでに一九〇〇年代初頭の帝政ロシアには、高い水準の資本の集中がみられた。一九一〇年には、五〇〇〇人以上の従業員を抱える工場だけでもロシアの労働人口の五五％を占めており、この数字はアメリカでは三〇％強であった。帝政ロシアのトラストは、様々な製品の販売に集中していた。つまり、企業の構造は、利益を財の生産に必要な活動から切り離して考えるものであった。このようなトラストが活動の六〇～七五％を支配していた分野には、プロダメト（金属）、プロドゥゴル（石炭）、プロドゥヴァゴン（鉄道車両）、メド（銅）などがあった。トラストはまた、それほど強力ではなかったが、軽工業にも存在した。これらをもとにして、一九二二年から一九二三年までの期間において、ソ連は四二一のトラストを形成し、それは国家産業の九〇％にまで拡大された。そのうちの一四〇は千人以上の従業員を抱えており、事実上、ソ連の全労働者の九〇%以上がそこで働いていた。以前のロシア帝国の最も優れた技術ノウハウはこれらトラストに集中しており、したがって一九二五年前後には、トラストは国内総産出量の約八〇%を生産した。たとえ国家の財産であったとしても、トラストの目標は利益を生み出すことであった。政府の委託工場を例外として、経営者は価格を自由に設定することができ、その中には労働組合との交渉の結果によって決まる労働に対する価格も含まれていた。

資本主義社会の組織と比較すると、ソ連のトラストには二つの重大な限界があった。第一に、新たな投資に向けられるのは利益の二〇%のみで、残りの八〇%は国家に返還しなければならなかったことである。国家はこれらの資源を使って新しい生産単位《ユニット》の創出を決定した。第二に、時が経つにつれ、トラストはマーケティング機能を喪失していったことである。「販売組合」は、すべての主要工業部門で商取引を管理する国家官僚主義によって支えられた機関に転化した。経営者の役割は、単に生産を請け負うことに低められたのである。この国の企業家的な能力と組織にとって必要な人材は、経営者資本主義の進化とともに生まれた企業やビジネス・グループに匹敵する、これらの巨大機関

表15-1　ソヴィエト計画経済システムの成果（1928-1940年）

	1928	1937	1940
年成長率1928-1937			
GDP（1937年価格）	-	5.1	-
一人当たり GDP	-	3.9	-
農業生産（1958年価格）	-	1.1	-
工業生産（1937年価格）	-	11.3	-
セクター別 GDP 割合（%）			
農　業	49	31	29
工　業	28	45	45
サービス	23	24	26
工業セクターの変化（%）			
重工業	31	63	-
軽工業	69	34	-
GDP の構成（%）			
民間消費	82	55	49
公共サービス	5	11	11
政府支出・防衛	3	11	21
投　資	10	23	19

出所：P. R. Gregory and R. C. Stuart, *Soviet Economic Structure and Performance*, Harper & Row, New York, 1986, 表10および16より作成。

の中で犠牲になったのである。

ネップの時代は、ソ連の歴史の中で比較的繁栄していた時代であった。それでも、いくつかの未解決の問題が残っており、その問題は一九二四年年初のレーニンの早世（二年間の重篤な病気ののち）をきっかけに、さらに差し迫ったものとなった。その時、ソ連共産党には三つのはっきりした派閥が現れてきていた。一つ目の派閥はレフ・トロツキーによって率いられていた。彼は、レーニンに匹敵するカリスマ性をもった聡明で有能な人物であった。トロツキーは赤軍を創設し、資本主義社会との継続的な闘争を通した永続革命の必要性を主張した。しかし西側世界からの強烈な反応と、共産党が国内問題の重荷を負わされている状態のために、一九二〇年代半ばまでにはこの考え方は非現実的にみえるようになった。二つ目の主要な派閥の代弁者は、ニコライ・ブハーリンだった。トロツキーと同じように、ブハーリンはレーニンのアイデアをしっかりと鼓吹する能弁な知識人であった。本章の冒頭で説明したように、レーニンは資本主義的発展の十分な段階を経なければ、ロシアはマルクスが描いたような共産主義の形に思い切って乗り出すことはできないだろうと考えていた。したがって、ブハーリンにとっては、ネップを維持すること、特に民間の起業心を鼓舞すべく小農民の世界を維持することが重要であった。彼は、小農民は強制的な工業化によって不利な立場におかれるべきではないと考えた。ブハーリンの漸進主義に対する関心は十分に刺激的であったが、そのアイデアがもっぱら共産党によって統治される単一政党制度を維持するためのものであれば、長期間にわたって、彼の戦略を支持することはおそらく不可能であった。ロシアにおいて再び現れた資本家のグループは、間違いなく自分たち自身の政治的な代弁者を要求したであろう。ソ連の歴史の次の局面に責任を負ったのは、三つ目の、優勢な、ヨシフ・スターリンの派閥であった。スターリンはライバルたちの限界を明確に理解していた。スターリンの派閥は、トロツキーと一致して、資本主義世界との冷酷な決着は避けられないと考えていたが、彼らはまた、ソ連は強い軍事力をもった工業国でなければ資本主義世界と取引できないと考えた。スターリンにとって、人為的な低価格の維持によって、農業部門が犠牲になるのは必要なことであった。そのような目標は、地方においていかなる形の資本主義もすべて排除することによってのみ達成可能であった。したがって、一九二〇年代末に、農業関連資産の所有権は、多くの場合、流血のプロセスを経て集団所有へと戻された。何百万人もの農民がこの過程で命を落とした。そして同時に、「市場」が工業から取り除かれ、工業は以下で取り上げる「ゴスプラン」の管理下に移されたのである。

ゴスプラン下の独裁

ゴスプラン（ソ連国家計画委員会）は、最高レベルの統治権を委ねられており、巨大なアメリカ企業の大きな中央本社に似ていた。ゴスプランは各工業部門に責任をもつ様々な省庁で構成されていた。それは何を、どれだけ生産すべきであるか、同様に、どの技術を用い、どこに工場を配置し、どのように価格を決定するのか、そしてどれだけの給与を支払うべきか、を決定した。したがって、ゴスプランは、生産のすべての側面と、将来の投資分野の両方を基本的に決定した。企業は地域的な生産を管理するユニット（グラフク）の中でグループ化され、もはや利益をめざすことはなく、ゴスプランが制定した生産目標だけをめざした。各生産ユニットが負担した費用を考慮せずに、その部門の製品の平均価格を制定したのも、ゴスプランであった。この政策は、生産物の価格と生産者との関係を断ち切った。そのような大規模プロジェクトを実際に実現するために、ゴスプランは職能部門を設置した。それは多かれ少なかれ、二〇世紀初頭の複数職能部制あるいは複数事業ユニットをもつアメリカ企業のそれに匹敵するものであった。この枠組みの中で、巨大なソ連の企業は、何をどのくらい生産するかの決定も許されず、製造コストを制定することも、あるいは市場に対していかなる影響を及ぼすことも許されない、単なる生産ユニットにまで低められた。驚くべきことではないが、ロシア語では「企業《エンタープライズ》」という語は「工場《ファクトリー》」の同義語であり、「会社《カンパニー》」の同義語ではないのである。

ソ連の企業は、西側の企業で典型的な三つのマネジメント・レベルの中の一つだけ、すなわちローワー・レベルのマネジメントだけを有していた。ミドルとトップ・マネジメントは企業の外にあり、ミドル・マネジメントは職能部門に、トップ・マネジメントはゴスプランの中に置かれていた。このタイプの調整方式がもたらす一つの結論は、ソ連において企業はとても流動的であるというものであった。事実、ソ連の企業は、資本主義経済において事業ユニットが分社化《スピンオフ》されたり閉鎖されたりするのと同じように、閉鎖されたり他のユニットと再グループ化されたりした。しかしながら、ゴスプラン体制への移行のすべてが、市場経済における企業の競争力となる組織能力を獲得する上で、ソヴィエト・システムに内在する深刻な障害となったのである。

しかし、この組織形態が、ソ連が世界的な工業国となることを妨げたと断言することは、間違いであろう。一九三〇年から五〇年の間に、ソ連経済は二桁の成長を遂げた。ゴーリキーやモスクワの作業場、スターリングラードのトラクター工場、ウラル山脈地方の重機工場のような見事な生産設備がつくられ、「工場を生産する工場」と呼ばれた。これと同じく、厳格に計画された経済は、第二次世界大戦時のナチス・ドイツに対するソ連の勝利の基盤でもあった。後に本章で分析するいくつかの改革が行われたが、冷戦時代のソ連とアメリカとの対決の背景を形作ったのは、他ならぬゴスプランに基づく経済であった。

軍備から宇宙開発競争まで、ソ連は独自の優先課題《アジェンダ》をもっていた。人類初の宇宙船（一九五七年）と有人宇宙飛行（ユーリイ・ガガーリン。一九六一年）はソ連によるものであった。経済計画もまた、耐久財の利用可能性が高まることによって、ほとんどのソヴィエト人民に適度なレベルの幸福をもたらした。

しかしながら、この種の厳格なシステムを大きく前進させた場合、それは産業財と消費財の持続的でバランスのとれた発展を達成するには正しい方法でないことが明らかになった。中でも意思決定権限をもたない企業の限界は明らかであった。スターリンが死去し後継者であるニキータ・フルシチョフが権限を掌握した後、経済活動に関する意思決定と管理の集中を制限しようとする試みが行われた。各工業部門を管理している省庁は、工業経営を行う地域組織（地域経済評議会《ソブナルホース》）へと置き換えられた。この変革の目標は、企業に一体性と安定性を与えることであったが、実際には国のあちこちで、自給自足経済的な傾向を進める結果となってしまった。特殊品の生産が削減され、ムダと危険なほどの重複が生じた。同時に、他の地域の生産品の供給に頼っていた工場は深刻な問題にぶつかった。一九五〇年代に、地域経済評議会に代わるものとして、政府は「生産組合」の実験を行った。それは最初にウクライナで、次いでレニングラードでも現れ、その後全国に広まった。これらの組合は、工場を合同し生産を統合することによって、より効率的な方法で規模の経済性を利用し、西側企業が達成したものに似た合理化をもたらすのに役立った。

　最初にこの種の統合が行われたのはウクライナのリヴィウという都市で、そこでは五つの独立した靴工場――それぞれ独自の生産サイクルを有していた――が合同された。その結果、靴の外底を集中的に生産する巨大な工場が出現し、他の工場は靴の最終組み立てを行う工場と、各コンポーネントの生産に特化した工場となった。全体のシステムは、関連サービスはもとより、新製品の開発も手掛ける研究室によって管理されていた。このような発展は最も重要な組合で行われ、特にハイテク分野で事業を行っていた組合、例えばレニングラードの高精密光学装置の製造者であるレニングラード光学・機械組合（ＬＯＭＯ）のような組合で行われた。ＬＯＭＯのマネジャーは、一九六〇年代の初めに、生産の集中、特殊化、標準化と他の会社的な機能のおかげで、工場がかなりの貯金を記録したと評価したのである。

「生産組合」は、西側企業には見られない特徴的な点があった。それは効率性を制限するものであった。事実、組合は給与、労働者の雇用と解雇、投資先の判断のような問題に関する意思決定権限をほとんどもっていなかった。実際には、ゴスプランの職能部門であった国家資源供給委員会《ゴスナブ》、国家新技術導入委員会《ゴステフニカ》（企業に技術を供給し最終製品の技術的な統一を保証することに責任をもつ）、国家統計委員会《ゴスコムスタート》（価格を安定させる）、国家労働社会委員会《ゴスコムトルード》（労働条件を監督し給与水準を制定する）、そして国家度量衡委員会《ゴススタンダード》（製品の品質と標準を管理する）がまったく権限を手放さなかったからである。

この全国規模の監督構造と新しい組織の責任との間には、明らかな矛盾があった。この新しい組織は、一九六〇年代と一九七〇年代のソ連の経済計画から出てきた最後の企業類型であった。それらは疑いなく製造合理化の前進を表している一方で、他の機能——とくにマーケティング機能——は弱いままで、経済自立的な、自給自足的な段階の遺産が引き続き存在していた。西側企業と違い、生産組合は実際の製造部門（建設ユニット、修理工場、印刷工場）と社会サービス（職場内の託児所や医務室）、さらには食料供給さえも統合する強い傾向をみせた。フルシチョフの後継者であったソ連のテクノクラート、アレクセイ・コスイギンが行った改革でさえ、ゴスプランの圧政的な遺産を払いのけることはできなかったのである。

ビジネス・コミュニティの不在

ソヴィエト・システムの進化に関する優れた論文の中で、ロシアの経済学者アンドレイ・ユダーノフは、ソ連は大企業を欠いていたのではなく、それらが企業というよりもむしろ「工場」と考えるのがふさわしいものであった点を強調している。しかし、ソ連においてまったく欠如していたのは、企業同士が異なった競争戦略を追求することによって経済構造に堅固さを与える、西側諸国の企業がもつ自然な「コミュニティ」であった。ユダーノフの説は、医学では病理学が形態学的なものと、機能学的なものに分類されていることを思い出させる。最初のケースでは、ダメージを受けたか、あるいは発達不全の臓器を取り扱う。第二のケースでは、そうではなく、臓器それ自体は健康であるが関連する機能を正しく発揮できない症状を取り扱う。これこそがソ連の企業が陥った状況であった。西側企業と共通する特徴は、その規模だけであったのである。

西側世界では、企業には四つの主な戦略のタイプがある。

・規模に焦点を当てる。つまり、適切な品質と価格の組み合わせで、顧客を魅了する製品の大量生産に集中する。

・ニッチ市場を探し出す。そこでは、ある特定セグメントの顧客が、その商品の重要性を認識するという事実に強みがある。この戦略では小さな市場セグメントが求められ、そこでは特定の顧客によって製品のかなりの部分が購入される。

・小規模製造業者がとる個人向けの戦略。専門化しないのではなく、市場（通常は地域市場）のいかなる要求にも応える役割がある。このタイプの戦略はできるだけ高い利益マージンを得るために大きな柔軟性を必要とする。

・さらにもう一つの戦略は、いくつかの形態の根本的な革新を市場に導入することである。この最後のオプションはリスクが非常に高く、専門化が要求される。

ソ連はこれらの戦略のうち、たった一つだけ、すなわち最初に取り上げた大企業向けの戦略だけを採用した。しかし、西側企業が実践したのと同じ方法で顧客にその製品の価値を確信させるのに必要なツールを欠いていた。ヘンリー・フォードはかつて、自分はモデルTをどのような色でも消費者に販売することに喜びを感じている——それが黒色である限りは、と述べた。しかしながらフォードは、単調な色の選択という問題を、消費者の心をとらえた極めて魅力的な価格と品質の組み合わせでカバーした。ソ連の大企業はそうではなく、価格と品質水準はゴスプランとその関連機関で決定されるので、フォードのような機会を与えられることはなかった。ソ連では小企業、つまり小工場は、アメリカやドイツの場合と比べ、はるかに少数しか活動していなかった。それでも、ソ連の組織はたとえ技術（高度に標準化されていた）、組織（巨大な工場に適した組織がどこにでも適用された）、あるいは、西側の企業が顧客ごとのニーズに対応するために必要とする柔軟性がなかったとしても、大企業としてふるまった。さらにソ連に欠けていたものは、西側経済では非常に価値のあるニッチ企業であった。

一例として今日最も有名な企業、マクドナルド社を考えてみよう。ブームの始まりの頃、この有名なハンバーガーの販売業者はある特殊なチェダー・チーズを大量に購入する必要があった。同社は食品製造業者であるクラフト社に提案書を出すように依頼したが、同社はそれを断った。それというのも、同社の規模からするとマクドナルド社が要求したチーズはあまりにも少なかったからである。マクドナルド社はすぐにウィスコンシン州のニッチ企業、シュライバー社に切り替え、見積を依頼した。ニッチ市場にサービスを提供することに慣れていた同社は、マクドナルド社との利益性の高い取引を手中に収め、マクドナルド社の有名なチーズバーガーのサプライヤーとなったのである。

小さな革新的企業が少ないのも、有機的な連関を欠いたソ連のシステムを象徴している。大企業でイノベーションを起こすことは、企業規模と投下資本を考慮するとリスクが高い。イノベーターは、大企業においてはしばしば歓迎されざる人である。ソ連でもイノベーションは定期的に起こった。そこでは官僚たちが新しい生産方法や新製品に対する自信のなさを明瞭に示したであろう。彼らは単に大企業の現状維持だけを望んでいたし、ゴスプランはこの種の停滞に報酬を与えていたのである。

異なっているのは、西側経済には、新製品の商業化をリードするベンチャー・キャピタルや多数の小さな実験的企業があったことである。ひとたびそのような企業が市場で成功すれば、次の局面で大量生産を行えるまで成長するか、あるいはすでに大規模生産に適した組織構造と十分な資源をもっている大企業によって買収されるだろう。興味深いことに、ソ連に起源をもつ多数の生産イノベーション（例えば鉄鋼部門における連続鋳造技術、あるいは建設現場で用いられる速硬セメント）は、実際には西側で最もよく利用されたものであった。

不名誉な終焉

ゴスプランの硬直性は、強制的な工業化の初期段階や、ナチス・ドイツに対する愛国的な戦争中には、効率性を妨げるものではなかった。事実、全体的な政治体制が――巨大で憎むべき抑圧のシステムにもかかわらず――広くコンセンサスを得たのは、まさにこのような瞬間であった。例えば、社会的流動性に好都合な条件が作り出された。工場労働者と小農民の子どもたちはエンジニアになり（ブレジネフやコスイギンのように）、あるいはまた法学士にもなった（ゴルバチョフのように）。しかし、時が経ち、特別の流動性がもはや必要でなくなると、ゴスプランはどのような形の資本主義の「市場」制度よりもはるかに劣っていることが明らかになった。効果的に機能するには、ゴスプランはすべてのことを予測できなくてはならなかったが、それは不可能であったし、現実との誤差を修正するプロセスには膨大な時間を必要とした。ロシアの社会学者ヴィクトル・ザスラフスキーは、ソ連の中で最も重要な構成要素

表15-2　ソヴィエトの雇用と人口（1913-1990年，100人，年央値）

	1913	1950	1978	1990
農　業	51,450	35,726	29,740	27,239
工　業	5,900	15,317	36,064	35,286
その他	11,250	30,100	62,350	70,021
全被雇用者	68,600	81,143	128,154	132,546
全人口	156,192	180,050	261,253	289,350

出所：Angus Maddison, "Measuring the Performance of a Communist Command Economy : An Assessment of CIA Estimates for the USSR," *Review of Income and Wealth*, September 1998, p. 314より作成。

であった、ロシア共和国のゴスプランに関する議論に立ち会った一九六〇年代の出来事について書いている。ある論点に関して、このグループはエレベータ生産の問題に対処しようとしていた。このグループは、エレベータは実際には必要とされておらず、本当に必要なものだけを少量海外から購入することを決定した。並行して決定されたことの一つは、いかなるビルも五階建てより高くしてはいけない、というもので、その結果、都市エリアがとてつもなく広がり、大きなムダと公共的なインフラストラクチャーの高コスト化がもたらされた[2]。このような硬直的な枠組みでは、違法行為とごまかしが必要となった。ごまかしはたいてい、ソフトな予算制約と呼ばれるものによって覆われていた。もし求められれば、企業や工場の重役はゴスプランの事務所に対して、供給の保証がなければ怖くて出せないような、必要量をはるかに上回る予算請求を提出したであろう。ゴスプランでは予定されていない（ゆえに違法な）ストックを購入するための処置は、「トルカスチ」と呼ばれる集団が請け負っていた。彼らは通常のチャネルの外で働き、賄賂と個人的なコネを通して工場が必要とするすべての資源を確保した。このような不法行為が繰り返される状態は、経営者が常に厳しい処罰を受けるリスクを抱えて経営を行っていることを意味したが、現実には、違法行為は、硬直的なメカニズムが働くための潤滑油であったのである。

ソ連の終焉は、不合理さだけではなく、特に悲劇的な出来事によっても運命づけられていた。ばかげていたのは工場の重役たちの要求であった。彼らは、実際に生産されたものの特徴や品質をまったく気にかけることなく、生産目標の達成に対する報償を要求した。例えばある靴工場の重役は、彼の工場が前部（!）にヒールの付いた女性用の靴を何千足も製造してしまっているという事実にまったく関心がなかった。しかし、強制労働収容所と、内務人民委員部《NKVD》、全ロシア非常委員会《チェーカ》、そして国家政治保安部《GPU》、後には国家保安委員会《KGB》といった、様々な秘密警察によって行われた、企業に対する残酷かつ冷酷な統制は、まさに悲劇的であった。この種のテロリズムは、唯一の雇用主である国家が、市民の需要を決定する権限をもっている社会においては不可避のように思える。〔ロシア社会主義の父とされるゲオルギー・〕プレハーノフの予言が現実のものとなった。一九〇〇年代の初め、この正統派のマルクス主義者は、レーニンとともに、――ロシアの現実的な社会経済的条件では――〔革命の〕リスクは、実際の結果が社会主義社会の建設ではなく、インカ帝国の建設になるかもしれないことである、と述べた。歴史上、政治権力が経済関係を決定し、社会のすべての生産諸力を集中させる能力をもったことはほとんどないのである。ソ連が証明したように、この種の権力は決してうまく使われることはないようであるし、今日、そのような全体的な管理が、恐ろしい結果を生じさせずに実際に達成されることを想像するのは、現実的でもないのである。

注

（1）ボリシェヴィキはロシア社会民主労働党一九〇三年大会時点で最大の派閥であった。

（2）Victor Zaslavsky, *La Russia senza Soviet*, *Ideazione Editrice*, Rome, 1996, pp. 28–29.

第一六章　日　本――挑戦者

日本は、経済近代化への近道をうまく進んできたけれども、第二次世界大戦勃発の時点では、このアジアの国はヨーロッパとアメリカと肩を並べるには至っていなかった。それは日本が、工業化への最初のステップを踏み出すのが遅かったからである。例えば自動車産業を考えてみよう。一九三〇年代半ばに、アメリカでは毎年二〇〇万台、イギリスでは二八万六〇〇〇台の自動車が生産され、ドイツでは一五万台が出荷された。これに対して日本では、ドイツの六分の一しか生産されていなかった（そしてこれら二万五〇〇〇台のうちのある部分は、フォード社とGMの日本工場で生産されたものであり、それ以外は単純な作りの三輪自動車であった）。日本の企業家が、アメリカやヨーロッパの最強のビジネスに対抗できる産業構造をつくり上げたのは、第二次世界大戦後であった。そしてついには、日本企業はトップ・プレーヤーとして国際的な寡占領域に参入することができたのである。

日本における産業グループの進化――財閥から系列へ

財閥（第九章参照）は、一九四五年に「経済民主化」指令の一つのステップとして連合国軍最高司令官ダグラス・マッカーサー将軍によって公式に解体されたが、非公式的な紐帯で結びついた企業グループは、以前と同じ方法で事業を続けていた。第二次世界大戦後の一〇年間に、二つの新しい形のグループ組織が現れた。それらはグループを構成する企業の繋がり方（水平的か垂直的か）によって異なっていたが、いずれの形態も同じ名前、つまり系列という名前で知られている。

第一のタイプは金融系列（水平的グループ）として知られているもので、製造業、商業、金融の異なった部門で事業を行う競争力のある企業がグループを形成しており、グループ各社は株式相互持合いの複雑なネットワークによって互いに結びついていた。金融系列はグループ内の企業間関係の性質と、日本経済における強い影響力という両方の点で、日本の産業構造を代表するものであった。一九九〇年に、六つの巨大な水平的系列に繋がっている企業の資本は、日本の総資本の二七・二％に上り、その売上高は日本全体の売上高の約一七％を占めていた、と推定されている。最も巨大な金融系列は、事実上、戦前日本で事業を行っていた主要な財閥の（異なった組織原理に基づく）再形成であった。財閥の場合、株式所有によって結びついた構造が事実上、結合の第一の要素であった。つまり、創業家一族は直接に――そして財閥家族が完全所有しているグル

表16-1　持株会社整理委員会が解体のために指定した10財閥

財　閥	子会社数（1937年）	子会社数（1946年）	日本の全払込資本金に対する割合（%）
三　井	101	294	9.4
三　菱	73	241	8.3
住　友	34	166	5.2
安　田	44	60	1.6
上位４財閥	252	761	24.5
日　産	77	179	5.3
浅　野	50	59	1.8
古　河	19	53	1.5
大　倉	51	58	1.0
中　島	-	68	0.6
野　村	-	19	0.5
次の６財閥	197	436	10.7
上位10財閥	449	1,197	35.2

出所：Randall K. Mork, A History of Corporate Governance around the World : Family Business Groups to Professional Managers, University of Chicago Press, Chicago 2007, p. 375より作成。

ープの金融持株会社の資本金を通して間接的に――主要な子会社の経営に参画し、グループの主要な活動を調整できた。同族と、同族の指揮下にある金融持株会社によって直接所有されている株式に加え、子会社間での株式交換によって、多数株の支配権をグループ内に留めることができた。財閥解体は、金融持株会社を中心とした統制システムを排除し、持株を市場に放出し、株式の所有権を移さざるを得なかった財閥家族や創業者を追放した。連合国軍によって行われたこの改革は、したがって、日本における幅広い株式所有をつくり出した。

しかし、一九五〇年の朝鮮戦争勃発に伴い、アメリカの対外政策が転換した。日本はいまや極東における西側陣営の要塞とみなされるようになったのである。日本の伝統に対して厳しい反対を示さない方針に転換され、ゆえに経済民主化のプロセスは軟化した。例えば、独占禁止法である。この法律（一九四七年制定）は法人による株式所有を禁止しており、事実上、企業が所有権を通して結びつくことを不可能にしていた。この独占禁止法が緩められたのである。

一九五二年に主権が回復すると、日本政府は、急速な経済の再建と加速的な成長の障害と感じた場合には、占領期に制定された政策を転換した。この新しい動向は、企業間の水平的な結びつきという体制への回帰を促進した。グループ再構築のための新しいタイプの主役が出現した。それは、かつては財閥の一部であった巨大な銀行である。企業整理の過程で小規模投資家に保有されなかった株式は銀行が買い上げ、後に金融機関（保険会社、不動産保有会社など）やその他の企業に再販売された。銀行のおかげで、グループは株式相互持合いを通して自らを再構成することができ、したがってかつての財閥と似た繋がりを（同族という要素を除いて）再建できた。これが、今日に至っても存在する三大水平系列――三菱、三井、住友――の由来である。これらのグループでは、垂直的な構造が水平的な構造に置き換わった。そこでは、グループ企業間の繋がりは、株式相互持合いだけではなく、経営者のグループ、系列内融資、そしてグループ内の最大企業の社長によって構成されたある種の「社交クラブ」といえる定期的な会合（社長会）を通した調整によっても、維持された。

絡み合った株式所有のネットワークは、旧財閥グループ企業間や企業と銀行との関係を示すものであった。どの単一の株主（あるいはシンジケート）も、関連企業の戦略や事業に関する意思決定を単独では支配できなかったので、このような株式所有のあり方は水平的な系列に、しっかりした株主安定性を保証することになった。他方で、グループ全体の経営を委託された中心的な機関は何もなかったので、系列の統制は非公式的な方法で行われた。前述のような社長会は、各企業の事業を調整するメカニズムというよりも、情報が共有され伝播する場であった。水平的系列に属する企業間の結びつきの本質は、しばしば、様々な状況で現れる相互依存関係として最もよく説明することができる。それは経営者同士の相互支援において現れるだけでなく、例えば、単一企業が行う重大な投資への財政支援や、危機における関連企業に対する支援においても現れる。グループ企業が協調して行動できる能力は、結局のところ、株式相互持合いのネットワークにのみに基づいているのではなかった。保有構造が高度に分散的であり、常設の中央統制機関がなければ、各投資家は相互協力協定を破って抜け出す大きなインセンティブをもったかも知れない。しかし、金融系列ではそのようなことは起こらなかった。それは、株式保有の交換に基づく相互信頼関係があったからだけではなく、当初より系列が強力な金融的、商業的、人的なネットワークの中で形成されたからでもあった。各グループは株式相互持合いだけではなく、個別企業がグループ内の金融機関にもつ負債の大きさ、内部の商取引、そして企業間における経営者の相互交流という特徴ももっていた。

先に述べたように、重要な役割——ある種の「接着剤」——は、グループの銀行（メインバンク）によってつくり出された。メインバンクには企業の日常の経営情報がもたらされ（立場としては他の株主と同じであった)、グループの事業に対する主要な融資元としての役割から、経営者の投資に関する意思決定に対して直接的な影響力を行使できた。また、銀行が経営に直接的に介入する場合もあった。最も多かったのは、債務超過に陥った企業を、経営者の交代、追加融資、あるいは従業員を関連する企業に異動させて余剰労働力を処理するといった幅広い行動によって支援したことであった。これらのすべてのことは、日本政府が、株主と債権者がまったく同一のものであることについて何の懸念ももっていなかったから可能であったともいえる。これは、銀行は(債権者兼株主という役割の中で)企業が債務超過になった場合により効率的に介入できることを意味した。メインバンクの重要性は、一九六〇年代後半から一九七〇年代初期の新しいタイプの系列、つまり決して旧財閥の単なる再現——亜種——ではない系列の誕生に果たした役割においても示されている。これらの「新しい」水平的系列の最も重要なものは、芙蓉、三和、第一の各グループであった。それらは、グループ企業の背中を押して一つにまとめるという銀行のイニシアティブによって生み出された。もちろん、その金融機関はその後、新しく構築された系列の「メインバンク」の役割を果たした。

金融系列の主要な機能は、事業規模の拡大を保証したり企業家的な機会を探し出したりすることではなかった。むしろ、系列の主たる目的は、グループ企業内部の意思決定と組織構造の安定性を保証することにあった。水平的な系列は、日本経済に経営者企業を根づかせ、それを維持する強力な手段であることが明らかになった。企業間の株式相互持合いや他の形での相互依存関係は、敵対的買収から企業を防御することだけではなく、経営者の株主に対するある種の自律性をも確実なものにし、内部の階層構造組織は安定したものとなったのである。

象徴的なのは、たとえ日本の法律が取締役会(企業における最高意思決定機関)のメンバーを選任する権利を株主総会時に株主に与えているとしても、取締役会のメンバーが経営者の中から探し出され、取締役に任命された他の取締役会メンバーによって選ばれるという現実である。株主総会は単に取締役会の決定を追認する場にすぎなかった。たとえ取締役会が形式的に経営から独立しているようにみえたとしても、実際にはそれは経営と一体化したものであり、さらに経営陣の最も強力なサポーターでもあった。

会社のトップを任命する時に株主は実際にほとんど何もいわないので、日本企業では経営者は株主に対して限られた方法でしか対応しなかった。経営者が株主に対して優越的な地位にあることの核心には、企業――特に大企業――は株主のものではなく従業員――経営者と労働者――のものであり、ゆえに後者は意思決定と利益配分に関してより大きな発言権があるべきだという、日本で一般的な感情があった。日本社会では、会社を支配するのは株主ではなく労働者自身であり、それは彼らが入社する時（少なくとも重要な部門では）、事実上そのすべての労働者人生をその企業に捧げることに同意するという現実があるからである。

この「終身雇用」という考え方は、少なくとも一九九〇年代初めに日本が経済的困難を伴った負のスパイラルに陥り伝統的モデルの土台が崩されるまで、日本型の労働組織と労使関係を支配していた。終身雇用の保証（グループのある企業が経営困難に陥れば、その従業員は系列内の他の企業に配転される）と年々増額される福利厚生（各企業の水準に従って給付され、従業員の家族にも割り当てられる）と引き換えに、系列に属する各企業は、忠誠心と高い意欲をもった、規律の高い労働力に依存することができた。これは、国際競争において日本の産業が成功した秘密の一つであった。

しかし、金融系列における会社資産の注目すべき安定性と節操のある労使関係は、日本資本主義が必然的に十分規制されていたことを意味するわけではない。水平的グループ間の競争は活発で、それは系列を外部世界と断絶された群島の一つの形であるとみる何人かのアメリカ人とヨーロッパ人研究者の見方とは異なっている。疑いなく、紐帯、伝統、労働慣行のすべては、グループ内取引の成長を促進した。しかし、この関係には経済的な限界があった。上位六つの水平的なグループについてみてみよう。グループ企業同士の取引はそれほど大きくなかった。一九八一年に、グループ内企業への売上高は、製造業企業では二〇・四％、商業企業では七％であった。同じ時期に、購入高はそれぞれ一二・四％と一八・二％であった。

集団で働くのが得意な日本人の感情的傾向は、何人かが予期したように、共同的な行為や競争の窒息死といった事態を招かず、むしろ企業の効率性と競争上の立場を強める信じられないくらい優れた手段であることが明らかとなった。これは、一九五〇年代と一九六〇年代に日本において発展した第二のタイプの企業グループ組織にみることができる。企業系列は、垂直的な企業のグループであり、中心となる企業——たいていは一つの巨大な製造企業——と何十もの（何百まではいかないまでも）関連企業で成り立っていた。関連企業は、商業的な固い関係によってか、ある場合には株式持合いによって関係しているグループ・リーダーが購入する、ほとんどのコンポーネント〔システムの構成品〕や半製品のサプライヤーとして事業を行っていた。

企業系列によって発展した垂直的グループの関係は、日本自動車産業のサプライヤーと自動車メーカーとの間の活動的な繋がりの中にみることができる。メーカーはサプライヤー間の激しい競争から大きな利益を得ていた。というのも、どのサプライヤーも正式な法的契約を結ばずに、より安定した関係を構築したいと考えたからであった。この種の垂直組織は、欧米——特にアメリカ——の自動車メーカーが追及した厳格な統合体と大きく異なっていた。日本の自動車メーカーは、アメリカのメーカーに比べて規模が小さく、ほとんど垂直統合されていなかった。一九八〇年代半ばに、日本の自動車企業は自動車を組み立てるために平均してコンポーネントの約七五％を購入したが、他方でアメリカのメーカーはかろうじて五〇％を購入する程度であった。

垂直グループ――トヨタ自動車

「つくる」よりも「買う」という日本企業の傾向が最もよく現れているのは、おそらく、最終自動車価格の約八〇％（自動車部品、コンポーネント、その他のサービス）を他の企業から購入していたトヨタ自動車[1]の事例である。トヨタの秘密は、サプライヤー組織に加わっている関連企業の巨大なネットワークであった。一九七〇年代末にトヨタは、自社と直接取引する一六八社の一次サプライヤー、一次サプライヤー向けの部品を製造する五四三七社の二次サプライヤー、そして二次サプライヤーに製品を納入する四万一七〇三社の三次サプライヤー（そのほとんどは小規模な家族企業であった）をもっていた。トヨタが定期的に取引を行うサプライヤーと臨時的に取引を行うサプライヤーの数は、どちらも増加した。というのは、トヨタは特定の部品を単一のサプライヤー、あるいは関連企業から購入することをめったに認めなかったからである。多くのサプライヤーは同じ部品を生産する上で、他のサプライヤーと競争せざるを得ない状況に置かれ、これによってトヨタは生産された製品の価格と品質の両方を比較することができた。最も大きなサプライヤーは、アメリカの場合と違い、最終組み立てメーカーの専門化された部門とはみなされなかった。例えば一九八〇年代にトヨタ車体は、トヨタ向けに四〇万台以上の乗用車とトラックを組み立てたが、他方で、自社ブランドで販売する三〇万台以上の自動車も生産した。両社の密接な結びつきにもかかわらず、トヨタ車体はトヨタと長期的な契約を締結しなかった。両社は慣習上のルールに基づいた相互信頼というわかりやすい関係にあった。

長期的な契約を結ばないことは、トヨタにとってリスクではなく、実際にはいくつかの重要な優位性の源泉であった。人件費や原材料費のいかなるコスト増加もサプライヤーが負担する一方で、同時に、トヨタがコンポーネントに対して支払う価格は次第に低くするという暗黙の契約があった。メリットはこれだけではなかった。品質管理はサプライヤーの責任とされ、これがトヨタの成功の中心的な支えであった。トヨタは部品とコンポーネントの検査をする必要がなかったので、有名な「ジャスト・イン・タイム」生産システムを採用することができ、それにより倉庫に少量の在庫を保管するだけでよくなり、生産水準が向上した。トヨタは、購入した部品とコンポーネントが高品質であることを確信できた。なぜなら、コンポーネント製造業者と組み立て部品企業は、世界トップクラスの自動車メーカーという顧客を失うリスクを冒せないからである。サプライヤーはこの関係性にかなり多額の投資を行った。トヨタ関連工場の近くに立地し、工場を建設し、機械を据えつけ、トヨタにとって必要と思われるものを製造するために雇用した大勢の従業員を配置することとさえした。サプライヤーとトヨタの結びつきは非常に密接なものであったので、競争に勝利する道は一つしかなかった。つまり、トヨタによって作られたルールに忠実に従うか、さもなければ特権的な関係を失うという事態を受け入れるか、であった。サプライヤーは、トヨタに対して、トヨタが要求する品質を、トヨタが必要な時に、そしてどれだけ低価格で提供できるか、あるいはもはやトヨタ「ファミリー」のメンバーでないかのどちらかしかなかった。

サプライヤーは、単に「ファミリー」の中に留まるだけではなく、上の階層をめざして上昇することにも必死であった。事実、トヨタの特定の仕様書や計画に基づいて要求通りに部品を製造するサプライヤーと、設計と生産のノウハウをもち、トヨタからアイデアを受け取って部品を設計し、自身で組み立ててラインを設置する能力のあるサプライヤーとの間には、根本的な違いがあった。これらの企業は、次の二つの理由でサプライヤーの階層を上昇することに熱心であった。第一に、高い階層にある企業ほど利益が大きかった（付加価値がより大きかった）からである。その企業が部品やコンポーネントを設計している場合は、特にそうであった。第二の理由は、最も重要なサプライヤーは、多くの異なるシリーズの車種向けのコンポーネントを設計し製造するので、より多くの仕事を受注できたからである。サプライヤーの最大の目標は、自社独自のブランドと流通チャネルをもつ独立企業になることであった。トヨタ車体と日本電装〔現、デンソー〕は二つのすぐれた事例だが、両社はとりわけ非常に専門化したノウハウをもっていた。

親企業がもつ力とサプライヤーがもつ力は均等ではない。自動車生産を行う組み立てメーカーは、代わりの部品供給源を簡単にみつけられることを知っていたし、いつ、どのようなコンポーネントを、どのくらい必要とするかを決めた。それにもかかわらず、サプライヤーもこのシステムのもとでいくつかの重要な強みを手に入れた。それは、より低い労働コスト、監督している特殊な生産段階におけるより高い生産性、そして官僚主義的形式主義に特徴的な硬直性が少ないか、ほとんどない階層的経営組織であった。ヒエラルキーの中に位置づけられている各企業は、ベストを尽くし――最も高い品質をできるだけ低い価格で生産し――、それによってグループ内での地位を維持するか、あるいは上昇しようとした。結果として、企業系列に属する日本企業は、欧米の企業に比べて、予期しない市場変化に対してより高い適応能力をもつことが明らかになった。日本企業のより小さな規模とより高い専門性は、長期間にわたる重要な競争優位へと繋がった。トヨタとトヨタ車体は、この点からみれば、日本の特別な組織が生み出した競争優位の、優れた事例の一つであった。その優位性は、より低いレベルの形式的な統合によるものであり、それはまた、より高いレベルの調整と協調と結びついて、グループが市場と技術の変化に適応することを可能にしたのである。

国家の役割

日本において、国家は多くの産業部門（特に輸出指向型の部門）の競争上のポジションを維持し向上させる上で重要な役割を果たした。通商産業省（ＭＩＴＩ）は、過去の誤りを調査した後で、より選択的な支援基準を採用し、すぐに国際的なレベルでいくつかの重要な成功を収めた。通産省と企業が手を組んで動いた最も重要な事例の一つは、日本の鉄鋼部門の驚くべき成長であった。

戦後の通産省の目標は、当時外国に依存していた、国の再建に必要な外貨を蓄わえることであった。この観点からすると、鋼鉄は繊維のような典型的な輸出品よりもはるかに付加価値が高かったので、戦略的な製品とみなされた。同時に、鋼鉄は日本の再建と向こう何年かの成長の重要な構成要素でもあった。通産省の課題は、鉄鋼産業の発展が日本にとって価値があるかどうかを決めることではなく、むしろどのようにしてこの目標を達成できるか、ということであった。最初のステップは純粋な国内事業と世界の鉄鋼市場を――戦略的な観点から――分離することであった。通産官僚は、グローバル市場を過剰生産のはけ口としてだけみていたのではなく、むしろ日本の鉄鋼産業にとって真の競争の舞台であるとみなしはじめた。しかし、輸出戦略が十分に機能するまでは、国内市場が重要な役割を果たし続けることが必要であった。日本の国内市場は厳しく規制されており、政府によって需要と価格が注意深く管理されていた。通産省のアイデアは、海外で十分競争できるようになるまで、この国内市場を鉄鋼産業が成長するための、ある種のインキュベーターにするというものであった。

日本の鉄鋼産業の経営者に各社独自の投資判断を認めることによって、通産省は経済成長の筋書きを左右した。主要な行動は次の三つであった。第一に、保護主義が一層強化された。価格競争と国内生産の減少を防ぐために、海外からの輸入が禁止された。第二に、企業が経済変動の悪影響を受けないよう、新しい価格維持システムが導入された。最後に、官僚によってつくり出された産業政策のおそらく最も革新的な手段の一つとして、通産省によって生産設備拡大の許認可と過去の成果を結びつけるシステムがつくり出された。

通産省の政策は、一つの大前提に基づいていた。すなわち、長期にわたってコストを低下させ、国際市場でより大きなシェアを獲得する唯一の方法は、より高い水準の生産を行なうことである、という前提である。これは鉄鋼産業の成長にとっても不可欠な前提条件であった。日本企業は、自社の生産水準を高める許可を得るために、熾烈な値下げ競争を行い、工場を最新のものに更新したり合理化したりして、このインセンティブに応えようとした。

鉄鋼産業における投資の意思決定に対する通産省の管理は極めて強力で、少なくとも一九七〇年代まではそのような状態であった。その手段は単純で、国家による非常に精緻に設計された補助金政策であった。新しい生産能力への投資は、日本と海外の両方における市場の需要を勘案して注意深く調整された。戦後直後の一〇年間に通産省は国の補助金を集中し、それをほんの一握りの企業にのみ配分した。例えば一九五一年から一九五六年の間に、補助金の七二％は鉄鋼産業で事業を営む四四社のうちわずか四社に配分されただけであった。しかもそれが実行されたのは、各四社が、通産省が定めた生産性と効率性に関する厳しい要求を完全に満たした後のことであった。

一九六〇年代に、投資決定を誘導する通産省の権限は弱くなりはじめたが、それは決して完全に消滅することはなかった。事実、通産省は鉄鋼会社を支援し、投資の自己調節と調整のシステムを作り上げた。それは「非公式」なシステムで、「月曜会」としてよく知られていた。それは、最も重要な鉄鋼企業の経営者が毎週定期的に集まり、通産省の代表者と会うというものであった。議事録が決して作成されなかったのでいかなる記録も残っていないが、これらの集まりでは価格と投資について議論していたのであろう。通産省は、形式的な新しい立法を通してではなく、むしろ「勧告」を通したコーディネーターとしての役割を続けた。これらの会合における議論の中心テーマは、ほとんど常に、生産能力の拡張であった。これは、市場シェア、既存工場の効率性、そして潜在的な国際的需要に関して通産省が制定した基準に基づいて、他社と協議された。新しい工場を建設する権利を獲得しようとする会社は、自社がすでに可能な限り最新の効率的な工場を操業していることを示す必要があった。これらすべては、鉄鋼産業の経営者に、限界費用の分析を基にした論理――つまり、古い工場の限界費用が新しくてより効率的な工場を建設する費用を下回る限り、古い工場の技術を利用し続ける――を捨てさせた。彼らはレースを始め、どの企業が最も大きくて最新鋭の工場を建設するかに注目した。目標は、短期間のうちに最も利益率の高い企業になることではなく、長期的な視点で生産性を相当高めることの追求にあった。

このシステムの秘密は、通産省がつくり上げたある特別な種類の経済的な環境にあった。そのシステムでは通常、勧告――義務ではない――が用いられた。事実、経営者たちが経営を行う場としてのシステムが与えられれば、唯一合理的な行動は、市場シェアと自社の鉄鋼産業におけるポジションを維持するために、巨額の近代化投資を行うことだけであった。最大規模の企業は、最も急進的な生産合理化を可能にする巨大な工場を絶えず建設していた（一九八〇年前後には、年間一〇〇〇万トンの鋼鉄を生産できる工場がいくつかあった）。これは、短期的なコストに関心を払わず、意図的に旧式化を防ごうとする新設備の竣工によって行われた。これに関する一つの優れた事例は、一九六〇年代の技術変革に対する鉄鋼産業の反応であった。一九六〇年、この産業部門は次の一〇年間に鉄鋼生産を三倍にすることを求めた政府の目標を達成するために、巨額の投資プランを開始した。日本企業は、工場と伝統的な機械設備に対する投資を始めたのである。しかし突然、経営者たちは、工場の理想的な規模がますます巨大化する一方で、製造技術が急速に変化していることに気づいた。同じジレンマに直面した欧米の企業とは異なり、日本企業は最近取得したばかりの工場と機械を解体し、より最新の機械に置き換えることを決定した。例えば、一九六〇年に、一五〇基のマルタン＝シーメンス炉が日本で操業しており、そのうちの半分以上が一〇年以内に設置されたものであった。一九八〇年までに、日本のすべてのマルタン＝シーメンス炉は、より効率が良いと考えられた近代的な酸素転炉に置き換えられた。川崎製鉄はもう一つの事例を提供してくれる。一九六四年、川崎は一九五二年から一九六一年の間に建設された六基の巨大な炉を廃棄し、より近代的な技術に置き換えたのである。

この、取り壊して再構築するという哲学は、日本の鉄鋼産業の際立った特徴となった。一九七〇年代半ばに、日本で第二位の鉄鋼メーカーであった日本鋼管は、五五〇〇万トンを生産していた十分に操業できる工場を取り壊し、新しく年間六〇〇〇万トンの生産能力をもつ、ほぼすべての工程が自動化された工場に置き換える決定を行った。短期間に、日本鋼管は生産量をわずかに増加させるだけの新しい工場の建設のために、二〇年分の投資を無駄に費やした。このような意思決定は、鉄鋼産業の経営者たちが事業を行っていた特殊な環境を考慮に入れた場合にのみ理解できるものである。この産業は保護されていると同時に、競争が激しかった。短期的な利益は、長期的な生産拡大を優先したことから重要視されなかった。その結果は魅力的なもので、かつ明瞭に現れた。一九四三年、日本は八五〇〇万トンの鉄鋼を生産したが、その時アメリカはその一〇倍以上（八九〇〇万トン）の生産を誇っていた。しかし四〇年後、両国は同じくらいの生産量（一億一五〇〇万トン）であったが、違いは、アメリカが国内需要を満たすために二〇％の追加的な輸入をしなければならなかったのに対し、日本は工場の規模と効率性のおかげで、生産量のうち二二〇〇万トンを輸出できたことであった。

すべての企業が同じように通産省の勧告に応じたわけではなかった。例えば、一九五五年、産業家による反対によって国の「国民車構想」が失敗した。この構想には、一社にのみ補助金を与え、三五〇～五〇〇ccエンジンを搭載した低価格車を大規模に生産することが含まれていた。同様の失敗は、一九六〇年代半ばにも起こった。この時の企ては、アメリカの巨大メーカーと競争できるような「ナショナル・チャンピオン」を生み出すために九社の自動車企業を合同させる、というものであった。その同じ期間に、通産省はまた、エチレン工場の増設を中止させることができず、化学産業のこの分野における危険なほど高い水準の過剰生産能力の形成を止めることができなかった。結局、行き過ぎた政府の管理があった産業部門では、日本の大企業は国に反対する方法をみつけることができたのである。

日本の「奇跡」

日本は、まさにアメリカと同じように、経営者資本主義でありかつ競争的でもあった。日本経済は、その最もダイナミックな側面では、生き生きとした活発な競争という特徴をもち、したがって様々な重要な部門で一社か二社が支配している部門をみつけることは稀であった。競争のカギとなる構成要素は、巨大な国内市場——一九八〇年代初めに一億二〇〇〇万人の人口があった——と、文化的な均質性であった。さらにそれは、「取り壊して再構築する」という姿勢によって特徴づけられ、それは一九五〇年から二〇年に及ぶ持続的な急成長をもたらした。企業はその後、印象的な投資キャンペーンを始めた。一九五一年四月、トヨタ（資本金はわずかに四億一八〇〇万円）は工場刷新のための五か年計画を開始し、それには六〇億円のコストが必要であったようである。一九五七年から一九六九年までの間に、東芝グループは家庭用電器分野に参入した日立製作所との厳しい競争を戦う陣容を整えた。東芝は固定資本に

表16-2　5か国における実質国内総生産（GDP）の成長（1953-1987年）

期　間	日　本	アメリカ	イギリス	西ドイツ	フランス
実質GDPの年成長率					
1953-1963	8.28	2.80	2.78	6.22	5.02
1963-1973	9.12	3.83	3.22	4.38	5.15
1973-1987	3.67	2.48	1.63	1.79	2.12
1953-1987	6.63	2.97	2.43	3.85	3.86
購買力平価でみた実質GDPの年成長率					
1950-1960	7.26	1.33	2.27	6.76	3.54
1960-1973	8.45	2.80	2.53	3.59	4.63
1973-1985	2.79	1.27	1.13	1.91	1.47
購買力平価でみた調整済み実質GDPの年成長率					
1950-1960	5.29	2.86	2.71	6.27	3.60
1960-1973	7.29	3.97	2.78	4.05	5.03
1973-1985	2.53	2.16	1.03	2.48	1.97

出所：Hiroyuki Odagiri, *Growth through Competition, Competition through Growth: Strategic Management and the Economy in Japan*, Clarendon Press, Oxford, 1992, p. 235より作成。

対する投資を五六億円から二九五億円まで増加させたのだが、一九五七年の東芝グループ全体の売り上げは約九六億円と見積もられていたことを考えると、それはいくぶん危険な措置であった。同じくらい挑戦的であったのは川崎製鉄の決断で、それは一九五〇年から一九五四年の期間に一八〇億円をかけて近代的な一貫工場を建設するというものであった。もちろん、競争相手である八幡製鉄や富士製鉄が当時行っていたことを参考にしなかったら、川崎は何もできなかったであろう。この成長に対する大きな後押しは、企業家、経営者、そして労働者を取り巻く結合力のある企業文化に起源があった。その企業文化は、戦後期の苦しい紛争のあとで現れてきた。森川英正氏は次のように述べている。

戦後の巨大な産業企業のトップ・レベルの意思決定権者は、内部昇進してきた俸給経営者と創業者であった。両者とも、一九五〇年頃以降、彼らの会社の旺盛な設備投資を主導した。この二つのタイプの経営者に共通していたことは、戦争よりはるか以前の非常に早い時期から、日本の産業企業の中でつくり上げられてきた、ユニークな内部的なスキルのネットワークにおける幅広い経験であった……。一九五〇年頃に日本の巨大産業企業のトップ・マネジメントが、自社の限られた経営資源との釣り合いがまったく取れないような大規模な設備投資の開始を意思決定したとき、彼らは十二分に産業的な成功のロジックと戦略的な意図によって動機づけられていた。これらのトップ・マネジメントたちは、自己鍛錬された経営者、エンジニア、労働者が、競争的な環境において製品特殊的で企業特殊的な能力を改善し、強靭なネットワークを形成し、彼らが導入する新しい設備と技術を進んで受け入れると確信していた……。大胆な投資プログラムを主導したのは、そのような信念であった。(2)

その結果は、鉄鋼、自動車、民生用エレクトロニクス、事務機器、エレクトロニクス部品、データ処理および遠隔通信といった分野における、グローバル・リーダーとしての日本の新しい役割であった。日本はいくつかの産業部門では競争力がなかったが、それはおそらくある部分「文化」によるものであった。例えば、医薬品産業やソフトウェア製造の分野では、協調して働く技量や特殊な技能に加えて、革新を行いクリエイティブであるという能力が決定的に重要であるが、日本はここでアメリカとヨーロッパのライバル企業に負けた。建設、食品産業、製紙、汎用化学品などの産業においては、カルテルの存在と国による競争からの過剰な保護が、マイナスに働いてしまったようにみえる。これらの困難にもかかわらず、第二次世界大戦の敗北に続く何十年かにおける前進の推進力は、ほとんど奇跡のようなものであった。一九五四年から一九七一年までの長期にわたる成長局面において、日本のＧＮＰは年率一〇・一％で成長した。したがって、第二次世界大戦後には一人当たりの所得がイタリアの五〇％しかなかった日本という国が、二〇世紀の終わりまでには、世界で二番目に巨大な経済大国となり、アメリカに次いで高い一人当たり所得を誇ることができたのである。

注

（1）　トヨタ自動車の物語は一九三三年に始まる。その年、繊維産業向けの織機を製造していた豊田自動織機は、新しく豊田喜一郎のリーダーシップの下に自動車生産部門を設置することを決定した（第一二章参照）。

（2）　H. Morikawa, "Japan: Increasing Organizational Capabilities of Large Industrial Enterprises, 1880s-1980s," in A. D. Chandler, Jr., F. Amatori, and T. Hikino (eds.), *Big Business and the Wealth of Nations*, Cambridge University Press, Cambridge, 1997.

第一七章　ハイブリッドなヨーロッパ・モデル

ハーヴァード・プロジェクト

一九七〇年代初めに、ハーヴァード・ビジネス・スクール（ＨＢＳ）の研究部門が、国際比較の観点からヨーロッパの大企業の戦略と組織構造を分析する、野心的な現地調査プロジェクトを開始した。この研究は、二〇年間にわたり経済成長を経験したヨーロッパ諸国（イギリス、ドイツ、フランス、イタリア）に焦点を当てていた。したがってＨＢＳの研究者は、戦後の経済面での「奇跡」の頂点で、大陸ヨーロッパ諸国を観察していたことになる。主要なヨーロッパ諸国は、経済的・社会的観点からみれば、安定的な発展の段階に達していた。各国の産業システムはその時、第二次産業革命の資本集約的産業では、民間企業であれ国営企業であれ、大企業によって構成されており、ヨーロッパの多国籍企業は国際市場で成功裏に事業を行っていた。

ハーヴァード・プロジェクトの目的は、大規模企業の普及が組織的な近代化を伴っていたかどうかを確かめることにあった。この問題を調査するために、研究者たちはヨーロッパの巨大な経営者企業の特徴を注意深く観察し、それらを当時ベンチマークと考えられていたアメリカ企業のモデルと比較した。

研究者は一九五〇年から一九七〇年までの期間を調査し、各国の売上高上位一〇〇社に焦点を当て、それらが採用した多角化戦略（単一事業、集中特化〔例えば自動車企業が採用する戦略〕、関連分野への多角化、非関連分野への多角化）と組織構造（「U型」〔職能部制組織〕、「M型」〔複数事業部制組織〕、そしてヨーロッパ的な特徴として区別されるものを考慮するために、子会社に対する限定された管理的調整という特徴をもつ「持株会社」）によって整理した。プロジェクトの予期された結果は明らかであった。つまり、研究者はヨーロッパとアメリカのビジネス・スタイルは、戦略においても組織構造においても、当然のごとく類似性をもっているだろうと考えていた。

ヨーロッパにおける多角化と複数事業部制の導入

ハーヴァードの研究チームが調査したデータは、大企業の多角化戦略の成功を示しているようであった。そして、多角化と同時に起こった組織構造上の変化は、多くはM型組織への移行であった。一九五〇年に、イギリスの上位一〇〇社のうち四分の一の企業だけが事業を多角化していたが、一九六〇年までに大きな変化が起こった。多角化と複数事業を営む組織形態は急速に広まり、一九七〇年代までに複数事業形態は最大級のイギリス企業の七〇％以上が採用していた。同様のシステムは、ドイツやフランス（非常に伝統を重んじる国として名高い）においてさえ、明らかであった。フランスでは、多角化事業構造を採用している企業は、一九五〇年の六％から、一九七〇年には五〇％以上へと拡大した。ハーヴァードのチームは、イタリアでも一九七〇年代までに、他の国で起こったのと同じ急激な変化を確認した。イタリアでは、上位一〇〇社のうち四八社が複数事業部制組織を採用していたのである。

この変化は、部分的には、経営文化にまで及んだヨーロッパ文化の「アメリカ化」によるものであった。アメリカ化の起源は、第二次世界大戦後の数年間のヨーロッパ経済の近代化と成長の中にあった。ヨーロッパ復興計画（それを提案したジョージ・マーシャル国務長官にちなんでマーシャル・プランとして広く知られた）は、ヨーロッパ各国に経済復興の加速に必要な資源を供給する目的で始められ、ソ連に対する強力なイデオロギーの壁をつくった。一九四八年に始まり四年間続いたこの計画は、機械、工作機械とそのコンポーネント、その他の物資、そして原材料の形で、資金と技術的な資源を大量流入させることをその内容としていた。マーシャル・プランは一二五億ドルをヨーロッパ各国に移転したが、スペイン、フィンランド、そしてもちろんソ連とその支配下にある諸国は、対象国から除外された。そのイデオロギー的、政治的な目的のために、この計画はどこでも歓迎されたわけではなかった。それは、戦間期に設定された貿易、国際金融、そして投資に対する障壁、ならびに大企業間に広まったカルテルと価格協定（第一三章参照）を取り除こうとするアメリカの強い圧力を伴っていたのである。

西ヨーロッパの企業は利益を得た。原材料、物資、機械の流入に加えて、アメリカの技術と科学知識のみならず、アメリカ流の組織の技法に精通するようになった。マーシャル・プランの一部に「合衆国技術援助・生産性代表団」があったが、このミッションの中核的な考え方は、ヨーロッパの産業を、アメリカの製造業者と同じくらい効率的にするというものであった。たとえ予算の点では不十分であったとしても（援助額全体のわずかに一・五％）、代表団はアメリカの技法と実務を普及させることを任務としていた。アメリカ企業の経営者とビジネスマンがヨーロッパを旅行し、組織と管理システムに関する情報を持ち込み、反対にヨーロッパの経営者たちは「アメリカ的なやり方」を学ぶために大西洋を渡ったのである。

広範なアメリカ化プロセスの最初の大きなステップは、ヨーロッパが戦後に急速に回復しつつあり、変化の激しい時代に突入したときに踏み出された。フランスでは、一九三六年に第一次産業に従事する労働者は労働者全体の三七・六％を占めていたが、およそ三〇年後（一九六八年）には、この割合は一五％にまで低下し、他方で産業労働者の割合は三〇％から四〇％にまで増加した。これらの数字は、他のヨーロッパ諸国においても同じようなものであった。一九五〇年から一九七〇年までのGDPの年平均成長率は、イギリスが二・七％、フランスが五・一％、ドイツが六・七％、イタリアが五・八％であった。市場開放と貿易障壁の撤廃――アメリカ化の二本柱――を狙った政策に続いて、一九五〇年から一九七〇年までの期間は、漸進的な市場拡大と、スムーズに機能する国内的・国際的な金融システムの効率性が生み出したダイナミズムによって特徴づけられたのである。

企業は合同戦略を推奨され、それによって規模の経済性から利益を得て、それを新しい工場と生産技術に投資することができた。技術の発展はほとんどすべての産業分野の特徴であったが、自動車と他の消費財、特に合成繊維、プラスチック、エレクトロニクスといったハイテク産業において最も明確にみることができた。ヨーロッパ経済の拡大は、ますます増加する雇用、各国政府による福祉政策の強化、そして何よりも大量生産と大量流通の前提となる購買力の向上を生じさせたのである。

これらの同時発生的な現象によって生み出された活発な市場競争は、ヨーロッパ共同市場（ＥＣＭ）の創設のもととなる二、三の貿易協定によってさらに活発化した。一九五七年のローマ条約締結で生み出された大陸規模の市場の出現は、戦争終了以来、アメリカによって唱道された自由貿易政策の論理的な結論であった。広範に行われたカルテル解体は、ヨーロッパの一番手企業の成長と競争力強化と並行して進んでいった。需要の安定的な成長（質的な点でも量的な点でも）は、既存の生産者に新たな成長の空間を切り開いたことはもとより、挑戦者や、多角化によって成長しようとしていた企業にも機会を提供した。これは、鉄鋼から自動車まで、食品加工から化学、医薬品、ゴムまで、家庭用電化製品と工作機械から大量小売りまで、ほぼすべての製造関連分野に当てはまった。ヨーロッパの経済成長は、初めて統合された大陸経済空間が創出されたことで促進され、ヨーロッパ企業に大量生産を行うのに不可欠な条件をもたらした。労働組織に関するフォード主義の哲学とテイラー主義の作業方法は、ヨーロッパ企業に広くいき渡ったのである。

ヨーロッパ市場の拡大と新しいダイナミズムは、別の結果ももたらした。その一つは、アメリカのヨーロッパに対する直接投資の拡大であった。アメリカ企業は、増大する需要と、ヨーロッパの多くの産業における競争相手の弱さに戦後の数年間は魅了された。ヨーロッパ単一市場の誕生は、このプロセスにおいて重要な役割を果たした。それというのも、いくつかの事例でアメリカ企業は、非ヨーロッパ企業に対して保護主義的な政策がとられる可能性を心配していたからである。ヨーロッパ各国の政府は、外国（基本的にアメリカ）からの投資と技術を引きつけるために、程度に差こそあれ、課税控除とインセンティブを用いた体系的な政策を進めた。ある事例では、これらの政策は知識ギャップを埋めるために使われ、またある事例では、例えばイタリア南部の場合のように、不況に苦しむ地域の工業化と雇用促進に使われた。〔経営史家の〕ハルム・シュレーターによると、一九五〇年のヨーロッパにおけるアメリカの海外直接投資（ＦＤＩ）は世界全体の一五％で、その比率は一貫して大きくなり、一九六〇年には二一％、一九七〇年には三一・五％近くに達した(1)。

しかしながら、アメリカ多国籍企業のヨーロッパ経済に対するインパクトは、資本流入だけでなく幅広い範囲に及んでいた。アメリカ企業は新技術、新製品、新しい組織形態、そしてマーケティング技術をヨーロッパに持ち込んだのである。アメリカ化が進むにつれて、新しい主体が経済的な領域に現れてきた。それは、例えばマッキンゼー社のようなコンサルタント企業であり、そうした企業はクライアント企業に近代的な組織構造の採用を提案し、普及させたのである。

ヨーロッパの巨大な国内企業——それが民間企業であれ国有企業であれ——は、次第に、アメリカ多国籍企業が共同事業や契約を通して技術的なギャップを埋めるのにふさわしいパートナーであることを発見した。ヨーロッパの「ナショナル・チャンピオン」企業は、海外直接投資の流入と内的成長によって、真剣に取り組むべき新たな挑戦、すなわち自分たちの構造的な特徴を、新たな市場が要求するものに適合させるという挑戦に直面することになった。ヨーロッパ企業は、適切な経営者階層を育成し、拡大する事業領域と多角化戦略にうまく対処できるように、既存の組織構造を転換しなければならなかったのである。

逸　脱

ハーヴァードの研究者たちの予想に反して、M型組織の採用は、西ヨーロッパにおいてはむしろランダムに起こった。「真の」複数事業部制組織の採用は、イギリスではほとんどみられなかった。上級経営者が、日常経営のレベルにおいてさえ権限と責任を委譲したがらなかったので、組織再編のプロセスは妨げられた。ドイツでは、ハーヴァードの調査チームは、ちょうどアメリカの経営者が行ったのと同じように、戦略計画の作成に専念する意思と能力をもった上級経営者の中に、異なった行動の傾向を発見した。しかしドイツでは、事業部長の独立性は低く、企業はマーケティングをほとんど重視しなかった。そこにはまた、経営者の報酬と事業部の業績との間にほとんど相関関係がなかったのである。

「ヨーロッパの奇跡」がみられた時期に、株式の所有構造は、国ごとに変化のペースは異なったが、急速に拡散し続けた。イギリスでは、中央集権的な、あるいは統合されたリーダーシップを欠いた、修正されたM型組織が普及した。ドイツでは、有力な同族経営のコングロマリットが、傘下企業に高い自律性を与えていた。柔軟な組織構造はフランスのモデルにより適合的であり、それは強力で広範囲に及ぶ国家のプレゼンスという特徴をもっていた。フランスでは、各企業のトップ・マネジメントは、それぞれ独自に官僚、公務員、そして政治家と繋がっていた。イタリアのモデルは、二つの両極端なものを統合したものであった。すなわち、組織の辺縁部では無秩序が許容され、他方で中心部では独裁的な意思決定が行われた。イタリアでは、持株会社は、同族経営のピラミッド構造にとっての隠れ蓑であり、それは市場から金融資源を獲得する目的で設立された。持株会社により、これらのファミリー・ビジネスは、個人資産に基づく限られた投資によって、グループ全体に対する安定的な支配を維持することができたのである。

ヨーロッパ企業のアメリカ・モデルからの逸脱は、総体としてみれば、所有構造と経営文化における国民的な違いの結果であった。国有と同族所有（第一一章参照）は、所有の高度な集中を表していた。それは、ピラミッド構造、株主契約、株式持合い、複数議決権株（デュアル・クラス・シェア〔議決権の異なる二種類の株式〕の発行）といった支配増強メカニズム（CEM）を幅広く利用して強化された。第二次世界大戦後、イギリスは真に効率的な株式市場をもつヨーロッパで唯一の国であり、イギリス企業の所有者たちは、最終的には自分たちの会社に対する支配を緩めはじめたことは特筆に値する。イギリスはまた、企業の支配権（すなわち企業の株式の過半数支配）売買のための国際市場が、アメリカのやり方に沿って発展することを認めた最初の国であった。

ヨーロッパ的なビジネスの方法は、長い間、独特のスタイルの文化と経営管理によって特徴づけられてきた。アメリカ型のビジネス・スクールは、一九六〇年代にヨーロッパにおいても開講していたが、ほとんどのヨーロッパの経営者は、職業的には決してアメリカの経営者とは比較できるものではなかった。ヨーロッパのトップ・マネジメントの多くは、「ソフト・スキル」〔技術的技能ではなくリーダーシップなど対人的な技能〕を著しく欠くことで身動きが取れなくなっており、そのせいで経営者たちは長期戦略を構想することに困難をきたしていた。これは、経験上の証拠よりも学術的な理論に傾斜したヨーロッパの教育訓練システムによるものであった。ヨーロッパの主要企業のリーダーたちは、各社の日々の経営に忙殺される傾向にあったが、これがしばしば彼らが長期的な計画を策定し、会社の全事業部を管理する能力を制限することになった。さらに、ハーヴァードの調査チームは、ヨーロッパの経営者は、事業の生産面に重きをおいていてマーケティングにはあまり関心がないことも発見した。

アメリカ・モデルとヨーロッパ・モデルの違いは、それぞれの地域における生産専門化のパターンの違いからも生じた。ヨーロッパ企業が技術的なスキルと労働集約型産業に重点を置くことは、所有のパターンおよび多角化戦略と密接に関係していた。ドイツ企業の平均的な規模は、一般的にアメリカの同等の企業よりも小さかったので、同族や個人は容易に企業を経営することができた。一九七〇年代初めの時点で、最も大きなイギリス企業の売上高は、最も大きなアメリカ企業のそれの半分以下で、ドイツとイタリアではその割合は五分の一、フランスではわずかに一〇分の一であった。国内市場の大きさがいまだに問題ではあったが、グローバル化が進展すれば、それはヨーロッパ企業にとってそれほど大きな制約とはならなかった。

一九八〇年代の分水嶺

所有構造、平均的な企業規模、組織パターン、そして経営者の役割と能力といった点における大陸ヨーロッパ企業の特異性にもかかわらず、複数事業部制組織の採用がヨーロッパで漸進的に進み、それはハーヴァードの研究者たちが調査を終えるのとほぼ同時に、急速に進展しはじめた。皮肉にも、ヨーロッパにおけるM型組織の一般的な採用は、――第一四章で述べたように――アメリカ企業が自社の競

表17-1　組織構造，戦略，所有で分類した企業の割合

（単位：%，企業数は社）

	フランス		ドイツ		イギリス	
	1983	1993	1983	1993	1983	1993
複数事業部制でない	31.1	24.2	43.3	30.2	10.6	10.5
単一事業	24.3	19.7	18.3	12.7	6.7	4.5
集中特化型事業	18.9	21.2	18.3	9.5	22.7	13.4
関連分野への多角化	43.2	45.5	43.3	52.4	54.7	56.7
非関連分野へ多角化	13.0	13.6	20.0	25.4	16.0	25.4
銀行所有	5.4	13.6	18.3	20.6	0.0	5.9
政府所有	28.4	24.4	10.0	9.5	6.7	1.5
個人所有	44.6	42.4	53.3	46.0	8.0	4.5
企業数	74	66	60	63	75	67

注：所有に関して，フランスとイギリスは実質株主および名目上の株主を含み，ドイツは代理株を除く。

出所：M. Mayer and R. Whittington (2004), "Economics, Politics and Nations: Resistance to the Multidivisional Form in France, Germany and the United Kingdom, 1983-1993," *Journal of Management Studies*, 41(7), p. 1070より作成。

争戦略を再考し、多角化の程度を低くしようとしはじめていた、ちょうど同じ時期に起こったのである。多角化の見直しは、特に多角化戦略からコングロマリット戦略へと転換したアメリカ企業に当てはまった。

一九八五年から一九九五年という時期のイギリス、ドイツ、フランスにおける最大企業一〇〇社に関する比較研究を行ったリチャード・ウィッテイントンとマイケル・メイヤーによれば、それらの国では複数事業戦略の注目すべき増加がみられ、特にコングロマリットの論理でその戦略を採用した企業が増加した。単一事業戦略、あるいは集中特化戦略をとる企業の数は減少した。ウィッティントンらによる発見は、一九七〇年代にハーヴァードの調査チームによって発見されたパターンを補強するものであった。多角化戦略と複数事業部制組織の採用は、国によってかなり違いがあるにもかかわらず、企業の中で優位を占め続けた。イギリスでは、多角化は特に一九九〇年代半ばに顕著となった。上位一〇〇社のうち三分の二近くの企業が関連分野に多角化しており、二四%の企業は非関連分野に多角化していた。二五年前には、これら二つのカテゴリーの割合は、それぞれ全体のサンプルの五七%と六%にすぎなかった。組織的な観点からみれば、多角化戦略の広がりはM型組織の採用に映し出さ

れる。一九九三年においてそれは、イギリス最大企業のおよそ九〇%が採用していた。

ドイツは同時期に異なった傾向をみせた。多角化戦略はドイツでも人気で、とくにコングロマリットの形成に重きが置かれていた。しかし、ドイツ企業は持株会社の構造をもつU型組織を採用する傾向にあった。

フランスは、あまり多角化しない戦略への固執（一九九〇年代半ばにおいて最も影響力のあるフランス企業の三五%は単一モデルあるいは集中特化モデルに基づく戦略をとり続けていた）、あるいは多角化の伝統的なパターンという、異なったパターンをもっていた。フランスでは、職能的な組織構造はもはや使われなくなり、M型組織あるいは、程度ははるかに低いものの、持株会社に置き換えられた。

ハーヴァードの研究プロジェクトに含まれていたが、ウィッティントンらの分析には含まれていなかったイタリアでは、主要な企業は、一九七〇年代の経済減速に対して、不採算事業の再構築と売却で対応した。しかし、このプロセスは多角化への傾向を止めるものではなかった。それは、借入金を梃子にした高度な政策を用いた、攻撃的な財務戦略を採用することで加速された。一九九〇年代の民営化の動きの中で、いくつかの最も影響力のあるイタリア企業は、利益率が最高度に高い国有事業を購入することで事業を多角化した。この戦略とともに、M型組織が徐々に導入された。イタリアの上位一〇〇社のうち関連分野への多角化と非関連分野への多角化の両方の戦略を採用した企業は、一九七八年の四七%から一九八八年の六一%、そして一九九八年の六五%へと増加した。同じ期間にM型組織構造をもつ企業は、全体の四九%から六〇%へと増加した。その間、U型構造をもつ企業の数は減少し（U型は一九七八年には四〇%の企業が使っていたが一九九八年には三二%になった）、他方で持株会社は人気を博し続けたのである。

「アクティビスト国家」

前述のように、ハーヴァードの研究員たちが明らかにしたもう一つの重要な特徴は、主な企業の所有パターンに関することであった。同族や金融機関と一緒に、ヨーロッパの国家は、製造分野においてもサービス分野においても、企業の所有者として直接的にかかわっていた。戦間期の介入主義政策（第一一章参照）は、事実上、戦後も続いていた。一九五〇年代と一九六〇年代にヨーロッパのほぼすべての国で安定的な成長がみられた間に、直接的な所有は、民間部門で広まっていた計画化と集権的調整の傾向と結びついた。西ヨーロッパの「アクティビスト国家」は、復興期末に経済介入という大掛かりなプログラムを開始した。そこでは「ソフト」な手段が広く用いられた。国営金融機関による信用供与、他にも補助金、購入の発注、そして課税控除が用いられた。時には、これらの政策が外国資本を引きつけ、その国に投資を行わせるよう運用されることもあった。イギリスとフランスでは、「鉄のカーテン」の向こう側にある東ヨーロッパの計画経済で用いられたものとよく似た産業政策が実行された。その有力な一例は、フランスの計画委員会である。この機関は一九四六年にフランスの有力政治家ジャン・モネのリーダーシップにより設立されたもので、復興作業を調整し、フランス経済の近代化を促進することを目的としていた。

国家の介入――主に公共部門による投資という形をとった――は、様々な方法で正当化された。その中には、需要と雇用を維持するためのケインズ主義的な景気循環対策もあった。多くの産業、特に資本集約型で技術集約型の産業では、公共部門はすぐに民間企業の主要な顧客となった。また、国有企業（ＳＯＥ）と公共機関は、西ヨーロッパの「混合経済」のもう一つの際立った構成要素となった。部分的に――あるいは多くの場合より全体的に――政府の管理下に置かれていたこれらの企業は、近代経済にとって不可欠とみなされた産業――例えば鉄鋼、エネルギー、遠隔通信、そして輸送――で重要な役割を果たした。公共部門の貢献は、カギとなるインフラストラクチャーの実現と運営にまで及び、さらにまた国の固定資本形成にまで及んだ（それはいかなる事例においても大きく、一九五〇年代後半から一九六〇年代半ばまでの主要なヨーロッパ経済において平均で全体の三〇〜四〇％に上った）。いくつかの推計によると、国家はまた、研究開発（R＆D）の促進でも中心的な役割を果たした。国営企業の研究所を通して、ヨーロッパの各政府は、各国の研究開発予算のほぼ五〇％を資金提供し、技術の進歩に重要な貢献をした。

国営企業は、多くの場合、民間の資産を国有化した結果生じたものであった。国有化政策は、戦後、ヨーロッパ各国に急速に広まった。イギリスでは労働党が一九四六年に大規模な国有化プロセスを開始し、炭鉱、運河、鉄道などがその対象となった。電力もすぐに国家の管理のもとに置かれるようになった。一九四八年には鉄鋼、空港、航空、そして高速道路が国有化され、そして最終的にはイングランド銀行、ＢＰ〔ブリティッシュ・ペトロリアム。石油会社〕やロールス・ロイスといったフラッグシップ企業までが国有化された。フランスも同じ道を進んだ。一九四七年以降、ほとんどすべてのエネルギー関連部門――石炭、ガス、電力――が公的に所有されるようになった。主要な銀行も保険会社も同様に国有化された。国有化は引き続き進められ、国は航空輸送、鉱山、そしてルノーのようなナショナル・チャンピオンも接収した。国家による所有は、程度は低かったが、ドイツにおいても同じように存在した。一九五〇年代の初めに、ガス、アルミニウム、電力、自動車、そして鉄の大部分は、国家によって直接的・間接的に管理された企業によって生産されていたのである。

イタリアとスペインでは、戦前に巨大な国有企業がつくり出された。イタリアには産業復興公社（I

RI、一九三三年)(第一一章参照)が、スペインには国家産業公社(INI、一九四一年)が設立された。両公社は、ほぼすべての製造部門の公的に所有された株式を管理しはじめた。戦後、両国ではこれらの国有コングロマリットは引き続き活発に活動を続けた。イタリアでは、IRIが鉄鋼部門と造船部門の生産物の大部分を生み出しており、電力と重機械においてはかなりの市場シェアを占め、同時に、イタリアの主要銀行を管理していた。IRIはさらにその活動を機械設備と自動車、セメント、高速道路、電話の各分野において様々な方向へと拡大させた。エネルギー分野では、一九六二年に電力産業全体を国有化する以前に、イタリア政府は、天然ガスと石油精製の分野において垂直統合されたエネルギー・グループである炭化水素公社(ENI)の創設を支援したのである。ENIは一九五三年にカリスマ性をもった公務員で、以前は企業家で、さらにキリスト教民主党のパルチザンであった、エンリコ・マッティのリーダーシップのもとで操業を開始した。スペインでは、国家が鉄鋼から造船まで、化学から自動車まで、ほぼすべての資本集約型産業に対する支配権を握っていた。銀行部門も国営であった。国家による所有は、スカンジナビア諸国からポルトガル、ギリシャまで、ヨーロッパのより小さな諸国でも増加した。

そうしたヨーロッパ諸国における国家所有の広がりは、明らかに、ヨーロッパの大企業の戦略、行動、そして組織選択にインパクトを与えた。景気循環対策を追求する手段として、国営企業は自社の競争戦略を、効率性と社会的目的を折り合わせる方向に向けなければならなかった。同じことは、組織構造に関してもいえた。それは権力の集中と、時に非常に巨大なコングロマリット経営とをバランスさせるよう設定しなければならなかった。これが、ほとんどの場合、H型組織(持株会社)の幅広い採用へと至ったのである。

ヨーロッパにおける「国家の企業家精神」の存在は、一九五〇年代以降、およそ三〇年にわたって着実に広まった。外部からの圧力と内部の非効率（これについては後の章でより詳しく分析する）がこの巨大な国家所有の複合体をむしばみはじめるのは、一九八〇年代初めのことであった。ドイツは早い時期から国有企業を排除していたが、他のヨーロッパ諸国は一九八〇年代までそのようなことはしなかった。しかし、八〇年代初頭以降、民営化が広まったが、それは国家が経済に介入する戦後政策を正式に開始した国、イギリスから始まった。フランスは八〇年代後半以降それに続き、その後一九九〇年代初め以降、イタリアとスペインも進路を変えたのである。

民営化のプロセスは国ごとに異なり、結果的に、国営企業と他のヨーロッパ企業の戦略、わけても組織と所有の構造に異なるインパクトを与えた。ヨーロッパにおいてこのプロセスは一五年近く続き、いまだ完了していない。民営化は、そのプロセスが開始された時に政府がもっていた制約条件によって、異なる方法で進められた。イギリスでは、民営化政策によってアメリカ型の公開企業が出現した。株主の中で、機関投資家（保険会社、年金基金、投資信託）の影響力が強まった。一九六三年に機関投資家はイギリス上場企業の資本の約三分の一を支配していたが、二〇〇〇年までにそれは五六％にまで上昇した。機関投資家の所有の広がりは、イギリスの事例をアメリカの事例とわずかに異なったものにしている。イギリスでは、企業とその経営者に対する支配は、非公式なチャネルを通して数十のファンド・マネージャーによって行使され――過去においても現在においても――、株主総会に対する直接的な影響力を通して完遂された。所有と経営のイギリス・モデルは、所有権の集中を、経営に対する厳格な支配と株主価値最大化の重視と組み合わせたものであった。

フランスでは、民営化政策が保守政権のもとで実行される一方で、所有と経営のモデルはわずかに部分的に変化しただけであった。一九八六年から一九九三年の間に銀行システムが民営化され、次いで製造とサービスの分野で民営化の第二の波が起こった。イギリスと違い、フランスは当初から「ソフトな」民営化プロセスを選んだ。フランスの狙いは、戦略的な産業と資本集約型の産業における外国所有の回避にあった。したがって、民営化のプロセスは、経営を安定させ、保護し、そして戦略的な意思決定を行うために、金融と産業に精通している信頼できるフランス人投資家の「コア」――中核株主と呼ばれた――を都合よく選んで実行された。その結果、所有権の集中パターンは継続した。フランス政府は、主に自然独占分野やあるいは戦略的産業において、かなりの数の巨大企業に対する支配を維持し続けることができたのである。直接的に、あるいは民間の企業家を媒介に、これらの企業は非公式な関係を通して主な政治リーダーと結びついている。

イタリアでは、民営化の主な目的は公開企業をつくることではなかった。事実、多くの企業は内々の取り決めによって個人、同族、あるいは外国のグループに売却された。一九九〇年代を通して、イタリア型資本主義の伝統的な特徴は、少なくとも民間企業においては、本質的に無傷のまま残った。今日でさえ、持株会社を頂点とするピラミッド型のグループ組織は、上場していても非上場であっても、大企業では一般的である。このことは、集中的な所有という一つのモデルに向かうイタリアの傾向を裏付けている。

ほとんどのヨーロッパ諸国における民営化に向かう強い流れにもかかわらず、国家は多くの産業で重要な役割を保持し続け、会社資産の所有者あるいは管理者としてふるまった。国家は「黄金株」――つまり、特別扱いされた国家の持株で、企業経営に影響を与える時に利用できる特別な権利を付与されている――のような支配強化メカニズムを使い続けた。最近の研究によると、二〇〇〇年の時点で、経済協力開発機構（ＯＥＣＤ）加盟国の多くは、それまでに民営化された企業の六〇％以上に対して支配権を保持していたのである。

一つの「ヨーロッパ株式会社」？

所有と経営を理解することは、戦略と組織構造の動態を説明する上で極めて重要である。株主と主な企業管理者は、戦略、組織構造、そして企業の効率性に影響を与え、したがってまた、一国の経済システムにも影響を与えるのである。ビジネス組織に関する過去の理論は、多角化戦略とは対応しない三つの所有のタイプ、すなわち個人・同族、銀行、そして国家が存在すると主張した。

これらの理論は、個人と同族は、M型組織に特徴的な分権化や権限の委譲に抵抗する傾向があると考えた。多様化に伴う複雑な組織の管理は、同族経営企業の能力を超えていると考えられたのである。定義によれば、複数事業部制組織は、内部に資金と資源の市場をつくり出し、それは事業部間における内部価格移転、資本の配分、そして金融的な流れを通して機能している。このような構造は銀行に対抗するものであり、銀行が企業に対する資本割当を独占できないようにするものであると考えられた。最後に、国家――大陸ヨーロッパでは歴史的に重要な所有者兼管理者――は、M型よりもU型組織と持株会社（密接な管理を強化する）を選好すると考えられてきたのである。

しかしながら、現時点での状況は、そのような理論に異議を唱えているようにみえる。今日のヨーロッパで普及している企業の組織構造は、かなり集権型であり、個人、銀行、国家による管理が混在しており、これは最も巨大なヨーロッパ企業で広まった多角化戦略と結びついている。

所有の集中が業績に与える影響は、あまり明確ではない。いくつかの研究によると、その影響は明らかに肯定的なものであり、株主が重役室で活動している同族や個人である場合は、特にそうである。これは、同族ベースの経営モデルの非効率性に関する従来の見方に重大な疑問を投げかけるものである。

図17-1　「ネオ・アメリカン・モデル」における市場の役割

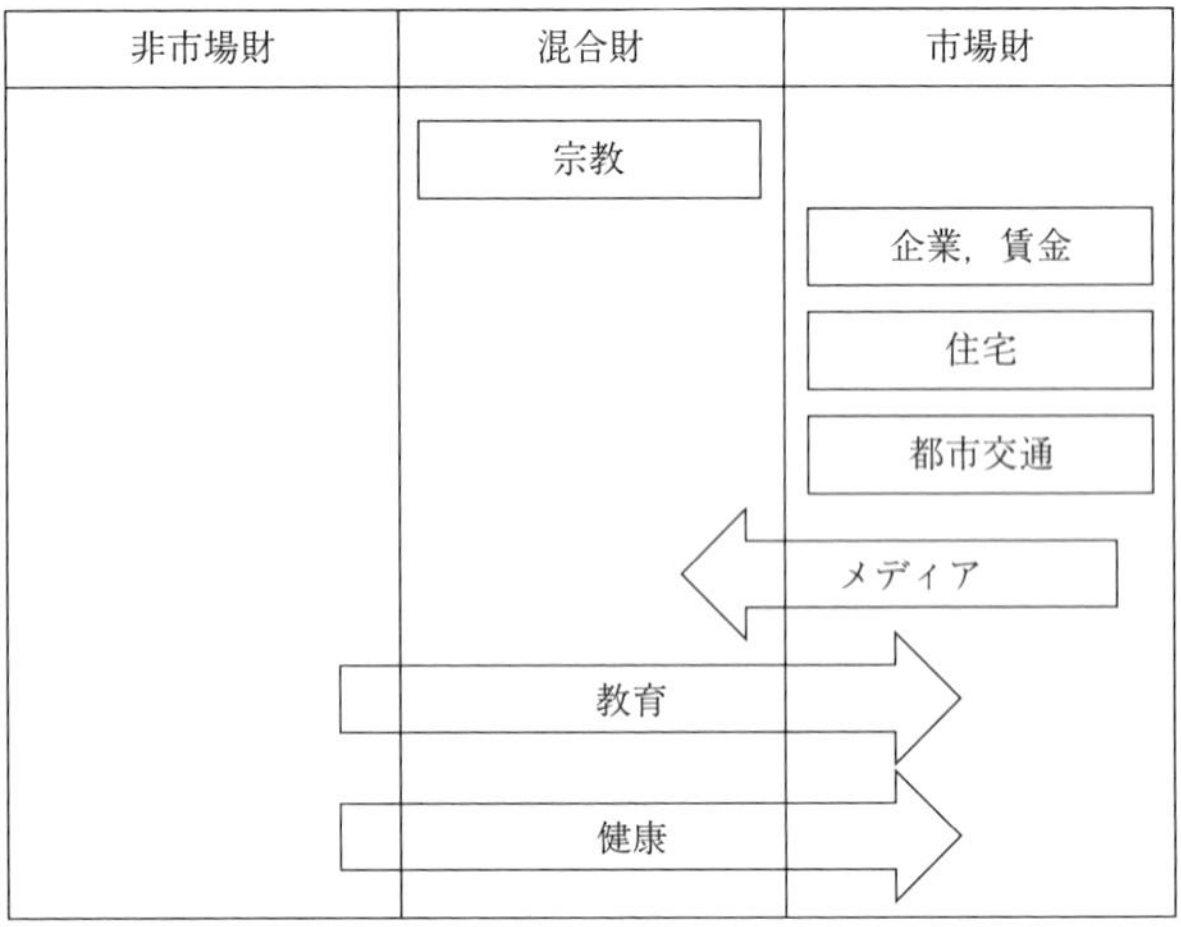

出所：Michel Albert, *Capitalism against Capitalism*, Whurr Publishers Ltd., London,1993, 102ページ。

図17-2　「ライン・モデル」における市場の役割

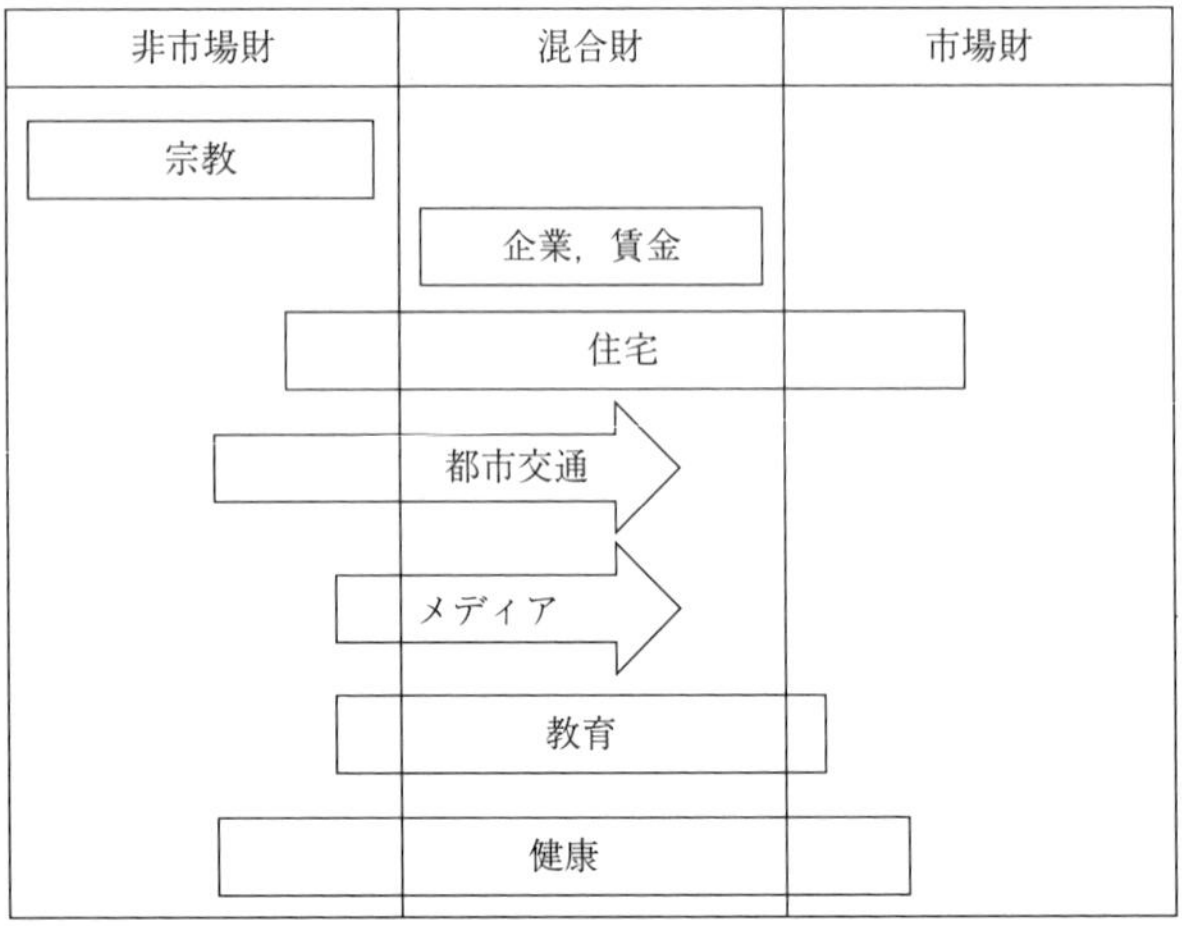

出所：図17-1に同じ。

適切な規制の枠組みの欠落が、ヨーロッパ企業の効率性を低下させている、と主張する者もいる。彼らの説明によると、企業はその株主、特に少数株主に十分な配当ができるほど価値を創造することが難しい。この種の理論は、多角化戦略、複数事業部制組織の採用、そして企業レベルと国民経済システムのレベルの肯定的なパフォーマンスとの間の直接的な関係を信じている人々を納得させられないでいる。ヨーロッパの経験から得たデータは、その特徴的な組織構造の相対的に高い効率性を説明する理論を補強するようにみえる。五〇年以上のちに、新しい組織形態を説明するのに十分な「制度的なつむじ曲がり」（ウィッティントンとメイヤーが作り出した用語）といったものはない、ということが真実になるかもしれない。しかし、ヨーロッパの経験は二つの事柄を示している。第一に、企業の「国籍」が重要な意味をもつ。多角化と複数事業部制組織は、たとえ人気があるとしても、常に最も効率的な戦略と組織というわけではない。単一事業に集中している企業は、高度に多角化した企業と同じくらい効率的にみえる。第二に、歴史はヨーロッパの多角化モデルとヨーロッパの経営モデルのはっきりとした存在、したがってはっきりと成功した多様なタイプのヨーロッパ企業の存在を裏づけているようにみえる。

これらのタイプのうちの一つは、複数事業部のネットワークである。この事例においては、M型組織は小規模でアグレッシブな「企業家企業」の連邦体に置き換わっている。スウェーデン企業アセア・ブラウン・ボヴェリ社（ABB）の事例では、巨大な企業規模も多角化の程度も重要ではなかった。同社は巨大であり、多角的でもあった。しかし、その成功は同社の経営者が設計し、発展させた独特の組織構造によるものであった。ABBは、ダイナミックに進化を続ける市場で成功しているようにみえる多数の企業家的な組織の集合体である。アメリカでは、シリコン・バレーの事例がこれに当てはまる。これはたしかに、ヨーロッパ・ビジネスの他の特異性と同じく、将来の波になるかもしれない。

ヨーロッパには、チャンドラー理論が分析対象とする、巨大で多角化されたM型企業が多数存在する。

しかしまた、企業の形態については多くのヨーロッパ的な変種も存在する。「ヨーロッパ型大企業」の特異性は、大量生産方式に代わるビジネス・システムが（国によって程度は異なるが）継続されたことにみられる。それは、産業集積とローカルな生産システムであり、特定地域に相当多数の小企業が集合しており、それぞれの小企業は生産プロセスの一つか、あるいは二〜三の工程を行うことに特化しているという特徴をもつ。企業家精神の広がり、「取引費用」の低減を実現する社会的結合の強さ、そして高い柔軟性と創造性という特徴をもつ産業集積は、産業、地域、そして国の経済的パフォーマンスの維持に重要な役割を果たしてきたのである。

おそらく、この点で最も重要な事例は、イタリアである。特に東北地域と中部地域において発達した産業集積は、イタリア大企業の経営不振にもかかわらず一九七〇年代に達成されたイタリア経済の相対的に高いパフォーマンスの基盤であった。柔軟な小企業と分散された生産プロセスに基づく産業集積の構造は、特に専門化された、カスタマイズされた製品——機械や工作機械——、あるいは個人向け製品（履物から繊維製品まで、宝石から革製品まで）や家庭向け製品（タイル、家具、陶磁器）に向いていた。産業集積の生産専門化は、このようにして国の「競争優位」に大きな影響を及ぼした。イタリアの競争優位は、一九七〇年代以降、ますます「メイド・イン・イタリー」製品に基盤をおくようになり、その製品はイタリアの輸出の大部分を占めたのである。

非公式な協調という性質をもつイタリアの産業集積が、ヨーロッパのビジネス・システムの一つの際立った特徴だとすれば、第二次世界大戦後の何十年間かのドイツの特徴ある協調的資本主義の重要性も認めなければならない。ヨーロッパ最強の経済の柱は、ユニバーサル・バンクによって行われる調整機能と、「共同決定」（すなわち、従業員二〇〇〇人以上の企業であれば労働者の代表がその企業の監査役会に出席する制度）として知られる、ある種の協調的な労使関係と一緒になったビジネスの連合体である。ドイツ資本主義（高度に熟練した労働力に依っている）は、二〇世紀初頭と同じように、特に重機械や化学のような産業部門において、輸出指向性を維持している。たとえドイツ企業が情報化時代やバイオテクノロジーへの重点移動に即応せず、第二次産業革命期の産業に執着したままであったとしても、ドイツはすでに一九五〇年代末に主要な国有企業（フォルクスワーゲンが好例）から解放されたことを認識しなければならないのである。

ヨーロッパのハイブリッドなビジネス・システムは、このようにアメリカ・モデルに対する非常に興味深い代替案であることを示している。それはちょうど日本のシステムが一つの代替案であるのと同じである。これらのモデルはそれぞれ、際立った強みと弱みをもっている。明らかに重なり合うのは、以下の点である。すなわち、ヨーロッパのアメリカ化は、競争相手であるアメリカ企業によく似た多くの企業を確実に生み出した。しかし相違点は残存し、しかもそれが重要な意味をもっていた。H型組織は消滅しなかった。M型組織は複数事業部によるネットワーク組織の成功を抑えなかった。国家は経済から手を引いたが、国有企業が民営化され、伝統的な規制が緩和された時でさえ、その力を完全に放棄することはなかった。ヨーロッパ人は、このような結果を十分高く評価することができる。特に、アメリカから世界へと広がった二〇〇七～二〇一〇年の大不況以降、特にそうである。「画一的な政策」は企業にとって、あるいは個々の企業家にとって、あるいは国民経済にとって、常に良策であるとは限らないのである。

注

（1）H. Schroter, *Americanization of the European Economy : A Compact Survey of American Economic Influence in Europe since the 1880s*, Springer, Dordrecht, 2005.

第一八章　異なる「キャッチ・アップ」戦略——韓国とアルゼンチン

一九七〇年代末までに、「第三世界」という表現は、西側諸国でもなくソ連共産主義ブロックにも入っていない諸国を描写するには、もはや適切なものではなくなった。これらの国は、かなり異なった道を進んだために、一つのカテゴリーにまとめることはできない。数多くの人にとって、社会主義モデルは、幸福と社会的な自由をとうてい保証できないということが、次第に明らかとなった。同様に、高価な天然資源を保有する幸運に恵まれるだけでは——石油輸出国機構（ＯＰＥＣ）諸国の場合のように——、安定的な繁栄を保証するには十分でなかった。そして、赤道アフリカやインド亜大陸の地域には、人口と利用可能な資源との間の不均衡に苦しむ国々があった。他の国々、例えばラテン・アメリカ諸国は、当初は離陸のサインとして現れた束の間の成長局面が生み出した社会政治的な混乱に、いまだに苛まれ続けている。同時に、韓国、台湾、香港、そしてシンガポールといった極東の小国が、独自のスタイルで経済成長を始めた。それは、グローバル市場に適合する形で、政府の介入と競争をミックスしたものであった。極東の小国の経済発展は予期しないものであった。それというのも、多くの人たちは、アメリカがインドシナ半島で敗北（一九六〇年末に始まり七五年のサイゴン陥落で終結したヴェトナム戦争）した後、これらの国々はすべて「ドミノ効果」によって、抑えることのできない共産主義拡大の犠牲になるだろうと考えていたからであった。

表18-1　農業およびグローバル経済への統合

	1960		1990	
	アルゼンチン	韓　国	アルゼンチン	韓　国
農業と漁業の重要性				
GDP に占める割合（%）	16.6	39.9	6.7	8.3
雇用に占める割合（%）	15.2	75.6	12.0	18.0
輸出に占める割合（%）	66.3	30.5	27.3	2.6
GDP に対する割合				
輸出	10.2	3.4	10.0	37.6
輸入	11.3	12.7	13.7	41.5
輸出＋輸入	21.5	16.1	23.7	79.1

出所：Mauro Guillén, *The Limits of Convergence*, Princeton University Press, Princeton, NJ, 2001, p. 34より作成。

多角化の研究を進める中で、本書は、韓国とアルゼンチンに目を転じたいと思う。この両国は当初、ゆっくりと近代化の道を歩みはじめ、資本主義の中核的中心地の周辺部に明らかに位置していた。その後両国は、二〇世紀の後半にまったく異なる経済パフォーマンスを示すことになる。韓国は、一九九〇年代半ばまでに、各産業部門の競争力のあるナショナル・チャンピオン企業を土台に、生産性の高い安定的な経済をつくり上げた。片や、アルゼンチンは、経済的な成功と衰退の局面を交互に経験し、長期的な視点でみると、強力な産業部門の創造に失敗したのである。

このような対照的な結果にもかかわらず、両国はいくつかの点では似ていた。第一に、国内市場が固有の特徴を有しており、その規模も限られている状況下では、規模の経済性をほぼ利用できず、大企業は多角化したグループ形態をとらざるを得なかった。第二に、両国には独裁的な政治体制があり、政府は経済的資源を糾合し、それをいかなる反対も受けることなく自らが選択した方向に導いていく権力をもっていた。しかしながら、選択の方向は異なっていた。政府の経済政策も、大企業のグループを管理する方法も大きく異なっており、これが両国のパフォーマンスの違いを理解するうえでカギになる。

韓国

二〇世紀に急速な経済発展を実現したアジア諸国の中でも、韓国（マサチューセッツ工科大学［MIT］教授アリス・アムスデンは「アジアの次の巨人」と表現した）は実に際立っている。一九四五年までは日本の植民地であり、天然資源のない国である韓国は、戦後直後の時期には成育不全の産業部門を抱えていた。最大の工場は朝鮮半島の北部に集中していたが、そこは国土から切り離され、共産主義政府に支配されるようになった。北朝鮮の侵攻に続く戦争（一九五〇年から始まり五三年に休戦した朝鮮戦争）は、南部における発展をさらに遅らせた。それにもかかわらず、一九七〇年代までに、韓国は輸出拡大を効率的に進めると同時に、輸入と海外直接投資の制限を目的とした一連の経済政策を実施し、経済成長を経験しつつあった。何とかして経済成長を始動させせようとはしたが、韓国のリーダーは低い労働コストが優位性となる労働集約型の軽工業部門に資源を集中するという選択はしなかった。この種の優位性は中長期的には消えてしまうことを認識していたので、韓国はより困難なアプローチを採用したのである。韓国はまた、結果的に経済と社会の構造が不安定化してしまうかもしれないインフレ誘発政策も拒否し、さらに、外国企業の大規模な誘致を選択しないことも決定した。それは、経済発展を急加速させるが、韓国の独立意識と国のプライドを害するという危惧があったからである。一九五〇年代には多国籍企業に対する強い敵意があったので、外国企業は現地企業のパートナーとしてしか韓国に進出することを許されず、また少数の株式所有しか許されなかった。

軍に支えられた独裁国家は、国民が比較的に平等主義的な富の分配政策に満足しているようにみえるという理由もあって、前記のような厳しい選択をすることが可能であった。アルゼンチン政府と違い、韓国政府は企業家の役割を引き受けたり、政府が直接的に介入することはほとんどなかった。韓国唯一の国営産業企業は、浦項総合製鉄（ポスコ）であった。直接介入する代わりに、政府は民間産業の支援を狙った一連の取り組みに専念し、企業には補助金を与え、高関税を適用して企業を保護し、有利な条件で信用を供与した。さらに労使の紛争も抑制した。それと引き換えに政府は、韓国企業に対して、工場を最高レベルの国際標準に準じて建設すること、そして輸出市場で成功裏に競争するために規模の経済性を実現するよう努めることを求めたのである。

たとえ汚職事件が起ころうとも、韓国政府は強力な官僚制を通して管理を行った。それは外部グループからの圧力を受けず、特に外国での販売に関して設定された目標という公約に、企業を従わせる能力を有していた。事実、設定された実績目標を達成できなかった企業は補助金を停止され、有利に設定された保護手段をすべて解除された。韓国は当初、航空輸送、特殊化学品、あるいは遠隔通信といった草分け的な分野には力を集中させなかった。韓国はこのような分野では重要な経済的資源をもたず、あるいは適切な技術的・科学的ノウハウも保有していなかった。それに代わって、韓国は高度に資本集約的で理解しやすい技術が用いられている分野に力を集中した。そうした分野には、自動車、造船、セメントなどがあった。

韓国は、工場における生産の発展段階と、労働の質に特別な注意を払った。官のリーダーも民のリーダーも、韓国は発展に必要なすべての技術を輸入しなければならないが、すぐに使えるような状態で輸入できないことを理解していた。技術輸入を行うために、大量の資源が専門技術者と労働者の訓練に投資された。結果として、韓国の労働者は、世界でも最高度の訓練を受けた労働者となった。管理的な役割を引き受ける意思をもった若いエンジニアはすべて、工場内で長期間の見習いをすることが求められた。

ここまでは、韓国における国家と企業との関係だけに的を絞ってきた。次に企業グループであるチェボル〔韓国の財閥〕に視点を移そう。チェボルはオーナー家族によって支配されており、たいていのオーナーはマネジメント階層と力を合わせて経営に当たっている。日本の系列と同じように、チェボルは事業を非関連分野へと多角化したが、日本の場合と違い、韓国の法律はグループが銀行を保有することを禁じていた。金融機関は公共の財産と考えられており、これは国家が信用政策の手綱をしっかりと握る手段でもあった。多くの後進国の場合と同じように、非関連分野への多角化の発端は、国内市場が制限されているため、企業は規模の経済性を発揮するために輸出を行わなければならなかった、という点に求めることができる。企業はまた、（大多数の企業が事業を行っている成熟産業部門における）時代遅れの技術というリスクを避ける必要もあった。

政府が課した要求についても検討すべきである。政府がある新しい産業部門の開発を決定する際には、そのプロジェクトを大規模な先駆的な事業に実績のある大企業に任せることを好んだ。一九七一年に海軍の造船部門で起こったことであるが、政府はそのプロジェクトを七つの小規模な造船所に任せるのではなく、土木分野のリーダー企業であった現代《ヒュンダイ》建設に任せた。ヒュンダイと三星《サムスン》は最大級のチェボルであった。ヒュンダイは、最初建築産業で事業を行っていたが、一九五〇年代に朴正煕将軍の政権から委任されたいくつかの重要なプロジェクト（漢江に最初に架けられた橋、金浦国際空港、ソウル・釜山高速道路など）のおかげで急速に成長した。一九六〇年代になると、ヒュンダイは製鋼、石油精製などの分野に参入し、非関連分野への多角化を開始した。その業績と、重工業の発展を進める際に政府から受けた支援によって、ヒュンダイは高度に多角化したチェボルになり、急成長を遂げたのである。

公的資金、国家による保護、そして外国技術の導入を組み合わせることで、ヒュンダイや他のチェボルは、一九七〇年代に自動車、アルミニウム、造船といった分野に参入し、そして次の一〇年間にエレクトロニクス、エレベータ、ロボット工学、そして情報と出版のサービスに参入した。もとは商業に従事していたサムスンは、朝鮮戦争後に、砂糖精製、繊維、そして保険へと多角化した。ヒュンダイと違い、サムスンは重工業政策に関連した政府からの恩恵をほとんど受けなかった。サムスンは保護された国内市場でシェアを確保することで、大きな恩恵を受けた。この方法で強くなったサムスンは、高い輸出潜在力をもつ製品に集中することができた。ヒュンダイの場合と同じように、非関連分野への多角化は、サムスンの際立った特徴の一つとなった。一九六五年、サムスンは肥料の生産を開始した。その後すぐに、エレクトロニクス、造船、化学、石油化学、建設、そして航空宇宙などの分野に参入した。一九九〇年代半ばまでに、サムスンは世界最大の半導体製造業者となった。経済活動の拡大とますます強まる輸出性向を背景に、ヒュンダイとサムスンは子会社を設置することで外国へと拡張しはじめた。両社が中国や他の極東諸国に設けた支店は、生産コストを低減するための手段として計画されたが、他方、アメリカやヨーロッパの支店は商業上の障壁を迂回する手段であった。

表18-2　韓国，日本，アメリカ，ドイツの機械と設備への投資

年	韓　国	日　本	アメリカ	西ドイツ
1967	5.3	6.8	4.0	4.7
1969	5.7	8.5	3.8	5.9
1971	6.5	7.4	3.4	5.6
1973	8.1	6.8	3.5	4.3
1975	7.8	5.5	3.6	3.6
1977	10.8	4.7	3.6	3.7
1979	13.5	4.7	3.9	3.8
1981	10.2	5.5	4.2	3.8
1983	9.6	5.4	3.6	3.5
1985	9.7	6.6	4.4	3.7
1987	11.8	6.0	3.9	-

注：1967-1987年，GDP 比。
出所：Alice H. Amsden, "South Korea: Enterprising Groups and Entrepreneurial Government," in Alfred D. Chandler, Jr., Franco Amatori and Takashi Hikino (eds.), *Big Business and the Wealth of the Nations*, Cambridge University Press, Cambridge, 1997, p. 352より作成。

韓国では、企業の成長を促進し、企業をグローバル基準で競争できるようにする強力な国家と、多角経営のもとで生産と流通の効率化に多大な注意を払う民間企業とが結びついた。一九六二年から一九七九年まで、韓国の

表18-3　フォーチュン・グローバル500にランクインした韓国企業（2009年）

	グローバル500（順位）	収　入（100万ドル）
サムスン・エレクトロニクス	40	110,350
LG	69	82,082
SK ホールディングス	72	80,810
現代自動車	87	72,542
ポスコ	199	37,976
GS ホールディングス	213	36,503
韓国電力	305	28,712
現代重工	355	25,004
ハンファ	362	24,782
サムスン生命保険	367	24,420
韓国ガス	438	21,076
S-オイル	441	21,020
斗山	471	19,494
サムスン C&T	495	18,635

出所：http://money.cnn.com/magazines/fortune/global500/2009/countries/SouthKorea.html（最終アクセス日2010年10月6日）

国内総生産（GNP）は平均年率八・九%で成長した。他方で、同時期における輸出は、GNPの三九・九%に達した。一九七〇年代末までに、韓国の機械と設備に対する投資はGNPの一三・五%を占めた。同様の投資は、日本においては四・七%、アメリカでは三・九%、ドイツでも実質的に同じ（三・八%）であった。韓国の発展のスピードは、実に印象的であった。二一世紀の幕開けまでに、ほんの二、三〇年前には「後進国」と分類されていた国が、造船では世界一、鉄鋼生産では六位、自動車では五位、半導体組立では二位の生産国となったのである。

システムは非常にうまく機能したが、弱点がなかったわけではない。例えば、中小企業（SME）は、他の工業国の中小企業と比べて活発ではなかったし、韓国の政策――チェボルを経済成長エンジンとすることが土台にある――は、中小企業の発展を妨げたのである。最新データによると、時代遅れの技術を使っている韓国の中小企業のパフォーマンスは、それほど良くはなかった。

システムのもう一つの弱点は、無秩序な工業化プロセスの中で行われたリスクの高い銀行融資政策であった。それは国際的な経済状況と相まって一九九七〜九八年のアジア危機で韓国の状況を特に困難なものにした。破綻した中小企業、銀行、そしてチェボルのリストは延々と続き、一九九八年夏には同様の運命が韓国第四のチェボル、大宇《デウ》を待ち構えていた。デウの破たんによって、韓国は、国際的なビジネス・コミュニティにおける懸念材料の一つとなった。

それでもなお、韓国は工業化プロセスを通して大きな発展を遂げた。一九九〇年代の危機と成長鈍化（その期間においても平均成長率は七％前後であった）にもかかわらず、二〇世紀末までにこのアジアの「小さな巨人」は世界で一一番目に大きな経済になった。韓国の人口は四五〇〇万人だが、最も進んだ欧米諸国、日本、そして巨大な人口を抱える中国とブラジルの次に位置づけられたのである。

アルゼンチン

韓国と違い、豊富な天然資源を有するアルゼンチンの二〇世紀の物語は、極めて大きな政治的不安定性と経済政策の重大な失敗によって特徴づけられている。結果として、国の産業発展は、長期間にわたって緩慢で、不平等で、そして不完全なものとなった。

一九世紀末から一九〇〇年代初頭の一〇年間に、すでに世界経済に十分に統合されていたアルゼンチンは、一人当たり収入では世界第六位に位置していた。不幸にも、この繁栄の時代は、長期的な工業化プロセスの堅固な基盤を用意しなかった。アルゼンチンは多くの優位性をもっていた。アメリカと同じように、アルゼンチンは広大な農地を有し、食料製品は世界市場で大きく成功していた。農業部門から上がる収入をさらなる工業化投資に用いることは可能であったが、しかしアルゼンチンの支配層は自分たちだけの利益になるような政策を追求し続けた。彼らは国の将来の発展を考えるには、あまりにも用心深すぎた。他の先進国で産業と近代企業の成長に重要な貢献をした鉄道建設さえも、地方の産業発展をうまく促進させられなかった。鉄道網は、分散したローカル市場を統合された全国市場へと変えはしたが、原材料の不足と、資本、機械、さらには人的資源の輸入可能性を抑え込む法律が制定されたことから、鉄鋼や輸送機械といった全国規模の産業の成長にプラスに働かなかったのである。

一九三〇年代の危機は、輸入代替を志向した一連の経済政策への道を開いた。次の何十年かで、アルゼンチン経済の各主体はもとより、種々の産業部門を支援するために、多様な手段が用いられた。「何ごとも促進しないと進まない」という格言がアルゼンチン政府の心理をうまく捉えているが、政府は二〇世紀を通して、ロビー活動で最も強い働きかけを行った企業家に対し、保護主義的な手段と資源を配分することで、深く経済に介入した。ほとんどすべての種類の企業（多角化した巨大な民間企業のグループ、外国の多国籍企業、国有企業、中小企業）はこのシステムから利益を得たが、支援は一本調子に行われ、それは産業の振興には繋がらなかったのである。

一九〇〇年代初頭、アルゼンチン最大の産業活動は、日本の財閥や韓国のチェボルに似た、同族所有の多角化された巨大なビジネス・グループによってもっぱら行われていた。このようなグループ（グルーポスと呼ばれる）の多くは移民の手中にあり、農業生産物を生産し輸出する能力によって成長した。また、ほとんどのグループは銀行を内部に統合することができたため、長期信用へのアクセスが厳しく制限されているところでは、この最後の要素、つまり銀行が重要な優位性となった。銀行を保有することによって、これらのグループは膨大な数の活動（しばしば非常に多角化していた）に投資するための資金を入手できるようになった。一つの事例は、バンコ・ディタリア・イ・リオ・デ・ラ・プラタ社である。この会社は、イタリア人移民のグループによって創られ、銀行と貿易事業に従事していたが、その後、冷凍肉、マッチ、紙、繊維、そして化学製品の生産に参入した。もう一つの事例は、ブンゲ・イ・

ボーン・グループである。このグループは何人かのベルギー人企業家によって一八八四年に設立され、特に穀物加工とオリーブ油の生産、繊維、化学、冶金《やきん》といった分野で活発に事業を展開した。外国の多国籍企業、特にイギリスの多国籍企業は最初、一八〇〇年代末に興隆した地方のビジネス・グループで重要な役を演じた。一九〇〇年代初めに、肉の缶詰などの分野で、アルゼンチンのグループはブリティッシュ・アンド・アルゼンチーナ・ミート社との激しい競争に直面していることに気づいた。有力なアメリカの事業者であるアーマー社やスイフト社などもすぐに続いた。地方経済の景気が良かったため、多くの多国籍企業が一九二〇年代にアルゼンチンに工場を建設し、一九三〇年代の世界恐慌も好調のまま切り抜けた。外国の競争相手から最も影響を受けた工業部門は、資本集約型で第二次産業革命期の特徴をもつ産業、つまり化学と医薬品（デュペリアル社、パーク・デイヴィス社、バイエル社、コルゲート＝パーモリーヴ社、ユニオン・カーバイド社、ジョンソン社、アップジョン社、アボット社）、ゴム（ピレッリ社、ファイアストン社、グッドイヤー社）、冶金と機械（アルゼントラック社、アームコ社、ペシネ社）、そして食品（フライシュマン社、クウェーカー社、アダムス社）であった。

一九四六年にフアン・ドミンゴ・ペロンが権力を握ると、政府の政策は、アルゼンチン経済の二つの重要な主役、すなわち国有企業と小規模なローカル企業に有利なものとなった。政府は、経済的な目標の達成だけではなく、社会的および軍事的な目的からも、国有企業を設立した。その意図は、戦略的な産業部門と、鉄鋼、石油化学、自動車、航空輸送といった国防関連の領域に、重要な一国レベルの「チャンピオン」企業をつくることであった。政府はまた、小規模企業を保護し、二〇世紀初頭には抑圧されていた地方における起業の動きを強化しようとした。国による中小企業の支援は、国有企業の創設と同じように、輸入を代替し、国民経済において強力な地位を確保していた多国籍企業を徹底的に締め出そうとする取り組みの一部であった。一九五〇年代に経済が減速しはじめると、政府は再び方針を変更し、新自由主義と国家主義との間でデリケートな関係を構築しようとした。一方で、多国籍企業の活動を引き続き規制しながら、他方で政府は、いくつかの、特にアメリカの企業に多大なインセンティブを与えて選択的に誘致しようと、積極的に動いた。アルゼンチンは高い保護関税をかけたが、資本財の輸入には課税を免除した。新しい工場を建設する人々は特別な条件が保証されたし、そこには官僚主義的な障害はほとんどなかった。結果として、一九六三年の国勢調査データによると、アルゼンチンの工業生産の四分の一は外国企業によるもので、その半数はアルゼンチンで事業を開始してから一五年足らずの企業であった。しかしながら、この強力で特殊な支援でさえ、アルゼンチンにおいて効率のよい産業システムを育成するには至らなかった。一九七〇年代半ばに経済が停滞した時に、アルゼンチン企業は危機の時代に入った。「脱工業化」のプロセスが始まり、それは工業生産を大きく縮小させた。この過程で、政府は再度、その政策と目標を再考しなければならなくなった。政府の選択は、長年にわたって隅に追いやられていたアルゼンチンの大規模な多角化グループを支援するというものであった。

一九八〇年代までに、一世紀前に繁栄した経済の痕跡は、ほとんどなくなってしまった。アルゼンチン国内で発達した様々なタイプの企業が完全に失敗したことがはっきりとし、同じく政府の経済政策の失敗も明白になった。同国はみる影もなくなった。工業化の初期段階を活気あるものにし、一九七〇年代には再び売れっ子になったアルゼンチンの大規模な多角化企業グループは、グローバル経済で競争するのに必要なイノベーションを起こし、効率のよい経営を行う水準に達するには程遠いものであった。韓国のチェボルと違い、アルゼンチンのグルーポスは、必要不可欠な技術と組織的な能力を蓄積することができず、むしろそのエネルギーは産業の効率性を高めるためではなく、政府に対してロビー活動を行うことに向いていた。外国の多国籍企業は、たとえ長年にわたって最新鋭の技術、組織、経営上のイノベーションをいくら導入したとしても、頻繁に風向きの変わる政府の政策の影響を受けやすく、また、世論の敵意や国内市場の限界とも闘わなければならなかった。ほとんどの多国籍企業にとって、他の国と同じ水準の業績を、アルゼンチンで達成することは不可能であった。

アルゼンチンの国有企業（一九七五年に上位五〇社の産業企業の中に八社が入っていた）も構造的な問題に苦しんでいた。国有企業は低コスト生産という目標をもって経営を行っておらず、さらに政治的な要素が経営に与える影響に苦しんでいた。安定性を欠く国の政治によって状況はさらに悪化した。アルゼンチンの中小企業もあまり良い状態ではないことが次第に明らかになった。それというのも、多くの場合、中小企業は自分たちをグループ化して大企業のサプライヤーとなる方法も知らなかったし、あるいはアルゼンチンの産業経済の中で自らが重要な主役となるために、ニッチ製品に特化する方法も知らなかったからである。

アルゼンチン産業が長年にわたってうまくいかないのは、主に二つの要因によるものであった。第一に、制限された国内市場規模は、巨大で効率的な企業による重要なグループの形成を促進しなかった。一九六〇年代になってようやく、アルゼンチンの人口はかろうじてドイツの人口の三分の一、一九〇〇年代初頭のアメリカの人口の四分の一となった。第二に、民間の企業家による活発なロビー活動が、発展しつつある企業と、産業の効率性を改善したであろう潜在的な競争者に否定的なインパクトを与えた。ロビー活動は一連の政策を導いたが、それらは実際には、イノベーションや低コスト操業を通して競争優位を獲得するというよりもむしろ、問題に対して政治的な解決を求めるように企業を導き、そのエネルギーを浪費させた。長期にわたる政府の輸入代替政策は失敗であった。関税による保護と補助金は、特定のビジネス・グループの発展を促がしたが、しかしアルゼンチンでは、国際的な競争力ではなく、政治的なコンセンサスを得ることができるよう政府が設定した基準が用いられた。結果は、日本で達成されたもの、そして韓国で達成されたものともかなり違うものであった。大規模な「福祉国家」をつくり上げようとして、政府は経済成長よりも経済的な安定をめざした。企業は業績と関係なく政府によって保護され、支援された。国は企業に対してなにも要求しなかったし、これらの企業に製品輸出の拡大を義務づけることもしなかった。こうした保護システムとグローバル競争力を欠く企業の存在は、一九七〇年代と一九八〇年代に国際競争が激化したとき、非常に深刻な不況をもたらしたのである。アルゼンチンの産業企業は、その規模、所有構造、国籍、あるいはマネジメントに関係なく、こうした一連の失敗を経験した。

制限された国内市場規模の影響を示す好例は、アルゼンチン自動車産業の歴史に見出すことができる。一九五〇年代まで、この市場は少数の外国の多国籍企業（フォード社、GM、そしてフィアット社）の手中にあった。一九五九年、政府は広範囲にわたるインセンティブ・プログラムを制定し、二二社（うち七社は外国企業）にアルゼンチンにおける自動車製造免許を与えた。しかし、当時の市場規模は生産規模に対して十分な大きさではなく、製造業者は国際的に競争可能な効率性が得られる水準まで生産量を拡大することができなかった。一九七〇年までに、すべてのアルゼンチンの民間自動車企業は生産を停止し、この分野は完全に国有企業と一握りの多国籍企業によって支配されるようになった。しかし、この分野の絶頂期には、一一社の製造業者が合計二九万三七四二台の自動車を生産し、うち二七万四八三一台が国内市場で販売されていたことを考えれば、不吉な兆しはその時すでに現れていたのである。市場規模の小ささは、アメリカの「ビッグ・スリー」の子会社ですら競争力を失うほどであった。新政府が一九七六〜七七年に取引を自由化し、自国の通貨を強化する政策を採用したとき、この政策は輸入自動車、特に日本メーカーの自動車の輸入価格を低下させた。GMやシトロエン社といった企業は、競争力を維持するために効率性を高めるのではなく、アルゼンチンにおける自動車生産の停止を選択したのである。

図18-1　韓国とアルゼンチンの一人当たりGDPの年成長率
（1950-2006年）

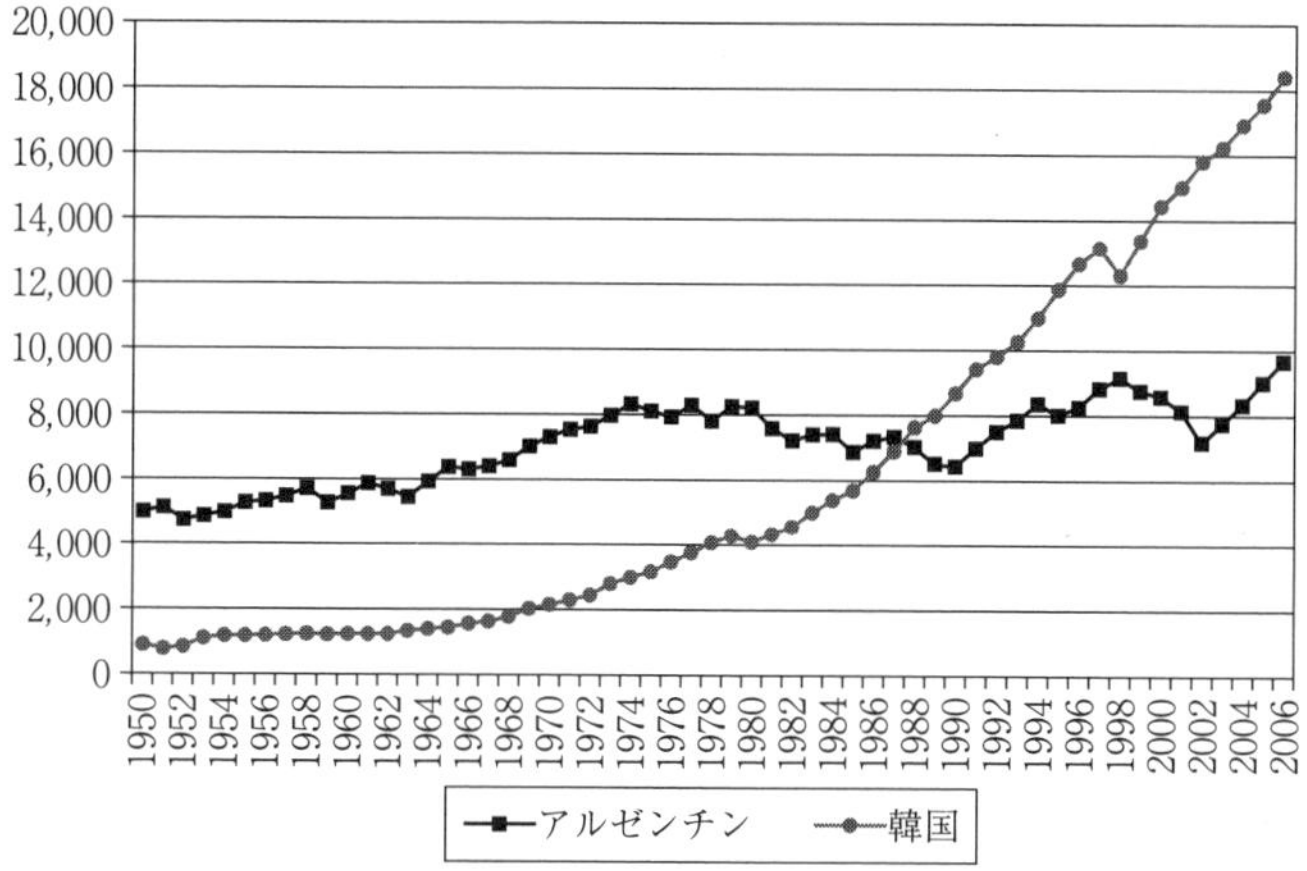

注：1990年アメリカドル価値を基準。
出所：Angus Maddison, *Statistics on World Population, GDP and Per Capita GDP, 1-2008 AD*, http://www.ggdc.net/maddison/（最終アクセス日2010年10月6日）より作成。

政府の政策はまた、中小企業が支配的な産業部門にも非常に否定的な影響を与えた。例えば、ワイン部門では、アルゼンチンの生産者は輸入代替を促進する政府の政策を利用することを決めたが、その結果はフォード・システムを模倣したかのような異常なシステムであった。アンデスのふもとの谷では、ブドウ園が大量の低品質ワインを生産できる巨大な工場を建設し、政府の三つの目標に応えようとしたのである。その目標は、できる限り多くの仕事をつくり出すこと、ブドウ栽培者の最低基本収入を守ること、そしてブエノスアイレス、コルドバ、そしてアルゼンチンの他の主要都市の需要を満たすのに十分なテーブル・ワインを供給すること、であった。この政策は、アルゼンチン・ワインが国際市場を開拓するという目的と矛盾していた。

一九九〇年代に、メネム大統領は、より高い効率性とイノベーションの促進を目指した一連の改革を行った。その政策はアルゼンチン経済のすべての側面にインパクトを与えた。銀行と金融サービス産業の変革と並行して、最も重要な国有企業の民営化、長い間規制の対象となってきた分野での市場の自由化、そしてアルゼンチン、ブラジル、パラグアイ、そしてウルグアイとの間の地域的な貿易協定であるメルコスルの創設が推し進められた。この新しいシナリオのもとで、以前の政策の失敗によって意気消沈していた企業家たちが立ち上がる兆候が現れた。たとえアルゼンチンの国民と企業の大部分が国際的な土俵でうまく競争するのに必要な技術的スキルや組織能力を発展させられなかったとしても、際立ったグループはいくつかある。インダストリアス・メタルギカス・ペスカルモナ社（ＩＭＰＳＡ）は、タービンとクレーンの生産に特化した世界最大の企業の一つである。テチント社は、一九九〇年代に石油とガスのパイプライン用シームレス・チューブの世界的なリーダー企業であった。自動車産業でさえ、過去の悲惨な状況の後で、メルコスルがもたらした自由化によって、一九九〇年代に急速に変革が行われた。だが、新しいプログラムを評価するのは時期尚早である。たとえ南アメリカの協定〔メルコスル〕が、多くのアルゼンチン企業に国内市場よりもはるかに大きな市場について考えさせたとしても、メルコスルは保護主義的なブロックで、その目的が境界線の内側にいる企業と産業の利益を守ることであるのを忘れてはならない。いくつかの事例では、メルコスルは様々な産業部門の種々の非効率企業を保護することをめざしたし、さらには輸入代替政策の継続も許した。それにもかかわらず、メルコスルはアルゼンチンのような国、つまりあまりにも長い間、国内の企業家的、素材的、金融的な資源の十分な利用を妨げる国家政策によって身動きが取れなかった国にとっては、前進のための重要な一つのステップといえるのである。

第六部　現代のグローバル化

第一九章　多国籍企業——新しい展開？

一九八〇年代半ばから新しいミレニアムが始まるまでの先進国、途上国、移行経済国の間での海外直接投資の流れは、世界各国の国内総生産（GDP）の合計の一％から四・五％へと劇的に増加した。これらの投資の圧倒的大部分は、先進諸国間のものであったが、同様の急激な増加は第二次世界大戦後に始まったグローバル化のプロセスがまだ進行中の、周辺部にある諸国においてもみられた。

長期トレンド

国際的なビジネス活動、特に利益を生む海外資産の取得に向かう投資の高まりは、目新しいことではなかった。輸送と通信システムにおけるイノベーション（第七章参照）は、二〇世紀にヒト、モノ、カネおよび情報のグローバルな移転を以前よりもはるかに容易にした。だが、第二次世界大戦後になると、新しいグローバル化の波、経済統合、そして国境を超える投資の高まりが、世界経済全体に広まった。先進国間で大きな紛争がなかったことが決定的に重要であった戦後の体制のもとで、欧米の企業は、よりダイナミックで有望な市場において自社の競争優位を発揮しようと海外投資を拡大した。これらの企業は優れた技術、組織能力、そして金融資源を保有しており、それらを先進国市場と途上国市場の両方で利用した。海外子会社の設置は時間を要する複雑なプロセスであったが、その効率性は技術、知識、そして資本の自由な循環など、多くの要素に依存していたのである。

「多国籍化」のプロセスは、すべての「先進」工業経済を巻き込んだ。ヨーロッパとアメリカの投資家は諸外国に巨額の投資を行ったが、それには周辺国ではあるが急速に発展する「旧世界」諸国、例えばロシア、スカンジナビア諸国、そして地中海諸国も含まれていた。投資家と企業は、膨大な量の天然資源、特に鉱物と石油を求めてアフリカ、アジア、そして南アメリカをターゲットにした。この点で、多国籍的な拡大戦略は、第二次産業革命の連続生産プロセスに不可欠な、原材料に対する厳格な支配を打ち立てたいという欲望によって推進されたものといえる。

投資が急速に拡大した地域はまた、サービス分野、例えば発電、水道とガスの供給や公共交通のような公益事業の分野においても外国資本を引きつけた。途上国における、技術に関する専門知識と資本の欠乏は、公益事業とサービスに対する需要増加と結びつき、外国企業家にとって非常に魅力的な投資対象地域になった。外国企業は通常、母国で集めた資本を自社の冒険的な事業に充てた。先進国で会社を設立し、外国に投資する資本や他の資源を集めて事業を行うが、既存の国内事業には出自をもたない国際企業が数多く出現した。これらはフリースタンディング企業と呼ばれ、その第一次世界大戦直前における資本の合計は、すべての海外直接投資（ＦＤＩ）の四五％近くに上り、第二次世界大戦後の投資額はとてつもなく増大したのである。

途上国で仕事をしているビジネス・リーダーたちは、母国で成功した欧米企業の戦略をもう一度現地で再現しようとした。優れた技術の管理はこの国際化プロセスにおいてカギとなる要素であったが、ブランド、マーケティング、そして組織もまた、極めて重要であった。第二次世界大戦後には、ビジネス・リーダーたちにとって有利な政治的・経済的条件が広まった。アメリカ・ドル――ブレトンウッズ協定のもとで世界各国の通貨はドルに対して安定した——は過大評価され、ヨーロッパの企業は一時的に弱体化した。これにより、多くのアメリカ企業は海外における存在感を増すことができた。アメリカの地位もまた、西側の先進国の間でさらに高まった。「抵抗できない帝国」——アメリカの歴史家ヴィクトリア・デ・グラツィアが戦後ヨーロッパのアメリカ化のプロセスをこのように称した——の広がりは、一九七〇年代初めまでは、誰も止めることができなかった。この年、アメリカは、世界で行われた全海外直接投資の半分を担っていた。投資が集中した分野は、アメリカ企業がその競争優位を最も容易に利用できた製造業であった。第一七章で示したように、海外直接投資はヨーロッパのアメリカ化の重要な媒体であり、アメリカ多国籍企業は、組織能力と優れた技術が相当の競争優位を生み出すほとんどすべての産業——石油から化学、薬品、自動車や食品、飲料まで、そしてさらにはコンサルティングや小売といった近代的なサービス分野——でみられた。

その当時、ヨーロッパは、国際的な拡大プロセスにおける新しい役割を徐々に担いはじめていた。一九五〇年代と一九六〇年代にはすでに、戦時の混乱から急速に回復した二、三のヨーロッパ企業が、国際的な規模で競争力をもつようになった。いくつかの事例が示すところによれば、政府の支援あるいは直接的な関与を背景として、ヨーロッパ企業はアメリカの優越性に挑戦しはじめていた。当時、アメリカは巨額の負債に苦しんでおり、ヴェトナムで展開している戦争で手が回らなかった。一九七〇年代初頭までに、ドイツとフランスは巨額の海外直接投資を始めた。その時までに、世界の海外直接投資の五分の一は、ヨーロッパ企業が担うようになっていたのである。一九七〇年代にはまた、いくつかの産業、例えば自動車やエレクトロニクス分野における日本の海外投資が顕著に増大した。トヨタや松下（現、パナソニック）といった企業が、生産工程を体系的に管理する優れた能力によって、かなりの競争力をもつようになったのである（第一二章参照）。

多国間にまたがる組織

広範な企業で採用されていた複数事業部制組織（M型）を用いれば、巨大な多国籍企業はさらなる組織変革を行わなくても、かなり容易に国際的な拡張に対応できた。海外に進出するとき、多国籍企業は子会社を設置し、新規に工場を建設し（すなわち「グリーンフィールド」投資〔海外進出を現地の既存企業のM&Aなどに頼らず、新規拠点設立のために投資を行うこと〕）、あるいは現地パートナーの支援を得ることによって、不確実性を少なくし取引コストを低減しようとした。M型組織を用いることによって、多国籍企業の本社は海外子会社の経営を監視し続けることができた。通常、研究開発（R&D）は母国で行われていたので、親会社の海外子会社に対する強い統制を特徴とする階層的な組織がつくり出された。海外子会社は、戦略の立案、市場アプローチ、そしてほぼすべての生産部門とサービス部門に対する投資の決定については、低度の自律性しかもっていなかった。一つの好例はアメリカの石油製造業者である。彼らは自社が必要とする天然資源に対する支配を確保するために、巨大な海外投資政策を戦間期から始めていた。

ヨーロッパでは、国内市場が比較的狭隘な国を母国とする大企業が、国際市場を活用するための商業戦略と投資戦略の開発に成功していた。これは、多くのオランダ企業、特にフィリップス社やユニリーヴァ社（英蘭合同）、ネスレ社に代表されるスイス企業にあてはまった。ネスレ社は、長きにわたって国際企業として事業を行っている。ジュネーブにやってきたドイツ人移民が同社を設立（一八六六年）したわずか一年後に、同社は他のヨーロッパ諸国、主にドイツとフランスの顧客に向けた生産を開始した。上記の企業以外にも、強力な技術的優位性を土台として、海外に子会社を設立しはじめた事例がある。例えば、アメリカの事務機器分野でその地位を確立したIBMは、長い間、多国籍企業を代表する存在でもあった。海外で事業を立ち上げる主な原動力がマーケティングと販売における優れた能力である事例もあった。これはシンガー社の場合に当てはまる。同社のミシンはすでに真の意味からするグローバル製品であり、世界で最大かつ最も利益率の高い企業の一つであった。

第二次世界大戦後の国際化戦略――当時、単に輸出だけではなく海外投資を通して行われた――は、多数の研究者によって、異なる説明の枠組みを用いて分析されてきた。一九六〇年代のアメリカ多国籍企業の国際的拡張がピークを迎えたとき、カナダ人研究者スティーヴン・ハイマーは「所有優位」という考え方を導入し、なぜ国内企業が、海外事業につきものの不確実性とコストという危険を冒すかを説明した。彼の見方によれば、多国籍企業は、優れた技術面、組織面、金融面、そしてマーケティング面に関する能力――これらのスキルは最初、多国籍企業の「母」国の内部で発達する――を所有しているがゆえに海外で成功するのである。ハーヴァード・ビジネス・スクール教授レイモンド・ヴァーノンは、この理論にプロダクト・ライフ・サイクルの考え方を加えることによって改善しようとした。つまり、海外事業を始める意思決定は、当該企業が事業を行っている国内市場の、通常の漸進的な飽和を契機としてなされるのである。その他の、多くの場合より複雑な説明がその後も続いた。ヨーロッパでは、ウプサラ学派〔ヤン・ヨハンソンらスウェーデン研究者のグループ〕が、企業が多国籍化のプロセスを当初は国内市場で、次いで海外諸国で事業を行う方法を徐々に学ぶことによる、専門知識の蓄積の結果とみなした。

最も有効で、いまでも最も影響力のあるパラダイムは、一九七〇年代にジョン・ダニングによって展開された。彼の広範で折衷主義的な枠組みは、海外事業を始める意思決定を、複合的で、高度に可変的な選択であると分析した。彼は、海外子会社が頼れる特定の優位性を説明した。それは「所有優位」と名づけられた、企業の内部的な特徴、能力、その他の強み、などであった。海外事業を新たに始めるインセンティブのいくつかはその国に固有のもので、投資の「ホスト」国〔受入国〕がもつ資源によって生み出される。彼はこれを「立地優位」と呼んだ。それは、ホスト国の国内市場の規模とダイナミズムから、社会基盤の性質、政治風潮、そして文化的な態度にまで及んでいる。海外事業がとる形態——輸出から海外工場の直接所有を通した垂直統合まで、つまり海外事業の「国際化」の程度——は、ダニングによれば、取引費用の低減と戦略的資産の保護の必要性によって説明のつくものであった。所有—立地—内部化（OLI）パラダイムは、いまのところ、大企業の国際化プロセスの、複雑ではあるが現実に即した解釈を提供しているのである。

一九七〇年代

多国籍企業のほとんどは、高度に中央集権的な特徴をもち、自社の競争優位を活用することにしっかりと精神を集中させていたが、一九七〇年代後半以降に変化がみられはじめた。二、三の変革のうち、一つがサービス分野で起こった。一九七〇年代後半から一九八〇年代にかけて、異なったタイプのサービスが出現した。これらはユニークな市場戦略を特徴としていた。この新しい波の中で特に活発であった三つのビジネス領域は、金融、貿易、そしてビジネス・サービスであった。金融と貿易は規制緩和と自由化の急激な波から利益を得たが、特に一九八〇年代半ば以降、この波はグローバル化の第二の波を伴っていた。三つ目の、経営コンサルティングを含むビジネス・サービスが、この時期に急速に成長した。金融、貿易、ビジネス・サービスを合わせると、これらの分野はサービス産業における国際投資のおよそ三分の二を占めるようになったのである。

銀行と保険会社に加えて、小売企業も国際事業に巨額の資金を投資しはじめた。特に東ヨーロッパで自由化が始まったあとで、急速に事業を拡大した。当初、これらの組織の多くは、自分たちの母国で発達させた専門知識や能力を利用し続けた。しかし、小売の国際化を進めるにつれ、企業は、複雑で多様な消費文化にますます立ち向かわざるを得なくなった。いまや拡大戦略は、市場に対する正しいアプローチを選ぶために、より注意深く策定しなければならなくなったのである。例えば、一九五〇年代に、アメリカの投資家はイタリアの大衆小売市場をターゲットにし始め、最初のスーパーマーケット・チェーンをオープンさせた。一つの重要なベンチャー、スーパーマーケッツ・イタリアーナ（名称は後にエッセルンガに変更された）では、投資は何人かのイタリア人企業家とのジョイント・ベンチャーの形で行われた。

もちろんそれは小規模な小売店店主の、結果的にはいくつかの現地行政当局と政党の反対にあったが、スーパー各店はイタリアの消費者にとって魅力的なものであった。経営者は、この事例では、アメリカのモデルをうまく現地の状況に適合させた。それは些細で、さほど重要でないと思えるような問題においてもしばしば行われた。例えば、ショッピング・カートはアメリカのものよりも小さくし、そうすることでアメリカに比べて貧弱な品揃えを目立たないようにした。加えて、内装は、所得の低い人々が低価格を売りにしている店に入るのを妨げるかもしれない、金持ち風情がもたらす不快感を避けるようにアレンジされた。

経営コンサルティングは、一九七〇年代後半以降に国際的な投資が急激に拡大したもう一つの領域であった。「コンサルティング」ビジネスは、企業が洗練された経理サービスと財務サービスを求めていたアメリカで始まった。企業はまた、仕事の組織や評価の最新の実践方法に関する情報を、「母国」のオフィスでも海外のオフィスでも必要としていた。コンサルティング企業の国際化のほとんどは、国際

表19-1　資産でみた世界のトップ産業企業

	1999年（10億ユーロ）	2008年（10億ユーロ）	変化率（%，現地通貨で評価）
トヨタ自動車（日）	160.0	230.4	76.8
ロイヤル・ダッチ・シェル（英・蘭）	110.7	199.3	175.8
CNPC（中国）	-	165.5	-
ガスプロム（露）	-	173.6	-
エクソン・モービル（米）	139.1	159.6	59.0
フォルクスワーゲン（独）	66.7	155.6	133.5
BP（英）	85.4	149.5	168.4
ダイムラー（独）	168.6	126.2	-24.9
トータル（仏）	77.9	113.0	45.1
シェブロン（米）	39.5	112.5	294.7

	1989年（10億ユーロ）
ロイヤル・ダッチ・シェル（英・蘭）	76.1
GM（米）	75.6
日立製作所（日）	44.3
エクソン（米）	68.3
IBM（米）	62.2
松下電器産業（日）	44.2
トヨタ自動車（日）	49.2
フォード（米）	42.9
BP（英）	40.4
フィアット（伊）	35.4

注：無形資産を含まない。
出所：Mediobanca R&S, *Multinationals: Financial Aggregates*, 2010より作成。

ビジネスの結果として生じた。しかし、海外のサテライト・オフィスが、現地クライアント向け事業を始めるにつれ、自身のプログラムを海外のビジネス・クライアントと政治経済システムの特徴に適合させることで、素早く現地の状況に順応したのである。

アメリカとその多国籍企業はこうした変化の中で重要な役割を果たし続けたが、一九七〇年代には、多くの産業でアメリカ支配が終焉を迎えた。第一四章でみたように、アメリカ大企業の中には、一九七〇年代と一九八〇年代に国際的なライバルの後塵を拝するようになった企業もあった。このことは、特に第二次産業革命期の資本集約型産業に当てはまった。アメリカ・ドルの価値低下と、ヨーロッパとアジアの企業による技術進歩は、アメリカ企業に対して深刻な課題を突きつけた。一九八〇年代末までに、アメリカ企業は世界で最も活発な海外投資家としての地位を失った。

一九七〇年代初めに、世界の海外直接投資に占めるアメリカのシェアは五〇％近くあり、ヨーロッパのシェアは四〇％であった。三〇年後の新しいミレニアムの始まりの時点（すなわち二〇〇〇年）において、アメリカのシェアは二〇％にまで低下し、他方でヨーロッパのシェアに変化はなかった。他の国々と比べた際の、海外投資におけるアメリカのもつ重要度の低下は、日本（一九七〇年代と一九八〇年代）、韓国、シンガポール、香港、そして台湾といった他の東アジア諸国（一九八〇年代以降）の国際的な投資活動の成長と軌を一にしていた。国連貿易開発会議（ＵＮＣＴＡＤ）の統計によると、一九七〇年代の初め、「途上国」（アジアの虎〔韓国、台湾、香港、シンガポール〕に代表される国）は世界全体の海外直接投資においてほとんど無視できるくらいのシェア（ほとんどゼロに近い）しかなかったが、ちょうど一〇年後、そのシェアは劇的に拡大し、一二％以上となったのである。

マルチナショナルという目新しさ

東アジアの多国籍企業は、アメリカ企業の国際化とは異なる理由をもって立ち現われてきた。日本とアジアの企業は、優れた技術の所有とは関係のない優位性に基づいて海外に——アジア域内だけではなく競争の激しいアメリカ市場にも——事業を拡大した。優れた組織能力、企業と銀行との良好な関係、他の企業からの支援、そして国の金融支援が、海外への事業拡大を可能にした。いくつかの事例（例えば韓国）では、国が明確に「国際化」——輸出と海外投資活動を意味する——を、政府信用、補助金、保護といったものを受ける際の要件の一つとしていた。最近では、新興国の多国籍企業は、民族内部のネットワーク関係、新興国市場に特に適した製品の設計、そして未開拓の資源と市場の特権的な利用機会を用いることによって、成功裏に海外直接投資を行うことができた。これらの企業は非常に成功したので、「先進国」にも事業を拡大し、そのブランドはグローバルに認知されるようになった。中国企業レノボがＩＢＭのパソコン製造設備の取得に成功し、突然この産業における主要プレーヤーの一つになったことが、その好事例である。

このような企業は、しばしば「ドラゴン多国籍企業」と呼ばれるが、一九九〇年代におけるビジネスのグローバル化でますます大きな役割を演じるようになった。それらの多くは独特な国際化戦略をもっていた。「新興工業国」に立地する企業は、積極的に国際化を進めた。それというのも、国際化によって、国内では利用できない競争力のある技術的優位性を得ることができたからである。これらの企業は、海外子会社の完全買収によってではなく、海外の利害関係者とパートナーを組んだり、ジョイント・ベンチャーを設立することで国際展開を進めたのであった。

東アジアが国際ビジネスにとって近年特に重要であることに変わりはないが、他の新興経済も、国際経済でより重要な位置を徐々に占めるようになった。二〇〇〇年から、ロシア、ブラジル、中国、そしてインドの多国籍企業は、一九八〇年代と一九九〇年代に「アジアの虎」に成功をもたらしたのと類似の「優位性」を強化しはじめた。新興市場に関する豊かな知識、資源と市場への特権的なアクセス、政府による支援、そして非公式のネットワーク関係性がもたらす利益によって、欧米の企業が通ったビジネスの発展経路とは異なった道を進むことができた。そして、こうしたことによって非常に成功したのである。

変わる戦略と組織

一九八〇年代後半以降、多国籍企業は様々な新しい組織構造を採用するようになった。国際ビジネスの研究者クリス・バートレットとサマントラ・ゴシャールは、多国籍企業における組織の進化に関する本を世界中で出版した（邦訳『地球市場時代の企業戦略――トランスナショナル・マネジメントの構築』）。二人は多国籍企業を四つの組織モデルに分類した。すなわち、マルチナショナル企業、インターナショナル企業、グローバル企業、そしてトランスナショナル企業である。これらのうち、グローバル企業（親会社と密接に繋がっている弱い子会社という特徴をもち、親会社は組織の技術と知識を完全に統制している）だけが、「古典的」すなわち第二次大戦直後の数十年間に国際ビジネスを支配していたアメリカ多国籍企業に典型的にみられた中央集権的な構造に似ていた。

グローバル企業以外のモデル――ある実例、つまりスウェーデンの多国籍企業アセア・ブラウン・ボヴェリ社（ＡＢＢ）の成功を収めた組織変革に刺激を受けたもの――は、現地市場との密接な関係を構築するために展開されたものである。このモデルは、成功した多国籍企業がいかに現地子会社を創造的に利用し、価値連鎖の一部分を管理したのかを示していた。多国籍企業はそのようにして自らの事業を現地の市場条件に適応させた。中でも最も「有効な」モデルは、トランスナショナル企業であった。それは独立性の高い子会社のネットワークの中で経営する会社で、子会社の能力はそれぞれ異なり、知識とイノベーションを交換し合いながら協働している。この場合、元の親会社は非常に緩い管理を行う。グローバル化のこの新しいスタイルは、多くの多国籍企業の行動を変化させたのである。

異なる文化パターンへの正しい理解と非欧米的な知識のもつ価値の増大は、多国籍企業の構造に大きな影響を及ぼした。この変化のプロセスは、新しい情報通信技術によって促進された。インターネット革命によって、国際統合の基本的な決定要因の一つ、すなわち取引コスト（特に管理コスト）が低下したことで、多国籍企業は自身をより効率的に組織することができるようになった。これらの新技術は（輸送コストのかなりの低下とともに）、価値連鎖と生産プロセスをより小さな、より専門化した企業に分散することを可能にした。これらの小規模で専門化された企業は、高い独立性と法的な自律性を有しており、新技術によって企業の内部と、企業と消費者や顧客との間での情報のやり取りを、容易に行えるようになった。「ネットワーク」型組織構造は、国際企業の中で次第に共通してみられるものとなり、同じことは国境を越えた提携にもいえる。中小規模の企業による国境をまたいだ活動を可能にしたのも、この情報技術革命であった。中小企業はいまや、世界規模の市場で専門に特化し、イノベーションを起こすまでになっている。国際事業を拡大させている中規模企業の事例は、今後ますます多く生み出されてくるであろう。

イタリアの事例は、特に同国企業の国際事業が伝統的に低度なことを考えれば、極めて重要である。その多くが産業集積の肥沃な苗床に起源をもつ多数の中規模企業は、過去一五年間に、専門化されカスタマイズされた工作機械から特殊化学品に至る製品の世界的なニッチ市場において、安定的なポジションを確保した。そのようなイタリア企業は新しい工場をオープンするか、あるいはグローバルなレベルで激しい合併と買収（M&A）を行うことができた。これらの「ポケット多国籍企業」と呼ばれる企業は、いまだに（大部分は）同族が支配・経営しているが、国際ビジネスの分野で通信と輸送に関する新技術によって生み出された機会を例証している。例えば一つの好例がマペイ社である。同社は二〇億ユーロに上る収入があり、建築産業用の糊と接着剤の生産において専門化されたニッチ市場のグローバルな開拓に成功している。創業家によって完全に支配されている同社は、今日、二代目と三代目によって経営されている。マペイ社はM&Aとグリーンフィールド投資を通して国際的拡張を進め、今日では四〇か国以上に拠点をもち、約五〇の生産工場を運営し、五三〇〇人以上を雇用している。

一九八〇年代後半と一九九〇年代におけるグローバル化の加速は、これらの企業に、ビジネスの専門化された領域で国際経営を拡大させる機会を与えた。食品や衣類など伝統的なビジネスに従事する他の家族企業もまた、国際的な事業と影響力を拡大させ、時にはグローバル・ブランドを創り上げた。様々な手法で、国際ビジネスは展開し、成長を続けている。これは、第二次世界大戦直後の時期に存在したものとは、かなり異なったビジネス世界の姿である。国際ビジネスの舞台は、もはや少数の先進国のうちのどこか一国に本社を置いた単一のスタイルの企業によって支配されているわけではなく、そこではすさまじい拡大と変化を経験しているのである。

第二〇章　企業の新しい形態

複数事業を手掛けるコングロマリットが最盛期を迎えた後、激しい事業の再集中化、再組織化、そして再活性化の局面が訪れた。多くの場合、多角化戦略の採用をそれまで奨励していた同じコンサルティング企業に急き立てられて、トップ・マネジメントは事業効率とパフォーマンスの改善を狙ったプログラムに目を転じるようになった。結果として起こった経営改革は、企業の支配権を取引する市場の新たなダイナミズムによっても影響された。そうしたダイナミズムが生じたのは、コングロマリットの事業部売却から生まれる解散価値（会社解散時に資産総額から負債総額を引いた残余）を得ようとしていた乗っ取り屋とＬＢＯ（レバレッジド・バイアウト）企業の活動が二、三年にわたり増加した後のことであった（第一四章参照）。

一九九〇年代に、非常に異なった性格をもつ他の原動力が、主だった企業の戦略と組織構造に影響を与えた。八〇年代にはじまった転換プロセスを再度加速させたのは、新しい組織編成を可能にした、革新的な技術であった。多くの場合、新技術は二〇世紀初頭以降、四分の三世紀にわたって支配的であった、巨大で垂直統合された企業の壁を「粉砕」しはじめたのである。

新技術と大企業

この点で留意すべき一つの重要な要素は、近代の大企業が経験する、時に「相反する」、第三次産業革命期の新技術のインパクトの受け止め方である。一九六〇年代から一九八〇年代の最初の局面では、巨大企業の効率性の高まりと輸送および通信コストの急速な低減によって、巨大企業の地理的な拡大とさらなる多角化が促進された。多国籍企業や複数事業を営む企業は情報革命から大いに利益を得た。それというのも、情報革命によって本社は、たとえ地理的にかなり離れた地域で行っている事業であっても、より厳密に管理することができたからである。したがって、技術変化の最初の局面は、実際には、すでに進行中の傾向をより強めるものであった。

ドル価値（現在価格）に換算したとき、海外直接投資（ＦＤＩ）のグローバルな流れは、一九七〇年の一三〇億ドルから一九八〇年の五四〇億ドルへ、そして一九九〇年には二〇七〇億ドルへと飛躍的に増加した。多国籍企業は活動の地理的領域を広げ、真の意味でグローバル企業となった。一九七〇年代以降、ヨーロッパのユニリーヴァ社、アメリカのＩＢＭ、日本のトヨタといった企業は、多角化戦略と、世界展開に比例した国際投資の拡大戦略を同時に遂行することができたのである（第一九章参照）。この二重戦略は、ある意味、新技術導入による管理コストの低減によって可能

表20-1　電子デジタル・コンピュータ利用台数（1950-1974年）

年	アメリカ	イギリス	フランス	西ドイツ	日　本
1950	2	3	0	0	0
1960	5,400	217	165	300	85
1970	74,060	6,269	5,460	7,000	8,800
1974	165,040	14,400	16,100	18,800	26,100

出所：Thomas McGraw, *Creating Modern Capitalism*, Harvard University Press, Cambridge, MA, 1998, p. 355より作成。

となったものである。一九八〇年代初頭以降、第三次産業革命の技術は企業構造に対して極めて大きな影響を及ぼしはじめ、垂直統合の度合いの低下と適切な生産単位の平均規模の縮小を、広範囲にわたって推し進めたのである。

この傾向は一九九〇年代にも継続され、第二次産業革命の「中核産業」の多くに影響した。かつては中央集権的管理を厳格に行う巨大な垂直統合企業が支配していた中核産業は、いまやより分権化された結果、次のような姿になった。例えば、発電と化学のいくつかの分野、医薬品、エンジニアリング、エレクトロニクス、耐久財といった産業では、生産規模が縮小すると同時に、さらなる多角化も進展した。

生産規模の縮小は、必ずしも投資撤退戦略と結びついてはいなかった。そうではなく、それは生産プロセスの再構築と、見かけ上統合され成熟している産業を決定的に変化させることになる産業再編を可能にした。携帯電話の場合、新しい精力的な競争者が現れ、大手電話会社に挑戦し、成功を収めた。このプロセスを加速させたのは、規制緩和と民営化であった。ほかの事例では、最適生産規模の縮小によって、企業は、以前には思いもよらなかった専門化戦略に重点的に取り組むことができるようになった。鉄鋼生産における新技術の導入は、その一つの重要な事例である。新しい技術によって工場の最適生産規模がそれまでより小さくなり、その結果、特殊鋼の生産に集中し、国際市場で利益率の高いニッチ分野を開拓することに成功したメーカーも出現したのである。

他の事例では、垂直統合企業が、かつては一企業の内部で慎重に行っていた財とサービスの調達を、市場を通して行えばより利益が得られることを発見した。有力な一例はＩＢＭである。ＩＢＭはその歴史が始まって以来、垂直統合に対する強いこだわりをもち続け、ここ何十年間かは、コンピュータの「コア・ビジネス」に必要なコンポーネントをすべて内製していた。ところがＩＢＭは、一九九〇年代初頭からこの頑なな戦略から脱却しはじめ、各事業ユニットが自らの製品を、それがソフトウェアであろうがコンポーネントであろうが、独自の判断で市場に販売することを奨励するようになったのである。このプロセスは、「ビッグ・ブルー」（IBMはこの名で知られていた）がその戦略の焦点をハードウェアとソフトウェアの生産から、ビジネスと情報システムのコンサルティング業務へと徐々にシフトさせる中で頂点に達した。

脱垂直統合化、アウトソーシング、そして空洞化

新技術、特に輸送と通信を飛躍的に改良した技術は、ビジネスの他の側面にも影響を及ぼし、多くの巨大企業の内部構造に幾重にも大きなインパクトを与えた。専門化プロセスは、かつて垂直統合されていた構造が拡散へと向かう「脱統合化」の傾向と同時に進行した。多くの主要企業の境界線も、外部委託《アウト・ソーシング》や、固定費と変動費の両方を節約するために行われる変化の圧力の下で崩れはじめた。この現象は、機械、輸送、エレクトロニクス、医薬品、そして化学産業といった、かつて巨大な垂直統合企業によって支配されていた産業において最も顕著にみられた。アウトソーシングは、イノベーションを増やすために複数の産業で用いられた手段でもあった。

一九九〇年代を通して、多くの自動車企業では、生産サイクルの重要な部分をサプライヤーにアウトソーシングすることが共通した慣行となった。医薬品産業は、分権化に関するもう一つの興味深い実例を提供してくれる。そこでは、アウトソーシングに中間財の生産や、あるいは臨床試験のような戦略的な活動も含まれていた。いくつかの実例では、医薬品産業はいまや、大企業と緊密かつ長期的な契約を締結する意図をもつ外部パートナーに依存していた。一つの重要な、そしてごく最近の例は、世界最大の製薬企業の一つであるアストラゼネカ社が提供してくれている。同社は、一九九九年にスウェーデン

のアストラ社とイギリスのゼネカ社が合同してできた会社である。アストラゼネカ社はその事業戦略を再集中させ、新薬の開発にかなりの重点を置くようになった。同社は年間三〇億ドル以上の資金を一二の研究所に投資しているが、それに加えてバイオテクノロジー企業や独立の研究センターとの関係も強化した。

同様の事態は、特に新技術と深く関係する産業部門、例えば民生用エレクトロニクスとマイクロエレクトロニクスといった産業分野でも起こっている。これらの産業では（ファッション産業やデザイン産業と同じように）、多くの生産者がデザインやマーケティングといった戦略的機能を社内で管理していたが、他方では生産を社外の専門化したサプライヤーに委託しはじめたのである。

このような転換がもたらした一つの結果は、かつて巨大で強く統合されていた企業で、現実には「空洞化プロセス」がいくつかの事例で散見されたことであった。これが産業全体の構造と事業にとっての直接的な帰結であった。市場メカニズムが、巨大なU型とM型の官僚組織に特徴的な内部化と統合化のプロセスを次第に代替するようになったのである。興味深いことに、「脱垂直統合化」は、生産物のフローの量には影響を与えることはなく、その大きさは維持された。例えば、二〇〇九年にシスコ社――ネットワークと通信設備のアメリカのリーダー企業で、ネットワーキングとアウトソーシングに基づくリストラクチャリング・プロセスの最も重要な事例の一つ――は、アメリカのトップ企業の中で五七位に位置しており、収入は四〇〇億ドル近くに上っていたのである。

ネットワークと新しい組織形態

前述の変革について、さらに深く理解するためには、いくつかの説明が必要である。一つ目は、垂直統合構造の脱統合プロセスに加わった経済主体の性格に関してである。アウトソーシングは、コンポーネントあるいはサービスの専門サプライヤーに依存することを意味する。これらサプライヤー企業は、自身で設計し、時に種々の方法でカスタマイズされる特殊なアイテムを生産する、独自のスキルと能力を発展させている。これにより、サプライヤー企業は一方で「総合的な専門家」となり、単なる下請けと異なり、社内で培った能力に依拠するのである。他方で、最終製品あるいはサービスの設計、計画、実行について顧客と活発に協力したりもする。このような関係性を示す重要な事例は、電子機器受託製造サービス（ＥＭＳ）の分野に見出せる。ＥＭＳは、コンポーネントの生産（例えばプリント基板）や電子システムの設計と組み立てを事業としている。

ＥＭＳの今日の世界的リーダーは、アメリカのフレックストロニクス社で、二〇〇八年には三〇〇億ドル近い収入があった。同社は、世界三〇か国に販売と製造の拠点を有している。一九六八年に設立された同社は、一九九〇年代に、特にアジアにおいて専門生産者を買収し、他方で設備を建設することで成長してきた。同社の専門化は、多用途向けコンポーネントの供給範囲の拡大とともに進んだ。この戦略によって同社は、民生用エレクトロニクス分野で世界最大級の企業、例えばシスコ社、デル社、エリクソン社、ヒューレット・パッカード社（ＨＰ）、マイクロソフト社、モトローラ社、ジーメンス社、ソニー・エリクソン社、そしてゼロックス社といった企業の主要なサプライヤーとなった。

巨大企業で起こった変革のもう一つの側面は、分権化のメリットを十分に発揮できる新しい組織構造であった。標準化されたインターフェースを通して組み立てられたコンポーネントを特徴とするモジュラー製品は、一九九〇年代に広がりはじめた。モジュール方式の一つのメリットは、各モジュールの内部でイノベーションのプロセスが進行することにある。インターフェースが標準化されている限り、モジュール方式は、システムあるいは製品に関する技術的に解決可能な範囲を拡大する。加えて、モジュラー構造は、大量生産のロジックにほとんど左右されることなく最終製品の開発を可能にするものであ

表20-2　世界のコンピュータ企業トップ10
（1975年，1994年）

1975年	1994年	1994年の情報通信（IT）事業売上高（10億ドル）
IBM	IBM	64.1
バローズ	富士通	21.3
ハネウェル	ヒューレット・パッカード	19.2
スペリー	NEC	18.7
CDC	日立製作所	13.7
NCR	ディジタル	13.5
ブル	AT&T	11.5
ディジタル	コンパック	10.9
ICL	EDS	10.1
ニックスドーフ	東芝	10.0

出所：Thomas McGraw, *Creating Modern Capitalism*, Harvard University Press, Cambridge, MA, 1998, p. 394より作成。

った。

パーソナル・コンピュータ（PC）の生産は、最初は垂直統合されていた生産プロセスが、その後モジュラー設計の導入によって成功裏に転換した、おそらく最高の一事例である。これは、センセーショナルに取り上げられた何人かの企業家の成功、例えばマイケル・デルの良く知られた事例から始まった。デルは、PCのモジュラー的性質をうまく活用することで、ビジネスの大部分を成功させたのである。モジュラー方式の原理と利益はすでに存在し、（例えば一般的にステレオ設備や民生用エレクトロニクスの場合のように）他の生産者によく知られていたが、標準化されたインターフェースの普及が第三次産業革命の中心的な産業の多くで加速してきたのは、最近のことである。一つの重要な例は複雑なソフトウェアの開発であり、そこでは専門化した下請によって開発されたモジュールに基づいて組み上げられている。これによって、企業は特定の使用のためにカスタマイズされたソフトウェアのパッケージを生産することができるのである。

モジュール方式の出現は、巨大な垂直統合企業とは根本的に異なる組織形態が、効率的に機能することを可能にした、多くの条件のうちの一つである。この点に関する重要な事例は、ビジネス・ネットワークである。それは、「互いの利益のために継続的な協力関係にある独立した主体からなるグループで、そのプロセスで『学習するコミュニティ』を発展させるもの」と定義されている。この概念はあまりにも広いので、他の組織形態であったとしてもこの中に入ってしまう。それは、下請ネットワーク、例えば自動車メーカーと中小の独立したコンポーネント・メーカーとの間に確立されたものから、産業集積内部の小企業同士の関係、さらには洗練された技術と能力が必要とされるプロジェクト、例えばオープン・ソース・ソフトウェアの開発目的で集められた専門化したサプライヤーのグループにまで及ぶ。このような専門化と脱垂直統合化のプロセスは、「ニュー・エコノミー」にかかわる多くの産業で活動する企業の戦略と組織構造に重大なインパクトを与えた。第二次産業革命期の垂直的に構成されていた企業の多くにおいても、モジュール方式とネットワークは広がり、競争慣行や最もダイナミックな競争者の姿を根本的に変化させたのである。(1)

しかしながら、このプロセスには、犠牲や潜在的な問題がなかったわけではなかった。これらの問題はすぐに明らかになり、このプロセスが最も急速に進行した国の競争力に影響しはじめた。特に重大な影響を受けたのは、アメリカであった。一九九〇年代半ば以降、主要な情報通信技術（ＩＣＴ）関連企業は国内で雇用していた労働者の数を削減し、海外で――しばしば熟練労働者の――雇用を拡大した。ＩＢＭでは、アメリカ国内の雇用者が全従業員に占める割合は二〇〇〇年初めの四六％から二〇〇八年の三〇％にまで低下し、ＨＰでは同期間に四八％から三〇％へ、さらにインテル社では六五％から五四％に低下した。ＩＣＴ企業と総合的な専門企業はますますグローバル企業となり、その生産連鎖のうち高付加価値活動を国外に出し、知識集約的な部分を海外の設備へ、そして最終的には海外のスキルの高い下請業者へと再配置した。例えば、フレックストロニクス社はかつて本社をカリフォルニア州の知識集約エリアであるシリコン・バレーに置いていたが、いまやシンガポールに移され、関連会社のマルテック社を通して、世界中に配置された設備でプリント基板を生産している。何人かのコメンテーターに

表20-3　世界の主導的な半導体メーカー（1988-1989年）

ランク 1989	ランク 1988	企業名	1989年半導体事業収入（100万ドル）	1989年市場占有率（%）
1	1	NEC	4,964	8.9
2	2	東芝	4,889	8.8
3	3	日立製作所	3,930	7.0
4	4	モトローラ	3,322	5.9
5	6	富士通	2,941	5.3
6	5	テキサス・インスツルメンツ	2,787	5.0
7	8	三菱電機	2,629	4.7
8	7	インテル	2,440	4.4
9	9	松下電器産業	1,871	3.4
10	10	フィリップス	1,690	3.0
11	11	ナショナル	1,618	2.9
12	12	SGS-トムソン	1,301	2.3
13	18	サムスン	1,284	2.3
14	15	シャープ	1,230	2.2
15	20	ジーメンス	1,194	2.1
16	14	三洋電気	1,132	2.0
17	17	沖電気	1,125	2.0
18	13	AMS	1,082	1.9
19	16	ソニー	1,077	1.9
20	19	AT&T	873	1.6

出所：Christopher Freeman and Francisco Louça, *As Time Goes By: From the Industrial Revolution to the Information Revolution*, Oxford University Press, Oxford, 2001, p. 307より作成。

よると、このような「知識蒸発」のプロセスは、アメリカの競争力と、ハイテク産業で成功する新しいベンチャーを生み出す同国の能力の低下に繋がっている。かつてシリコン・バレーや、それとよく似たマサチューセッツ州のルート一二八のようなエリアに群生していた「集合的な能力」は、いまやその一部が世界のどこかの国に流出してしまったのである。その結果、ハイテク製品におけるアメリカの貿易収支は二〇〇二年以降急激に悪化し、五〇〇億ドル以上の赤字（赤字全体の約七%）となった。二〇〇七年にアメリカでは、中国、メキシコ、東南アジア諸国からの生命科学、光電子工学、情報通信、先端材料、そして核技術に関連する製品の輸入が、輸出を上回ってしまったのである。

「ニュー・エコノミー」時代の大企業

ネットワーク型や他の形態の分権的な生産方式の内部では、特に細心の注意を要する仕事は、全体のプロセスの調整に責任をもつ者によって担われている。そうした人々は、通常、ネットワークの中核に位置するプロジェクトの開発者でもある。シスコ社やデル社といった企業は、最初から「ハブ」としての役割を果たしており、独立生産者同士のネットワークを構築し、それを運営した。第三次産業革命期の技術集約型産業の中で高い成長率をもって急速に成長した企業の多くは、事実上、分権型構造の潜在力を利用している企業であった。先に触れたアストラゼネカ社の事例では、同社は何千もの企業間関係と提携の網の中に入り込んでおり、このような複雑で多様な関係の管理に責任を負う社員のために、「アライアンス・マネジャー」という役割を導入するほどであった。

この事例が示唆するように、大企業は消滅したのではなく、多くの事例において、組織構造と、市場へのアプローチ方法、イノベーションのプロセスを変革したのである。大企業は、調整と分配の役割を引き受ける一方で、研究開発のような決定的に重要な機能は掌握し続けている。ＧＭは、デル社とインテル社に取って代わられた。それは、消費者はもとより、企業にとっても新しい世界なのである。

注

（1）　M. Fruin, "Business Groups and Inter-Firm Networks," in G. Jones and J. Zeitlin (eds.), *The Oxford Handbook of Business History*, Oxford University Press, Oxford, 2008, p. 255.

第二一章　「活気ある一九九〇年代」——アメリカの復活

新しいミレニアムの幕が開くまでに、アメリカは再びグローバル・リーダーになっていた。当時の世界最大の経済を比較すると、次のようになる。アメリカの一人当たり所得を一〇〇とすると、フランスは七五、日本は七四、イギリスは七二、ドイツは六七であった。収入でみた世界の大企業上位五〇〇社のうち、一六〇社以上はアメリカに本拠を置いており、日本は八〇社未満、ヨーロッパは約一〇〇社を数えた。一九九五年から二〇〇〇年までの一人当たり年間所得の成長率は、アメリカでは二％を超えた。これに対しヨーロッパでは一・四％であったが、これはスペインを除いての話である。スペインはこの時期に近代化と工業成長のプロセスを開始した。一〇年間のうちに、アメリカの国内総生産（GDP）は、年間一人当たり二万八〇〇〇ドルから三万四〇〇〇ドルに増加した。

一九九〇年代の繁栄は、アメリカ経済の内在的要因と外在的要因の双方に基づいていた。アメリカは他のほとんどの工業国よりも繁栄しており、それは多数の新規雇用を生み出す経済システムの活力ゆえであった。一九九五年から二〇〇五年までに、実に一八〇〇万人の新たな雇用が生み出された。これはヨーロッパの雇用創出のペースに近かったが、生産性の水準はアメリカの方が高かった。アメリカの生産性はこの一〇年間に年率二・五％で上昇し続けた。最も関連するのは、アメリカがほとんどの最先端の研究集約型の産業において確固としたリーダーシップを獲得したという事実であった。一九九〇年代

表21-1 アメリカの各産業における研究開発（R&D）投資（1990年）

	R&D投資額（100万ドル）	R&D投資額の対売上高比（%）	R&D従事者およびエンジニア（千人）
食品，類似品，タバコ製品	1,308	0.5	8.8
繊維および衣服	242	0.4	-
木材，木製品，家具	160	0.7	-
製紙	715	0.8	-
化学	12,277	5.6	78.9
化学ー工業化学品	4,272	4.7	-
化学ー薬剤，医薬品	5,366	9.3	33.5
化学ー他の化学品	2,646	3.7	22.4
石油精製，抽出	2,133	1.0	10.2
ゴム製品	730	1.7	-
石材，石膏，ガラス	894	2.4	8.6
一次金属	801	1.0	-
一次金属ー鉄，製品	245	0.5	-
一次金属ー非鉄金属，製品	556	1.5	3.4
加工金属製品	644	1.0	-

出所：Alfred D. Chandler, Jr. and T. Hikono, "The Large Industrial Enterprise and the Dynamics of Modern Economic Grouwth," in Alfred D. Chandler, Jr., Franco Amatori, and Takashi Hikino (eds.), *Big Business and the Wealth of Nations*, Cambridge University Press, Cambridge, 1997, p. 48より作成。

初頭に、アメリカは航空宇宙、医薬品、コンピュータ、通信設備、工作機械、そして精密機器などの産業の世界輸出の二〇%以上を占めていた。これは日本を含む工業国の中で最も高いシェアであった。一九八〇年代に技術集約型産業におけるアメリカの世界市場シェアは二五%前後であったが、二〇〇〇年までには四〇%を超えたのである。

国内市場の規模、国際競争の圧力、そして効率的な制度的枠組みと柔軟な資本市場の存在が、アメリカの成功要因であった。公共調達政策における取組みと、知的財産権と科学研究の支援は、アメリカに大きな競争優位をもたらす一因となった。通信設備とコンピュータの製造では、アメリカは日本から世界のリーダーの地位をなんとか奪還したのである。

アメリカの成功は、国際貿易と海外投資の増加に反映した。通信、金融サービス、ビジネス・サービス（ソフトウェア・デザインとヘルスケアを含む）といった知識集約型のサービス産業は、ハイテク製造業と同じようなパターンを示した。一九九〇年代末までに、アメリカのサービス産業はGDPの三分の二を占めるようになっており、それは全世界の収入の約三分の一に上ったのである。

単なる幸運なのか？

外在的要因は、アメリカのビジネス・システムの成功を説明する一助となる。一九七〇年代と一九八〇年代の経済減速によって生じた制約のいくつかは、一九九〇年代までに取り除かれた。アメリカは、それまでよりも大きな世界貿易の増加（第一三章の「グローバル・トレンド」を参照）によって生み出された機会を十分に活用し利益を得た。また、国際石油市場の緊張（いわゆるオイル・ショック）は、投入するエネルギー・コストの上昇によって一九七〇年代の先進諸国に深刻な影響を与えたが、それは一九九〇年代には解消した。その前の一〇年間に石油価格が最高値の半分にまで下がったとき、インフレ率も低下し、最終的に五％以下にまで低下した。このアメリカにとって望ましい傾向は、連邦財政支出にも反映した。この間の外国貿易の増加によって、アメリカは貿易赤字をコントロールできたのである。ソ連の解体と冷戦の終焉も、軍事と軍需産業に対する追加的な連邦支出の必要性を緩和した。

これら有利な条件は、クリントン政権によってさらに強化された。民主党のビル・クリントンは、大統領選挙運動の中で産業政策の指針を明らかにした。企業家の創造性を支援し、それによって生産性と国富を増加させるために、彼は適切で直接的な結果が見込める社会基盤、特にブロードバンド通信ネットワークと、その他のインフラに対して投資を行うことが必要であると考えた。彼の大統領としての主な目標の一つは、公的支出の管理（以前と同水準の財政圧力が維持されたことによっても達成された）であり、最終的にはアメリカの赤字のさらなる削減を狙っていた。低水準の公的債務は、今度は、低い利子率を意味した。これらの低下によって、「新しいアメリカ経済」は、民間投資を増加させることができたのである。

ニュー・エコノミー

この外因的なプロセスは、いわゆるニュー・エコノミーが進展するにつれて、例外的な成長プロセスと企業家活動の活性化に好都合な枠組みをつくり出した。労働集約型産業は徐々に消え去り、高付加価値活動に対する新しい投資が導かれた。一九九二年から二〇〇〇年の間に、製造業に対する固定資本投資の貢献は、ＧＤＰの一三％から一八％以上へと安定的に成長した。これらの新しい投資のかなりの部分は、技術集約的、知識集約的な産業へと向かった。すなわち、情報通信技術（ＩＣＴ）、エレクトロニクスとマイクロエレクトロニクス、コンピュータ、バイオテクノロジー、そして特にインターネットの開発へと向かった。これは、経済全体に重要な効果をもたらした。労働生産性は一九七三年から一九九四年までに年率で一％から一・五％上昇したが、一九九五年から二〇〇〇年には二・五％以上で上昇したのである。

ニュー・エコノミーは多くの雇用とスタートアップ企業〔新規に事業を開始した企業〕を、特にＩＣＴ産業で創出した。複数の推計によると、一九八五年から一九九五年の間に、アメリカでは、従業員一〇〇人未満の会社で一五〇〇万人以上の新たな雇用が創出され、毎年一三〇万社前後の新しい企業が設立された。

革新的な金融手段であるベンチャー・キャピタルが、技術集約型の産業分野におけるこれらの起業を支援し、持続させた。ベンチャー・キャピタル企業は以前から事業を行っており、一九七〇年代初頭以降は、シリコン・バレーの何百という新しいベンチャー企業の成長を促した（第二〇章参照）。多くの場合、ハイテク産業で起業経験のある実務家によって設立されたこれらの企業は、小さなスタートアップ企業に投資し、企業家のアイデアや首尾よく成長する能力に賭けた。成長は、投資に対する高いリターンを得るために、そして株式の新規公開（ＩＰＯ）、つまり株式を公開し会社の株式を証券取引所に上場する場合は、堅実にキャピタル・ゲインを得るために決定的に重要なものとなった。

一九七〇年代半ばに二人の若いコンピュータ愛好家、スティーヴ・ジョブズとスティーヴ・ウォズニアックによって設立されたとき、アップル社はカリフォルニア州に数多く存在していた小さなスタートアップ企業の一つにすぎなかった。そのような企業はすべて、その創業者の独創的なアイデアを発展させるための資本を必要としていた。創業直後に、ジョブズは、もう一つのハイテク企業インテル社の前社員に率いられたベンチャー・キャピタル企業にアプローチした。この投資家の名はマイク・マークラで、彼はアップル社の潜在力を理解し、九万ドル前後を投資した。この事例では、ベンチャー・キャピタルは資金を提供しただけではなく、アップル社の効率性を改善するために専門経営者を雇用すべきであると創業者に提案した。ビジネスにコミットする有能な経営者と技術者を引きつけて雇用するため、アップル社はストック・オプションを付与するやり方を導入した。ストック・オプションとは、株価が上昇した時にキャピタル・ゲインを実現するために、一定の低価格で自社の株式を購入する権利である。これによって、経営者はスタートアップ企業に深くコミットすることになった。

ハイテク産業で設立されて間もない企業は、リターンが不確実で、しかもその実現が遅れる特徴があるため、かなりの金融資源を必要とした。預金保護ルールが一部緩和されたのち、機関投資家と年金基金は巨額の資金をニュー・エコノミーに投資しはじめた。一九八〇年代末に三〇億ドルがベンチャー・

キャピタルに投資され、このうち約半分が機関投資家によるものであった。ベンチャー・キャピタル投資の規模は一九九〇年代に安定的に成長し続けた。一九九四年には五〇億ドル以上が投資され、わずか二年後にその額は一〇〇億ドル以上になった。この資金の大部分はＩＣＴ、ソフトウェア、電子商取引、そしてヘルスケアのような先進的サービスを開発する企業へと向かった。二〇〇〇年までに、ニュー・エコノミーの収縮が迫っている（そして何人かは不可避であろうと論じていた）という事実にもかかわらず、ベンチャー・キャピタル資金は投資に対する高いリターンを維持し、それは年率三〇〜四〇％に及んだのである。

二〇〇〇年の俗にいう「ドットコム・バブル」の劇的な収縮にもかかわらず、ニュー・エコノミーは産業全般、特に消費者と密接に関連した産業の競争構造を変革した。一九九五年八月、どのようなコンピュータでも無料でインターネット検索ができる「インターネット・ブラウザ」を生産していた企業、ネットスケープ社が、ハイテク・ベンチャー企業に特化した株式市場であるナスダックに首尾よく上場を果たした。モザイク・コミュニケーションズ社という名前でわずか一年前に設立されたこの会社は、ジム・クラークとマーク・アンドリーセンという二人のコンピュータ専門家による産物であった。同社は瞬く間に成功し、この種の急成長はインターネット市場の巨大な潜在的可能性を実証した。それは、この産業が実際に小売システムとグローバルな商取引を変革するかもしれないことを示唆したのである。

一九九〇年代後半に創業された多くの企業は、インターネットがもつ潜在的可能性の開拓をめざしていた。一九九九年、ダウ・ジョーンズ株価指標は一〇年前の三倍の水準にまで達し、ナスダックも一〇〇〇ポイントから五〇〇〇ポイントへと急上昇した。ニュー・エコノミーは二〇〇一年に突然始まった後退に悩まされ、株価暴落は空前の損失を伴った破産の波を引き起こした。しかしながら、こうした損失にもかかわらず、一九九〇年代に設立された多くの先駆的企業――イー・ベイ、アマゾン・ドット・

コム、アメリカン・オンライン（ＡＯＬ）、ヤフー、そしてグーグルといった企業――は、この市場崩壊の中でも利益を得ることができ、事実、彼らの主導的地位は確固たるものとなったのである。

ニュー・エコノミーの成長は、遠隔通信分野で重要な結果をもたらした。空前の需要拡大と販売量の拡大によって、ICTに対する投資は急激に成長した。コンピュータと事務機器の分野では、産業全体の収入（一定価値で測定）は一九九〇年の一九〇億ドルから二〇〇〇年の二一四〇億ドルへと急拡大した。光ファイバー網を含む通信ネットワークは、一九九〇年の二八〇億ドルから二〇〇〇年には六〇〇億ドル以上にまで増加した。

ニュー・エコノミーのもう一つの特徴は、これまで静態的であるとみられていた産業にも根本的な変化を起こしたことであった。新技術は流通に深く作用し、そこでは情報技術（ＩＴ）が購買、販売および在庫管理に導入され、ウォルマート社のようなグローバル企業の成功を再び支えるようになった。新技術を利用したもう一つの企業は、二〇年間に二、三〇億ドルの利益を記録したデル社である。同社は一九八四年にオースティンにあるテキサス大学の若い学生、マイケル・デルによって設立された。彼は最初に期待のもてる結果が出た後で、家族からかなりのまとまった資金――約三〇万ドル――を得た。このスタートアップ企業の最初のアイデアは、顧客の要求に従って組み立てるカスタマイズされたパーソナル・コンピュータ（ＰＣ）を販売する、というものであった。その戦略は成功し、一九八四年六月のＩＰＯの直後に、同社は三〇〇億ドルの市場価値をもつようになった。デル社は最初、製品を直接顧客に販売するとともに、既存の販売ネットワーク、つまりコンピュータの超大型小売店を通して販売していた。販売を拡大させようとして、同社は顧客への直販という戦略に切り替え、ウェブサイト上でコンピュータを販売しはじめたのである。顧客はウェブサイト上で、異なったコンポーネントを選択することができ、組み立てられたコンピュータは自宅へ直接配送された。

デル社の成功の中核部分は、大規模な在庫を排除することで生み出されるコストの削減であった。加えて、伝統的にコンピュータは大量生産という特徴をもっていたが、同社はインターネットとオン・デマンド生産を利用することで大規模な需要の利益をモジュラー製品（第二〇章参照）に典型的なフレキシビリティと結びつけることができたのである。

巨大企業のリエンジニアリング

ニュー・エコノミーは、一九九〇年代におけるアメリカ企業システムの復活の、ほんの一部分を示すものでしかなかった。アメリカの技術集約型産業における成功は、大部分、一九六〇年代から一九八〇年代にグローバル経済のリーダーシップの最前線にあった企業の、徹底的なリストラクチャリングによって成し遂げられた。

一九九〇年代半ばに、アメリカの巨大産業企業の三分の二は、「リエンジニアリング」の徹底的なプロセスに着手した。この用語は、大規模なレイオフ（一般的には一時解雇。本章と以下の章では解雇の意）と、戦略と組織構造の大きな変化を意味した。第一四章でみたように、これらの変化の起源は、競争がトップ・マネジメントに与えた激しい圧力にまでさかのぼることができる。アメリカ大企業の所有における革命的な変化が、株主（ほとんどの場合、巨大な組織された勢力である）と経営者との関係を変容させたのである。

有効な方向転換戦略をとる能力は、産業リーダー間で異なっていた。長年にわたって互いに激しく競争してきた二社の主要な産業企業、ＧＥとウェスチングハウス社の事例をみてみよう。一九七〇年代初めに、両社はアメリカ大企業の上位二〇社にランクされていた。しかし二〇年後、ＧＥは五位に位置していたが、ウェスチングハウス社は業績の悪化で四二位に転落した。ウェスチングハウス社は新しいミレニアムが幕を開ける頃には、もはや事業を行っていなかった。他の多くのアメリカ企業がこの時期に経験したのと同じ運命を辿ったのである。一九七〇年代半ばに、両社は中核となるビジネスからかなり離れた多角的な事業を営んでおり、その戦略は一九六〇年代から実践されていた。本書でみてきたように、この種の多角化は当時のアメリカでは非常に人気があった。短期間とはいえ、その利益率は高かったのである。

しかし、競争が激化するにつれて、両社とも緊急にリストラクチャリングが必要であることを認識した。ウェスチングハウス社の方向転換は、結局は、不動産貸付や投資銀行といったリスクのある（そして中核事業ではない）ビジネスへのさらなる多角化に向かった。そのような投資は、最終的に巨額の損失をもたらしたのであった。

GEでは、一九八〇年代初頭以降、ジャック・ウェルチの強力なリーダーシップのもとで、事態は随分と違った方向に進んだ。ウェルチの戦略は、GEを少数の——だが利益の出る——事業に再び集中させるというものであった。これは大規模なレイオフを伴ったが——一九八〇年から一九八四年までにGEの全従業員数は四〇万人以上から三三万人にまで縮小した——、それによって経営陣は、GEが市場で最も大きいシェア、あるいは少なくとも二番目に大きなシェアを確保できるビジネスに努力を集中することができるようになった。一九八〇年代前半に、GEは一〇〇前後の事業を売却した。それによって得た資金を使って、ウェルチは古くからのコア事業を部分的に改革し、それだけではなくサービスとハイテクといった「新しい分野」へと進出した——この三つの分野は、ウェルチの経営哲学を要約的に示した、互いに重なる三つの円で示された。二〇年以上にわたり（ウェルチは二一世紀の初めに経営から退いた）、GEはニュー・エコノミー関連事業と金融サービスを含む洗練されたサービス業へと進んだ。GEは、世界中から一三〇〇億ドル以上の収入を得る、「多角化された技術・サービス・製造企業」であると自ら定義したのである。

GEに成功をもたらした変革は、巨大なアメリカ企業で起こりつつある根本的な変化を象徴している。競争ゲームの新しいルールに適合するという課題に直面せざるを得なくなった大企業は、GEのように自己変革を遂げるか、そうでなければウェスチングハウス社のような運命を辿った。その挑戦はまた、確固としたブランドをもつ老舗企業であっても安泰ではないことを意味した。

ニュー・エコノミーは、才能ある企業家が身を起こし、巨大な企業帝国を短期間で構築する機会をつくり出した。マイクロソフト社のビル・ゲイツ、アップル社のスティーヴ・ジョブズ、アマゾン・ドット・コムのジェフ・ベゾス、そしてインテル社のアンディ・グローヴといった人々は、ニュー・エコノミーによって提供された最高の機会を利用することができた。彼らの成功物語を可能にしたもの、そして彼らの企業の成長を速めたものは、この新しい形の企業家精神を特徴づけるいくつかの要素であった。

一つ目に、科学とハイテクの知識は、これらすべての成功した創業の才の核心的部分である。ニュー・エコノミーの企業家は、おそらくコンピュータ・サイエンスあるいはエレクトロニクスを学ぶ学生（デル、ジョブズ、ゲイツなど）、大学卒業生（ベゾスなど）、あるいはインテル社の共同創業者のような学究肌の人物や科学者であった。アンディ・グローヴは、化学者であったゴードン・ムーアと物理学者であったボブ・ノイスと合流する直前まで化学エンジニアであった。技術的知識は、これらの企業家に、大きな潜在的な成長可能性を孕む新しい市場セグメントをみつけ出す能力を与えた。オールド・エコノミーに属する既存の企業は、それを準備できなかった。

二つ目に、すでに強調したように、事業を始めて間もない段階にあるプロジェクトが、適切な金融資源を市場から得ることが、いまや容易になった。それはベンチャー・キャピタル企業を通して行われ、そうした企業のほとんどは、かつての技術者あるいは企業家によって創設され、率いられ、そして経営されていた。彼らは自分たちの財産の一部を使い、潜在的な成功可能性があると見込んだ他の創業者の才に資金を提供した。科学と「スキルを併せもつ資本」との協調関係の一つの例は、ジェネンテック社の初期の歴史にみることができる。同社は、まったく新しいバイオテクノロジーという分野――ニュー・エコノミーのもう一つの成長分野――において一九七六年に首尾よく事業を開始した。同社の創立者は、遺伝子組み換え技術の第一人者である科学者、ハーバート・W・ボイヤー（当時はサンフランシスコにあるカリフォルニア大学の生化学と生命物理の教授で、そこでは遺伝学の大学院プログラムの責任者でもあった）と、ボイヤーが習得したブレークスルー技術の市場性を確信したベンチャー・キャピタリストのロバート・スワンソンであった。スワンソンの起業に対する強い思い入れは、間違いなく、企業

表21-2　世界最大500産業企業の国別分布（1962年，1993年）

	1962	1993
先進市場経済国（日本を除く）		
アメリカ	298	160
イギリス	55	43
ドイツ	36	32
フランス	27	26
スウェーデン	8	12
オーストラリア	2	10
スイス	6	9
オランダ	5	9
カナダ	13	7
イタリア	7	7
ベルギー	3	4
スペイン	0	3
ノルウェー	0	3
フィンランド	0	3
オーストリア	1	2
その他	0	3
先進市場経済国合計	461	333
日　本	31	135
後発工業経済国		
韓　国	0	11
南アフリカ	2	4
インド	1	5
メキシコ	1	3
トルコ	0	3
その他	0	6
後発工業経済国合計	4	32
合計	500	500

注：売上高による序列。

出所：Alfred D. Chandler, Jr. and T. Hikono, “The Large Industrial Enterprise and the Dynamics of Modern Economic Grouwth,” in Alfred D. Chandler, Jr., Franco Amatori, and Takashi Hikino (eds.), *Big Business and the Wealth of Nations*, Cambridge University Press, Cambridge, 1997, p. 53より作成。

家的な直感からだけではなく、彼がマサチューセッツ工科大学（ＭＩＴ）の化学の学士号はもちろん、ＭＩＴのスローン経営大学院の修士号をもっているという事実にも由来する。

ニュー・エコノミーの高度に革新的な企業は、ベンチャー・キャピタル企業の資金によってスタートアップ・プロセスを経た後に上場するようになり、株式市場の投資家にとって、より一層魅力的になった。一九九〇年代後半に、投機的な動きが急に高くなり、ちょうど世紀の変わり目に現実の「バブル」をつくり出した。一九九八年から二〇〇〇年の間に、マイクロソフト社やインテル社といった企業を含むナスダック株価指標は、わずか二年間に一五〇％近く上昇したが、続く二年間で突然下落し、一九九八年初めと同じ水準に戻った。これが、アメリカ・ブランドの資本主義における、イノベーションのコインの裏側であった。

投資家資本主義

一九九〇年代の初めに、機関投資家が保有するアメリカ大企業の株式は、個人や家族が保有する株式を上回った。二〇〇〇年までに、投資信託、年金基金、そして保険会社はそれぞれのポートフォリオ〔運用資産の組合せ〕にアメリカで発行済みの全株式の半分以上を保有し、アメリカ最大級の企業、あるいは少なくともフォーチュン誌のランキングに入っている企業の全資本の約七〇％を支配していた。

この新しい「有権者」は、個人株主とはまったく異なった期待をもっていた。投資信託と年金基金は、株主価値の短期的な最大化を指向していた。機関投資家は、両大戦間期以降次第に活発に活動するようになってきていたが、一九七〇年代以前は社債を選好する傾向にあった。オイル・ショック後のインフレ圧力と通貨の安定性の終焉によって、その関心は再び株式市場へと向かった。前述のように、機関投資家は経営陣に対して圧力をかけてニュー・エコノミー関連事業に金融資源を供給していたので、一九八〇年代終わりと一九九〇年代には、実際的な意味のある役割を担っていたといえる。シリコン・バレーのスタートアップ企業の拡大を支えたベンチャー・キャピタルとプライベート・エクイティ・ファンドは、このようにして当時利用可能であった機関投資家（一般的には年金基金）からの巨額の資金を用いることができた。加えて、一九八〇年代には、機関投資家は買収後の企業分割から高いリターンを得るレバレッジド・バイアウト（第一四章参照）に融資するのに必要な資源を供給した。

単一のファンドが単一企業において非常に大きな利害関係をもつことはめったにないが（一九七四年以降、従業員退職所得保障法［ＥＲＩＳＡ］が年金基金の活動を規制し、単独投資の範囲を制限しリスクの分散を課した）、総計すると機関投資家は相当の影響力をもっていた。一九八〇年代末に、世界の主要企業の資本の四分の一は、その手中にあった。

ファンド・マネージャーは彼らが投資している企業の業績基準を念入りに吟味し、結果、経営陣の行為の適否を判断した。特定の関心は、トップ経営者の独裁的な行動、利益分配を行わない慣行、そして多角化戦略、なかでもコングロマリット構造に導くような多角化戦略にますます向けられるようになった。多角化した後に利益が維持できなかった時や効率の悪さが明らかになった時、結果として起こる資本市場における損失——会社の資本の二〇％に上る場合がある——を避けるため、機関投資家は迅速に対応するようになった。

年金や保険のファンド・マネージャーは、いまやこれらの企業が「コア・コンピタンス」を認識し保持する必要があるとするコンサルタントに同意した。これはすべて、株主にとっての「価値」を意味する効率性と、より大きな利益と富の名においてなされた。これらの圧力と一九八〇年代の敵対的買収の波に駆られて、大企業のトップ経営者は自身と自分たちの会社の努力を再び集中させざるを得なくなった。一九九〇年代半ばまでに、フォーチュン誌によって調査された企業のうち三分の二は、再びその事業を単一産業の範囲内に集中させていた。一九八〇年代から一九九〇年代の間に、多角化の平均的な水準は約三〇％低下した。

効率性と価値創造の追求は、オートメーション・システムの導入によって可能となった経営方法の改善を通しても実行された。新しい手法、例えば総合的品質管理（TQM）やアウトソーシングなどは、新しい通信技術に基づいており、今度は組織内部における情報共有や知識の伝播に影響を与えた。最大の根本的な変化は経営者と株主との関係に起こった。「株主価値」の哲学は、主要企業のマネジメントのほとんどの意思決定、行動、そして戦略を駆り立て、疑いなく、これは効率性、業績の復活、そして情報公開の点である程度のプラスの効果があった。「価値創造」の強調は、多くの場合、ストック・オプションのような経営陣に対する新しい適切なインセンティブを伴っていた。企業は、自分たちがつくり出した富の多くを株主に向けた。それは、配当と自社株買いを通してなされた。自社株買いには株価を高く維持できることと、経営陣にストック・オプションを通して利益を得させるという二重のメリットがあった。

往々にして、ゲームの新しいルールと新しいコーポレート・ガバナンスの必要条件は、経営者が短期で株価を高めることをめざす強いインセンティブに帰着した。役員があまりにも多くの配当支払いを強調し、他方で投資と成長戦略のための内部資源を生み出す会社の能力をひどく傷つけた。いくつかの事例では、投資家に巨額で、継続的で、安定した収益のフローを提供する必要性が、トップ・マネジメントに違法な方法をとらせ、結果として詐欺行為となり、大規模倒産とスキャンダルがそれに続いた。二〇〇一年、約一〇〇〇億ドルの収入を誇る、エネルギーと通信分野で最も名高いアメリカ企業の一つであったエンロン社は、その巨額の利益の大部分が複雑な不正会計の結果であると報告されたのち、破産を申請した。この失敗の結果、株主と債権者、そして明らかに多数の従業員がかなりの損失を被ることになった。このスキャンダルはさらに、アーサー・アンダーセン社をも破綻に追い込んだ。同社は世界をリードする会計とコンサルタントの企業であったが、エンロン社の貸借対照表の監査に怠慢さがみられ、実際には同社の誤った経営慣行の共犯者であったかもしれなかった。

「エンロン・スキャンダル」や、タイコ・インターナショナルやワールド・コムといった、大企業に影響を与えた他の事件は、大衆をかなり憤慨させたので、アメリカ政府は上場企業のコーポレート・ガバナンスに関する規制強化を決定した。新しい連邦法「企業および監査の説明責任と管理責任に関する法」、サーベンス＝オクスリー法、あるいはサーボックス法・ＳＯＸ法として知られる法案が議会を通過し、大統領によって署名された（二〇〇二年）。新しい法律は、議会が期待した成果のすべてを達成したわけではなかったが、それはアメリカの大企業に対して、投資家、労働者、そして彼らのコミュニティを保護するのに必要な、ある種の直接的で強力な規制をかけるべきという、次第に高まる大衆の関心を正確に映し出していた。そのような大衆の感情は、アメリカの銀行が二〇〇七年と二〇〇八年に問題を起こした時に、再び噴出してきたのである。

第一二章　減　速――ヨーロッパと日本

一九九〇年代のアメリカ経済の成長は注目すべきものであったが、同時期のヨーロッパと日本の経済的パフォーマンスと比較すると、これはかなり例外的なもののようにみえる。一九八〇年代にはアメリカと二つの挑戦者との間の国内総生産（GDP）のギャップは縮みつつあった。しかし次の一〇年間に状況ははっきりと変わった。国連貿易開発会議（UNCTAD）の統計によると、一九九〇年代に主要なヨーロッパ経済は、軒並み競争力を低下させ、二〇〇〇年までに、EUの一人当たり平均収入は、アメリカの七〇％にすぎなくなった。ヨーロッパと日本の衰退はいくつもの要因によるものであり、その多くはかつてアメリカ経済への挑戦を可能にした、それぞれ二つの経済システムの構造と結びついていた。

売りに出されたヨーロッパ

国際政治の枠組みは、一九八〇年代末から一九九〇年代初めにかけて大きく転換し、この変化は先導的なヨーロッパ諸国の経済パフォーマンスに影響を与えた。これは特にドイツに当てはまり、その政治的再統一（東西ドイツの統一）のプロセスは大いに歓迎されたが、極めて高くついた。イタリアの問題

表22-1　GDP と一人当たり GDP（国際比較，1991-2003年）

	GDP：1999年米ドル（10億ドル）				1人当たり GDP：1999年米ドル（1000ドル）					
	アメリカ	ヨーロッパ	日　本	韓　国	アメリカ	ドイツ	日　本	韓　国	イギリス	フランス
1991	6,949.12	6,509.97	2,868.11	468.37	27.41	22.03	23.11	10.82	19.75	21.78
1992	7,180.19	6,594.60	2,890.71	493.84	27.95	22.36	23.21	11.29	19.75	21.99
1993	7,372.11	6,579.59	2,895.76	520.96	28.32	21.95	23.18	11.79	20.17	21.71
1994	7,668.45	6,767.60	2,914.93	563.94	29.11	22.40	23.27	12.63	21.01	22.08
1995	7,860.47	6,927.60	2,963.25	614.24	29.49	22.72	23.60	13.62	21.56	22.37
1996	8,151.33	7,033.26	3,064.21	657.23	30.22	22.83	24.35	14.44	22.10	22.53
1997	8,517.95	7,193.22	3,124.74	687.79	31.21	23.11	24.77	14.97	22.78	22.88
1998	8,873.60	7,384.57	3,097.11	640.65	32.13	23.56	24.49	13.84	23.43	23.58
1999	9,268.40	7,575.21	3,110.34	701.42	33.18	24.03	24.55	15.05	24.01	24.23
2000	9,607.71	7,828.99	3,190.97	760.95	34.02	24.69	25.14	16.19	24.85	25.03
2001	9,656.25	7,948.39	3,188.59	790.14	33.84	24.85	25.05	16.69	25.22	25.42
2002	9,868.04	8,013.37	3,185.77	345.22	34.24	24.85	25.00	17.74	25.55	25.59
2003	10,176.32	8,062.37	3,265.41	871.16	34.96	24.81	25.59	18.18	26.04	25.58

出所：Angus Maddison, *Statistics on World Population, GDP and Per Capita GDP, 1-2006 AD*, http://www.ggdc.net/maddison/（2010年11月10日アクセス）より作成。

は完全に構造的なものであった。イタリアの社会的、経済的、そして政治的枠組みは、一連のスキャンダルが主要な企業家、経営者、そして政治家を巻き込んだ贈賄と堕落のネットワークを白日のもとにさらすにつれ、深刻な問題となったのである。この危機は、第二次世界大戦終結以降にイタリアを特徴づけてきた政治システムに大きなショックを与えた。

経済の減速によって、戦後数十年にわたってヨーロッパが繁栄を築いてきた経済社会モデルに対して深刻な疑念が起こると同時に、ヨーロッパのあちこちで様々な問題が現れてきた。戦後のヨーロッパ諸国はすべて、完全雇用と（西ドイツを除いて）エネルギー、輸送、公益事業のような戦略産業における国有企業を基盤にした、再分配を重んじる福祉システムを発達させ、実行してきた。一貫した赤字財政支出に基づく「ライン」型、あるいは大陸ヨーロッパ型の資本主義は、成長と満足すべき水準の雇用を達成することに成功したが、一九八〇年代までには、もはやそれは明らかに持続可能なものではなくなった。

周期的な景気後退の圧力のもとで最初に崩れたヨーロッパ型資本主義の柱は、ほとんどすべてのヨーロッパ諸国に共通していた国有制度（第一七章参照）であった。民営化は一九七〇年代末に始まり、件数とその規模は次第に大きくなり、一九八〇年代後半にはヨーロッパ中に広まった。イギリス、フランス、そして二、三年後にイタリアとスペインで、銀行と保険、製造、そしてサービス分野における国有の範囲が小さくなりはじめ、時にそれは急進的なものであった。民営化のプロセスは、いわゆる「自然独占」の部門でさえ行われた。イギリスでは、かつて広く普及していた国有システムは、ほとんど消え失せた。生き残った国有企業（ＳＯＥ）は厳しい状況に直面した。

一九八〇年代初頭から新しいミレニアムの幕開けまでの間に、西ヨーロッパでは一〇〇〇件以上の民営化計画が遂行された。民営化にかかわった資本の合計は六〇〇〇億ドル以上に上り、それは全世界で民営化された資本の合計の五〇%に近かった。イギリスだけで、全体のほぼ四分の一を占めた。これは驚くべき経済変革であり、ヨーロッパの社会と政治に重大な意味をもっていた。

民営化は、様々な目的で始められ、種々の方法で実行された。第一七章で述べたように、イギリスは実質的に、国家のプレゼンスを一掃する大規模な政府保有株式の売却による急進的な民営化を実施した。そして残った「自然独占」は、公共団体と「番犬」〔業務監査機関〕の監督下に置かれた。フランスとイタリアでは、国有制度の縮小は、所有の集中の縮小を意味しなかった。国家は往々にして直接所有を縮小する一方で、民営化された企業に対し何らかの形で支配を維持しようとした。いくつかの事例では、黄金株〔拒否権を持つ特別な種類株式〕と呼ばれるより小さな関与方法や、非公式な個人的関係など他の奇策を用いて、国家は企業の意思決定に関与し続けた。民間の企業家は、入札制度や時には私的な取引を通してそのような企業を手に入れた。スペインでは、フランコ将軍の体制下で広まった政府の直接介入からの撤退は、一九八〇年代と一九九〇年代を通して行われ、それに関連した収入は五〇〇億ドル前後に上った。他のヨーロッパ諸国と比較して国による直接所有の程度がはるかに低かったドイツは、それにもかかわらず、再統一の過程で大規模な民営化に乗り出した。東西二つの経済制度を揃えるために、ドイツは以前の東ドイツ共産党政府の管理下にあった資産を売却しなければならなかった。

ヨーロッパ諸国家の大企業の直接所有からの撤退は、強力に進められた市場の自由化政策と同時に行わなければならなかった。民間企業はいまや、かつては厳しく政治的に管理されていた自然独占の特徴をもつ市場に参入することができた。こうした自由化は、たいてい、市場と顧客への効率的なサービス供給をモニタリングするための監視機関の創設を含んでいた。

民営化政策は、多くのヨーロッパ諸国において大企業の所有構造を大きく転換させたが、そのプロセスがヨーロッパ各国政府の他の経済、財政、産業政策の根本的な変更を伴っていたのは、単なる偶然であった。費用のかかる福祉経済に資金を供給するための、大きな財政赤字と高い水準の課税は、一貫して民間消費を抑制した。その影響は、公共投資によってその一部分だけが相殺された。同時に、労働市場と金融市場の硬直性は、ヨーロッパにおいて新しいビジネスを起業する動きを緩慢なものにした。これらはすべて、アメリカ経済が復活する裏側で起こったのである。

アメリカ経済とヨーロッパ経済は、依然、内的な構造を異にしていた。一九九〇年代のアメリカの復活は大部分、デジタル経済のダイナミズムに基盤をおいていたが（第二一章参照）、一般にヨーロッパはミッドテク産業（ハイテク産業とローテク産業の中間）、あるいはいくつかの事例ではローテク産業に大きく依存し続けていた。これはいくつかの主要な大陸ヨーロッパ諸国の基本的特徴に原因があったし、イタリアの場合は特に明白であった。イタリアでは、製造分野の大部分は、ミッドテクの資本集約型産業と繊維、衣料品、履物、家具や他の「メイド・イン・イタリー」製品における小規模なローテク企業で構成されていた。これらの産業は、一九八〇年代と一九九〇年代にイタリアの輸出と付加価値生産の

表22-2　全産業の付加価値収入に占めるハイテク産業の割合（1990，2000，2005年）

（単位：%）

	1990	2000	2005
アメリカ	14.2	19.3	23.9
欧州連合	10.2	12.6	14.1
フランス	9.5	15.3	17.3
ドイツ	9.5	11.0	13.5
イギリス	13.6	17.0	17.8
アジア	15.6	19.6	22.3
日　本	16.7	18.7	18.6
中　国	10.6	19.1	28.0
韓　国	12.7	24.4	25.7
インド	6.2	7.2	8.8

注：OECD 分類によるハイテク産業には航空宇宙，通信設備，事務機器およびコンピュータ，医薬品，科学機器が含まれる。付加価値ベースの収入は国内及び輸入原材料・投入材の購入を除いたものである。欧州連合はキプロス，エストニア，ラトビア，リトアニア，ルクセンブルグ，マルタ，スロベニアを含まない。アジアには中国，インド，インドネシア，日本，マレーシア，フィリピン，シンガポール，韓国，台湾，タイを含む。香港は中国に含まれる。

出所：National Science Board, *Science and Engineering Industries 2008* より作成。

大きな部分を占めており、国の「競争優位」の重要なコンポーネントを代表していたのである。

新しいミレニアムが始まる頃、アメリカにおいては、付加価値への貢献という点からみると、ハイテク産業はすべての製造活動の三五％を占めていた。この割合はヨーロッパではわずかに一三・五％、日本では約一五％であった。福祉資本主義の一つの柱、つまり労働力の保護によって、ヨーロッパの製造業分野は、新興工業国からの挑戦に対してますます脆弱になった。新興国のほとんどは、比較的低賃金の労働力と最小の福祉関連支出という強みをもっていた。ヨーロッパはまた、特にアメリカと比較した場合、労働生産性が上昇しないことにも苦しんだ。いくつかの推計によると、一九九五年から二〇〇〇年の間に、アメリカの時間当たり労働生産性は毎年二・五％以上成長したが、主要なヨーロッパ諸国の平均的な上昇率は、それをはるかに下回っていたのである。

ヨーロッパの競争力の低下は、特にそれを新興国経済と国際収支の傾向で比較した場合、明らかとなる。ドイツを除き、ほぼどの国においても、収支は一九九〇年代にマイナスになった。

二、三の事例では、ヨーロッパ諸国はグローバル化の挑戦的な圧力のもとで「競争優位」を失った。これは特にイギリスとフランス、そしてまたイタリアに当てはまった。イタリアは一九七〇年代と一九八〇年代に産業集積地に群生した小企業に依拠した専門化モデルに重きを置いていた。イタリアはアパレルのような「メイド・イン・イタリー」製品の柔軟で専門化された生産に集中していたのである。このモデルは成功をおさめ、マイケル・ポーターは『国の競争優位』（一九九〇年）の中で、イタリアに関する章のタイトルを「イタリアのうねり」〔邦訳では「イタリアの挑戦」〕とつけた。たしかに、イタリア経済は一九九〇年代のほとんどにおいて国際収支の黒字を維持できたが、それにもかかわらず、ハイテク産業と、とりわけエネルギー製品では巨額の赤字を計上していた。しかし、一九九〇年代末から、産業分野のグローバル市場に中国企業が参入するにつれ、イタリアは最も成功していた産業で厳しい競争に苦しみはじめた。イタリアの貿易収支は次第に悪化していったのである。

日本と「失われた一〇年」

一九九八年は、一九六〇年代に始まった長期に及ぶ安定的な成長局面を経験した日本経済にとって、決定的に重要な年であった。日本の経済モデルは四つの柱を基本にしてきた。その四本柱とは、海外市場における日本企業の競争力向上を後押しする産業政策、株式相互持合いと非公式な紐帯という緊密なネットワークをもつ系列の存在、終身雇用慣行で補強された労使関係における参加モデル、そして最後に、各メインバンクが一つの系列に密着していることによる「内部貸出し」慣行に基づく効率的な銀行システムであった。

この日本モデルによって企業は、長期投資戦略を明確に定式化することができたが、一九八〇年代と一九九〇年代に経済環境が根底から変化したとき、国も企業もその基本モデルを転換することができなかった。一九九〇年代末に、日本は一〇年以上にわたって続く深い経済的停滞の中で身動きが取れなくなっていることに気づいた。危機の起源は、一九八五年末から一九八九年一二月まで一貫して膨張した投機的な不動産バブルの崩壊に見出すことができる。八五年から四年も経たないうちに、日本の株価指数は三倍以上になり、住宅用と商業用の土地の価格もほぼ四倍になった。投機的な活動の拡大の起源は、同時並行的な二、三の要因にあった。その中で最も重要なものは、一九八〇年代後半に日本銀行が始めた拡張的な金融政策であった。内需を支えるために、日本銀行は公定歩合を一九八七年に五％から二・五％に下げた。これは、円の切り上げ政策とともに行われたもので、アメリカの次第に拡大する貿易赤字に制限を課すことを狙ったアメリカの政策に影響された措置であった。この間、低い利子率が投機に利用できる巨額の「低利資金」を生み出したのである。

結果として生じたバブルは、長期間にわたって固定的であった銀行システムに競争を導入する目的で行われた、金融部門の規制緩和によってますます深刻化した。銀行のより積極的な融資が土地投機に資金を供給した。日本銀行がインフレの進行を恐れて公定歩合の変更を決定したとき、不動産バブルは弾けた。同時に、日本の大蔵省〔現、財務省〕は銀行の不動産投機への関与を制限した。結果として、日本の証券取引は急速に収縮し――一二か月間に日経株価指数はその価値を半減させた――、同時に土地の価格が突然崩壊した。

その結果として、日本における民間の消費と投資は、一九九〇年から二〇〇〇年まで停滞し、同時に長期にわたるデフレーションも起こった。失業率は一〇年間で次第に上昇し、二%から六%になった。この割合は非常に高いものと受け止められた。それというのも、日本は終戦直後から、完全雇用に慣れ切っていたからである。

この危機は、日本の資本主義モデルの全体的な構造に重大な影響を及ぼした。日本の成功の基礎にあったすべての社会的、政治的、そして文化的な基盤が厳しい局面を迎えたのである。

銀行の苦境

日本のバブルが弾けたとき、系列のメインバンクは巨額の損失を被った。一九八〇年代後半に行われた融資全体の五%から一〇%が債務不履行になったのである。損害はすぐに製造業へと波及し、産業企業はメインバンクという極めて重要な支えを失った。危機は、金融部門内部での大規模な企業合同の引き金となった。七行あった巨大銀行は、みずほ、三菱東京、三井住友、そしてＵＦＪの四行に減少した。

銀行の支援がなくなり、銀行への信頼が揺らぐと、経営者はコスト削減と利益率、マーケットシェア、そして収入をはますます重視するようになった。同時に、彼らは伝統的なものに代わる、追加的な金融資源を探していた。例えば、日本企業は外国資本に頼る非常に強い傾向を示した。外国資本のプレゼンスは一九九〇年代に次第に高まった。新しいミレニアムの幕開けの時点で、海外投資家（主に投資信託や年金基金などの機関投資家）は、日本の巨大な上場企業株式の五分の一近くを支配していた。この割合は、前代未聞であった。予想できるように、海外の投資家は経営者にますます圧力をかけ、大企業にはその不十分な情報公開《ディスクロージャー》を改善するよう迫った。このように、外国人投資家は、日本資本主義のもう一つの主要な基盤、すなわち協調的で馴れ合い的な慣行を問題にしたのである。外国からの外部資源の不断の流入を確保する必要性は、政府機関――主に通商産業省（ＭＩＴＩ）（現、経済産業省）――にも強い衝撃を与え、同省は企業にディスクロージャー慣行の採用を促した。何人かの研究者は、日本の企業金融モデルは現在もまだ銀行との関係が強く、企業金融における銀行融資の割合は六〇％を大きく超えている（アメリカの割合は四〇％）と主張しているが、日本は変わりつつあったのである。

系列の解体？

金融分野における危機に続いて、巨大な日本の系列は、資本市場に対するアプローチとコーポレート・ガバナンスでいくつかの改革を行わざるを得なくなった。この危機の極めて明瞭な一つの遺産は、企業間の株式相互持合いの程度が低くなったことであった。一九九〇年代に、銀行と企業および企業間を結びつけていた株式相互持合いの濃密なネットワーク――日本資本主義の際立った特徴の一つ――は、次第に縮小した。株式の持合いは、巨大な日本の企業グループの資本株式のうちの二〇％近くから、一一％へと低下したのである。

危機の一つの結果として、自動車や民生用エレクトロニクスなどの主要な製造業は、過剰生産と負債のために深刻な問題を抱えていることに気づいた。例えば日産のような老舗企業でさえ、外国資本（ルノー）の支援を求めざるを得なかった。続いて、そのような会社の経営者は、特にディスクロージャーとコーポレート・ガバナンスの方法に関して抜本的なリストラクチャリングのプロセスを始めるよう迫られたのである。外国資本と機関投資家の存在は、多くの場合、上級経営者を後押しして「株主価値」をより重視する姿勢をとらせた。これは、従来の日本の経営思想とはまったく異質なものであった。

変化はこのように進んでいったが、過去の在り方は経路依存性として残った。形式的な改革にもかかわらず、企業の支配権を売買する効率的な市場（過小評価された企業の無能な経営者を敵対的買収が成功した後でクビにするところ）は、実質的に日本には存在しなかった。いくつかの推計によると、一九九〇年代の危機の始まりから新世紀の最初の数年の間に、わずかに四件の敵対的買収が開始されたにすぎなかった。日本に上場している企業の数（三五〇〇社以上）を考慮すれば、この数字は信じられないくらい小さなものであった。日本資本主義の現在の状況を鋭く観察した研究者が書いているように、「株主指向のコーポレート・ガバナンス構造の主たる要素である企業支配権市場は、いまだに実質的には日本に存在しておらず、将来もそれほど成長しそうにない[1]」。

壊れゆく労使関係

「自発的な離職」という名目のもとで、解雇《レイオフ》が大規模に行われた。危機は、日本資本主義のすべての基盤について再考することを強いたのである。それには、何十年にもわたって日本の産業を特徴づけてきた労使関係の複雑なシステムも含まれていた。「終身」および長期雇用のシステムは、いくつかの事例では、能力主義と能率主義に重点を置くシステムに取って代わられた。特に新世代向けの労働市場は、過去よりもはるかに柔軟性と流動性をもつ労働力に報いている。この新しい慣行は、会社と労働者との間の伝統的な忠誠心をベースにした関係に大きく挑戦するものであった。多くの事例において、短期的な成果を求める圧力のもとで、日本企業は過去には考えられなかったような決定を行うようになった。

例えば、日本の競争優位の源泉の一つである民生用エレクトロニクスでは、松下〔現、パナソニック〕、東芝、日立といったグローバル・リーダーが、国内の生産規模を縮小した。これらの企業は、ある意味、競争力を維持するためにそれを行ったのである。さらに、リスクを分散しコストを削減するために、例えば海外投資を増加させる動きもある。しかし、企業金融システムの場合と同様、変化のペース、方向性、強さは、すべて明確に確立されたものとは程遠い。この例では――他の事例と同じように――、危機が、会社レベルにおいて友好的な社会的な絆に重きを置く労使関係という日本モデルを完全に崩すことができなかったことは明らかであろう。

まとめると、危機の遺産ははっきりとしたものではないということになろう。ごく最近の経済の沈滞は、かつて資本主義的発展と国際競争力強化を成功裏に導いた日本的なるものに、深刻な疑問を投げかけた。このプロセスの構造的な――そして偶然的でない――結果がいまだにはっきりしない中で、多くの変革が導入された。

その程度に違いはあれ、間違いなく手を付けられずに残っているのは、日本の産業の多くの構造的な特徴である。危機の全期間を通して、日本の貿易収支は黒字を維持した。これは特にミッドテク産業のおかげであった。新世紀の最初の数年まで、日本のハイテク産業が付加価値生産に占める割合は全体のおよそ一五％であり、それはアメリカの水準の半分以下であった。それにもかかわらず、この国特有の競争優位――本質的にはヨーロッパの状況とそれほど変わらない――は、日本の経済構造の一つの特別な特徴であり続けている。

注

（1）M. A. Witt, *Changing Japanese Capitalism*, Cambridge University Press, Cambridge, 2006, p. 46.

第二三章　新しい主役——中国とインド

時系列的な視点と国際比較の視点の両方から現時点について説明する——一介の歴史家にとっては危険な作業——というリスクを冒しても、本書のような著作は、中国とインドという二つのアジアの大国の台頭に関する何らかの言及を避けて通ることはできない。この両国は、二一世紀初頭におけるビジネスの世界を最もよく具現化している。歴史家は二つの理由でこの現象に関心を抱く。一つ目の理由は、第一次産業革命によってもたらされた記念碑的な変革以降初めて、世界経済の中心点がお決まりの地域、つまりヨーロッパとアメリカからアジアに移ったからである。二つ目の理由は、最初の理由と関連している。国際経済史におけるこの革命的なシフトは、完全な循環をもたらす。つまり一八世紀からさかのぼること二〇〇〇年、中国とインドはヨーロッパやその植民地に対して圧倒的に優越した地位にあった。今日、中国とインドの住人は三五億人を数え、欧米よりもはるかに若い年齢層を抱えている。いまだに多くの貧困者層と周辺層は存在しているが、両国は科学的ノウハウと技術的スキルをもち、ビジネスに親和的な文化をもって急速に立ち現われてきている。さらに、農村地帯の「隠れた」人口の大きさを考慮すると（中国で八億人、インドで七億人と推計されている）、二一世紀に期待される巨大な潜在的可能性をよりよく理解することができる。歴史統計が示すように、あらゆる農民が工場で働き出せば、生産性は七倍になる。この強みは、多国籍企業による巨額の投資と結びつくことで、両国が際立ったビ

表23-1　世界のGDPのシェア

	1973	2001
西ヨーロッパ	25.6	20.3
アメリカ	22.1	21.4
日　本	7.8	7.1
中　国	4.6	12.3
インド	3.1	5.4
旧ソ連	9.4	3.6
アジアの虎（台湾，香港，韓国，シンガポール）	8.7	13.2
その他	18.7	16.7
世界全体	100.0	100.0

出所：Angus Maddison, *Statistics on World Population, GDP and Per Capita GDP, 1-2006 AD*, http://www.ggdc.net/maddison/（最終アクセス日2010年10月6日）より作成。

表23-2　中国と西ヨーロッパとの比較（1913-2001年）

	人口（百万人）		一人当たりGDP（1990年ドル）		GDP（10億，1990年ドル）	
	中国	西欧	中国	西欧	中国	西欧
1913	437.1	261.0	552	3,458	241.3	902.3
1950	546.8	304.9	439	4,579	239.9	1,396.2
2001	1,257.4	392.1	3,583	12,256	4,569.8	7,550.3

出所：Angus Maddison, *Statistics on World Population, GDP and Per Capita GDP, 1-2006 AD*, http://www.ggdc.net/maddison/（最終アクセス日2010年10月6日）より作成。

ジネスの拡大を維持できるようにするに違いない。

インドの成功物語は、ごく最近のことである。それは一九九〇年代初頭の経済改革からスタートした。一九九八年に、三二〇〇億ドルのGNPをもっていたインドは、当時世界第一五位の経済大国であったが、一〇年後には——八〇六〇億ドルのGNPで——一〇位にまで上昇した。中国は二兆二三四〇億ドルで、四位であった。中国の全力疾走は、毛沢東《マオ・ツォートン》主義の耐えられない重みから抜け出した一九八〇年代に始まった。一九八〇年からの二五年間、経済は年率九・六％で成長した。二〇〇五年までに、中国はイタリア、フランス、イギリスといった経済先進国を追い抜いたのである。

中　国

ここ三〇年間で、中国が明確な目標を確実に達成するための定式化された体系的な経済政策モデルを発達させるのは、容易なことでなかった。それに代わり、中国の経済政策の考え方は、日本の「奇跡」のいくつかの要素と他のアジアの「虎」（韓国、台湾、香港、シンガポール）のそれを混ぜ合わせることによって創り上げられた。中国が学んだ「教訓」は次の通りであった。

（a）大企業が高関税によって保護され、臨時の資金融資や信用への容易なアクセスによって支援され、そしてしばしば価格管理システムを通して市場変動のリスクを排除するため、大企業と国家との間に相互主義的な原理に基づく関係を構築すること。同時に、巨大企業は、明確な輸出目標をもってグローバル市場で競争することが期待された。

（b）技術の応用がそれほど困難ではなく、規模の経済性が最大限に発揮できる、中間レベルの技術が要求される分野に留まることで、競争優位が確保できる製品領域をターゲットにすること。その分野は第二次産業革命の、いわゆる「成熟した」産業部門であった。この選択は、生産段階——高い技術的技能と労働者の社会的結合——に特に配慮しながら進められている。それというのも、すぐに操業に入れる準備を整えた工場を買収するだけでは、その工場を十分に利用できないという確信があるからである。

（c）急速な成長に向けた政策の最高の代弁者であると考えられる、大きなグループ企業を支援すること。これらのグループは、非関連分野への多角化プロセスの中で、広範囲の事業経営を監督する特別な能力を発揮することが期待された。

日本やアジアの他の新興諸国と比較して、中国の事例には明らかな違いがある。日本と他のアジア諸国は、比較的高い資本集約性をもつ産業に資源を集中した。それというのも、低い労働コストを用いて競争する経路は、危険を伴う恐れがあると考えたからである。しかしながら、中国は、すべての技術分野で活動する用意があるようにみえたし、他国よりもかなり低賃金の労働者に依存することもできた。日本と韓国が、自らの独立を維持する方法として外国の多国籍企業を国内市場から締め出し続けたのに対し、中国は条件付きの「門戸開放」政策を用いた。産業化を最初に達成した諸国は、体系立った政府介入を示す経済政策、ガイドライン、そして道徳的態度にもとづいて行動したが（いわゆる開発国家）、中国は毛沢東主義者の文化大革命により抑圧されていた「血気《アニマル・スピリット》」を解放することに焦点を当てたのである。

中国の指導者、鄧小平《ダン・シャオピン》が経済自由化計画を一九七八年に始めたとき、広範囲に影響を及ぼす新しい法律が施行された。多くの権利が民間企業に認められたが、他方で国有資産の重要性が設定し直された。シュンペーター的な企業家（第三章参照）が出現したのは、このような舞台においてであった。例えば馬雲《ジャック・マー》のような人物がいた。彼の両親は貧しい労働者で彼自身も平凡な学生であったが、英語が話せるという能力のおかげで彼は成功した。アメリカでＩＴ革命がまさに出現した頃、彼はあるウェブサイト（アリババ・ドット・コム）を立ち上げ、それはイー・ベイやヤフー、アマゾンといった巨人の強力な競争相手になった。アリババ・ドット・コムを通して、毎日二〇〇万社の中国企業がオンライン上で、世界二〇〇か国の七〇〇〇万社の輸入業者と出会っているのである。次いで出てきたのは、人民解放軍の軍事技術者、柳傳志《リュウ・チュアンチー》であった。シリコン・バレーの開拓者と同じように、彼はレノボ〔聯想集団〕を創り上げた。レノボは巨大なハードウェア製造企業で、数年前、この分野のIBMの事業を買収した。李嘉誠《リ・カーシン》の事例も一考に値する。李はコンテナ輸送分野における大手事業者であり、また主要な建設業者でもあり、移動体通信産業で影響力のある業者であり、そして今日では、買収したフランス企業マリオノー社を通して、ヨーロッパ最大の化粧品と香水小売企業の所有者でもある。

これらの企業家と政府との関係は、必ずしも気楽なものというわけではなかった。そうした関係は、マルクスやウィットフォーゲル〔カール・ウィットフォーゲル。ドイツ生まれでアメリカに帰化した歴史学者で中国研究家〕が描いた東洋の権力の特徴を思い起こさせる。これら企業家の中には、馬雲のように、アジア的な伝統に従い、巨額の富をもっているにもかかわらず、ほとんど目立たないようにしている者もいる。それに対して、時に同族的な繋がりを通して政界とのコネクションを維持する者もいた（中国の企業家の三〇％は中国共産党の正式の党員でもある）。数人は反抗する態度をとり、孫大午《スン・ダーウー》のように政治的な嫌がらせに挑戦する者もいた。彼はもともと農民であったが、大規模な食料品製造業者となり、賄賂を要求した党のリーダーを密告した。孫は投獄されたが政府の上層部にいる何人かが動いて出獄させ、名誉を回復させた。それは彼の人気が高かったからである。その結果として生じたのは、他の何人かの企業家が自分の財産を地方の選挙運動に投じ、多年にわたって権力を保持してきた政治家を落選させようとする動きであった。

日々一〇万ドル以上を稼ぐ馬雲は、おそらく世界で最も金持ちの共産主義者である。彼は上海の南の杭州出身で、そこでは二〇〇四年に工業生産が三〇％成長した（その要因の一つは、平均して労働者で月額一〇〇ユーロ、管理者で三〇〇ユーロという低賃金による）。極端に低い給料は、中国の「奇跡」の重要な構成要素であるが、外国からの投資に対する門戸解放も、もちろんそうである。一つの政策が、一九七九年七月に中国企業に対して外国人が資本参加することを可能にする法律が通った時から、すでに現れはじめていた。四つの経済特区（ＳＥＺ）が広東省と福建省に設けられたのである。その目的は、利益に対する課税を減免すること（税率は一〇％未満であった）と関税控除を準備することによって、外国資本を誘致することであった。全体としてみれば、この試みは肯定的に評価された。一九八四年には新しい特区――海南島――が加えられ、沿岸地方の一四の都市もまた、国際貿易と外国からの投資に門戸を開いた。

次の一〇年間で、課税控除と免税措置は廃止されたが、同時に政府は完全な経営の自由を認めるとともに、外国資本の入っている会社は国有化しない、合資企業の社長を中国人としなければならないという法律は廃止する、という約束を再確認した。この門戸開放政策は、明確な結果をもたらした。一九七九年から一九九九年の間に、中国の貿易収支黒字が四〇〇億ドル以上へと拡大したのである。しかもそれは中国経済の植民地化を引き起こすことはなかった。レノボがＩＢＭのコンピュータ事業部門を買収したり、広東省テレコムがフランスのテレビ製造業者トムソン社とアルカテル社の携帯電話事業を買収したり、あるいはまた巨大な国有企業、中国海洋石油総公司傘下の企業が長い伝統をもつ〔アメリカの石油企業〕ユノカル社の支配株を一三〇億ドルで買収しようとしたことを思い起こせば、それは明らかである。

結局のところ、中国は決して、低い労働コストに頼っただけの世界の工場とか、安い製品の輸出国とかに留まるものではない。時が経つにつれ、中国は、当初海外のブランドで区別されていた製品をコモディティ製品に転換することによって、アメリカや他の西側諸国の顧客にプラスの影響を与えてきた。そのような転換は家庭用電気製品、時計、玩具、革製品などに及んだ。中国の製造業者と巨大なアメリ家具産業分野では、アメリカは約一〇〇億ドル分の製品を輸入した。

このような前進にもかかわらず、中国はいまだに他のアジア諸国からの輸入に頼らざるを得ない状態にある。これは、原材料と資本財のますます拡大する需要を満たすためには通らざるを得ない道であった。そして中国には、労働市場にあふれる膨大な数の若年労働者のため、地方を離れて都市に向かっている何千万人もの農民のため、そして衰退しほぼ破産状態にある国有企業の労働者のために、新しい雇用を生み出す差し迫った必要性がいまだに存在する。これらの事実は、今日なぜ中国が世界の輸出の九%を占めているのかを説明するものである。もしこの数字が意味ないものと思えるなら、一九九六年の割合が三%に満たなかったことを思い起こすべきであろう。いくつかの労働集約的な産業部門では、中国の存在感は全世界的に感じることができる。全体で世界の玩具生産の七〇%、世界で販売される自転車の六〇%、世界の靴の半分、そしてスーツケースの三分の一は、中国の工場で生産されたものである。だが、労働コストが決定的な要因でない他のグローバル産業における中国のインパクトも同じく重要である。中国の最もダイナミックな輸出には、今日販売されている電子レンジの半分、テレビと空調ユニットの三分の一、洗濯機の四分の一、そして冷蔵庫の五分の一が含まれているのである。

もちろん、「中国価格」（すなわち欧米諸国よりも約五〇～七〇%低い価格で、いかなる消費財あるいは産業財でも実際に製造する可能性）が多くの人にとって関心の的となっている。アメリカと他の諸国は、いくつかの対抗手段を試みた。しかし、中国からの部品と中間財は、ますます製品の最終価格を安く抑えるのに用いられている。工場は中国や他のアジアやラテン・アメリカ地域、つまり労働コストが競争的

表23-3　中国の部門別実質 GDP 成長率

（単位：%）

年	GDP	農　業	鉱　業	建　設	交通・通信	商　業	サービス
1992	9.7	4.7	13.1	21.0	10.5	13.1	6.1
1993	9.7	4.7	13.8	18.0	14.5	8.4	5.1
1994	10.0	4.0	12.9	13.7	11.6	9.5	10.1
1995	15.1	5.0	26.1	12.4	14.1	7.7	7.9
1996	2.1	5.1	-3.2	8.5	13.6	7.2	4.3
1997	5.3	3.5	5.1	2.6	12.9	10.4	3.9
1998	0.3	3.5	-7.1	9.0	10.6	7.8	4.3
1999	6.6	2.8	9.6	4.3	13.4	9.1	1.4
2000	9.0	2.4	14.5	5.7	13.6	10.1	3.1
2001	10.7	2.8	17.3	6.8	11.6	9.3	4.8
2002	12.4	2.9	20.7	8.8	9.9	10.0	3.7
2003	15.1	2.5	24.9	12.1	8.3	11.0	4.5
1992-2003	8.7	3.6	11.8	9.2	12.2	9.1	4.9

出所：Angus Maddison and Harry X. Wu, *China's Economic Performance : How Fast has GDP Grown ; How Big is It Compared with the USA?*, http://www.gddc.net/Maddison, p. 5（最終アクセス日2010年10月 6 日）より作成。

なところに移転した。新たな重点は、技術的なイノベーションやオートメーションに移りつつある。それというのも、それらが工業国で労働コストを最小に維持する二つの手段だからである。

しかし、中長期的な世界経済に対する「懸念」は合理的なものではない。「中国要因《チャイナ・ファクター》」は、中国製品の需要側にとっても、中国への製品の供給者としての欧米諸国にとっても、有益なはずである。今日の消費者は、二、三年前には考えられなかったほど多様な製品を購入できる。製造企業は、生産コストを劇的に減らし、さらに多くが成長する中国の国内消費市場で新しい機会をつかむことが期待できる。それにもかかわらず、懸念のいくつかは十分に根拠があるようにみえる。例えば、中国の経済成長が地球環境や天然資源に与えるかもしれない影響に対する不安がある。もしこのアジアの巨人が現在のペースで成長し続ければ、二〇年のうちに中国の道路には二億台の自動車が走ることになるだろう。もう一つの重要な未知の要因は、政治状況である。政府はもはや共産主義政府とはいえないが、しかし意思決定のプロセスに、民主主義的で透明性がある兆候はほとんどみられない。経済と政治の矛盾した関係の将来の展開、あるいは成長が減速した時点で、そのシステムがどのように――そして国際的投資の結果は何かということも含めて――反応するかを予見することは、不可能である。

インド

アジアの別の巨人――インド――は、政治的風土の点では中国に対して掛け値なしに優位性をもっているようにみえる。事実、インドは世界で最も人口の多い民主国家であり、暴発の可能性を秘めた人種と宗教の複数のグループの共存を許容できている。さらに、インドの民主主義体制は、カースト制度によって強化されている固定的な社会的不均衡の中でさえ深く根を下ろしている。インドの最下層のカーストを占めるグループでも投票権を有し、社会的な流動化と真の平等のための闘いにおいて議員を確保しているのである。このようなやり方で、インドの印象的な経済政策を取り巻く制度的枠組みは、実際に、欧米諸国の不安を和らげるのに役立っている。中国と違って、インドはおそらく、その経済成長を攻撃的な軍事力に変えることはないであろう。この国は、後進性や少数民族間の対立という問題の克服を求める国々にとって、好ましい実例となっている。

インドの大規模な鉄道システム――たとえ時代遅れのものであろうと――のように、インドの政治体制は、イギリス植民地時代の遺産の一部である。この体制はすべての人に対して権利と個人的自由を保証している。それは多数者のルールに基づいているだけではなく、議会と選挙における少数党の存在をも保証している。植民地時代の生活は楽ではなかったが、インドは他の国々と違い、イギリス統治下で導入された多くのプラスの要素を明確に理解していた。おそらく最大の遺産は、言語である。英語は中間層の共通言語であり、三億五〇〇〇万人以上のインド人が流暢な英語を話し、インドはアメリカとカナダの人口を足したよりも多くの英語を話す労働力を誇っている。これは強力な優位性であり、これによってインドはビジネス・サービス分野のグローバル・センターとなることができたのである。

欧米諸国（特にアメリカ）の「オフショアリング」（業務の一部を海外に移転すること）をめざす競争を利用して、世界の工場となることを選択した中国とは異なり、インドは特別な資源をサービス分野で活用する道をたどった。この、もとイギリスの植民地は、一日二四時間にわたって要員を配置するコール・センターを手始めに、ファイナンス分析、統計および保険危険率計算の研究、法的および金融コンサルティング、医学的診断、そして医薬品企業向けの科学的サポートといった先進的なサービス産業へと進んだ。これらの分野がうまく機能しはじめたのは、ある部分、インドの古い工業地域が主に無形資産を基礎にした新しい産業を探すことに熱心であったからである。これらの分野に固有の技術的、科学的なスキルは、すでにインドの古代文化の中に存在していた。この、近年のアジアの経済的奇跡の主役は、ヴェーダ語（インド・イラン語派言語の一つ）に関する深い知識と古代ヒンドゥーの数学の伝統を礎とする計算能力で有名である。

ソフトウェアなどの無形産業において、インドが高く位置づけられるようになったのは、大部分、特徴ある意思決定の結果である。インド最大にして最古の企業家王朝であるタタ一族は、インド独立のはるか以前に、バンガロールにインド理科大学院（ＩＩＳ）を設立した。バンガロールにトップレベルの科学技術センターを創設するというタタ一族の意思決定は、後の一九六〇年代に、インド政府によってさらに補強された。政府の政策は、不安定な北方国境からかなり離れた地域で、国の防衛に潜在的に重要なハイテク産業を集中することを求めていた。そのため、政府はさらに、ヒンドスタン航空機や最初の主要な電話通信会社など、他の産業をバンガロールで創設する決定を行った。一九八〇年代に、科学技術産業の推進に特に熱心であった当時の首相ラジーヴ・ガンディは、アメリカに移住したインド人で企業家として有名であったサム・ピトローダに母国に戻るよう積極的に働きかけた。バンガロールに戻ったピトローダは、インドの「ベル研究所」ともいわれる、研究開発のためのイノベーションセンターを設立した。このような背景のもと、インド理科大学院はまもなくＩＴ分野における世界でもトップクラスの大学となったのである。入学者選抜プロセスは極めて厳しく、入学が許可された学生と教員の比率は専任教員一人につき学生三人であった。世界トップのソフトウェア企業およびＩＴ企業は、自分たちの将来戦略には、アメリカのシリコン・バレーと対をなすバンガロールを含めて考えなければならないことを即座に理解した。

ピトローダの話はめずらしいことではない。政府は、インド人の科学者と技術者に対し、母国に戻るように積極的に懇願した。時の経過とともに実際にその多くが帰国したが、これは、インド企業が海外との競争を恐れないよう陣容を固めるべきだとした、経営者層の先見の明によるものでもあった。

インドの現在の状況は、長年にわたる企業家的な行動によって特徴づけられており、その行動は巨大な半島の経済の進化に深く編みこまれている。例えば、インド最大の民間企業であるタタ・グループは、一五〇年以上も前に、裕福なボンベイの事業家の息子、ジャムシェトジー・ナッセルワンジ・タタによって創立された。多くの分野で開拓者になりたかったタタは、製鋼工場、発電所、繊維工場、セメント工場、そして造船会社をも含む、極めて多角化したグループを創り上げた。タタの後継者はこの戦略を踏襲し、銀行、石油化学、航空輸送、そして自動車生産といった分野に進出した。タタ・グループの歴史は、本質的にインドの歴史と結びついていた。その結びつきは非常に強固なものであったので、タタは、一九九一年の新古典派的な改革後の立ち直りを経験する以前の、ネルーとインディラ・ガンディの政権下でのインドの社会主義的な局面における衰退をも生き延びた。ラタン・タタのリーダーシップのもとで、グループの収入は二二〇億ドルと七倍になり、巨大なコングロマリットの影響力は鉄鋼、自動車、産業用車両から茶（タタは世界第二位の茶生産者である）、ソフトウェア、観光、そして金融にまでに拡大した。

非関連分野への多角化は、インド経済と他の新興工業国（ＮＩＣｓ）に共通した特徴である。多角化の主な理由の一つは、少なくとも経済発展の初期の局面では、限られた国内市場ゆえに規模の経済性を十分に利用することができないことにある。企業がこの限界を克服する一つの方法は、国際的な舞台に参入することであった。これがミタル社（今日、鉄鋼の世界的なリーダー企業）あるいはビルラ社（アメリカのアルミニウム・メーカーであったノヴェリス社を買収後、今やこの分野のリーダーである）が選んだ道である。だが、タタの選択よりも小さな規模で多角化戦略を追求することも可能であった。例えば、キングフィッシャー・グループのオーナーであるヴィジェイ・マリヤは、アルコール飲料の製造と航空輸送事業をうまくミックスさせた。航空輸送産業では、キングフィッシャー航空は、どの競争相手よりも急速に成長したのである。

インドの企業家について考えると、彼らの際立った特徴の一つは、その行動を導くようにみえる強い道徳的な絆である。例えば、ごく初期の段階から、タタ・グループ各社の経営者は、ある種の「啓蒙された家父長主義」のもとで活動してきた。従業員のための住宅が建設され、従業員の労働時間は一日八時間で、彼らの子どもへの援助やある種の利益共有制度もあった。モデル都市であるジャムシェードプルは、グループの創業者を記念してデザインされ、後に国連によって都市計画の代表作であると認定された。これと同じ思想は、いまだにどの欧米諸国よりも収入が著しく低いインドの消費者は低価格の財を購入できるようになるべきだ、というラタン・タタの主張の背後にも存在する。裕福な石油化学の企業家ムケシュ・アンバニでさえ、資本主義に「魂」を与えることを望んでいる。彼の企業は頑固に代替エネルギー資源の探索を行っている。アンバニはまた、地方に豊富にある農業生産物からのエネルギー生産に重点的に取り組む研究機関を後援している。華麗な大物実力者であるヴィジェイ・マリヤもまた、それに加わっている。議員に選出されてからは、彼は貧しい農民を擁護するようになり、彼らのために飲用水と電力の両方を確保した。マリヤはまた、毎日社会の底辺で働く「不可触賤民」（カーストに属さない最下層の人々）の労働条件の改善を訴えている。

社会企業家的な精神は、インド経済に本来備わっている性質であるかのようにみえる。一つの好事例は、サティヤン・ミシュラである。彼は小さな新聞雑誌販売店のネットワークを創り上げた。各店には少なくとも一台のコンピュータがあり、それはインドの最僻地の村まで広がるネットワークにリンクされていた。電子メールを通して提供される運転免許証から出生証明書まで、すべての種類のサービスが、インドのどこに住んでいる住民であれ利用できるようになった。別の好事例は、一台当たり七〇ユーロという低価格でコンピュータを提供するラジェス・ジェインの会社ノヴァティウム社や、あるいは救急車の緊急コール・システムをより効率化するラマリガ・ラジュが創設した非営利組織である。シャラバ・サハイが運営する非営利事業アイ・ボランティアは、九〇〇〇のセンターを有し、若い裕福なインド人に働きかけ、教育すること、都市の腐敗と闘うこと、そして自然大災害時に緊急の援助を行うことを通して、貧困な人々を支援してもらうという雄大な使命をもっている。

このような環境においては、市民サービスまでも企業家によって担われている。インドの鉄道大臣であったラルー・ヤダヴは、鉄道と財の輸送を民営化し、駅をショッピングと娯楽のセンターに変えるという野心的な計画を始めた。インドはいまだに貧困、社会的不平等、環境汚染（ボパールの悲劇〔一九八四年に発生した世界最悪の化学工場事故で一万五〇〇〇～二万人が死亡したと推計されている〕が起こったのはそれほど遠い昔ではない）という大きな問題に直面している。インドが二一世紀にアメリカと中国とともに世界トップ・スリーの経済の一つとなるという予測に深い疑念を感じるのも、おそらくもっともなことである。しかし、一九九〇年代半ば以降のインドの信じられないような発展は、経済学者、社会学者、政治科学者、そしてもちろん歴史研究者——経営史研究者を含む——が将来分析する価値のある領域でもあるのである。

注

本章で紹介した企業家の物語は、イタリア人ジャーナリスト、フェデリコ・ランピーニによる二冊の本を参考にしている。Federico Rampini, *Il secolo cinese*, Mondadori, Milan, 2005 ; Federico Rampini, *L'impero di Cindia*, Mondadori, Milan, 2006.

第二四章　ビジネスはどこに向かうのか

本書を通して辿ってきた長い道程は、三つの要素を編み合わせることで可能となった。現実にはそれぞれの要素は絡み合い、互いに影響し合っているので、三つの要素を指す単語の選択には慎重さが求められる。それでも、分析を行い、明確なメッセージを提供するために、三つの要素を解きほどき、個々に考察しておこう。

第一の構成要素は、技術的なシステム、あるいはその進化といった方がさらにいい。技術は人類が生み出したもので、技巧上の能力、科学的なノウハウ、そして社会の技術に対する姿勢によって決定される。いかなる時代にあっても、これらすべての要素は一定の技術体系《パラダイム》を構成している。それは組織されたシステムで、一つ一つのコンポーネントを合計したものよりも大きな価値をもっている。もちろん、パラダイムは時間が経つにつれて変化し、新しいバージョンに進化する。しかし、経験では――少なくともここ二〇年間は――変化しておらず、したがってそれを外因的なものと認めなければならない。パラダイムのこのサイクルに名前――第一次から第三次産業革命――をつけ、いかにしてそれがグローバル化にインパクトを及ぼしたのかをみてきた。その基本的な特徴において、技術は世界中どこでも同じである。毛沢東時代に中国が直接学んだように、鉄を裏庭の炉で作ること（一九五〇年代末の大躍進政策下で計画され失敗した土法高炉による鉄鋼生産のこと）は不可能なのである。

第二の構成要素は、この本の主人公――企業――である。それは一定の階層的なスタイルのもとに集められた人間と生産手段の混合体である。企業は常に存在していたが、第一次産業革命期に、新しい「巨大な」生産場所――工場――に基盤をもつようになるにつれ、より多くの人たちの目につくようになってきたといえるかもしれない。一九〇〇年前後に第二次産業革命に突入したとき、企業を指す単語は、扱いにくいものになりはじめた。これは、技術パラダイムの進展が、ついには産業部門全体と一致するほど巨大な企業を誕生させ、それに長期的な永続性を与えたからである。この点で、企業は一種の入れ子ゲームのようであった〔入れ子とは、箱など、大きなものから小さなものへ順に組み入れたもの〕。最も重要な「第二次産業」（工業）の部門は、冶金《やきん》、化学、機械、電気といった分野であった。これらの部門は、しばしばその国の経済厚生に直接影響を与えるほどの力をもつ二、三の大企業が支配していた。もちろん、大企業が唯一の主人公であるといいたいのではない。すべての産業部門が第二次産業革命の影響を受けたわけではないし、どんな場合でも、健全で繁栄している経済は、企業――異なった目標を追求し、その使命を追求する時に異なった規模をとる企業――の巨大なコミュニティに依存していることも明らかである。そうであったとしても、本書では事態をグローバルな観点からみることをめざしているので、大企業が経済発展のかけがえのない原動力で、グローバルな主導権を巡って国が競争する際の手段である、と躊躇することなく認めている。

第三の構成要素は、地域的背景である。この「地域的」という形容詞は、あまり狭く解釈されるべきではない。そうではなく、私たちが地域的背景を考えるとき、実際に考慮しているのは一、国、的な規模である。いくつかの事例では、この見解でさえ適切でないかも知れない、例えば、多くの章では、大陸の個々の国というよりもヨーロッパ全体としてみる傾向があった。地域的背景を検討してこそ、次の三つの要因についての議論が可能となる。（一）市場。市場は全体において考えられ（人口や一人当たり収入)、何よりも特にダイナミズムによって区分される。(二) 政治権力と実業界との関係。反トラスト政策の場合、両者は競争規制に関係しており、さらに複雑な一連の政策選択によって直接的に介入し、時には「企業家としての国家」が創造される。(三) 文化。制度化された市場を受容する姿勢にみられる価値観と、企業の成長を保証するために作られた一般的なルールに順応する能力との組合せという意味での文化。

ビジネス・ヒストリーをたどる本書の歩みは、産業革命以前の作業場から始まった。もっとも、その時期にもいくつかの重要な企業と、大規模な製造業者は存在していた。しかし、経済的な無秩序の中では、それらは小さな島でしかなかった。物語は、一七〇〇年代末頃にイギリスに現れた第一次産業革命によって、徐々に興味深いものとなった。前述のように、第一次産業革命とともに姿を現した新しいシステムが、集中的に生産が行われる場所、すなわち工場を必要としたという事実は、企業が、当時の知識人、政治家、著述家が真剣に熟考しなければならないような実在物になったことを意味した。しかしながら、ゲームの賭け金は一九世紀の最後の二〇年間にはるかに巨額になった。それゆえ、グローバル市場での優越性は、企業、つまり大企業の採算性と将来性で決まるようになったのである。

一八〇〇年代半ばまで世界の工場であると考えられていたイギリスは、第二次産業革命がもたらした、より重要な機会をつかむことができず、新たに統合された製鋼工場、連続的大量生産のための機械、あるいは有機化学を発展させることができなかった。これは、イギリスが開拓者に特有の不利な立場に苦しんだからであった――イギリスはあまりにも裕福で、あまりに都市化され、しばしば反工業感情をもつ人がおり、同様に競争規制に関心をもたない政策立案者に統治されていた。ヨーロッパでは、イギリスはドイツに追い越された。なぜならドイツは鉄道と都市の建設を強く欲していたからであり、鉄鋼、電気、そして化学を必要としたからであった。イギリスの個人主義的資本主義に対応するドイツの特徴は、銀行、企業、そして業界または職業団体の間の独特な協力関係であった。そして、労働者組織もすぐにこの相関関係に加えられた。しかし、ドイツはイギリスと同じように、アメリカより下位に甘んじなければならなかった。アメリカは、第一次世界大戦勃発時点で、明らかに世界の主導的な工業経済大国であった。アメリカは様々な要因の複雑な結合の結果として、この地位に到達した。（一）極めてダイナミックな市場。一八七〇年から一九一三年の間にアメリカの人口は一人当たり収入と同じくほぼ三倍に成長し、他方で鉄道路線はイギリスの一〇倍以上の距離にまで拡張された。（二）反トラスト。競争に関する厳しい規制であり、ある意味において、アメリカの逆説として大企業を生み出した。理想主義的な価値観と具体的な利害関係によって鼓舞された反トラスト法制は、負の影響を生み出しつつある企業の成長を止める手段として出てきた。企業は市場支配について競合相手と合意できなくなるにつれ、事業規模をかつてなく拡大する戦略をとりはじめた。そして、（三）「秩序の追求」を重んじる文化。アメリカ社会の至る所に広がるある種のウェーバー主義的な官僚制度——政党、労働組合、職業団体、高等教育機関に影響を及ぼす——で、それは権限とコミュニケーションの正確なチャネルの確立を追求する中で生まれたものであり、それはまた、アメリカにおいて大企業を出現させ、そして合同を進めるのに絶対的に必要なものであった。

第一次世界大戦前夜に、アメリカ経済の重心は、垂直統合のプロセスと、個々の部分の単純合計よりもはるかに大きくなるような合併から生まれた、巨大な産業企業の周辺にあった。その巨大な規模は、所有と経営の分離と金融的なコントロールによる企業統治の新しい方法を予見させるものであった。俸給経営者が前面に出るようになり、この傾向は両大戦間期にさらに強化された。この時期には、市場の成熟と内部資源の余剰の蓄積によって、アメリカ企業は近隣の分野への拡大（関連分野への多角化戦略）を始めた。この政策によって、最も革新的な企業はある組織形態——複数事業部制組織——に転換するようになり、その組織形態は長期戦略に関する意思決定能力と、市場の日々の需要変動に常に素早く対応できる事業経営能力とを組み合わせることができた。アメリカほど迅速ではなかったが、それはヨーロッパの最も進んだ国、例えばドイツやイギリスも辿った同じ道であった。

ヨーロッパの状況は、際立った特徴をもっていた。ヨーロッパにはより積極的な家族による支配や、市場管理に関する協定に参加しようとする大きな意欲があった。不利な条件をもって工業化「ゲーム」に参加したいくつかの国では、新しい主人公――国家――が出現した。日本、ロシア、イタリアといった諸国は、伝統と各国の地政学的な重要性の両方において、他の国とはたしかに異なっていた。それにもかかわらず、どの国もゲームを止めようとはしなかった。このような国にとって決定的な問題は、国家と市場との関係であった。ソヴィエト政権が計画経済を選んで一九二〇年代末のロシアから除去した市場は、もっぱら大企業に基礎を置いていたのである。

これと同時期に、技術革新が世界全体に影響を与えた。たとえ地域の特異性を考慮したとしても、技術がもたらす大きな影響からは誰も逃れることはできなかった。頭に浮かぶイメージは、逆方向にまわっているが正しいポイントで噛み合わなければならない二つの巨大な歯車である。歯車の一方はすべてのローカルな習慣、慣行、そして利害関係を表し、他方でもう一つの歯車は技術が必要とするものを表している。第二次世界大戦後の世界が現れてくるにつれて、アメリカの優勢はますます明らかになった。二〇世紀の半ばに、アメリカは一世紀前にイギリスが占めていたのと同じ地位を占めるようになった。わずかに世界の一〇％の人口で、世界の生産量のほぼ五〇％を産出していたのである。

しかし、歴史は同じところに留まってはいない。競争のシナリオは一九六〇年代に変化した。年金基金と投資ファンドのおかげで株式所有が拡大し、新しい種類の経営者――いかなる部門のいかなる会社であっても経営可能であると確信している――が現れ、そして反トラスト法制が新しい方向性を打ち出し、談合だけではなく事業規模の大きさも罰せられる見込みが出てきた。これらすべての要因は、アメリカの大企業を非関連分野への多角化に向かわせた。それは新しい形態の企業、つまりコングロマリット時代の幕開けであり、〔「数字による管理」と命名された〕財務報告書に基づき短期的な結果を重視する経営スタイルの始まりであった。

　そのような状況は、いくつかのアメリカ大企業（RCA、USスティール社、シンガー社、そしてインターナショナル・ハーヴェスター社のような巨人）を苦境に陥らせた。いくつかの企業は、それぞれが属していたアメリカ経済の産業部門ごと、完全に消滅した。驚くべきことに、アメリカを追い越した国は、アメリカ資本主義に対する解毒剤として現れた巨大な国――ソヴィエト連邦――ではなかった。ソ連は、一九六〇年代初めまでは大きな成果をあげていたが、ソ連もまた、「ゴスプラン」の専制的な硬直性と競争的な企業コミュニティの欠落のゆえに、不可避的な衰退に突入した。この時アメリカを追い抜き勝ち誇った挑戦者は、日本であった。安定的な関係〔系列など〕を基盤とした企業グループ、長期的なものの見方、企業と一体化した労働者、そして国家と大企業との間には一種の双務的関係があった。つまり、国家は補助金を与え、保護を行い、市場の些細な変動を排除することまでしたが、それと引き換えに国家は、企業が生産合理化の抜本的な計画を推進すること、そして何よりもまして企業がグローバルな水準で競争することを要求した。この政策は、アジアの虎、つまり韓国、台湾、香港、シンガポールを含むほとんどの新興工業国（NICs）が多少なりとも追求したものであった。これらの国々は、単に輸入代替工業化〔海外から輸入していた製品を自国で自給すること〕に向かうのではなく、むしろ輸入のコントロールと輸出振興を組み合わせることによって、低開発国レベルに留まりかねない事態を回避できることを示した。

　アメリカは、イギリスの「ヴィクトリア症候群」のような衰退を経験したのだろうか。いや、していない。ここ二〇年間の歴史からもわかるように、歴史はいつも繰り返されるわけではない。ベルリンの壁崩壊後の誰にも止めようのないグローバル化と、特に新しい情報通信技術——例えばインターネット——の普及は、日本と他のアジアの虎たちの新重商主義的な資本主義を不利な立場に追い込み、アメリカに新しい息吹をもたらした。アメリカは、最新の技術パラダイム、すなわち第三次産業革命の波の乗り方を最もよく理解していた。この新しい技術革命は、空間とコミュニケーション時間を縮小した。それは、周知のような、経営者たちが「満足で幸せ」と考える状態から、株主が権限を取り戻す劇的なプロセスである。それはまた、脱コングロマリット化の時代でもあり、中核事業に回帰し、とりわけ重要なのは、情報技術（ＩＴ）とコミュニケーション方法の、企業内部への情け容赦ない適用の時代である。リエンジニアリングによって何百万もの仕事が失われ、次々に多くの国で多国籍企業がリストラクチャリングされた。

近頃また、私たちは「アニマル・スピリット」、市場、そしてシュンペーター的企業の勝利の兆しを目撃している。水平線の上には、新しい、不気味な挑戦者の姿が現れつつある。その挑戦者の歩みは、二〇〇八年夏以降、欧米諸国に影響を与えた深刻な金融的、産業的な危機と相互に絡み合っている。その挑戦者には中国やインドといった国が含まれており、この両国は、産業革命によってグローバル経済において新しい役割を担うことになった。しかし、両国のような巨大な国は、成長に伴う深刻な課題を乗り越えなくてはならない。しかし、おそらく、両国がもつ古代から続く文化と豊富な技術的能力によって、先に発達した国々が経験したような矛盾や緊張を抱え込むことなく前進していくだろう。やがて私たちはそれを目撃する……。

さらなる学習のための参考文献

原書の各章末には「さらなる学習のための文献」として，主要な文献の一覧が掲載されている。本書ではそれらをここにまとめて掲載する。これらの文献には，著者が原書を執筆するに当たり参照しているものもあるが，ビジネス・ヒストリーを研究する学生が読むべき基本的な文献，あるいは議論を行うための文献として紹介されているものもある（いずれも英語文献に限定されている）。なお，日本語訳のあるものについては，各文献末に記した。

第1章　序　論

F. Amatori and G. Jones（eds.）, *Business History Around the World*, Cambridge University Press, New York, 2004.

A. D. Chandler, Jr., F. Amatori, and T. Hikino（eds.）, *Big Business and the Wealth of Nations*, Cambridge University Press, Cambridge, 1997.

G. Jones and J. Zeitlin（eds.）, *The Oxford Handbook of Business History*, Oxford University Press, New York, 2007.

S. Kuznets, *Modern Economic Growth : Findings and Reflections*, Nobel Prize Lecture, 1971. http://nobelprize.org/nobel-prizes/economics/laureates/1971/kuznets-lecture.html

N. R. Lamoreaux, D. M. G. Raff, and P. Temin（eds.）, *Learning by Doing in Markets, Firms, and Nations*, University of Chicago Press, Chicago, 1999.

T. McCraw (ed.), *The Essential Alfred Chandler : Essays Toward a Historical Theory of Big Business*, Harvard Business School Press, Boston, 1988.

第二章　ビジネス・ヒストリーと企業理論

A. D. Chandler, Jr., *Strategy and Structure : Chapters in the History of the American Industrial Enterprise*, MIT Press, Cambridge, MA, 1962. 三菱経済研究所訳『経営戦略と組織――米国企業の事業部制成立史』実業之日本社、一九六七年。有賀裕子訳『組織は戦略に従う』ダイヤモンド社、二〇〇四年。

A. D. Chandler, Jr., *The Visible Hand : The Managerial Revolution in American Business*, Belknap Press, Cambridge, MA, 1977. 鳥羽欽一郎・小林袈裟治訳『経営者の時代――アメリカ産業における近代企業の成立（上・下）』東洋経済新報社、一九七九年。

A. D. Chandler, Jr., *Scale and Scope : The Dynamics of Industrial Capitalism*, Harvard University Press, Cambridge, MA, 1990. 安部悦生ほか訳『スケール・アンド・スコープ――経営力発展の国際比較』有斐閣、二〇〇五年。

R. Cyert and J. March, *A Behavioral Theory of the Firm*, Prentice-Hall, New Jersey, 1963. 松田武彦監訳、井上恒夫訳『企業の行動理論』ダイヤモンド社、一九六七年。

P. F. Drucker, *Concept of the Corporation*, John Day, New York, 1946. 上田惇生訳『企業とは何か』ダイヤモンド社、二〇〇八年。

J. Dunning, *Economic Analysis and the Multinational Enterprise*, Praeger, New York, 1974.

S. H. Hymer, *The International Operations of National Firms : A Study of Direct Foreign Investment*, Ph. D. dissertation (1960), published posthumously, MIT Press, Cambridge, MA, 1976.

M.C. Jensen and W.H. Meckling, 〝Theory of the Firm: Managerial Behavior, Agency Costs and Ownership Structure,〟 *Journal of Financial Economics*, 3 (4), 1976, pp. 305-360.

R.S. Kroszner and L. Putterman (eds.), *The Economic Nature of the Firm: A Reader* (3rd edition), Cambridge University Press, Cambridge, 2009.

R. Langlois, *The Dynamics of Industrial Capitalism: Schumpeter, Chandler, and the New Economy*, Taylor & Francis, London, 2007. 谷口和弘訳『消えゆく手――株式会社と資本主義のダイナミクス』慶應義塾大学出版会、二〇一一年。

R. Marris, *The Economic Theory of Managerial Capitalism*, Macmillan, London, 1964. 大川勉・森重泰・沖田健吉訳『経営者資本主義の経済理論』東洋経済新報社、一九七一年。

A. Marshall, *Principles of Economics*, Macmillan, London, 1890. 馬場啓之助訳『マーシャル経済学原理』東洋経済新報社、一九八〇年。

R.R. Nelson and S.G. Winter, *An Evolutionary Theory of Economic Change*, Harvard University Press, Cambridge, MA, 1982. 後藤晃ほか訳『経済変動の進化理論』慶應義塾大学出版会、二〇〇七年。

E. Penrose, *The Theory of the Growth of the Firm*, John Wiley & Sons, New York, 1959. 日高千景訳『企業成長の理論』ダイヤモンド社、二〇一〇年。

H. Simon, *Administrative Behavior: A Study of Decision-Making Processes in Administrative Organizations*, Free Press, New York, 1947. 二村敏子ほか訳『経営行動――経営組織における意思決定過程の研究』(新版)、ダイヤモンド社、二〇〇九年。

O.E. Williamson, *Markets and Hierarchies*, Free Press, New York, 1975. 浅沼万里・岩崎晃訳『市場と企業組織』日本評論社、一九八〇年。

第三章　企業家精神

W. J. Baumol, R. E. Litan, and C. J. Schramm, *Good Capitalism, Bad Capitalism, and the Economics of Growth and Prosperity*, Yale University Press, New Haven, CT, 2007. 原洋之助監訳、田中健彦訳『良い資本主義 悪い資本主義――成長と繁栄の経済学』書籍工房早山、二〇一四年。

Y. Cassis and I. Pepelasis Minoglou (eds.), *Entrepreneurship in Theory and History*, Palgrave Macmillan, London, 2005.

M. Lynskey and S. Yonekura (eds.), *Entrepreneurship and Organization : The Role of the Entrepreneur in Organizational Innovation*, Oxford University Press, Oxford, 2002.

R. Swedberg (ed.), *Entrepreneurship*, Oxford University Press, Oxford, 2000.

第四章　産業革命以前の製造業

C. M. Cipolla, *Before the Industrial Revolution : European Society and Economy, 1000–1700*, Methuen, London, 1976.

P. Malanima, *Pre-Modern European Economy : One Thousand Years (10th–19th Centuries)*, Brill Academic Publishers, Leiden, 2009.

J. Mokyr, *The Gifts of Athena : Historical Origins of the Knowledge Economy*, Princeton University Press, Princeton, NJ, 2002.

D. C. North and R. P. Thomas, *The Rise of the Western World : A New Economic History*, Cambridge University Press, London, 1973. 速水融・穐本洋哉訳『西欧世界の勃興――新しい経済史の試み〔増補版〕』ミネルヴァ書房、一九九四年。

S. Pollard, *The Genesis of Modern Management : A Study of the Industrial Revolution in Great Britain*, Harvard University Press, Cambridge, MA, 1965. 山下幸夫ほか訳『現代企業管理の起源――イギリスにおける産業革命の研究』千倉書房、一九八二年。

S. Pollard, *Peaceful Conquest : The Industrialization of Europe 1760–1970*, Oxford University Press, Oxford, 1981.

J. L. Van Zanden, *The Long Road to the Industrial Revolution : The European Economy in a Glohal Perspective, 1000–1800*, Brill Academic Publishers, Leiden, 2009.

第五章　第１次産業革命期の企業と企業家

D. K. Aldcroft and S. P. Ville, *The European Economy, 1850–1914 : A Thematic Approach*, Manchester University Press, Manchester, 1994.

M. Berg, *The Age of Manufactures : Industry, Innovation, and Work in Britain, 1700–1820*, Fontana Press, London, 1985.

N. F. R. Crafts, *British Economic Growth during the Industrial Revolution*, Oxford University Press, Oxford, 1985.

J. Kocka, "Entrepreneurs and Managers in German Industrialization." in P. Mathias and M. M. Postan（eds.）, *The Cambridge Economic History of Europe, Vol. 7 : The Industrial Economies. Capital, Labour and Enterprise*, Cambridge University Press, Cambridge, 1978.

A. Maddison, *The World Economy : Historical Statistics*, OECD, Paris, 2003, tab.8a and 8c.

J. Mokyr, *The Lever of Riches : Technological Creativity and Economic Progress*, Oxford University Press, New York, 1990.

P.L. Payne, "Industrial Entrepreneurship and Management in Great Britain," in P. Mathias and M.M. Postan (eds.), *The Cambridge Economic History of Europe, Vol. 7.*
S. Pollard, *The Genesis of Modern Management.* 前掲邦訳書。

第六章　技術、社会、工場制度

R.C. Allen, *The British Industrial Revolution in Global Perspective (New Approaches to Economic and Social History)*, Cambridge University Press, Cambridge, 2009.
P. Hudson, *Industrial Revolution*, London, Hodder Arnold, 1992. 大倉正雄訳『産業革命』未来社、一九九九年。
D. Landes, *The Unbound Prometheus : Technological Change and Industrial Development in Western Europe from 1750 to the Present*, Cambridge University Press, Cambridge, 1969. 石坂昭雄・冨岡庄一訳『西ヨーロッパ工業史――産業革命とその後、一七五〇-一九六八』みすず書房、一九八〇年一〇月～一九八二年一〇月。
J.F. Wilson, *British Business History ; 1720-1994*, Manchester University Press, Manchester, 1995. 萩本眞一郎訳『英国ビジネスの進化――その実証的研究一七二〇-一九九四』文眞堂、二〇〇〇年。

第七章　通信網と輸送網の整備

A.D. Chandler, Jr., *The Visible Hand.* 前掲邦訳書。
A.D. Chandler, Jr., *Scale and Scope.* 前掲邦訳書。
A.D. Chandler, Jr. and J.W. Cortada (eds.), *A Nation Transformed by Information : How Information Has Shaped the United States from Colonial Times to the Present*, Oxford University Press, Oxford, 2000.

T. Gourvish, *Railways and the British Economy, 1830-1914*, Macmillan, London, 1981.

H. Livesay, *Andrew Carnegie and the Rise of Big Business*, Longman Publishers, New York, 2006.

S. W. Usselmann, *Regulating Railroad Innovation : Business, Technology, and Politics in America, 1840-1920*, Cambridge University Press, Cambridge, 2002.

第八章　技術と組織

A. D. Chandler, Jr., *Strategy and Structure*. 前掲邦訳書。

A. D. Chandler, Jr., *The Visible Hand*. 前掲邦訳書。

A. D. Chandler, Jr., *Scale and Scope*. 前掲邦訳書。

J. P. Hull, "From Rostow to Chandler to You : How Revolutionary Was the Second Industrial Revolution?," *Journal of European Economic History*, Spring 1996, pp.191-208.

D. Landes, *The Unbound Prometheus*. 前掲邦訳書。

P. Scranton, *Endless Novely : Specialty Production and American Industrialization, 1865-1925*, Princeton University Press, Princeton, NJ, 1997. 廣田義人ほか訳『エンドレス・ノヴェルティ――アメリカの第二次産業革命と専門生産』有斐閣、二〇〇四年。

第九章　国別の発展パターン

A. D. Chandler, Jr., *Scale and Scope*.

A. D. Chandler, Jr., F. Amatori, and T. Hikino（eds.）, *Big Business and the Wealth of Nations*.

T. McCraw（ed.）, *Creating Modern Capitalism : How Entrepreneurs, Companies and Countries Triumphed in*

Three Industrial Revolutions, Harvard University Press, Cambridge, MA, 1997.

M. S. Smith, *The Emergence of Modern Business Enterprise in France, 1800–1930*, Harvard University Press, Cambridge, MA, 2006.

K. Yamamura, "Entrepreneurship, Ownership and Management in Japan," in P. Mathias and M. M. Postan (eds.), *The Cambridge Economic History of Europe, Vol. 7.*

第一〇章　複数事業部制企業と経営者資本主義

A. Berle and G. Means, *The Modern Corporation and Private Property*, Macmillan Press, New York, 1932. 森　杲訳『現代株式会社と私有財産』北海道大学出版会、二〇一四年。

A. D. Chandler, Jr., *Strategy and Structure.* 前掲邦訳書。

P. F. Drucker, *Concept of the Corporation.* 前掲邦訳書。

R. F. Freeland, *The Struggle for Control of the Modern Corporation : Organizational Change at General Motors, 1924–1970*, Cambridge University Press, Cambridge, 2001.

W. Rathenau, *New Society*, Williams & Norgate, London, 1921.

O. Williamson, *The Economic Institutions of Capitalism : Firms, Markets, Relational Contracting*, Collier Macmillan, London, 1985.

第一一章　両大戦間期のヨーロッパ——アメリカへの収束とアメリカとの相違

F. Camevali, *Europe's Advantage : Banks and Small Firms in Britain, France, Germany, and Italy since 1918*, Oxford University Press, Oxford, 2005.

Y. Cassis, *Big Business : The European Experience in the Twentieth Century*, Oxford University Press, Oxford, 1997.

C. Fohlin, *Finance Capitalism and Germany's Rise to Industrial Power*, Cambridge University Press, Cambridge, 2007.

L. Hannah, *The Rise of the Corporate Economy*, Methuen, London, 1976.

C. Schmitz, *The Growth of Big Business in the United States and Europe, 1850–1939*, Cambridge University Press, Cambridge, 1993.

J. F. Wilson, *British Business History, 1720–1994*, University of Manchester Press, Manchester, 1995. 萩本眞一郎訳『英国ビジネスの進化——その実証的研究、一七二〇–一九九四』文眞堂、二〇〇〇年。

第一二章　日本の軌跡の源流——企業家精神、国家、企業集団

A. Gordon, *The Evolution of Labor Relations in Japan : Heavy Industry, 1853–1955*, Harvard University Press, Cambridge, MA, 1985. 二村一夫訳『日本労使関係史——一八五三–二〇一〇』岩波書店、二〇一二年。

A. Goto and H. Odagiri, *Innovation in Japan*, Clarendon Press, Oxford, 1997.

J. Hirschmeier and T. Yui, *The Development of Japanese Business, 1600–1980*, George Allen & Unwin, London, 1975.

T. Ito, *The Japanese Economy*, MIT Press, Cambridge, MA, 1992.

H. Morikawa, *Zaibatsu : The Rise and Fall of Family Enterprise Groups in Japan*, University of Tokyo Press, Tokyo, 1992.

H. Morikawa（ed.）, *A History of Top Management in Japan : Managerial Enterprises and Family Enterprises*,

Oxford University Press, Oxford, 2001.
D. H. Whittaker, *Small Firms in the Japanese Economy*, Cambridge University Press, Cambridge, 1999.

第一三章　第二次世界大戦から第三次産業革命まで

A. D. Chandler, Jr., *Inventing the Electronic Century : The Epic Story of the Consumer Electronics and Computer Science Industries*, Free Press, New York, 2001.
L. Galambos and J. E. Sewell, *Networks of Innovation : Vaccine Development at Merck, Sharp & Dohme, and Mulford, 1895–1995*, Cambridge University Press, Cambridge, 1995.
F. Malerba, *The Semiconductor Business : The Economics of Rapid Growth and Decline*, University of Wisconsin Press, Madison, WI, 1985.
D. C. Mowery and N. Rosenberg, *Paths of Innovation : Technological Change in 20th-Century America*, Cambridge University Press, Cambridge, 1998.
R. R. Nelson (ed.), *National Innovation Systems : A Comparative Analysis*, Oxford University Press, New York, 1993.
G. P. Pisano, *Science Business : The Promise, the Reality, and the Future of Biotech*, Harvard Business School Press, Boston, 2006. 池村千秋訳『サイエンス・ビジネスの挑戦――バイオ産業の失敗の本質を検証する』日経ＢＰ社、二〇〇八年。
V. W. Ruttan, *Is War Necessary for Economic Growth? Military Procurement and Technology Development*, Oxford University Press, New York, 2006.

第一四章　アメリカの覇権とその余波

A. D. Chandler, Jr., "The Competitive Performance of U.S. Industrial Enterprises since World War II," *Business History Review*, 68, 1994, pp. 1-72.

G. Donaldson, *Corporate Restructuring : Managing the Change Process from Within*, Harvard Business School Press, Boston, 1994.

M. Jacobi, "The Conglomerate Corporation," in A. D. Chandler, Jr. and R. S. Tedlow (eds.), *The Coming of Managerial Capitalism*, Richard D. Irwin Publishers, Homewood, IL, 1985.

M. E. Porter, *The Competitive Advantage of Nations*, The Free Press, New York, 1998. 土岐坤ほか訳『国の競争優位』ダイヤモンド社、一九九二年。

H. T. Johnson and R. S. Kaplan, *Relevance Lost : The Rise and Fall of Management Accounting*, Harvard Business School Press, Boston, 1987. 鳥居宏史訳『レレバンス・ロスト――管理会計の盛衰』白桃書房、一九九二年。

第一五章　ソヴィエト連邦――対抗者

J. S. Berliner, *Factory and Manager in the USSR*, Harvard University Press, Cambridge, MA, 1957.

D. Granick, *The Management of the Industrial Firm in the USSR : A Study in Soviet Economic Planning*, Columbia University Press, New York, 1954

G. Guroff and F. Carstensen (eds.), *Entrepreneurship in Imperial Russia and the Soviet Union*, Princeton University Press, Princeton, NJ, 1983.

J. Kornai, *The Socialist System : The Political Economy of Communism*, Princeton University Press, Princeton, NJ, 1992.

A. Yudanov, "USSR : Large Enterprises in the USSR — The Functional Disorder," in A. D. Chandler, Jr., F. Amatori, and T. Hikino (eds.), *Big Business and the Wealth of Nations.*

第一六章　日　本——挑戦者

R. P. Dore, *Taking Japan Seriously : A Confucian Perspective on Leading Economic Issues*, Stanford University Press, Stanford, 1987.

M. Fruin, *The Japanese Enterprise System—Competitive Strategies and Cooperative Structures*, Clarendon Press, Oxford, 1992.

T. McCraw (ed.), *America versus Japan : A Comparative Study of Business-Government Relations Conducted at Harvard*, Harvard Business School Press, Boston, 1986.

H. Morikawa, "Japan : Increasing Organizational Capabilities of Large Industrial Enterprises, 1880s–1980s," in A. D. Chandler, Jr., F. Amatori, and T. Hikino (eds.), *Big Business and the Wealth of Nations.*

H. Odagiri, *Growth through Competition, Competition through Growth : Strategic Management and the Economy in Japan*, Clarendon Press, Oxford, 1992.

T. Shiba and M. Shimotani (eds.), *Beyond the Firm-Business Groups in International and Historical Perspective*, Fuji Conference Series II, Oxford University Press, Oxford, 1997.

第一七章　ハイブリッドなヨーロッパ・モデル

D. f. Channon, *The Strategy and Structure of British Enterprise*, Macmillan, London, 1973.

G. P. Dyas and H. T. Tanheiser, *The Emerging European Enterprise : Strategy and Structure in French and*

German Industry, Macmillan, London, 1974.

M. Piore and C. Sabel, *The Second Industrial Divide : Possibilities for Prosperity*, Basic Books, New York, 1984. 山之内靖ほか訳『第二の産業分水嶺』筑摩書房、一九九三年。

H. Schröter, *Americanization of the European Economy : A Compact Survey of American Economic Influence in Europe Since the 1880s*, Springer, Dordrecht, 2005.

P. A. Toninelli, *The Rise and Fall of State-Owned Enterprise in the Western World*, Cambridge University Press, Cambridge, 2000.

R. Whittington and M. Mayer, *The European Corporation : Strategy, Structure and Social Science*, Oxford University Press, Oxford, 2000.

第一八章　異なる「キャッチ・アップ」戦略——韓国とアルゼンチン

A. Amsden, *Asia's Next Giant : South Korea and Late Industrialization*, Oxford University Press, New York, 1989.

A. Amsden, *The Rise of "the Rest": Challenges to the West from Late-Industrializing Economies*, Oxford University Press, Oxford, 2001.

M. I. Barbero, "Argentina : Industrial Growth and Enterprise Organization, 1880s–1980s," in A. D. Chandler, Jr., F. Amatori, and T. Hikino (eds.), *Big Business and the Wealth of Nations.*

M. Guillen, *The Limits of Convergence : Globalization and Organizational Change in Argentina, South Korea and Spain*, Princeton University Press, Princeton, NJ, 2001.

T. Hikino and A. Amsden, "Staying Behind, Stumbling Back, Sneaking Up, Soaring Ahead : Late Industrialization in Historical Perspective," in W. Baumol, R. Nelson, and E. Wolff (eds.), *Convergence of Productivity : Cross-*

Country Studies and Historical Evidence, Oxford University Press, New York, 1994.

第一九章　多国籍企業——新しい展開？

Geoffrey Jones, *The Evolution of International Business : An Introduction*, Routledge, London, 1996. 桑原哲也ほか訳『国際ビジネスの進化』有斐閣、一九九八年。

Geoffrey Jones, *Multinationals and Global Capitalism : From the Nineteenth to the Twenty-First Century*, Oxford University Press, Oxford, 2005. 安室憲一・梅野巨利訳『国際経営講義——多国籍企業とグローバル資本主義』有斐閣、二〇〇七年。

Mira Wilkins, *The Maturing of Multinational Enterprise : American Business Abroad from 1914 to 1970*, Harvard University Press, Cambridge, MA, 1974.

Mira Wilkins and Harm Schröter（eds.）, *The Free-Standing Firm in the World Economy, 1830–1996*, Oxford University Press, Oxford, 1998.

第二〇章　企業の新しい形態

P. Di Maggio（ed.）, *The Twenty-First-Century Firm : Changing Economic Organization in International Perspective*, Princeton University Press, Princeton, NJ, 2001.

M. Fruin, "Business Groups and Inter-Firm Networks," in G. Jones and J. Zeitlin（eds.）, *The Oxford Handbook of Business History*.

R. Langlois, *The Dynamics of Industrial Capitalism*. 前掲邦訳書。

R. Langlois and P. Robertson, *Firms, Markets and Economic Change : A Dynamic Theory of Business Institutions*,

Routledge, London, 1995. 谷口和弘訳『企業制度の理論――ケイパビリティ・取引費用・組織境界』ＮＴＴ出版、二〇〇四年。

第二一章　「活気ある一九九〇年代」――アメリカの復活

W. Lazonick, "The New Economy Business Model and the Crisis of U.S. Capitalism," *Capitalism and Society*, 4 (2), 2009. Available HTTP : http://www.bepress.com/cas/vol4/iss2/

R. N. McCauley, J. Ruud, and F. Iacono, *Dodging Bullets : Changing U. S. Corporate Capital Structure in the 1980s and 1990s*, MIT Press, Cambridge, MA, 1999.

N. Nohria, D. Dyer, and F. Dalzell, *Changing Fortunes : Remaking the Industrial Corporation*, Wiley, New York, 2002.

M. Useem, *Investor Capitalism : How Money Managers Are Changing the Face of Corporate America*, Basic Books, New York, 1999.

W. Wells, *American Capitalism, 1945–2000 : Continuity and Change from Mass Production to the Information Society*, Dee, Chicago, 2003.

第二二章　減　速――ヨーロッパと日本

M. Albert, *Capitalism vs. Capitalism : How America's Obsession with Individual Achievement and Short-Term Profit has Led It to the Brink of Collapse*, Four Walls Eight Windows, New York, 1993.

B. Eichengreen, *The European Economy since 1945 : Coordinated Capitalism and Beyond*, Princeton University Press, Princeton, NJ, 2007.

K. Fogel, *Japan Remodeled : How Government and Industry are Reforming Japanese Capitalism*, Cornell University Press, Ithaca, NY, 2006. 平尾光司訳『新・日本の時代――結実した穏やかな経済革命』日本経済新聞社、二〇〇六年。

E. Lincoln, *Arthritic Japan : The Slow Pace of Economic Reform*, Brookings Institution Press, Washington, 2001. 伊藤規子訳『それでも日本は変われない――構造改革・規制緩和の掛け声の裏で』日本評論社、二〇〇四年。

H. Schröter (ed.), *The European Enterprise : Historical Investigation into a Future Species*, Springer, Berlin, 2008.

M. A. Witt, *Changing Japanese Capitalism*, Cambridge University Press, Cambridge, 2006.

第一三章　新しい主役――中国とインド

D. Guthrie, *China and Globalization : The Social, Economic and Political Transformation of Chinese Society*, Routledge, London, 2006.

T. Khanna, *Billions of Entrepreneurs : How China and India are Reshaping their Futures and Yours*, Harvard Business School Press, Cambridge, MA, 2007.

N. Kumar, P. Mohapatra, and S. Chandrasekhar, *India's Global Powerhouses : How They are Taking on the World*, Harvard Business School Press, Cambridge, MA, 2009.

B. Naughton, *The Chinese Economy : Transitions and Growth*, MIT Press, Cambridge, MA, 2007.

O. Shenkar, *The Chinese Century : The Rising Chinese Economy and Its Impact on the Global Economy, the Balance of Power, and Your Job*, Wharton School Publishing, Philadelphia, PA, 2006.

K. Tsai, *Capitalism without Democracy : The Private Sector in Contemporary China*, Cornell University Press, New York, 2007.

訳者あとがき

本書は、Franco Amatori and Andrea Colli, *Business History : Complexities and Comparisons*（London and New York : Routledge, 2011）の翻訳である。二人の著者、フランコ・アマトーリとアンドレーア・コリーは、ともにイタリア・ミラノのボッコーニ大学の教授であり、イタリアはもとより、ヨーロッパおよび世界の経済史、経営史のアカデミアで高名な研究者である。アマトーリは、長きにわたりボッコーニ大学で教鞭をとるとともに、同大学の経済史研究所の所長でもある。また、二〇〇〇年から二年間、ヨーロッパ経営史学会（ＥＢＨＡ）の会長を務め、現在でも各国の学会の諮問委員や学術雑誌の編集委員としても尽力している。気鋭の研究者である共著者のコリーは、二〇〇四年から准教授を務め、二〇一二年から教授としてアマトーリの後をついで教鞭をとっている。彼はイタリアにおける中小企業の成長や、近代経済の発展に果たすファミリー・ビジネスの役割を中心に研究を行うとともに、ＥＢＨＡでは総務・財務担当理事として国際学会の運営にも積極的に携わっている。

このような二人の著者による本書は、「二人で足して四〇年以上にわたるミラノのボッコーニ大学での授業、バルセロナのポンペウ・ファブラ大学やストックホルム・スクール・オブ・エコノミクスなど、他のヨーロッパにおける研究機関での定期的な滞在の成果」（原書謝辞）である。つまり、著者らによる先進的な研究と、イタリアをはじめとするヨーロッパ各国の研究者や学生との長年にわたる対話を通して結晶した経営史のエッセンスが、本書には込められているのである。では、著者らの関心と分析の重点はどこにあるのだろうか。以下、三点にわたり本書の特長を取り上げてみよう。

第一は、近代企業の形成と発展を体系的に分析したアルフレッド・チャンドラーの理論枠組みに依拠し、第一次産業革命以前の段階から今日のグローバル化まで、一貫した視座から分析を行っていることである。アマトーリはフルブライト奨学生としてハーヴァード・ビジネス・スクールに滞在し、チャンドラーからビジネス・ヒストリーについて直接薫陶を受けた。本書で論じられている、各国における近代企業の形成、多角化戦略のあり方、経営戦略と組織構造のバリエーションの分析は、チャンドラーが『経営戦略と組織――米国企業の事業部制成立史』（一九六二年）や『経営者の時代――アメリカ企業における近代企業の成立』（一九七七年）で行った方法を引き継ぐものである。他方で、著者らは、チャンドラーがほとんど言及しなかった企業と国家、グローバル化、文化の役割、ネットワーク組織といった論点にも焦点を当て、チャンドラーが創り上げた理論枠組みを発展させようとしている。このような「ネオ・チャンドラー理論」を打ち立てようとする意欲的な姿勢が、一つ目の特長である。

第二の特長は、企業発展の国際比較がより拡張され、よりグローバルな比較となっている点である。チャンドラーは『経営者の時代』で明らかにしたアメリカにおける近代産業企業の生成と発展を、『スケール・アンド・スコープ――経営力発展の国際比較』（一九九〇年）でイギリス、ドイツの事例と比較し、企業発展の理論を拡張した。その後、チャンドラーはアマトーリ、曳野孝氏とともに編著 *Big Business and the Wealth of Nations* (Cambridge : Cambridge University Press, 1997) をまとめ上げ、国際比較をアメリカ、イギリス、ドイツに加え、フランス、イタリア、スペイン、ベネルクスなどのヨーロッパの小国、日本、韓国、アルゼンチン、ソ連、チェコにまで拡張した。この一九九七年の編著は、なるほど国際比較された国は多いが、グループによる分担執筆という性格が強い。それに対して本書の国際比較は、アメリカ、イギリス、ドイツ、イタリア、スペイン、フランス、日本、ソ連、韓国、アルゼンチン、中国、インドといったように、国際比較された国は同じ程度に多いのだが、なによりも同一の著者による、比較の視点を明確にした体系的な比較となっていることに大きな魅力がある。

そして、第三の特長は、第一次産業革命以前から今日のグローバル化時代までの企業発展を通史として描きだし、歴史の大局観を読者に呈示している点である。著者らは、一九九〇年代のアメリカのニュー・エコノミー、ＩＴバブルとその崩壊、同時期に始まった日本のいわゆる「失われた二〇年」、一九九七年のアジア通貨危機、二〇〇八年のリーマンショック、アメリカの復活、グローバル経済における新たな競争者の出現など、今日のビジネス・リーダーたちが関与し続けている問題を、長期的発展の視座から、企業発展の歴史に位置づけようとしている。さらに、これまでの経営史では本格的に議論されてこなかった、中国とインドという二一世紀初頭に急速に成長した国における企業発展の考察に、現在により近い流動的な事態を分析するという「危険」を冒してまで踏み込んだことは、本書の歴史観をより興味深いものとしている。これは特筆すべきユニークな特長である。

このような傑出した特長を持つ本書は、経済史や経営史を専攻する学生や大学院生はもとより、ビジネスの第一線に立つリーダーやマネジャー、あるいは企業家にとって、非常に優れた教材である。歴史の大局観、先を見通す力を会得することこそ、将来を担う人材にとって必要なことであり、そのための素材の提供は、なによりも歴史家が責務とするところなのである。昨今、ヨーロッパやアメリカはもとより日本の学会においても、大学やビジネス・スクールで経営史をいかに教えるのか、何のために教えるのかという、いわば経営史学の存在意義や役割を問う議論が熱心に行われている。グローバル化に至るビジネス発展の明確な歴史像をわれわれに与えてくれる本書は、同時に、そのような議論に対する一つの答えを示しているのかもしれない。

最後に、出版事情が困難な折にもかかわらず、本書の出版をお引き受けいただいたミネルヴァ書房の杉田啓三社長に厚く御礼申し上げたい。また、同社編集部の梶谷修氏には、翻訳と校正にあたって的確なアドバイスをいただいた。翻訳は、西村が第一部、第五部、第六部を、伊藤が第二部から第四部までを担当した。訳文はできる限り平易にし、学生やビジネス・パーソンにも的確にメッセージが伝わるように工夫した。しかし思わぬ誤訳があるかも知れない。読者諸氏のご批判を賜れば幸いである。

訳者を代表して　西村成弘

二〇一四年　盛夏

〈訳者紹介〉

西村成弘（にしむら　しげひろ）
1973年　生まれ
関西大学商学部准教授
Organizing Global Technology Flows（共編著，Routledge，2014年）

伊藤健市（いとう　けんいち）
1952年　生まれ
関西大学商学部教授
『アメリカ企業福祉論』（ミネルヴァ書房，1990年）

ビジネス・ヒストリー
――グローバル企業誕生への道程――

2014年10月30日　初版第１刷発行　〈検印省略〉

定価はカバーに
表示しています

訳　者　西　村　成　弘
　　　　伊　藤　健　市
発行者　杉　田　啓　三
印刷者　林　　　初　彦

発行所　株式会社　ミネルヴァ書房
607-8494　京都市山科区日ノ岡堤谷町1
電話代表　(075)581-5191
振替口座　01020-0-8076

太洋社・新生製本

ISBN978-4-623-07208-8
Printed in Japan

〈著者紹介〉

フランコ・アマトーリ（Franco Amatori）
1948年　生まれ
ボッコーニ大学教授（経済史），同大学経済史研究所所長
イタリア経営史学会会長，ヨーロッパ経営史学会会長（2000-2001年）
イタリア経営史，国際経営史に関する多くの著書を出版

アンドレーア・コリー（Andrea Colli）
1966年　生まれ
ボッコーニ大学教授（経済・経営史）
中小企業，家族経営企業に関する著書を出版

323

〈ナ　行〉

日本鋼管　267
ネスレ社（Nestle）　174, 312
ネットスケープ社（Netscape）　337-38
ノヴァティウム社（Novatium）　371

〈ハ　行〉

バストゥーギ鉄道（Bastogi）　97
バンコ・ディタリア・イ・リオ・デ・ラ・プラタ社（Banco d'Italia y Rio de la Plata）　300
ヒューレット・パッカード社（Hewlett-Packard）　329
ヒュンダイ（現代）　296-99
ビルラ社（Birla）　370
フィリップス社（Philips）　312
フェアチャイルド・セミコンダクタ社（Fairchild Semiconductor）　209-10, 216
フォード社（Ford）　156-58, 304
ブリティッシュ・ダイスタッフズ社（British Dyestuffs Corporation）　169
フレックストロニクス社（Flextronics）　327, 329
ブンゲ・イ・ボーン・グループ（Bunge y Born group）　300-01
浦項総合製鉄（Pohang Iron and Steel Company, ポスコ）　295

〈マ　行〉

マイクロソフト社（Microsoft）　341, 343
マクドナルド社（McDonald's）　250
マペイ社（Mapei）　321
マルテック社（Multek）　329
ミタル社（Mittal）　370
三井グループ　146, 186, 190-91, 197, 256
三菱グループ　146, 186, 190, 195, 256
モトローラ社（Motorola）　216-17

〈ヤ　行〉

US スチール社（United States Steel Corporation）　128
ユニリーヴァ社（Unilever）　312, 323

〈ラ　行〉

ラジオ・コーポレーション・オブ・アメリカ社（Radio Corporation of America）　223, 233-35
リットン・インダストリーズ社（Litton Industries）　225
レノボ（Lenovo）　318, 363
ローヌ・プーラン社（Rhone-Poulenc）　168

人名索引

〈ア　行〉

アンドリーセン，マーク（Andreessen, Mark）　337
アンバニ，ムケッシュ（Ambani, Mukesh）　371
ウィリアムソン，オリヴァー（Williamson, Oliver）　27, 155
ウィルケン，ポール・H（Wilken, Paul H.）　44-5
ウィルソン，ウッドロー（Wilson, Woodrow）　129
ウェーバー，マックス（Weber, Max）　12, 33-4
ウェッジウッド，ジョサイア（Wedgwood, Josiah）　69
ウェルチ，ジャック（Welch, Jack）　340
ウォーカー，ジェームズ（Walker, James）　69
ウォズニアック，スティーヴ（Wozniak, Steve）　336
エンゲルス，フリードリヒ（Engels, Friedrich）　94, 240

〈カ　行〉

カーネギー，アンドリュー（Carnegie, Andrew）　19, 106
カンター，ロザベス・モス（Kanter, Rosemary Moss）　40-1
ガンディ，ラジーヴ（Gandhi, Rajiv）　369
クラーク，ジム（Clark, Jim）　337
クラフト，E・B（Craft, E. B.）　202
グラムシ，アントニオ（Gramsci, Antonio）　86
クリントン，ビル（Clinton, Bill）　334
グローヴ，アンディ（Grove, Andy）　341
ゲイツ，ビル（Gates, Bill）　341
コース，ロナルド（Coase, Ronald）　26-7

〈サ　行〉

サーノフ，デヴィッド（Sarnoff, David）　234
サーノフ，ロバート（Sarnoff, Robert）　234
ザスラフスキー，ヴィクトル（Zaslaysky, Victor）　251-52
シュンペーター，ヨゼフ（Schumpeter, Joseph）　12, 20-1, 33-6, 38-9, 78, 87-90
　――の悲観論　155
ショックレー，ウィリアム（Shockley, William）　209
ジョブズ，スティーヴ（Jobs, Steve）　336, 341
スターリン，ヨシフ（Stalin, Joseph）　244-48
スミス，アダム（Smith, Adam）　35, 66-7, 79-80
スローン，アルフレッド（Sloan, Alfred）　156-62
スワンソン，ロバート（Swanson, Robert）　342
孫大午（Sun Dawu）　363

セイ，ジャン＝バティスト（Say, Jean-Battiste）　37
ソルト，タイタス（Salt, Titus）　84
ゾンバルト，ヴェルナー（Sombart, Werner）　34

〈タ　行〉

タタ，ラタン（Tata, Ratan）　370
ダニング，ジョン（Dunning, John）　24-5, 313
鄧小平（Deng Xiaoping）　362
チポラ，カルロ（Cipolla, Carlo）　44
チャンドラー，アルフレッド（Chandler, Alfred）　11-2, 41, 155, 219
ティッセン，アウグスト（Thyssen, August）　122
テイラー，フレデリック・W（Taylor, Frederick W.）　115-16
デュポン，ピエール・S，（Dupont, Pierre S.）　157
デュラント，ウィリアム・C（Durant, William C.）　156
デュルケム，エミール（Durkheim, Emile）　44
デル，マイケル（Dell, Michael）　328, 338, 341
ドラッカー，ピーター（Drucker, Peter）　21-2, 40
トロツキー，レフ（Trotsky, Lev）　244

〈ナ　行〉

ニーチェ，フリードリヒ（Nietzsche, Friedrich）　34
ノイス，ボブ（Noyce, Bob）　217, 341
ノリス，ウィリアム（Norris, William）　214

〈ハ　行〉

パーキン，ウィリアム（Perkin, William）　141
バーナム，ジェームズ（Burnham, James）　165
バーリ，アドルフ（Berle, Adolf）　39, 162-66
曳野 孝　219
ピトローダ，サム（Pitroda, Sam）　369
フィンク，アルバート（Fink, Albert）　121
フォード，ヘンリー（Ford, Henry）　116, 153-58, 250
ブッシュ，ヴァネヴァー（Bush, Vannevar）　205
ブハーリン，ニコライ（Bukharin, Nikolai）　244
ブラウン，F・ドナルドソン（Brown, Donaldson）　121, 159
ブリッジウォーター公爵（Bridgewater, Duke of）　69
フルシチョフ，ニキータ（Khrushchev, Nikita）　247
ブローデル，フェルナン（Braudel, Fernand）　96
ベゾス，ジェフ（Bezos, Jeff）　341
ペロン，フアン・ドミンゴ（Peron, Juan Domingo）　301
ペンローズ，エディス（Penrose, Edith Tilton）　23-4, 155
ボイヤー，ハーバート・W（Boyer, Herbert W.）　342
ポラード，シドニー（Pollard, Sidney）　58-9, 94
ポランニー，カール（Polanyi, Karl）　68

〈マ　行〉

馬雲（Ma Yun）　362–63
マークラ，マイク（Markkula, Mark）　336
マーシャル，アルフレッド（Marshall, Alfred）　37, 73
マッテイ，エンリコ（Mattei, Enrico）　284
マリヤ，ヴィジェイ（Mallya, Vijay）　371
マルクス，カール（Marx, Karl）　36, 78, 89, 94, 240
ミーンズ，ガーディナー（Means, Gardiner）　39, 162–66
ミシュラ，サティヤン（Mishra, Satyan）　371
ムーア，ゴードン（Moore, Gordon）　27, 341
メネム，カルロス（Menem, Carlos）　305

〈ヤ　行〉

ヤダヴ，ラルー（Yadav, Lalu）　371
ユダーノフ，アンドレイ（Yudanov, Andrei）　248–49

〈ラ　行〉

ラゾニック，ウィリアム（Lazonick, William）　40
李嘉誠（Li Ka-shing）　363
柳伝志（Liu Chuanzhi）　363
レーニン，ウラジミール（Lenin, Vladimir）　240–42, 244, 253

〈ワ　行〉

ワット，ジェームズ（Watt, James）　70, 98
ワトソン，ジェームズ（Watson, James）　215

事項索引

〈あ　行〉

〈さ　行〉

〈な　行〉

〈は　行〉